Beck'sche Reihe

Länder
BsR 821

BsR

Diese Neubearbeitung des bewährten Italienbuches erscheint zu einem Zeitpunkt, der als notwendige Zäsur in der jüngsten Geschichte der Republik Italien erlebt wird. Nach den soziokulturellen Reformen der sechziger bis achtziger Jahre soll die Umgestaltung der Wirtschaft durch politische Stabilität gefördert werden. Mehrheit und Opposition wollen durch strukturelle Erneuerung der Legislative und Exekutive Regierbarkeit schaffen, ohne die Macht der Parteien gegenüber der Gesellschaft in Frage zu stellen. Die Gerichtsbarkeit als drittes Element der Staatsgewalt macht durch die Bekämpfung mafioser Strukturen und der Korruption den Weg frei für die Zweite Republik. Der Wähler hat von der jüngsten Wahlreform Gebrauch gemacht: Die Geburt der Zweiten Republik ist vollzogen, auch wenn das Land die politische Stabilität noch nicht erreicht hat. Diesen Wandel Italiens macht dieses Buch plausibel.

Carmine Chiellino studierte Italianistik und Soziologie in Rom sowie Germanistik in Gießen und ist Privatdozent an der Universität Augsburg.
Fernando Marchio studierte Soziologie und Pädagogik in Urbino und ist Lehrer in Brescia.
Giocondo Rongoni studierte Geschichte und Italianistik in Macerata und ist Lehrer in Fermo.

CARMINE CHIELLINO
FERNANDO MARCHIO
GIOCONDO RONGONI

Italien

3., neubearbeitete Auflage

VERLAG C.H.BECK

Mit 3 Karten und zahlreichen Tabellen

Autor von Teil I u. II ist C. Chiellino, für die Teile III–VI sind die Autoren der einzelnen Beiträge (jeweils am Schluß) wie folgt gekennzeichnet:
C. C. (Carmine Chiellino), F. M. (Fernando Marchio),
G. R. (Giocondo Rongoni).

Dritte, neubearbeitete Auflage von
Carmine Chiellino u. a.: Italien, 1989
(BsR 821)

Die Deutsche Bibliothek – CIP-Einheitsaufnahme

Italien / Carmine Chiellino ; Fernando Marchio ; Giocondo Rongoni. – Orig.-Ausg., 3., neubearb. Aufl. – München : Beck, 1995
(Beck'sche Reihe ; 821 : Länder)
ISBN 3 406 39351 9
NE: Chiellino, Carmine; Marchio, Fernando; Rongoni, Giocondo; GT

Originalausgabe
ISBN 3 406 39351 9

Dritte, neubearbeitete Auflage. 1995
Umschlagentwurf: Uwe Göbel, München
Umschlagabbildung: Engelsburg mit Engelsbrücke, Rom
(IFA-Bilderteam, München)

Gesamtherstellung: Presse-Druck- und Verlags-GmbH, Augsburg
Gedruckt auf säurefreiem,
aus chlorfrei gebleichtem Zellstoff hergestelltem Papier
Printed in Germany

Inhalt

Teil II

Der republikanische Aufbau des italienischen Staates

Teil III

Die Bevölkerung: Entwicklung und Struktur

Teil IV

Wirtschaft und Gesellschaft

Anhang

Vorbemerkung zur dritten Auflage

Wir freuen uns, dem Leser eine dritte, neubearbeitete Auflage unserer Länderkunde zu einem Zeitpunkt vorzulegen, der als notwendige Zäsur in der jüngsten Geschichte der Republik Italien erlebt wird. Für das Buch erwies sich diese Zäsur als operativer Anlaß, die Abschnitte über die siebziger und die achtziger Jahre stringenter zu gestalten. In der Tat ist sein Grundriß weitgehend vom Klima der siebziger Jahre geprägt. Für Italien waren die siebziger Jahre eine Zeit gewichtiger sozio-kultureller Reformen. Als Ergebnisse der politischen Auseinandersetzungen der sechziger Jahre haben sie das gesellschaftliche Leben Italiens bis in die späten achtziger Jahre maßgebend bestimmt.

Gegen Ende der achtziger Jahre befand sich das Land allerdings in einer bemerkenswerten Umbruchstimmung. Konjunktureller Aufschwung ließ den Wunsch nach mehr Marktwirtschaft laut werden, die von staatlicher Einmischung jeder Art zu bereinigen sei. Zugleich aber hatte der Drang nach Reformen die legislative Sphäre erreicht.

Bei einer derartigen Umbruchstimmung zeichnete sich der *Decisionismo* der Craxi-Regierungen als Vorbote eines vorantreibenden Führungsstils für das Italien der neunziger Jahre ab. Nach den sozio-kulturellen Reformen sollte die Umgestaltung der Wirtschaft durch politische Stabilität gefördert werden. Mehrheit und Opposition strebten an, Regierbarkeit durch strukturelle Erneuerung der Legislative und der Exekutive zu schaffen, ohne die Übermacht der Parteien gegenüber der Gesellschaft in Frage zu stellen.

Inzwischen hat die Gerichtsbarkeit, als drittes Element der Staatsgewalt, den Weg für die Zweite Republik freigemacht. Ihr Eingreifen in unmittelbarer Nähe der Legislative und der Exekutive zur Bekämpfung der Korruption im Staat liegt in der Sache begründet. Die starke Identifikation der Öffentlichkeit mit der Gerichtsbarkeit deckt auf, unter welchen Umständen und mit welchem Unbehagen die italienische Gesellschaft ihrer

Classe Politica im Namen der Regierbarkeit bis in die neunziger Jahre gefolgt ist.

Mit der jüngsten Wahlreform ist die Entscheidungskompetenz über die Regierbarkeit des Landes den Wählern zurückgegeben worden. Sie haben davon Gebrauch gemacht, indem sie sich mehrheitlich dem Wahlkartell zugewandt haben, das keine negative Verantwortung für die Auflösung der Ersten Republik trägt. Die Geburt der Zweiten Republik ist somit vollzogen, selbst wenn das Land die politische Stabilität, d.h. Regierbarkeit noch nicht erreicht hat.

Unser Dank gilt den Lesern, die uns ihre Eindrücke mitgeteilt haben, und besonders Herrn Dr. Jens Petersen, stellvertretender Direktor am Deutschen Historischen Institut in Rom. Eine besondere Freude war es für uns zu erfahren, daß unsere Arbeit sogar für Italienkenner zu einem Leseerlebnis geworden ist, das den Weg zum Inneren des ihnen bekannten Italien frei gemacht hat.

Dies bestätigt uns in der Auffassung, daß eine eindringliche Vermittlung der eigenen Kulturgeschichte nicht nur über objektiviertes, d. h. unangreifbares Wissen zu erzielen ist. Sie verlangt vielmehr nach der Bereitschaft, die eigenen Erfahrungen mit dem Land Teil der gesamten Darstellung werden zu lassen. Gerade sie verleihen dem Werk eine offene Dimension, die dem Leser-Besucher die Möglichkeit gibt, sich am Gespräch über das Land aufgrund seiner Erfahrungen oder Erwartungen zu beteiligen. In der Tat ist festzustellen, daß jede Art von Vermittlung unter den Kulturen, die nicht auf Gesprächsbereitschaft beruht, in eine autoritäre Ausübung von Kulturaustausch entartet, die nunmehr der Vergangenheit angehört.

Die Autoren

Teil I

Das Risorgimento und die parlamentarische Tradition Italiens

Vorbemerkung

Mittelpunkt des ersten Teils sind der Weg Italiens zur demokratischen Republik und die Erste Republik (1946–1994). Ersterer läßt sich in zwei große historische Perioden untergliedern:

1. Das *Risorgimento,* d. h. die Herstellung der territorialen und politischen Einheit Italiens (1796–1861),

2. die Entstehung und Entwicklung der parlamentarischen Tradition, ausgehend vom Erlaß des königlichen *Statuto Albertino* von 1848 bis zur republikanischen *Costituzione* (Verfassung) von 1948.

Die republikanische Verfassung von 1948, der der zweite Teil gewidmet ist, stellt den Bruch sowohl mit der monarchischen Vergangenheit Italiens als auch mit dem Faschismus dar. Sie dokumentiert aber auch die Kontinuität jener politischen und kulturellen Kräfte, die trotz des Faschismus und im Kampf gegen ihn am Leben geblieben waren.

Die drei Hauptkomponenten der italienischen Kultur und Gesellschaft: die bürgerlich-liberale, die katholische und die sozialistisch-kommunistische, deren Vertreter in der Verfassung ihren Willen zu einer demokratischen *Ricostruzione* (Wiederaufbau) Italiens gemeinsam ausgedrückt hatten, bildeten zwar fast die Gesamtheit der Italiener, repräsentieren jedoch nicht mehr die politische und kulturelle Einheit des Landes.

Denn in den letzten 15 Jahren ist ein viertes politisches Sammelbecken entstanden. Gemeint ist nicht die „vierte Kultur" der engagierten Gruppierungen der siebziger Jahre, sondern eine zunächst ethnisch gefärbte Protestbewegung im Norden des Landes, deren erklärtes Ziel eine föderalistische Umgestaltung der Republik Italien ist.

Wir schreiben zu einem Zeitpunkt, wo nach dem Zerfall der historischen Parteien und nach der Auflösung der Ersten Republik ein neuer Anfang angestrebt wird. Es erscheint uns erforderlich, der politischen und kulturellen Aktualität Italiens historische Tiefe zu verleihen, die vor hastiger Wahrnehmung ihrer Wirklichkeit bewahren soll.

Mit dieser Arbeit wird deshalb der Versuch unternommen, dem Leser zu zeigen, wie die bürgerlich-liberalen, die katholischen und die marxistischen Bewegungen der politischen und sozialen Geschichte Italiens während der letzten zwei Jahrhunderte entstanden, wie sie unter dem Faschismus ihren Tiefpunkt erreichten, wie sie während des Faschismus aus taktischen Gründen zueinanderfanden und die Verfassung für sie zur Kampfparole der *Resistenza* (Widerstand) wurde und wie sie nach langwierigen Verhandlungen in der *Costituente* (Verfassunggebende Versammlung) auseinanderfielen.

Geht man davon aus, daß trotz föderalistischer Vorstellungen im Norden ein Fortbestehen der Republik Italien nicht in Frage steht, dann ist es die vorrangige Aufgabe der Zweiten Republik, ein wirtschaftliches und sozio-kulturelles Gleichgewicht zwischen den Regionen herzustellen. Die Euphorie, die Italien über Jahrzehnte näher an Nordeuropa gerückt hat, reicht nicht mehr aus, um das Land von seinem Standort im Mittelmeerraum abzulenken. Angesichts des Umbruchs in Osteuropa und der Renaissance der islamischen Kulturen außerhalb Europas braucht Italien heute mehr denn je kulturelle und sozio-ökonomische Integration, um der Anforderung gerecht zu werden, Bindeglied zwischen Europa und den Kulturen aus Nordafrika sowie aus dem Vorderen Orient zu sein.

1. Das Risorgimento – Der Weg zur Einigung Italiens (1796–1861)

a) Chronologischer Überblick

1796	Napoleon Bonaparte kommt als Oberbefehlshaber der französischen Revolutionsarmeen nach Oberitalien. Anfrage der Generalverwaltung der Lombardei an die Bürger: „Welche der freien Regierungsformen ist für das Glück Italiens am besten geeignet?“

1805	Die *Repubblica Cisalpina*, seit 1802 in *Repubblica Italiana* umbenannt, wird von Napoleon I., Kaiser der Franzosen, in das *Regno d'Italia* (Königreich Italien) umgewandelt.
1805–14	Die Herrschaft von Napoleon I., der gleichzeitig König von Italien ist, erreicht in Italien ihre größte Ausdehnung.
1813–15	Die napoleonische Ordnung in Italien bricht zusammen.
1815	Der Wiener Kongreß. Die Restauration wirkt sich auf ganz Italien aus.
1820–44	Patriotische Aufstände in allen italienischen Staaten für eine liberale Verfassung und die Unabhängigkeit Italiens von Österreich.
1831	Giuseppe Mazzini gründet den Geheimbund *Giovine Italia* für ein einheitliches, unabhängiges und republikanisches Italien.
1848	Unter dem Druck von Volksaufständen in Sizilien erläßt Ferdinand I., König von Neapel und beider Sizilien, die geforderte Verfassung. Kurz darauf werden in der Toskana von Großherzog Leopold, in Piemont-Sardinien von König Karl-Albert und in Rom von Papst Pius IX. Verfassungen erlassen. Erster Unabhängigkeitskrieg von Piemont-Sardinien gegen Österreich. In diesem befreien sich Mailand und Venedig von den Österreichern und beschließen ihren Anschluß an Piemont-Sardinien. Pius IX. muß infolge von Aufständen Rom verlassen.
1849	Die *Repubblica Romana* wird ausgerufen. Nach einer zweiten Niederlage gegen die Österreicher dankt König Karl Albert zugunsten seines Sohnes Viktor Emanuel II. ab.
1852	Giuseppe Mazzini gründet den *Partito d'Azione*. Camillo Cavour wird Ministerpräsident des Turiner Parlaments.
1857	Cavour begünstigt die Gründung einer *Società Nazionale* unter dem ehemaligen Mazzini-Anhänger zur Unterstützung der Piemont-Sardinien-Politik im übrigen Italien.
1858–59	Verhandlungen und Abkommen zwischen Frankreich und Piemont-Sardinien. Gemeinsamer zweiter Unabhängigkeitskrieg gegen Österreich, der mit dem Sieg der Verbündeten endet.
1860	Anschluß der Toskana an Piemont-Sardinien nach einer Volksabstimmung. Giuseppe Garibaldi unternimmt seinen erfolgreichen Feldzug gegen die Bourbonen in Sizilien und Süditalien. Das Turiner Parlament beschließt den Anschluß von Sizilien, Süd- und Mittelitalien an Piemont-Sardinien.
1861	Um die nationale Einheit zu verwirklichen, wählt das Turiner Parlament Viktor Emanuel II. einstimmig zum „König von Italien", obwohl Rom und Venedig noch fehlen.

b) Vor der Französischen Revolution

Der Ausgang des Spanischen Erbfolgekrieges (1701–1713) setzte der spanischen Herrschaft über Italien, die seit dem Frieden von Château-Cambrésis (1559) für eineinhalb Jahrhunderte Italiens politische Stabilität gesichert und eine gewisse Glanzzeit ermöglicht hatte, ein Ende. Es wurde zu einem Randgebiet der europäischen Politik, wo sich die jeweiligen Sieger in europäischen Kriegen ihre territorialen Kompensationen holten. Somit erlebte Italien in der ersten Hälfte des 18. Jahrhunderts zahlreiche Veränderungen in seiner politischen Ordnung.[1]

Erst nach dem Frieden von Aachen (1748) begann das politische Profil Italiens Konturen anzunehmen. Gegen Ende des Jahrhunderts hatten sich endgültig vier politische Zentren etabliert: das Königreich von Neapel und Sizilien unter der Herrschaft der Bourbonen, das Königreich Piemont-Sardinien unter den Savoyern, Toskana, Lombardei und Venetien ab 1797 unter dem Einfluß des Hauses Habsburg-Lothringen und der Kirchenstaat, der sich inzwischen bis zur Emilia ausgeweitet hatte.

Für die Nachfahren der Gallier, Etrusker, Umbrer, Sabiner, Latiner, Kampaner usw., die seit dem Zusammenbruch des Weströmischen Reichs (476) das Verschwinden der politischen Identität Italiens erlebt hatten und später als Sizilianer, Sarden, Neapolitaner, Toskaner, Veneter, Lombarden, Piemonteser usw. Opfer der politischen Zersplitterung Italiens und Untertanen verschiedener Fremdherrschaften geworden waren, war im 18. Jahrhundert nichts utopischer als der Gedanke an eine einheitliche Nation Italien.

Zwar hatte im Jahr 1775 der Jesuit Saverio Bettinelli ein Buch mit dem Titel *Risorgimento d'Italia negli studi, nelle arti e nei costumi dopo il mille* (Wiederaufleben Italiens in den Studien, Künsten und Sitten nach dem Jahr 1000) verfaßt, jedoch interessierte ihn mehr die Schaffung einer Kulturtradition als der Gedanke einer gemeinsamen Zukunft der Völker Italiens. Erst nach der Französischen Revolution (1789) wurde der Nationalismus als Antrieb und Weg zur Einigung Italiens von aufgeklärten *Moderati* (Gemäßigten) wie Pietro Verri oder von

Anhängern der Revolution wie Filippo Bounarotti aufgenommen, mit dem Ziel, ihn auf die italienischen Verhältnisse zu übertragen.

c) Napoleon Bonaparte und die Felicità Italiens

Im Jahre 1796 stellte die Generalverwaltung der französischen Provinz der Lombardei ihren Bürgern und den italienischen Patrioten folgende Frage: „Welche der freien Regierungsformen ist für das Glück Italiens am besten geeignet?" Viele der „engagierten" Intellektuellen griffen diese Frage auf und setzten sich für die Einheit und Unabhängigkeit Italiens ein. Die entscheidende Antwort aber kam von Napoleon Bonaparte, der nach dem Sieg von Marengo in Lyon (1802) von den Vertretern der größeren Städte Norditaliens feierlich die *Repubblica Italiana* ausrufen ließ, die er kurz danach in das *Regno d'Italia* (1805) umwandelte, wobei er selbst den Titel „König von Italien" annahm. Bis 1813/14 wurde seine Herrschaft auf ganz Italien ausgedehnt; nur Sizilien und Sardinien, wohin sich die Bourbonen und die Mitglieder des Hauses Savoyen zurückgezogen hatten, blieben außerhalb seines Machtbereiches.

In noch kürzerer Zeit als ihre Errichtung gedauert hatte, brach die napoleonische Ordnung in Italien (1813–15) zusammen; keiner der von Napoleon gegründeten Staaten konnte sich halten. Der Wiener Kongreß (1815) restaurierte die politische Karte Italiens, und Österreich wurde eine Vormachtstellung in Italien eingeräumt.

Italienische Historiker haben immer wieder die Frage diskutiert, ob und inwieweit das Wirken der französischen Revolutionsarmeen und später von Napoleon für das *Risorgimento*[2] von entscheidender Bedeutung gewesen sei. Benedetto Croce vertrat die These, daß während die Französische Revolution Italien geschadet habe, Napoleon durchaus ein motivierendes Beispiel für das Erwachen des Nationalbewußtseins der Italiener gewesen sei.[3] Dagegen widmete Antonio Gramsci seine Aufmerksamkeit vor allem den sogenannten *Repubbliche Sorelle,* den lateinischen „Schwesterrepubliken" (1796–1799), also jenen Jahren, wo die italienischen Jakobiner der *Repubblica*

Cisalpina, der *Repubblica Romana* und *Repubblica Napoletana* immer noch hofften, daß die militärische Aktion der französischen Revolutionsarmeen in einen Befreiungskrieg für Italien ›umgewandelt würde; er sah hier die ersten konkreten politischen Taten jener aufkommenden liberalen Gruppen, aus denen sich die zwei ersten politischen Parteien des *Risorgimento* entwickeln sollten: die Partei der *Repubblicani-Radicali* um Mazzini und die der *Liberali-Moderati* um Vincenzo Gioberti.[4]

Zahlreiche Einzeluntersuchungen über diesen Neuanfang der Geschichte Italiens belegen, daß sowohl die Französische Revolution als auch Napoleon entscheidende Wegbereiter des *Risorgimento* waren, allerdings ist diese Wirkung nur möglich gewesen, weil eine politische Bewegung in den gebildeteren Schichten Italiens im Gange war, die sich vom *Assolutismo Illuminato* (aufgeklärter Absolutismus) losgesagt hatte und nach neuen politischen Lösungen strebte – Lösungen, die sie selber nicht in der Lage war, realpolitisch zu definieren oder in die Tat umzuwandeln.

d) Die unmögliche Restauration

Nur mit Einschränkungen läßt sich behaupten, daß dem Wiener Kongreß die Herstellung der vornapoleonischen geo-politischen Ordnung in Europa gelungen sei. In der Tat wurden territoriale und administrative Entscheidungen getroffen, durch welche deutlich die restaurative politische Zusammensetzung Italiens unter österreichischer Vorherrschaft neu festgelegt wurde. Die durch die Gründung des österreichischen *Regno Lombardo-Veneto* (venezianisch-lombardisches Königreich) erneuerte Rückkehr einer fremden Macht nach Italien wurde von Städten wie Venedig, wo die republikanische Tradition am stärksten war, als schwerer Rückschlag auf dem Wege zur Unabhängigkeit und Einigung Italiens empfunden. Strategisch erwies sich die Gegenwart Österreichs in Italien als vorteilhaft für das Haus Savoyen von Piemont-Sardinien, da führende Patrioten wie Giuseppe Garibaldi ihre republikanischen Überzeugungen hintanstellten, um der Abhängigkeit Italiens vom Ausland ein Ende setzen zu können.

Mit der Einverleibung Liguriens durch das Königreich Piemont-Sardinien wurde in Wien der ehemalige Verbündete Österreichs in der verlorenen Schlacht von Marengo gegen Napoleon entschädigt, nicht ohne den Widerstand von Genua, das sich von der Restauration seine alte republikanische Verfassung erhoffte. Das Königreich Sardinien erhielt den angestrebten Anschluß ans Meer als Beginn und Ausgangspunkt seiner expansionistischen Bestrebungen in ganz Italien. Gleichzeitig befand sich das Königreich Piemont-Sardinien in einer geostrategisch sehr empfindlichen Lage, da es weiterhin eine Art „Pufferzone“ zwischen den beiden europäischen Mächten Österreich und Frankreich bildete. Eine nach außen sehr gewagte, wechselnde Bündnispolitik sollte das Königreich Sardinien zu einem Stabilitätsfaktor innerhalb des damaligen europäischen Gleichgewichtssystems machen, während es nach innen zum Asylland und Sammelbecken italienischer Patrioten und zum Träger ihrer Hoffnung auf Unabhängigkeit Italiens von Österreich wurde.

Aufgrund der Beschlüsse des Wiener Kongresses kehrte der Papst als Oberhaupt des *Stato Pontificio* (Kirchenstaat) aus der französischen Gefangenschaft nach Rom zurück. Auch die Bourbonen zogen von Sizilien aus in Neapel, der Hauptstadt des wiedererstandenen Königreiches Neapel, ein. Neben dem habsburgischen Großherzogtum Toskana wurden in Mittelitalien eine Reihe proösterreichischer Kleinstaaten errichtet, die den Einfluß Wiens in Italien verstärken sollten.

Die zweite Phase der Restauration war der Revision des *Code Napoléon* gewidmet. Vor allem aus zwei Gründen gingen die einzelnen Staaten dabei sehr unterschiedlich vor: Erstens sicherte der *Code Napoléon* den Herrschern eine größere Macht durch die Zentralisierung aller Bereiche der Verwaltung, und zweitens war Österreich daran interessiert, zusätzliche Konfliktsituationen mit den liberalen Schichten der restaurierten Staaten zu vermeiden. So wurde z. B. der König von Neapel, Ferdinand I., verpflichtet, eine Amnestie für Offiziere und Beamte aus der Zeit, als Napoleons Schwager Murat König von Neapel war, zu erlassen und sie im Dienst zu behalten. Ferdinand I. seinerseits erkannte rasch die Vorzüge des *Code Napo-*

léon und benutzte ihn auch als Quelle seiner *Codici Ferdinandei per il Regno delle due Sicilie* (1819).

Zusammenfassend kann man die „Verfassungsrestauration" in Italien folgendermaßen darstellen: im Süden und in Parma blieb der *Code Napoléon* im wesentlichen erhalten. Im Gebiet des venezianisch-lombardischen Königreiches und in der Toskana wurde die österreichische Verfassung eingeführt. Das Reich Piemont-Sardinien, der Kirchenstaat und Modena kehrten zu ihrer ehemaligen Verfassung, der Verfassung des *Ancien Régime*, zurück. Soweit die institutionelle Lösung des Problems. Zu fragen bleibt, ob die „Verfassungsrestauration" in Wirklichkeit durchgreifende Änderungen mit sich brachte und wie diese konkret aussahen. Diese Frage kann auch anders gestellt werden: Ließen sich die durch die Einführung des *Code Napoléon* durchgeführten Reformen im Bereich der Verwaltung, der Gerichtsbarkeit, des Handels und der Privilegien der Adligen und der Kirche überhaupt für ungültig erklären? Von den bedeutendsten Institutionen der napoleonischen Verwaltung in Italien gab es sicher einige, die abgeschafft werden konnten, so jene mit Symbolwert wie die *Legione Italiana* und die *Tricolore* (die nach französischem Vorbild geschaffene grün-weiß-rote italienische Nationalflagge), obwohl gerade diese Symbole auf die liberalen Geister des beginnenden *Risorgimento* weiterwirkten. Undurchführbar war hingegen die Wiedereinführung mittelalterlicher Besitzverhältnisse oder die Rückgängigmachung der Konfiszierung der Kirchengüter. Die in ganz Italien eingeführte Änderung des Landerwerbsrechts erbrachte regional völlig entgegengesetzte Resultate. Während im Norden vorwiegend das aufkommende ländliche Mittel- und Großbürgertum daraus Nutzen zog, wurden im Süden 65% der zum Kauf freigegebenen Güter von 250 Familien, darunter Adligen, hohen Staatsbeamten und Großbürgern, erworben. Ein erster markanter Schritt in der auseinanderlaufenden Entwicklung beider Teile Italiens, die ohnehin schon so verschieden waren. Die Bildung eines ländlichen Mittelstandes kam im Süden nicht zustande, dagegen wurden gleichzeitig der *Feudo* (Großgrundbesitz) und die Parzellierung des Landes unter die kleinen Bauern gefördert.

e) Die Opposition

Die Restauration führte unter den Bauern im Süden und Norden nicht zu dem massiven Widerstand, der von den sog. *Sanfedisti* und *Viva-Maria-Anhängern* des Kardinal Fabrizio Ruffo gegen Napoleon organisiert worden war. Sie brachte Frieden und Ruhe; die italienische Bevölkerung hatte weder politische noch gesellschaftliche Umwälzungen noch neue Steuern oder ständige Rekrutierung von Arbeitskräften für die expansionistische Politik des Kaisers der Franzosen zu befürchten. Und dennoch – Napoleon ist in der historischen Tradition der Italiener bis heute eine positive Figur geblieben. Dazu mag die faschistische Bildungspolitik beigetragen haben, die ihn als großen Sohn Italiens verherrlichte. Er war jedoch schon 1796 von liberalen Schichten der italienischen Gesellschaft, vor allem des Bürgertums, als ihr Mann begrüßt worden.

Unter ihm hatte das aufstrebende Bürgertum die Möglichkeit erhalten, seine Vertreter in Pseudo-Stadtparlamente zu entsenden; seinen Söhnen wurde eine Karriere in der Armee ermöglicht; durch Erwerb von Ländereien und den Ausbau von wirtschaftlicher Stellung und Geschäften hatte es sich seine soziale Position gesichert. Durch die Restauration wurde das Bürgertum wieder absolutistischen königlichen Verwaltungen unterworfen; viele seiner Mitglieder sahen ihre Stellung durch restaurative Maßnahmen bedroht, besonders zugunsten der Adligen, die ihre Privilegien teilweise zurückerhielten.

Dieser wachsende Unmut wurde aber auch von einer Gruppe Adliger geteilt, von jenen Adligen, die nach Waterloo ihre Stellungen als Offiziere oder als Staatsbeamte verloren hatten. Außerdem hatten sich die schon vor Napoleon existierenden liberalen Gruppierungen in *Società Segrete* (Geheimbünde) zusammengeschlossen und auf ganz Italien ausgedehnt, mit dem Ziel, eine Liberalisierung der staatlichen Gewalt zu erreichen und die Unabhängigkeit Italiens vom Ausland zu erkämpfen. Angehörige dieser Geheimbünde, die sich *Carbonari*[5] nannten, Mazzini-Anhänger und Teile des Militärs entfachten zwischen 1820 und 1844 überall in Italien bewaffnete Volksaufstände. Sie wollten Könige und andere Herrscher zum Erlaß liberaler Verfassungen nach spanischem Muster zwingen. Wo die Aufstände anfangs Erfolg hatten, wie in Neapel, Modena und Reggio, scheiterten sie kurz danach entweder an den unterschiedlichen Beweggründen der Aufständischen oder wurden von österreichischen Truppen niedergeworfen. Die Schwäche dieser ersten *Moti Rivoluzionari* (Aufstände) lag offensichtlich in der konspirativen Art, in der sie vorbereitet und durchgeführt wurden; ferner fehlte die nötige Aufklärung der Öffentlichkeit. Diese verhielt sich deshalb stets passiv; bisweilen war sie sogar gegen die Patrioten, wie in Kalabrien (1844) und später in Sapri (1857). Nach dem Scheitern der Aufstände wuchs die Unterdrückung; sie kostete viele Patrioten das Leben, für viele andere bedeutete sie das Exil. Einige Anhänger des Geheimbundes *Giovine Italia* trennten sich von Giuseppe Mazzini und seiner Strategie der *Guerra per Bande* (Krieg der Kleingruppen) und bemühten sich um politische Aufklärung der Bevölkerung.

Mazzini hielt an seinem „kriegerischen" Programm jedoch fest. Erst nach dem mißglückten Unternehmen der *Fratelli Bandiera* in Kalabrien (1844) und unter dem Druck der massiven Kritik der *Moderati* (Gemäßigte), aber auch seiner eigenen Anhänger gab er die Strategie der *Insurrezioni* (Aufstände) auf. Er setzte seinen Kampf um das „eine und freie Vaterland" mit politischen, aufklärerischen Taten und Schriften, wie *I doveri dell'uomo* (Die Pflichten des Menschen), fort. Die radikal-republikanische Tradition des *Risorgimento* ist ohne sein Wirken undenkbar.

Die Entwicklung der politischen Beziehungen unter den einzelnen italienischen Königen und Herrschern arbeitete für die Gemäßigten. Diese Gruppe sammelte sich zunächst um die Zeitschrift *Il Conciliatore* (Mailand 1818) und nach deren Verbot um die *Antologia* (Florenz 1821), in der eine beachtliche meinungsbildende Diskussion um die nationale Zukunft Italiens geführt wurde, ohne jedoch die Legitimität des Königtums in Frage zu stellen. Es ging primär darum, die Unabhängigkeit Italiens von Österreich zu erreichen, und keineswegs um notwendige Sozialreformen, wie sie zu diesem Zeitpunkt von Mazzini in seinen Schriften erörtert wurden.

Der erste Vorschlag, den die Partei der Gemäßigten für die

politische Zukunft Italiens machte, kam aus dem Exil, von Gioberti. In seinem in Brüssel geschriebenen und veröffentlichten Buch *Del primato morale e civile degli Italiani* (1843, Über den moralischen und kulturellen Vorrang der Italiener) schlägt er die Schaffung eines geeinigten Italien unter der Oberhoheit des Papstes und der Verwaltung einer klerikalen und weltlichen Aristokratie vor. Das Buch wurde stark diskutiert; besonders wurde die Rolle der klerikalen Aristokratie von den anderen Gemäßigten abgelehnt, so daß sich der Verfasser in der zweiten Auflage davon distanzierte und nunmehr für eine Rückkehr der Laien à la Alessandro Manzoni zur Religion und zur Kirche plädierte, d. h. für eine weltliche Öffnung der Kirche.

Der Politiker und Pragmatiker Cesare Balbo, der auch zu den Gemäßigten zählte und sich in seinem Werk *Speranze d'Italia* (1843, Italiens Hoffnungen) gegen die „historische" Notwendigkeit einer politischen Herrschaft des Papstes über Italien aussprach, vertrat für die Erreichung der Unabhängigkeit Italiens die These eines Bündnisses mit „dem Hauptfeind der Freiheit Italiens", wobei Österreich, um seine Balkanpolitik ungestört fortsetzen zu können und sogar im Westen freie Hand zu haben, das italienische Angebot möglicherweise angenommen hätte. Diese These wurde jedoch als unbrauchbare Utopie verworfen, sein Buch spöttisch in „Hoffnungen eines Verzweifelten" umbenannt. Die Diskussion, die durch Beiträge anderer prominenter Gemäßigter, wie Massimo D'Azeglio und Giuseppe Durando, geführt wurde, zeigt dem heutigen Leser, wie komplex und schwierig es war, die von allen Parteien und Gruppierungen gewollte Unabhängigkeit und Freiheit Italiens so zu begründen, daß ein gemeinsames politisches Handeln möglich wurde.

Gewiß, eine mystifizierende Tradition des *Risorgimento* wollte die Ereignisse später so darstellen, als sei die Einheit Italiens allein durch die *Guerre d'Indipendenza* (Unabhängigkeitskriege) erreicht worden, die von Piemont-Sardinien erfolgreich gegen Österreich geführt worden waren – mit dem Ziel, den Anspruch des Königs von Piemont-Sardinien auf ganz Italien zu legitimieren. Demgegenüber ist aber zu betonen, daß es primär um die Verteidigung der politischen und wirtschaftlichen Interessen und die Macht der einzelnen Staaten innerhalb

Italiens ging, auch um die Wahrung der wirtschaftlichen Interessen der gesellschaftlich maßgebenden Schichten innerhalb der einzelnen Staaten. Heute läßt sich das *Risorgimento* ohne weiteres als Hegemoniekampf unter den damaligen italienischen Staaten begreifen, wobei Österreich als Herrscher über Lombardei-Venetien einer der Mitstreiter um die Hegemonie über ganz Italien war. Dies zeigt auch der im Grunde genommen sehr realistische Vorschlag Balbos, der die Einigung Italiens aus der Sicht eines Piemontesen sah, anders als ein gemäßigter Gioberti, der sich weder von der Kirche noch vom Papst frei fühlte.

Die Wahl des liberalen und zunächst gegen Österreich eingestellten Kardinals Mastei-Ferretti zum Papst Pius IX. (1846) schien den neuwelfischen Traum von Gioberti zu erfüllen. Die Erwartungen, die Gioberti mit seinem Buch und die Partei der Gemäßigten mit ihrer Diskussion über die Zukunft Italiens wachgerufen hatten, wurden jetzt von den Anhängern des Papstes auf diesen selbst projiziert. Als er bei seinem Amtsantritt die vorgesehene Amnestie für politische Gefangene erließ, wurde dies als Zeichen für den Beginn einer neuen Ära aufgefaßt. Der Papst sah sich immer mehr zu politischen Zugeständnissen gezwungen: Lockerung der Zensur, Gewährung von mehr Raum für die Laien in der Staatsverwaltung des Kirchenstaates, Gründung einer Zivilgarde. Ähnlich erging es kurz danach (1847) dem Großherzog Leopold von Toskana und Karl-Albert von Piemont-Sardinien. Ferdinand I., König von Neapel und beider Sizilien, war am Anfang dieser Masseneuphorie als einziger nicht pro-österreichischer Herrscher zu keiner Konzession bereit, wurde aber durch einen Aufstand in Palermo (1848), der sich sehr bald auf ganz Sizilien ausdehnte, gezwungen, sich als erster in Italien zu einer konstitutionellen Monarchie zu bekennen.

Diese von den Gemäßigten sehr geschickt ausgenützte Begeisterungswelle zwang den Papst, den Großherzog und Karl-Albert, das gleiche zu tun. In Wirklichkeit blieb ihre Macht unangetastet, denn trotz der neuen *Statuti* (Verfassungen) sollten die neuen Rechte der Bürger erst durch Gesetze festgelegt werden. Die Tatsache, daß die Könige – anders als während der vorangegangenen Aufstände – reagierten, ist nicht nur dadurch zu erklären, daß sich die Kampfstrategien der fortschrittlichen Gruppierungen geändert hatten; sie ist auch darauf zurückzuführen, daß es ihnen günstiger erschien, Versprechungen verfassungsmäßiger Art auf sich zu nehmen, als Österreich in Italien intervenieren zu lassen, was bedeutet hätte, dessen Vormachtstellung zum zweiten Mal offiziell anzuerkennen. Obwohl Österreich seine militärische Präsenz im venezianisch-lombardischen Reich verstärkt hatte, kam es in keinem der Staaten mit den neuen Verfassungen zum Einmarsch österreichischer Truppen. Als bekannt wurde, daß in Wien und anderen Teilen Österreich-Ungarns Unruhen ausgebrochen seien und die österreichische Militärführung in Italien dadurch verunsichert wurde, nutzten Mailand und Venedig sogar die Gelegenheit, um sich von den Besatzungstruppen zu befreien.

Angesichts der bisher dargestellten Kämpfe, Strategien und Überlegungen zur Einigung Italiens läßt sich zusammenfassend sagen, daß das Problem der territorialen und politischen Einheit des Landes als eine Frage der Unabhängigkeit Italiens von fremder Herrschaft, als Hegemoniekampf unter den italienischen Staaten und als Neugestaltung der Rolle des Papstes in der italienischen Gesellschaft zu deuten ist.

Während Giuseppe Mazzini und seine republikanische Bewegung die totale politische Erneuerung eines geeinigten Italien in Form einer nationalen Republik anstrebten, teilten die zahlreichen Gruppierungen der *Liberali-Moderati* mit diesen nur das Prinzip der Unabhängigkeit Italiens vom Ausland und beschäftigten sich im übrigen mit der Zukunft der italienischen Kirche. In der Tat ließ sich die Frage der Stellung der Kirche weder durch den Hegemoniekampf zwischen den italienischen Staaten lösen noch auf ein rein religiöses Problem reduzieren. Seit der letzte unabhängige italienische Staat des *Rinascimento* die Idee einer nationalen Einheit des Landes aufgegeben hatte, war die Kirche zur Hüterin der nationalen Identität des italienischen Volkes geworden und hatte diese jahrhundertelang verkörpert. Noch im 19. Jahrhundert war sie die einzige überstaatliche Einheit, die das Land hatte und mit der es sich identifizieren konnte, wie die Bewegung der *Sanfedisti* von Kardinal Ruffo gegen Napoleon gezeigt hatte.

Die moralische Autorität des Papstes war oberstes Gesetz in Italien, das auch von den italienischen Königen anerkannt und befolgt werden mußte. Die Säkularisierung eines italienischen Nationalstaates schien den *Liberali-Moderati* nicht möglich zu sein; sie entschieden sich deshalb für eine Konföderation aller Staaten Italiens unter der geistigen Führung des Papstes.

Nun hatte aber der moderne Staat unter Napoleon gezeigt, wie politisch schwach die Stellung des Papstes gegenüber den modernen Nationalstaaten geworden war und wie sich staatliche Interessen gegenüber kirchlichen durchsetzten. Das Beharren der Kirche auf ihrer territorialen Integrität sollte im Laufe des *Risorgimento* die Position der katholischen Patrioten und die Beziehungen zwischen Befürwortern des Nationalstaates und dem Papst zusätzlich erschweren.

f) Gegen Österreich für die Piemontisierung Italiens

Die veränderte militärische und politische Lage in den Gebieten des venezianisch-lombardischen Königreichs nach 1848 stellte die italienischen Patrioten und Staatsoberhäupter erneut vor die Notwendigkeit, Italien in irgendeiner Form von der österreichischen Macht zu befreien. Während sich die Republikaner und darunter vor allem die *Mazziniani* (Mazzini-Anhänger) für eine *Guerra di Popolo* (Volkskrieg) aussprachen, um die Rückkehr Österreichs zu verhindern, traten die *Liberali-Moderati* für eine diplomatische Lösung des Konflikts ein. Für Karl-Albert, König von Piemont-Sardinien, war das Problem vielschichtiger. Seit seinem Amtsantritt war seine Außenpolitik geprägt durch den Willen, seinem Königreich eine beherrschende Stellung unter den italienischen Staaten zu sichern. Die hierfür notwendigen ökonomischen, politischen und teilweise militärischen Voraussetzungen waren bereits geschaffen. Mit seiner zwischen Frankreich und Österreich pendelnden Bündnispolitik hatte er sein Königreich in die europäische Politik integriert, während Handelsverträge mit Großbritannien und Irland den Anschluß an die internationale Wirtschaft sicherten, auch wenn sein Staat erst am Anfang der Industrialisierung stand. Die unter ihm ausgearbeiteten und erlassenen Gesetzbücher und die Verfassung von 1848 hatten zur Bildung einer stabilen und königstreuen Staatsverwaltung geführt und ihm die Loyalität der Adligen und des Bürgertums eingebracht. Ferner konnte er auf eine lange, glorreiche militärische Tradition seiner Dynastie bauen. Somit waren die Grundelemente des modernen Staates erfolgreich eingeführt worden.

Karl-Albert, der in die Mythologie des *Risorgimento* als der *Re Tentenna* (der ständig zaudernde König) eingegangen ist, war in Wirklichkeit fest entschlossen, aus Piemont-Sardinien eine Macht mit entscheidendem Gewicht bei der Gestaltung der Zukunft Italiens zu machen. Die politisch sehr bewegte europäische Lage von 1848 bot ihm dem Ausland, den Parteien seines Landes und der italienischen Öffentlichkeit gegenüber die willkommene Gelegenheit, seine Politik der Piemontisierung Italiens zu erproben. Militärisch brachte sie ihm wohl zwei kurz aufeinanderfolgende Niederlagen gegen Österreich, gleichzeitig gelang es ihm jedoch, jegliche weitere Entwicklung der republikanischen Bewegung in Mailand, Venedig und Rom, wo nach der Flucht des Papstes von Giuseppe Mazzini die *Repubblica Romana* ausgerufen worden war, zu verhindern und damit einer möglichen Verstärkung der republikanischen Bewegung in seinem Land zuvorzukommen. Seine Abdankung im Jahr 1849 war ein Kompromiß aus der Sicht der europäischen Politik und ließ seinem Sohn Viktor Emanuel II. den Weg zur Hegemonie offen. Die reaktionären Zustände in den anderen Staaten Italiens trugen schließlich wesentlich dazu bei, daß die politische Entwicklung Italiens schon während des Jahrzehntes vor der Einigung im Grunde mit dem politischen Handeln des neuen Königs von Piemont-Sardinien und seines diplomatisch hochbegabten Ministerpräsidenten Camillo Cavour übereinstimmte.

Mit der Ablösung des Ministerpräsidenten D'Azeglio (1852) durch Cavour änderten sich die Grundlinien der savoyischen Politik nicht, sie gewannen nur an Klarheit und Entschlossenheit. Als Vertreter des Großbürgertums des Nordens, dessen ökonomische Interessen sehr stark mit denen des Adels verflochten waren, setzte sich Cavour gleich am Anfang seiner politischen Tätigkeit für eine Modernisierung der Landwirtschaft und der Verkehrswege ein. Die nationale Frage war für ihn ein Problem, das primär innerhalb Europas mit den Mitteln der Diplomatie, aber auch des Handels bzw. der wirtschaftlichen Zusammenarbeit zu lösen war. Seiner Überzeugung nach sollte Piemont-Sardinien als erster Staat Italiens auf europäisches Niveau gehoben werden. Dann würde es als politisches und ökonomisches Zentrum am ehesten die Einigung ganz Italiens erreichen können. Dies erklärt die Freihandelspolitik und die Handelsverträge von Piemont-Sardinien mit England, Frankreich, Belgien und sogar mit Österreich sowie die aktive Rolle der königlichen Armee im Krimkrieg (1853–1856). Sie brachten dem Königreich zwar nicht den erhofften territorialen Gewinn, gaben Cavour jedoch die Möglichkeit, die Loyalität Piemont-Sardiniens unter Beweis zu stellen, und lieferten ihm die diplomatischen Mittel, mit denen Napoleon III. für einen erfolgreichen Eintritt in den Krieg gegen Österreich (1859) an der Seite Italiens zu gewinnen war.

Im Inland bemühte sich der Piemonteser Staatsmann, der Westeuropa besser kannte als Italien und sich der französischen Sprache bediente, erfolgreich um den Aufbau einer pro-monarchistischen Bewegung um die *Società Nazionale* (1857). Ziel dieser *Società Nazionale* war die Lösung der nationalen Frage unter Wahrnehmung der Interessen des Hauses Savoyen und der oberen Schichten ganz Italiens. Durch energisches Eingreifen in die Privilegien der Kirche in Piemont-Sardinien setzte sich Cavour gegen den König für das Ansehen des Köngreiches durch und gewann viele Republikaner des Turiner Parlaments und der übrigen italienischen Staaten, in denen die Kirche unter der Restauration ihre alte Machtstellung erneuert hatte.

Cavours vielschichtige Politik und das Eintreten des Königs für die Verwirklichung der Verfassungsgrundsätze Karl-Alberts von 1848 führten zu unmittelbaren Erfolgen:

- Der *Partito d'Azione,* 1835 von Mazzini gegründet und 1859 von Giuseppe Garibaldi wiederbelebt, wurde zurückgedrängt und verlor weitgehend seinen Einfluß auf die nationale Politik,
- die durch patriotische Aufstände befreiten Staaten Mittelitaliens schlossen sich durch Volksabstimmung an Piemont-Sardinien an,

– der alte Konflikt zwischen *Guerra di Popolo* (Volkskrieg) und *Guerra Regia* (Königskrieg) für die Einigung Italiens wurde beigelegt: Garibaldi befreite 1860 durch seine militärische *Spedizione dei Mille* (Zug der Tausend) den Süden von den Bourbonen und übergab ihn in Teano (Kampanien) Viktor Emanuel II.

Dieser war von Turin aus mit seiner Armee durch die Gebiete des Kirchenstaates marschiert, um einen Bürgerkrieg im Süden zwischen Republikanern wie Garibaldi und Anhängern des Königs zu vermeiden, nachdem sich gegen die Erwartung der Garibaldiner Sizilien und der Süden in einem Referendum für den Anschluß an Piemont-Sardinien ausgesprochen hatten. Die Garibaldiner, zur Mehrheit Republikaner, hatten selbst zu dieser Entwicklung beigetragen, indem sie gegen die Bauern, die auf eine Aufteilung des Großgrundbesitzes gehofft hatten, militärisch vorgegangen waren. Der soziale Frieden war der Preis, der von Cavour an die oberen Schichten des Südens bezahlt worden war, um sie von den Bourbonen zu trennen und für das Haus Savoyen zu gewinnen.

Ein Mitglied des sizilianischen Adels, Giuseppe Tomasi di Lampedusa, formulierte in seinem vielgelesenen, 1957 posthum erschienenen historischen Roman *Il Gattopardo* (Der Leopard) die piemontesische Strategie der Einigung Italiens folgendermaßen: „Sie haben alles geändert, um alles beim alten zu lassen."

Am 28. Februar und am 17. März 1861 wählte das Turiner Parlament, dem inzwischen Vertreter ganz Italiens angehörten, Viktor Emanuel II. zum „König von Italien". Am 30. März erfolgte die Anerkennung durch Großbritannien und im Juni die durch Frankreich, letztere jedoch mit Vorbehalten, die die Einverleibung von Gebieten des Kirchenstaates betrafen. Für die territoriale Einigung Italiens fehlte zu diesem Zeitpunkt noch Venetien, das 1866, nach zwei verlorenen Schlachten gegen Österreich, Italien durch diplomatische Verträge zugesprochen wurde, und Rom, das 1870 von den Truppen des königlichen Generals Cadorna besetzt und zur Hauptstadt des Königreichs erklärt wurde.

So wurde der alte Traum der *Repubblicani-Radicali* von einem geeinten Italien paradoxerweise von einem König erfüllt.

2. Der Aufbau des Nationalstaates (1861–1901)

a) Chronologischer Überblick

1865	Einführung des zentralistischen Verwaltungssystems von Piemont-Sardinien in ganz Italien.
1866	Dritter erfolgloser Unabhängigkeitskrieg gegen Österreich.
1870	Militärische Besetzung von Rom, das Hauptstadt des Königsreichs Italien wird.
1871	Das Parlament siedelt von Florenz nach Rom über. Anfänge der Industrialisierung Italiens.
1874	*Non Expedit:* Verbot politischer Betätigung für Katholiken.
1875	Gründung der *Opera dei Congressi:* erste politische Dachorganisation der Katholikenbewegung. Ausgleich des Staatshaushaltes.
1876	*Rivoluzione Nazionale:* die *Sinistra Storica* löst die *Destra Storica* ab.
1877	Einführung der Schulpflicht durch die *Legge Coppino.* Abschluß des ersten Ausbaus des Eisenbahnnetzes in Italien: 8422 km.
1880	Landwirtschaftskrise im Süden.
1881	Gründung des *Partito Socialista Rivoluzionario di Romagna* durch Andrea Costa.
1882	Die Wahlreform der *Sinistra Storica.* *Triplice Alleanza:* Dreibund zwischen Italien, Deutschland und Österreich.
1882–96	Expansionspolitik Italiens in Afrika.
1886	Arbeitsverbot für Kinder unter 9 Jahren.
1887–94	Francesco Crispi Ministerpräsident: Crispi-Ära.
1889	Strafgesetzbuch *Codice Zanardelli.* Abschaffung der Todesstrafe.
1891	Gründung der Zeitschrift *Critica Sociale* von Filippo Turati, Enzyklika *Rerum Novarum* von Leo XIII.
1892	Gründung des *Partito dei Lavoratori Italiani* in Genua, später *Partito Socialista Italiano* (PSI) um Filippo Turati, Angelo Treves u. a. – Entstehung der *Casse Rurali,* wirtschaftliche Struktur der *Opera dei Congressi.*
1893	Gründung der *Banca d'Italia.*
1893–94	*Fasci Siciliani:* die Armee unterdrückt Demonstrationen von Bauern und Arbeitern in Sizilien.
1896	Erste Ausgabe der sozialistischen Tageszeitung *L'Avanti!*
1898	Gründung der *Cassa Nazionale Previdenza Sociale per Vecchiaia* (Rentenversicherungsanstalt). Blutige Unterdrückung von Arbeiterunruhen in Mailand.
1900	König Umberto I. wird ermordet. Sein Sohn wird zum König Viktor Emanuel III. gekrönt.
1901	Giovanni Giolitti wird Ministerpräsident.

b) Die gesellschaftliche Schichtung des geeinigten Italien

„Zum Zeitpunkt der Einigung entsprach das Volkseinkommen der Italiener nicht ganz einem Drittel dem der Franzosen und nur einem Viertel dem der Engländer. Sehr gering war der Anteil der Industrie am Gesamtvolkseinkommen: nicht mehr als 20,3 % des Bruttosozialproduktes gegenüber 57,8 % der Landwirtschaft und 21,9 % des Handels und Transportwesens sowie des öffentlichen Dienstes. Die italienischen Städte kannten weder bürgerliche noch proletarische Zentren wie die Industriestädte Westeuropas noch ein Stadtbild, das das Industriezeitalter anzukündigen vermochte, obwohl während der ersten Hälfte des 19. Jahrhunderts viele Städte, die bis dahin innerhalb der historischen Stadtmauern gelebt hatten, Anzeichen eines neuen Lebens zeigten. 1861 wohnte kaum ein Fünftel der Italiener in Städten über 20000 Einwohnern." Soweit ein zusammenfassender Überblick von Castronovo über das Königreich Italien zur Zeit seiner Gründung.[1]

Zwanzig Jahre nach seiner Gründung zählte das Königreich Italien 29791000 Einwohner, davon gehörten 54,6 % zur erwerbstätigen Bevölkerung. Die Mehrheit davon, 65,4 %, war in der Landwirtschaft als Landwirte oder Arbeitnehmer tätig. 20,2 % waren Handwerker, sie arbeiteten in kleinen Familienbetrieben und in der Industrie, die zu diesem Zeitpunkt in ihren Anfängen steckte, als sie sich von den landwirtschaftlichen Produktionsverhältnissen zu lösen begann. 14,4 % waren im öffentlichen Dienst und im Handel sowie im Verkehrswesen tätig.[2]

Die führende ökonomische Schicht war nach wie vor das Bürgertum. Es trat sowohl in der Landwirtschaft als auch im Handel und in den ersten Industriebetrieben als Unternehmer auf. Geographisch gesehen konzentrierte es sich vorwiegend im Norden, d. h. in der Po-Ebene.

Die Landwirtschaft, die anteilmäßig im ganzen Land die Hauptquelle des Gesamtvolkseinkommens darstellte, wurde in sehr verschiedenen Produktionsformen betrieben, so daß unter der landwirtschaftlich tätigen Bevölkerung sehr starke Einkommens- und Produktionsunterschiede zu verzeichnen waren. Während im Norden nach kapitalistischer Arbeitsweise produziert wurde, praktizierte man in der Toskana grundsätzlich die *Mezzadria* (Halb- oder Teilpacht), und im Süden wiederum zogen es die bürgerlichen, kirchlichen und adligen Großgrundbesitzer vor, ihre Ländereien zu verpachten. Entsprechend sah auch die Schichtung der dort beschäftigten Bevölkerung aus.

Im Norden gab es festangestellte Arbeitskräfte, d.h. ganze Familien, die vorwiegend in Naturalien entlohnt wurden; ferner Tagelöhner, die man nur nach Bedarf einstellte und die deswegen eine große Mobilität haben mußten. Im *Mezzadria*-system verpflichteten sich der *Mezzadro* und seine Familie, das Land zu bestellen, und teilten die landwirtschaftlichen Produkte zu ungefähr 50% mit dem Gutsbesitzer. Im Süden bezahlten die Bauern dem Großgrundbesitzer oder einem Mittelsmann, der das Land für sie verwaltete, Pacht und wurden vom Verpächter oft auch noch für andere Dienste in die Pflicht genommen.

Neben dieser abhängigen Form der Landwirtschaft gab es noch Familienbetriebe. Diese waren durch den Anschluß Italiens an das europäische Freihandelssystem und die Abschaffung des Binnenzollsystems einer sehr starken Konkurrenz ausgesetzt. Durch zusätzliche Steuern, wie die *Tassa sul Macinato* (Mahlsteuer), wurden selbständige Kleinbauern zum Verkauf ihrer Betriebe bzw. zur Auswanderung gezwungen, die von 1861 bis 1921 ständig zunahm und folgende Durchschnitte aufwies: 1861–71: 121040; 1871–1880: 117596; 1881–1890: 187920; 1891–1900: 282476; 1901–1910: 602669; 1911–1920: 282807.[3] Neben Landarbeitern, Tagelöhnern, Halbpächtern und Pächtern gab es auch noch andere Beschäftigte in der Landwirtschaft, die aufgrund der sehr verschiedenartigen Arbeitsverhältnisse nicht einer einheitlichen Kategorie zugewiesen werden können. Sehr stark war auch die Gruppe der *Campieri* (Aufseher) und der *Caporali* (Vermittler), die zwar im Dienst der Großgrundbesitzer standen, praktisch jedoch auf Kosten der Bauern lebten. Einige solcher Berufe, wie in Apulien der *Caporale,* haben sich bis heute erhalten.

Fast unmöglich ist es, im letzten Drittel des 19. Jahrhunderts von einer Arbeiterklasse zu sprechen, obwohl Webereien und Spinnereien eine beachtliche Industrialisierung erlebt hatten und die ersten Industrieanlagen bereits errichtet waren. In den Textilfabriken arbeiteten vorwiegend Frauen, Männer dagegen nur in den Monaten, in denen in der Landwirtschaft nicht so viele Arbeitskräfte benötigt wurden. Viele der Fabrikarbeiter rekrutierten sich aus der bürgerlichen Schicht der Handwerker, die in dieser Zeit stark zurückging.

Der Unternehmer selbst war mehr Händler als Arbeitgeber, sofern er Aufträge für die kleinen Familienbetriebe besorgte, erteilte und sie mit Rohstoff belieferte. Gerade diese Schicht der Händler gewann durch den Anschluß an Europa und die Schaffung eines größeren Binnenmarktes an Stärke; sie bildete die immer breiter werdende Schicht des kleinen und mittleren Bürgertums. Beim Großbürgertum gab es allerdings auch Händler.

Das intellektuelle Kleinbürgertum, das Angestellte für den privaten und staatlichen Bereich stellte, erlebte durch die Industrialisierung und vor allem durch die Reorganisierung der Verwaltung auf nationaler Ebene einen Zuwachs. In diesen Bereich strömten auch viele Bauernsöhne, die durch ihren Eintritt in den Dienst der Armee, der Polizei oder der Kirche ihren bäuerlichen Status aufgeben konnten.

Zu bemerken bleibt noch, daß zwischen den obersten Schichten des Königreiches keine festen Grenzen gezogen werden konnten, da die in Bewegung befindliche Entwicklung des Landes und der langsame Abbau der Adelsprivilegien zu einem Osmoseprozeß zwischen Großbürgertum und Adligen führten, wie dies etwa von dem Schriftsteller Leonardo Sciascia an der Geschichte der sizilianischen Unternehmerfamilie Florio exemplarisch dargestellt wird.[4]

Gerade in der Zeit der beginnenden Industrialisierung arbeiteten Bankiers, darunter einige Ausländer, bürgerliche und adlige Großgrundbesitzer und Kaufleute in die gleiche Richtung und mit denselben Zielen, die die Arbeitswelt und die italienische Gesellschaft der Jahrhundertwende neu gestalten sollten.

Hier eine tabellarische Übersicht über die Entwicklung der Arbeitswelt in Italien zwischen 1861 und 1921 (Zahlen in Tausend).[5]

	Einwohnerzahl	*Erwerbstätige Bevölkerung*		*Männer*	*Frauen*
1861	26328	15665	59,5%	9368	6297
1871	28151	16093	57,2%	9857	6236
1881	29791	16271	54,6%	10349	5933
1901	33778	16928	50,1%	11514	5414
1911	36921	17781	48,2%	12501	5280
1921	37856	17800	47,0%	12549	5251

	Landwirtschaft, Jagd, Fischerei		*Industrie*		*Verschiedenes*	
1861	10827	69,7%	2806	18,1%	1902	12,2%
1871	10527	67,5%	3051	19,2%	2125	13,3%
1881	10527	65,4%	3248	20,2%	2315	14,4%
1901	10301	61,7%	3716	22,3%	2678	16,0%
1911	10211	58,4%	4152	23,7%	3134	17,9%
1921	9731	55,7%	4338	24,8%	3399	19,5%

c) Die Anfänge der Industrialisierung

Auch in Italien sind die Anfänge der Industrialisierung dadurch gekennzeichnet, daß sich eine Anzahl der in der Landwirtschaft tätigen Arbeitskräfte verselbständigt und neue Arbeitsbereiche und Arbeitsverhältnisse entstehen. Die „Nebentätigkeiten" der Bäuerinnen wie Verarbeitung von Wolle, Baumwolle, Hanf und Seide hatten schon lange vor der Einigung Italiens eine einfache, aber solide Industrialisierung eingeleitet. 1861 waren in der Lombardei die ersten mechanischen Baumwollspinnereien in Betrieb genommen worden. 1824 wurden in Mailand die Jacquard-Webstühle hergestellt, und 1842 zählten die ersten 26 größten Baumwollspinnereien in der Lombardei durchschnittlich 3500 mechanische Spindeln. Gleichzeitig wurden aber Wolle und Baumwolle weiterhin nach traditionellen Methoden verarbeitet, während Seide, der wichtigste Rohstoff für die entstehende Textilindustrie, zur Weiterverarbeitung nach Frankreich, England und Deutschland exportiert wurde.

Wie dieser Industrialisierungsprozeß gleichzeitig als Veränderungsprozeß einer Gesellschaft vonstatten ging, läßt sich anhand der Verlaufsdauer und der Intensität der Loslösung der neuen Arbeitsverhältnisse von der Landwirtschaft sowie der Industrialisierung der letzteren darstellen. In Italien hatte sich dieser Prozeß später und langsamer als in anderen europäischen Ländern vollzogen. Die Gründe dafür liegen in der politischen Zersplitterung des Landes und der Wirtschaftspolitik der einzelnen Staaten, die mit ihrem starren Zollsystem und ihrer undurchsichtigen Besteuerung die Schaffung eines Binnenmarktes, der die notwendige Voraussetzung für die Entstehung der Industrie wäre, bis zur politischen Einigung Italiens verhinderten. Hinzu kam der Mangel an Rohstoffen. Der wichtigste Grund war wohl die verspätete Beschaffung des für die Investitionen notwendigen Kapitals sowie die restriktive Kreditpolitik der jungen Banken Italiens. Auch spielte die Verzögerung in der Wiederbelebung des Handels und in der Schaffung eines Arbeitsmarktes eine wichtige Rolle.

Die Verspätung, mit der die Industrialisierung Italiens begonnen hatte, war nicht ohne schwerwiegende Folgen geblieben. Schon gleich zu Anfang wurde in Italien ausländisches Kapital aus Frankreich, aus der Schweiz und Deutschland investiert, und auf der Basis des Freihandels wurden Handelsabkommen geschlossen, die gleichzeitig eine Hilfe und ein Hindernis für die Entwicklung der italienischen Industrie waren. Wenn 1861 Italien durch seine Freihandelspolitik in die europäische Wirtschaft integriert wurde, so wurde zur selben Zeit unmöglich gemacht, daß die Wirtschaft des Südens der Konkurrenz billiger ausländischer Industrieprodukte entgegentreten und seine Unterentwicklung im Vergleich zum Norden überwinden konnte. Im Norden, wo die Industrie bereits konkurrenzfähig war, konnte die Industrialisierung weiter vorangetrieben werden, z. B. in der Seidenproduktion, die nunmehr in Italien bis zur Endverarbeitung ging, und in der Landwirtschaft und Tierzucht.

Bevölkerung und Arbeitslage in Italien (1881–1911) in Prozenten:[6]

	1881			1901			1911		
	Männer	Frauen	Gesamtheit der Bevölkerung	Männer	Frauen	Gesamtheit der Bevölkerung	Männer	Frauen	Gesamtheit der Bevölkerung
Landwirtschaft, Jagd, Fischerei	48,9	27,5	34,2	51,5	24,9	38,1	47,4	21,7	34,2
Industrie	23	17,3	20,1	24,6	10,7	17,4	28	10,3	18,9
Handel	4	1,2	2,6	4,8	1,2	3	5,1	1,4	3,2
Priv. u. öffentl. Verwaltung	3,3	0,1	1,6	3,4	0,1	1,7	3,8	0,1	1,9
Kultur u. freie Berufe	2,4	0,8	1,6	2,1	1	1,6	2,2	1	1,6
Hausangestellte	2,3	3,6	3	1,3	3,3	2,3	0,7	2,9	1,8
Nichtbeschäftigte	16,1	49,5	32,9	12,3	58,8	35,9	12,8	62,6	38,4
Insgesamt	100	100	100	100	100	100	100	100	100

Aber schon 1887, d.h. nach der ersten großen Agrarkrise, die 1880 durch den Import billigen Getreides aus Amerika ausgelöst worden war, gaben die Wirtschaftsexperten ihre Vorliebe für den Freihandel auf und setzten sich für neue Zölle ein, um Italiens Industrieproduktion sowie die Preise für Getreide und Handarbeit zu schützen. Wenn heute Historiker und Wirtschaftswissenschaftler sich darüber einig sind, daß die Mittel für die Industrialisierung Italiens aus der Landwirtschaft kamen, so begründen sie die Strategie der Akkumulation des Kapitals aber mit verschiedenen Daten und einander widersprechenden Faktoren. So gibt es zu diesem Problem drei Hauptthesen:

Am Beginn der Diskussion steht Emilio Sereni mit seinem erfolgreichen Buch *Il capitalismo nelle campagne* (1947, Der Kapitalismus auf dem Land), in dem er unter anderem die These vertritt, daß der Verzicht der *Sinistra Storica* (historische Linke, siehe nächster Abschnitt) auf die notwendige und auch von den Bauern gewollte Agrarreform und die weitgehende Proletarisierung der Bauern, die den Jahren der nationalen Einigung folgte, der hohe Preis für die Industrialisierung Italiens gewesen seien.

In seinem Buch *Risorgimento e Capitalismo* (1959, Risorgimento und Kapitalismus) stimmte Rosario Romeo der These Serenis von der Verarmung der Bauern und ihrem Beitrag zur Akkumulation des Kapitals zu; er vermerkt aber, daß eine Aufteilung der Ländereien (Agrarreform) unter den Bauern die

Agrarproduktion stärker belastet hätte; hingegen habe die Beibehaltung der Besitz- und Verteilungsverhältnisse zu einer starken Entwicklung der landwirtschaftlichen Intensivproduktion in den ersten zwanzig Jahren nach der Einigung geführt und damit die Akkumulation des Kapitals für den *Decollo Industriale* (Anlaufen der Industrialisierung) gesichert.

Eine dritte Theorie wurde 1975 von Valerio Castronovo in Band IV, Teil 1 der *Storia d'Italia Einaudi* (Geschichte Italiens Einaudi) aufgestellt. Er verbindet Serenis Argumente bezüglich der verpaßten Agrarreform mit Thesen, die Alexander Gerschenkron in den *Osservazioni sul saggio di sviluppo industriale dell'Italia 1881–1931* (1965, Anmerkungen zum Satz der Industrieentwicklung in Italien 1881–1931) erläutert hat, und widerlegt anhand weiterer wirtschaftlicher Daten Romeos These. Castronovo stimmt mit Romeo zwar darin überein, daß die Landwirtschaft einen Zuwachs registriert habe, betont aber, daß dieser nicht durch eine qualitativ stärkere Entwicklung der Produktion, sondern durch die Bebauung weiterer bis dahin ungenutzt gebliebener Ländereien und Verbesserungen auf den Gütern auf Kosten der Bauern erfolgt sei.

Indirekt wird hier auch gegen die These einer italienischen *Via Prussiana* (preußisches Modell) argumentiert, nach der die Industrialisierung eines Landes, in unserem Fall Italiens, durch die wirtschaftliche Zusammenarbeit der Großgrundbesitzer mit dem Bürgertum, das durch den Handel die Akkumulation des erforderlichen Kapitals vollzogen hat, zustande komme. Da für Italien im 19. Jahrhundert die Zeit der *Repubbliche Marinare* (Seerepubliken)[7] nur noch eine traurige Erinnerung war, müsse die Herkunft der Investitionen in anderen Produktions- und Wirtschaftsbereichen gesucht werden. Sicherlich kam der größte Teil der Investitionen aus der Landwirtschaft erst nach der Krise von 1880. Einige Industrieinvestoren hatten sich durch staatliche Aufträge für die Rüstung und den Ausbau des Straßen- und Eisenbahnnetzes als finanzkräftige Unternehmer etabliert, was in den Jahren nach der Einigung vom König und der königlichen Regierung stark gefördert worden war und zu einer Reihe von Bankskandalen, Bauspekulationen und auch zur Zerstörung von Stadtbildern führte.[8]

Nicht zu unterschätzen war in den letzten zwanzig Jahren des 19. Jahrhunderts der Anteil des ausländischen Kapitals, insbesondere in der Schwerindustrie, sowie der Kreditinstitute, die immer mehr den Charakter und die Funktionen europäischer Kreditanstalten annahmen. Erst die Erweiterung der vorhandenen Industriezweige um die Schwerindustrie bedeutete für die italienische Industrie um die Jahrhundertwende den endgültigen *Decollo* (Start), nachdem im Jahre 1887 die italienische Regierung ihrer Begeisterung für den Freihandel ein Ende gesetzt und durch ein neues Zollgesetz den Binnenmarkt den italienischen Erzeugnissen gesichert hatte. Zudem hatte die Eröffnung des Suez-Kanals im Jahre 1869 die italienischen Häfen für den Welthandel wieder konkurrenzfähig gemacht.

Es sollten noch Jahrzehnte vergehen, ehe in Italien jene Industrielandschaft entstehen konnte, die Italiener wie Cavour von ihrem Aufenthalt in England, Frankreich und der Schweiz kannten und sich für Italien so sehr wünschten, um dem Lande auch äußerlich ein europäisches Aussehen zu geben. Während sich am Anfang des 20. Jahrhunderts die Grenzen des *Triangolo Industriale*, des Industriedreiecks Mailand-Turin-Genua, definitiv abzeichneten, entwickelte sich auch die Industrie im Nordosten und in Mittelitalien gleichmäßig weiter, auch wenn das *Triangolo Industriale* das Hauptgebiet der Schwerindustrie geblieben ist.

Für den *Mezzogiorno* (Süden) hielt man an der sehr früh ins Leben gerufenen Politik staatlicher Subventionen fest (1901) und baute später in der zweiten Hälfte des 20. Jahrhunderts einzelne Industriekomplexe auf, die von der Bevölkerung *Cattedrali nel Deserto* (Wüstenkathedralen) genannt werden, da sie mehr zur Veränderung der Landschaft als zur Verbesserung der wirtschaftlichen Lage des Südens beigetragen haben.

d) Questione Meridionale (die süditalienische Frage)

Unter *Meridionalismo* wird eine Anzahl von Analysen, Untersuchungen und Vorschlägen für die wirtschaftliche Entwicklung des Südens und der großen Inseln Italiens zusammengefaßt, die im Laufe eines Jahrhunderts zu einem selbständigen

Bestandteil der sozioökonomischen Politik Italiens geworden sind. Pasquale Villari hat im Jahr 1875 mit seinen *Lettere Meridionali* (Briefen aus dem Süden) damit begonnen, die *Questione Meridionale* und den *Meridionalismo* ernsthaft zu begründen. Um die florentinische Zeitschrift *L'Opinione,* die Villaris Korrespondenz abdruckte, entstand eine erste öffentliche Diskussion über die verschiedenen Aspekte der *Questione Meridionale;* sie beschränkte sich jedoch darauf, die bekannten Mißstände des *Mezzogiorno* hervorzuheben; die Reformvorschläge, die gemacht wurden, waren höchst widersprüchlich.

Durch die Arbeiten von Giustino Fortunato, Napoleone Calojanni, Ettore Ciccotti, Francesco Nitti, Gaetano Salvemini, Luigi Sturzo, Piero Gobetti, Benedetto Croce und Antonio Gramsci erhielt die Erörterung der *Questione Meridionale* eine theoretische Grundlage. Ihr Ursprung wurde untersucht und Vorschläge und Methoden für eine Lösung ausgearbeitet.

Fortunato, der von den geographischen Gegebenheiten, besonders von den Bodenverhältnissen des Südens ausging, widerlegte anhand zahlreicher Daten aus der Wirtschaft der südlichen Region das *Risorgimento*-Märchen von der besonderen, „heruntergewirtschafteten" Fruchtbarkeit des Südens. Fortunato legte der Regierung ein sehr detailliertes Programm vor, das neben dem Ausbau der Verkehrswege und der Strukturen der Güterverteilung (Bau von Straßen, Eisenbahnlinien und Häfen) landwirtschaftliche und spezielle Investitionen vorsah, und forderte eine steuerliche Entlastung der Landwirtschaft. Diese sollte die Bildung eines aufgeklärten ländlichen Mittelstandes ermöglichen und so die notwendige Voraussetzung für die Modernisierung der Landwirtschaft und die vollständige Nutzung der *Feudi* und *Latifondi* (große Güter) schaffen, die im Süden den Großteil des landwirtschaftlichen Besitzes ausmachten.

Der rassistischen These einer naturgegebenen „Minderwertigkeit" der südlichen Bevölkerung, wie sie von Positivisten wie Cesare Lombroso, Alfredo Nicefero, Paolo Orano u. a. im Einklang mit damals verbreiteten Vorurteilen formuliert wurde, stellte Nitti eine politische Begründung der Rückständigkeit des Südens aus der jüngsten Geschichte Italiens entgegen. Nach Nitti hatte das Eingreifen der Piemontesen den Süden daran gehindert, seine beginnende wirtschaftliche Entwicklung fortzusetzen. Nitti begründete seine bis heute sehr umstrittene These der verhinderten Entwicklung des Südens mit der von den Bourbonen jahrzehntelang praktizierten Akkumulationspolitik, die von der Bevölkerung schwere Opfer gefordert und der Modernisierung der Landwirtschaft und des Produktionsapparats das notwendige Kapital entzogen hatte. Nitti, der sich einen Überblick über vierzig Jahre geeintes Italien verschaffen und dabei sehen konnte, daß sich im Süden etwas geändert hatte, auch wenn sich der Abstand zwischen den beiden Teilen des Landes nicht verringert hatte, verlangte nicht die Anerkennung eines Sonderstatus für den Süden (wie Fortunato), sondern forderte eine Aufhebung der „Koloniefunktion“ des Südens und seine Integration in den Industrialisierungsprozeß.

Mit seinem 1899 erschienenen Artikel *Questione Meridionale* legte Salvemini die Grundlinie seines Lebensengagements für den Süden fest. Salvemini nahm die Arbeiten von Fortunato zum Ausgangspunkt, stellte aber fest, daß die *Questione Meridionale* weder durch die erhoffte Investitionspolitik der Regierung noch durch ein Agrarbürgertum zu lösen war. Gleichzeitig polemisierte er gegen Nitti, der nach seiner Ansicht an der Realität des Südens vorbei argumentierte. Mit Salvemini gewann die *Questione Meridionale* eine neue Dimension, indem sie von jeder Rhetorik à la Nitti und utopischen Erwartungen befreit und in die Dialektik der neuen politischen Gegebenheiten Italiens eingebettet wurde. Mit Salvemini gewann auch die Gestalt des *Meridionalista* eine neue Dimension: Er gab die Rolle des engagierten Gelehrten auf und versuchte als Mitglied der sozialistischen Partei, einer Partei, die im Süden kaum Anhänger hatte, für die Lösung der *Questione Meridionale* einzutreten. Seine Überlegungen zur Lage des Südens wurden vorwiegend durch drei historische Faktoren motiviert:

1. durch die ersten Kämpfe der Bauern und Arbeiter um die Verbesserung der wirtschaftlichen Verhältnisse, der Lebensstandards und der Arbeitsbedingungen, die von der italienischen Arbeiterbewegung zwischen 1881 und 1900 geführt worden waren;

2. durch die Feststellung, daß steuerliche Entlastung und

Sondergesetze für Investitionen nicht viel an der Not der Bevölkerung ändern würden, solange die Macht der Großgrundbesitzer unangetastet bliebe bzw. dadurch sogar noch gefestigt würde;

3. durch die politische Bewußtseinsbildung der Bauern im Süden. Sie hatten sich von der Jacquerie und vom *Brigantaggio* (Brigantentum) für König und Papst losgesagt. Das Ziel der Unruhen in Sizilien (1893/94) war die Verbesserung ihrer wirtschaftlichen Lage.[9]

Die Tatsache, daß die Vertreter des Südens im königlichen Parlament stets die Wirtschaftspolitik der Regierung unterstützt hatten und daß Francesco Crispi, ein Mann aus dem Süden, als Ministerpräsident die *Fasci Siciliani* (die Aufstände der Bauernorganisation in Sizilien 1893/94) durch die Armee blutig hatte unterdrücken lassen, war für Salvemini das nicht übersehbare Zeichen, daß das Schema Nord-Süd nicht mehr der Realität der *Questione Meridionale* entsprach. Daher formulierte er seine These: An der Rückständigkeit des Südens sei sowohl die Industrie aus dem Norden als auch die Schicht der Landbesitzer aus dem Süden interessiert, die aus der *Questione Meridionale* primär eine Gesellschaftsfrage machten.

Gegen den *Blocco Agrario-Industriale* (Bündnis von Landwirtschaft und Industrie) sollte nach Salvemini der Widerstand der Bauern in Zusammenarbeit mit dem Industrieproletariat organisiert werden. Auf diesem Hintergrund ist sein Bruch mit der sozialistischen Partei zu verstehen, da diese damals nicht für die Einführung des allgemeinen Wahlrechts eintreten wollte, das nach Salvemini den Bauern und Arbeitern die historische Möglichkeit geben sollte, die Machtverhältnisse in Italien zu ihren Gunsten zu wenden. Die Geschichte sollte durch das Wahlergebnis von 1913 seine optimistische These bzw. seine Hoffnungen auf das politische Bewußtsein der Bauern im Süden widerlegen. Obwohl durch die Bildung der Arbeiterbewegung und der politischen Parteien die Durchsetzung des allgemeinen Wahlrechts angestrebt wurde, war die politische Aufklärung und das Bewußtsein der Bauern gerade im Süden noch nicht so weit fortgeschritten, daß sie sich frei von Ängsten und trotz wirtschaftlicher Abhängigkeit gegen die *Galantuomini* (Honoratioren) und ihre Aufpasser hätten entscheiden können.

In der Entwicklung der Politik der sozialistischen Partei Italiens ist die Erklärung dafür zu suchen, warum gerade Gramsci, der letzte politische *Meridionalista*, die These Salveminis aufgreifen und strategisch so fortführen sollte, daß die heutige soziologische Aktualität der *Questione Meridionale* ohne Gramscis Grundthese, niedergelegt in *Alcuni temi della questione meridionale* (1926, Die süditalienische Frage), nicht denkbar wäre. Nach der im Anschluß an die Russische Revolution eingetretenen Festigung der italienischen Arbeiterbewegung, nach dem Kampf gegen das Aufkommen des Faschismus und dem Erfolg des *Blocco Agrario-Industriale* durch die Machtergreifung des Faschismus war Gramsci klargeworden, daß die *Questione Meridionale* strategisch neu begründet werden mußte. Für Gramsci, der sich als Parteitheoretiker nicht bloß über verschiedene Verbesserungen des Südens Gedanken machte, sondern eine radikale Änderung der italienischen Gesellschaft anstrebte, lag die politische Schwäche des Südens in der *Disgregazione Sociale,* dem sozialen Auseinanderfallen der Bauern und der Intellektuellen. Strategisch war weder zu erwarten noch überhaupt zu denken, daß den Bauern und Intellektuellen allein die Schaffung neuer sozio-ökonomischer und politischer Verhältnisse gelingen würde, so daß Gramsci eine Lösung der *Questione Meridionale* nur darin sehen konnte, daß die Arbeiterklasse dieses Problem zu ihrem Anliegen machte, denn die Arbeiterklasse mußte auf ihrem Weg zur Hegemonie gegenüber anderen gesellschaftlichen Schichten die Funktion der Führung und Lenkung ausüben.[10]

Mit den strategischen Zielsetzungen Gramscis erreicht die *Questione Meridionale* ihren Höhepunkt; gleichzeitig wird der Süden nicht mehr als geographisch begrenztes Problemgebiet behandelt, da nunmehr eine generelle Zusammenarbeit von Stadt und Land postuliert wird.

Obwohl der Faschismus die endgültige Lösung der *Questione Meridionale* feierlich verkündet hatte: „Im neuen Italien beginnt der *Mezzogiorno* südlich von Sizilien“ (Mussolini), ist sie nach dem Zweiten Weltkrieg weiterhin aktuell und Teil des

Programms der italienischen Parteien und der Wirtschaftsprogramme aller Nachkriegsregierungen. Auch außerhalb der Politik von Parteien, Gewerkschaften und Regierung ist die *Questione Meridionale* im heutigen Italien als soziologischer Problemkomplex aktuell geblieben.

e) Eine parlamentarische Tradition wird fortgesetzt: die VIII. Legislaturperiode

Die Wahlen am 27. Januar und 3. Februar 1861, die ersten des geeinigten Italien, wurden nach dem Wahlgesetz vom 17. Dezember 1860 abgehalten, wonach der Einmannwahlkreis auf der Basis eines eingeschränkten Wahlrechts als Wahlsystem vorgesehen war. Wahlbedingungen und Modalitäten wichen kaum von den vorangegangenen Wahlversammlungen des Turiner Parlaments ab. Wahlberechtigt war jeder, der folgende Voraussetzungen erfüllte:

1. italienische Staatsangehörigkeit und Besitz der bürgerlichen und staatsbürgerlichen Rechte,
2. männliches Geschlecht,
3. Vollendung des 25. Lebensjahres,
4. Fähigkeit zu lesen und zu schreiben sowie
5. Zahlung einer jährlichen Steuer von mindestens 40 Lire.

Durch eine zusätzliche Einschränkung waren vorbestrafte Bürger vom Wahlrecht ausgeschlossen. Italien war in 443 Wahlbezirke eingeteilt, wobei jeder Wahlbezirk einen Abgeordneten zu stellen hatte. Der Senat des Königreichs dagegen bestand aus einigen Mitgliedern von Rechts wegen, wie den männlichen Prinzen, sowie aus den vom König auf Vorschlag der Regierung ernannten Senatoren. Ihre Zahl war nicht festgelegt und belief sich auf etwa 400.

Wählbar für die Abgeordnetenkammer war jeder Bürger, der älter als 30 Jahre war und die Voraussetzungen des Paragraphen 40 des *Statuto Albertino* erfüllte.[11] Ein Kandidat galt als gewählt, wenn er im ersten Wahlgang die Hälfte der abgegebenen Stimmen und gleichzeitig ein Drittel der in den Wahllisten eingetragenen Wähler auf sich vereinigte. Falls dieses Ergebnis im ersten Wahlgang nicht erreicht wurde, entschied im zweiten

Wahlgang die einfache Mehrheit der abgegebenen Stimmen. Bei der ersten Wahl von 1861 gab es 418696 Wahlberechtigte, die 1,9% der Gesamtbevölkerung Italiens ausmachten und 443 Abgeordnete nach folgender geographischer Aufteilung wählten:

	Sitze	*Wahlberechtigt*	*Abgegebene Stimmen*
	443	*418696*	*239587*
Nord	39,2 %	39,9 %	34,7 %
Mitte	15,3 %	13,3 %	10,3 %
Süd	32,3 %	30,9 %	36,4 %
Inseln	13,2 %	15,9 %	18,6 %

Die 239587 Wähler des ersten Wahlgangs entsprachen 57,2 % der Wahlberechtigten; da diese nur 0,95 % der Einwohner Italiens ausmachten, ist jede weitere Differenzierung des Wahlergebnisses und jeder Vergleich zwischen den vier geographischen Zonen zwangsläufig bedeutungslos. Aufschlußreicher ist dagegen die gesellschaftliche Zugehörigkeit der neugewählten Parlamentsmitglieder, die einer von ihnen, Baron Petruccelli della Gattina, in seinem Artikel „Die Sterbenden des Palazzo Carignano" (Sitz des Parlaments in Turin) 1862 aufgeschlüsselt hatte. Demzufolge war das erste italienische Parlament mit folgenden Mitgliedern besetzt: „2 Prinzen, 3 Fürsten, 29 Grafen, 23 Marquis, 26 Barone, 50 Komture, 177 Ritter, darunter drei mit dem Orden der *Legione d'Onore*, 135 Rechtsanwälte, 25 Ärzte, 10 Prieser, 21 Diplomingenieure, 4 Admirale, 23 Generale, 1 Prälat, 13 Magistraten, 52 Professoren, ehemalige Professoren oder sich als solche vorstellende, 5 Staatssekretäre, 4 Literaten, 1 Bey aus dem ottomanischen Reich: Herr Paternostro, 2 Vize-Diktatoren, 2 Diktatoren,[12] die 7 zurückgetretenen Mitglieder der Regierung La Marmora, 6 oder 7 Millionäre, 5 Tote, die nicht mehr zählten, 69 Angestellte, 5 Bankiers, 6 Majore, 25 Adlige ohne Titelangabe und dem Maestro Giuseppe Verdi!" Seine Beschreibung beendet er mit der Anmerkung: „Niemals kann behauptet werden, daß unser Parlament ein demokratisches Parlament sei; hier findet man alles, nur nicht das Volk!"[13]

Obwohl, wie schon erwähnt, diese Wahl die erste des geeinten Italien war und damit seine erste Legislaturperiode eingeleitet wurde, erhielt sie den Namen VIII. Legislaturperiode; denn das Turiner Parlament hatte beschlossen, die bisherige Numerierung der Legislaturperioden fortzusetzen.

Der König selbst mochte auf die Tradition des Hauses Savoyen nicht verzichten und trug nach der Gründung des Königreichs Italien weiter den Namen Viktor Emanuel II. Aber weder dieses formelle Festhalten an der Tradition des Hauses Savoyen noch die im *Statuto Albertino* verankerte Vormachtstellung des Königs konnten verhindern, daß sich die in sehr bewegten Zeiten gebildete und noch sehr junge parlamentarische Tradition weiterentwickelte.

Das Turiner Parlament. In den ersten 20 Jahren seines Bestehens hatte sich das *Parlamento Subalpino* auf drei Hauptprobleme konzentriert: die politische und territoriale Lage Italiens, die Überprüfung der Stellung der Kirche in einem modernen Staat und die Anwendung des *Statuto Albertino* durch die entsprechenden Rahmengesetze auf die verschiedenen Bereiche der Staatsverwaltung. Das Parlament, in dem *Liberali, Moderati* und *Democratici* als *Destra* und *Sinistra* saßen, während sich außerhalb die *Repubblicani-Radicali* um Mazzini und seinen *Partito d'Azione* sammelten, begann mit der Zuspitzung dieser ineinandergreifenden Probleme eine erste politische Gestalt anzunehmen, freilich ohne festes Programm und ohne besonderes Gruppenzugehörigkeitsgefühl.

Abgesehen vom Recht des Königs, Gesetze zu sanktionieren, konnte der König auf parlamentarischer Ebene durch die von ihm beeinflußte Zusammensetzung des Senats (Art. 33 des *Statuto Albertino*) indirekt die parlamentarische Arbeit steuern. Viktor Emanuel II. und seine Nachfolger sollten von diesem Recht ständig Gebrauch machen; selbst der Faschismus wagte nicht, es direkt anzutasten.

Unter Viktor Emanuel II. trat die *Destra*, die als Mehrheit im *Parlamento Subalpino* die Regierung stellte, immer entschiedener für eine Politik der territorialen Einigung Italiens gegen Österreich und für eine größere Autonomie des konstitutionellen Staates von der Kirche ein. Als 1850 die Regierung Massimo D'Azeglio durch die *Leggi Siccardi* (Gesetze *Siccardi*) den *Foro Ecclesiastico* (kirchliche Gerichtsbarkeit) abschaffte, bildete sich als Reaktion um Clemente Solaro della Margherita eine Parlamentariergruppe: die *Estrema Destra* (Äußere Rechte), die für die Beibehaltung der kirchlichen Rechte in Piemont-Sardinien stimmte und im Parlament eine pro-österreichische Haltung einnahm. Dies hinderte D'Azeglio aber nicht, seine Politik der Kirche gegenüber fortzusetzen, und 1852 legte er dem Parlament einen Antrag auf Einführung der Zivilehe zur Abstimmung vor. Dieses Mal mußte er zurücktreten, weil die veränderte außenpolitische Lage die Stellung des Königs so weit geschwächt hatte, daß dieser seine gute Beziehung zum Papst nicht gefährden wollte. Er ließ das Parlament wissen, daß er dem Gesetz nicht zustimmen werde. Dort, wo D'Azeglio gescheitert war, sollte sein Nachfolger Camillo Cavour mit einer neuen Regierungsmehrheit Erfolg haben. Die Bildung dieser Regierungsmehrheit, die damals den Namen *Connubio*[14] bekam, war die glänzendste Bewährungsprobe des jungen *Parlamento Subalpino*. Nachdem die *Estrema Destra* der Regierung der *Liberali-Moderati* ihre Unterstützung entzogen hatte, war jede weitere Regierungsbildung nur durch die Überwindung der bis dahin geltenden Parlamentsschemata möglich.

Cavour, Kabinettsmitglied der Regierung D'Azeglio, einigte sich, um einer für das Parlament gefährlichen institutionellen Krise zuvorzukommen, mit Urbano Rattazzi, dem Führer der *Liberali-Democratici*, über eine Koalitionsregierung des *Centro-Destra* mit dem *Centro-Sinistra*. Jener Teil der *Democratici*, der zu diesem Zeitpunkt noch gegen die Monarchie war, darunter Angelo Brofferio, Lorenzo Valerio und Agostino Depretis, lehnte die Koalition ab und konstituierte sich als *Estrema Sinistra* (Äußere Linke).

Mit dem *Connubio* begründete Cavour eine Strategie der Regierungsbildung, die es ihm erlaubte, von 1852 bis 1861, d.h. bis zu seinem Tod, mit einer kurzen Unterbrechung die Politik des *Parlamento Subalpino* zu bestimmen: er erreichte die territoriale Einigung Italiens unter dem Haus Savoyen und die Autonomie des Königreiches Italien der Kirche gegenüber mit der

Formel *Libera Chiesa in Libero Stato* (eine freie Kirche in einem freien Staat). Der Erfolg seiner Politik lag sicherlich in der Stabilisierung der Kräfteverhältnisse im Parlament. Ohne die flankierende Politik einer Schwächung der außerparlamentarischen Kräfte, die in ganz Italien aktiv waren, wäre er jedoch gescheitert.

Die ständigen Bemühungen Cavours, die *Repubblicani* um Mazzini für die Politik des Königs bzw. seine Politik gegen Österreich zu gewinnen, waren nicht selten die wirklichen Voraussetzungen seiner parlamentarischen Tätigkeit. Beispielhaft dafür ist seine Haltung während der sog. *Crisi Calabiana* (Calabiana-Krise, 1855), als Cavour sich für die Abschaffung der kirchlichen Institutionen ohne soziale Aufgabe und für die Veräußerung ihrer Güter einsetzte, um damit der republikanisch-antiklerikalen Öffentlichkeit zuvorzukommen, die aus potentiellen Mitgliedern des *Partito d'Azione* von Mazzini bestand. Bei seinem Versuch, die politischen Strömungen unter Kontrolle zu bringen, verfolgte Cavour sehr aufmerksam die nach dem Mißerfolg von Mailand (1852) sich steigernde Diskussion zwischen *Repubblicani* und *Mazziniani*. Er bewirkte eine Schwächung des *Partito d'Azione*, nachdem er indirekt den Republikanern Daniele Manin, Giorgio Pallavicino und Giuseppe La Farina zur Gründung der *Società Nazionale* (1857) verholfen hatte, die für die Einigung Italiens unter der Führung des Hauses Savoyen eintreten sollten.

Die eigentliche Schwäche des *Partito d'Azione* lag weniger in der Verschiedenheit der Auffassungen über mögliche Strategien als in ihrem strukturellen Aufbau. Nach Gramscis Auffassung hatte Mazzini versäumt, im Kampf um die Einigung Italiens die soziale Komponente zu betonen; er hatte sich nicht bemüht, die Schichten der mittleren und kleinen Intellektuellen mitzureißen, Handwerker und Bauern als mögliche Wähler einer republikanischen Partei anzusprechen und sich gleichzeitig von der Politik Cavours deutlich abzugrenzen. Hinzu kommt seine strategisch unüberlegte Polemik gegen die aufkommende sozialistische Bewegung, die von den unteren Schichten der italienischen Gesellschaft nicht verstanden wurde und dazu führte, daß er ihre Sympathien verlor.

Das Fehlen einer sozialen Komponente im Programm des *Partito d'Azione* erklärt, warum angesehene *Repubblicani* wie Garibaldi, Daniele Manin u. a. ohne weiteres für „Italien und Viktor Emanuel II." eintreten konnten, nachdem sich der König von Piemont-Sardinien offiziell für die Unabhängigkeit Italiens von Österreich ausgesprochen hatte.

f) Das königliche Parlament Italiens

Die 1860 erreichte territoriale und politische Einigung des Landes stellte die politische Elite Italiens und das Parlament vor eine vielschichtige und sehr schwierige Aufgabe. Mit der VIII. Legislaturperiode sollte sich das *Parlamento Subalpino* auflösen und zu einem gesamtitalienischen Parlament werden. Zu diesem Zweck versammelten sich Vertreter aus ganz Italien auf der Grundlage des Wahlergebnisses von 1861.

Zur selben Zeit sollte die neue Nationalversammlung die Richtlinien für eine wirtschaftliche, soziale, kulturelle und gesellschaftliche Integration Italiens ausarbeiten. Der Tod von Cavour sollte diesen Prozeß zwar verlangsamen, jedoch blieben seine Nachfolger (1861–1876) Bettino Ricasoli, Urbano Rattazzi, Luigi Farini, Alfonso La Marmora, Luigi Menabrea, Giovanni Lanza und Marco Minghetti als loyale, aber phantasielose Verwalter seines Erbes seinen Grundsätzen treu, auch dort, wo es notwendig gewesen wäre, davon abzuweichen, wie z. B. zu Anfang der achtziger Jahre, als eine rechtzeitige Aufgabe der Freihandelspolitik der industriellen Entwicklung Italiens manches zusätzliche Hindernis erspart hätte.

1861 war Rom feierlich zur Hauptstadt des Königreichs Italien gewählt worden, stand aber zusammen mit Latium immer noch unter der Souveränität des Papstes; deswegen blieb die *Questione Romana* weiter auf dem Programm der Regierungen nach Cavour. Als zweiter Punkt der Innenpolitik folgte die Unabhängigkeit Venetiens, die nach einem von Österreich verlorenen Krieg bzw. dank dem Sieg Preußens über Österreich 1866 erreicht wurde.

Für die *Destra*, die aus überzeugten, aufgeklärten Katholiken bestand, war die Frage nach der Zukunft der Kirche in Italien wegen der doppelten Natur der Souveränität des Papstes zu einer höchst politischen Entscheidung geworden, die die Handlungen der Regierung stark bremste. Bei der *Sinistra* dagegen plädierten die *Repubblicani* mit Garibaldi an der Spitze für eine militärische Lösung der *Questione Romana*. Mit der unausgesprochenen Einwilligung der Regierung unternahm Garibaldi selbst zwei erfolglose militärische Aktionen (1862 und 1867) gegen die in Rom stationierten französischen Truppen.

Obwohl sich die Nachfolger Cavours an dessen Programm orientierten, wonach die territoriale Souveränität des Papstes zwar eingeschränkt, die Freiheit der Kirche innerhalb des neuen Staates jedoch gleichzeitig garantiert sein sollte, machte die Unnachgiebigkeit des Papstes ihre Bemühungen zunichte. Durch den *Syllabus Errorum* (1864), in der die Moderne restlos verurteilt wurde, durch das I. Vatikanische Konzil, auf dem die Unfehlbarkeit des Papstes zum Dogma erhoben wurde (1870), und durch die Anweisung *Non expedit* (1874), die den italienischen Katholiken verbot, am politischen Leben ihres Staates aktiv teilzunehmen, wurden den antiklerikalen und freimaurerischen Störungen im Parlament gewichtige Argumente für die Gesetze gegen die religiösen Orden und ihren Besitz geliefert. Diese neuen Gesetze unterschieden sich von den vorangegangenen aus der Zeit Cavours, mit denen die Autonomie des Staates gegenüber der Kirche begründet werden sollte, wie im Falle der Einführung der standesamtlichen Ehe, weil sie einseitig eine Änderung des wirtschaftlichen und kulturellen Einflusses der Kirche bewirken sollten. Die starre Haltung der Parteien verhinderte jede weitere Einigungsmöglichkeit, und als 1870 der Beschützer des Papstes, Napoleon III., nach der Niederlage von Sedan die Kaiserwürde verlor, ließ eine militärische Lösung der *Questione Romana* durch die Besetzung Roms nicht mehr lange auf sich waren.

Für die *Destra* war die Lösung der *Questione Romana* ein Erfolg mit allen Konsequenzen einer Niederlage. Die lange Dauer des Konflikts hatte vor allem die Grenzen der Handlungsfähigkeit der *Destra* aufgezeigt, die sich zu sehr auf die territoriale Vollendung des *Risorgimento* konzentriert hatte und zu wenig

Aufgeschlossenheit für die brennenden wirtschaftlichen und sozialen Probleme zeigte. Die häufigste Kritik der *Sinistra* an der Politik der *Destra*-Regierungen war: sie seien Piemontesen, „Piemontisierte", und strebten eine „Piemontisierung" Italiens an. Die Ablösung der *Destra* durch die *Sinistra*, die damals als Parlamentsrevolution hingestellt wurde, war in Wirklichkeit durch die Unfähigkeit der *Destra*, der veränderten Lage Rechnung zu tragen, und nicht durch revolutionäre Pläne der *Sinistra* verursacht worden. Die *Sinistra* sollte jedoch einen Neubeginn in der Sozialpolitik einleiten, die bis zu jenem Zeitpunkt keinen Platz im Programm der Regierungen gefunden hatte.

g) Die historische Linke

Die Politik der *Sinistra* hätte „revolutionär" sein können. Sie war jedoch von ihren Forderungen aus dem Jahr 1861 abgekommen. Nur Benedetto Cairoli sollte es zwischen 1878 und 1881 wagen, diese Forderungen mit seinem Reformprogramm zu verwirklichen. Auf der anderen Seite hatten die nicht-piemontesisch orientierten Abgeordneten der *Sinistra* ihre antimonarchische Haltung aufgegeben, um nicht der gesamten *Sinistra* den Weg zur Regierungsbildung zu versperren. In der Rede von Stradella (1875), durch die die sog. *Rivoluzione Parlamentare* (Parlamentsrevolution) eingeleitet wurde, bemühte sich Depretis darum, dem jungen Staat vor allem einen Konsensus auf breiterer Basis zu ermöglichen, indem er ein Programm vorlegte, das die Interessen der politischen und wirtschaftlichen Kräfte, die am Aufbau Italiens arbeiteten, schützen sollte; und zwar waren es genau die Kräfte, die bei der Wahl von 1874 seine Gruppe sehr nahe an die parlamentarische Mehrheit gebracht hatten. Zu den Verdiensten der Politik der *Sinistra* zählen u.a. die Einführung der Schulpflicht bis zum vierten Schuljahr (1877), die Abschaffung der *Tassa sul Macinato* (Mahlsteuer, 1880), einige Verbesserungen des Wahlgesetzes (1882) und das Arbeitsverbot für Kinder unter 9 Jahren (1886).

Daß die *Sinistra* nicht revolutionär war, läßt sich deutlich anhand der Kriterien, die zur Wahlreform geführt hatten, zeigen. Die Zielsetzungen gingen nämlich nicht über eine langsame

Einbeziehung immer breiterer, aber kontrollierbarer Gesellschaftsschichten in das politische Leben des Königreichs hinaus. So gab es im reformierten Wahlgesetz, das 1882 für eine Konsolidierung der *Sinistra* sorgte, folgende Neuregelungen: das Mindestalter war von 25 Jahren auf 21 Jahre und der Wahlzensus von 40 auf 19,80 Lire herabgesetzt worden. Ferner wurde durch Sonderregelungen einem Teil der in der Landwirtschaft beschäftigten Pächter oder Teilpächter sowie Besitzern von kleinen Gewerbeunternehmungen etc. und einer sehr großen Gruppe von Verwaltungsangestellten und ehrenamtlichen Mitarbeitern staatlicher Institutionen das Wahlrecht verliehen. Damit stieg die Zahl der Wahlberechtigten von 621 861 auf 2 017 828, d.h. von 2,2 % auf 6,9 % der Bevölkerung.[15] Von diesen Regelungen profitierte vor allem der Mittelstand: Handwerker, Landwirte und obere Gruppen der Arbeiterschaft in den nördlichen Regionen. Im Süden änderte sich nicht viel, da die Strukturen der Landwirtschaft andere waren als im Norden.

Auf parlamentarischer Ebene lösten die Wahlergebnisse einen Bündnismechanismus aus, der stark an die *Connubio*-Strategie von Cavour erinnerte, obwohl er dieses Mal *Trasformismo* genannt wurde. Dieser sollte das politische Leben Italiens bis zum Einzug der neueren politischen Parteien in das Parlament bestimmen. Große Meister in dieser Koalitionstechnik waren Francesco Crispi und sein Nachfolger Giovanni Giolitti. Ihnen sollte es gelingen, durch Anwendung des *Trasformismo* zahlreiche Regierungskrisen zu überwinden und eine allerdings umstrittene politische Autoriät als Ministerpräsident zu gewinnen. Die Strategie des *Trasformismo* bestand darin, einzelne Abgeordnete oder kleinere Abgeordnetengruppen durch gezielte Angebote auf die Politik des Regierungschefs zu verpflichten. Eine solche parlamentarische Operation war legitim und möglich, weil sowohl die einzelnen Parlamentarier als auch die kleineren Gruppierungen an kein Programm gebunden waren und sich nicht vor einer Wählerschaft im heutigen Sinne zu rechtfertigen hatten, wobei die Angebote des Ministerpräsidenten den Interessen des Wählerkreises ohnehin entsprachen.

Während einerseits der *Trasformismo* die Regierbarkeit Italiens in einer bewegten Phase und zur Zeit der Entstehung der *Movimenti Popolari* (soziale Volksbewegungen) katholischer und sozialistischer Prägung garantierte, war er doch eine gefährliche Quelle politischer Korruption, so daß mit der Zeit das Wort immer häufiger als politische Beschimpfung benutzt wurde und auch heute noch wird.

Auf nationaler Ebene stellten sich dem *Trasformismo* von Crispi (1887–1896) zahlreiche Aufgaben, die sich zusammenfassend entweder als nicht erreichte *Risorgimento*-Ziele oder als entstehende Hindernisse beim Aufbau des Nationalstaates definieren lassen. Diese Aufgabenbereiche waren: die gestörte Beziehung zur Kirche und das Verbot für Katholiken, politisch tätig zu sein; der mißlungene wirtschaftliche und soziale Anschluß des Südens an den Norden; die Herausbildung einer nationalistischen Ideologie als Entartung des Patriotismus des *Risorgimento* und als Ablenkung von der nicht verwirklichten Agrarreform; ein politisches und kulturelles Vakuum nach Abklingen der Begeisterung des *Risorgimento* und dem Beginn des Normalisierungsprozesses; die Agrarkrise von 1880 und die Verarmung der Kleinbauern im Süden und in den nördlichen Randgebieten; die zunehmende Auswanderung nach Amerika; der Zusammenbruch des Baugewerbes. Hinzu kamen: die Notwendigkeit der Schaffung eines Handelsgesetzbuches und die Überprüfung der Handelsverträge mit europäischen Ländern im Rahmen des Freihandelssystems; die Bekämpfung des Analphabetismus und die Begründung einer kulturellen nationalen Identität der Italiener; die politische Antwort auf die ersten Ansprüche an die Gestaltung des wirtschaftlichen und sozialen Lebens Italiens von seiten der *Movimenti Popolari*, d. h. der Katholiken- und Arbeiterbewegung; und schließlich die gewaltige Aufgabe für Legislative und Exekutive, dem Land eine einheitliche Verwaltung zu geben.

Auf internationaler Ebene hatte sich Italien von seiner langjährigen Bindung an Frankreich gelöst und nunmehr nach Preußen orientiert. Nach dem Tod Cavours (1861), der durch seine Außenpolitik sowohl die königliche Familie als auch Italien stark an Frankreich gebunden und England als Entwicklungsmodell vor Augen hatte, war Italien, durch die Haltung Napoleons III. während der *Questione Romana* (1861–1870) veranlaßt, näher an Preußen herangerückt, insbesondere nachdem Preußen Italien bei der militärischen Niederlage gegen Österreich 1866 zu einem diplomatischen Erfolg verholfen hatte.

Die Tatsache, daß sich Italien 1882 für die *Triplice Alleanza* (Dreibund) mit Deutschland und Österreich-Ungarn entschied, läßt sich nicht nur mit strategischen Gründen, expansionistischen Vorhaben und der Politik Napoleons III. erklären. Es ist bekannt, daß der preußische Staat mit seinen Institutionen auf das wesentlich schwächere Königreich Italien, insbesonder auf Crispi, der sich an Bismarck orientierte, eine große Ausstrahlung ausgeübt hatte. Zum Umschwung von einer profranzösischen zu einer pro-deutschen Haltung trugen alle Schichten der italienischen Gesellschaft auf verschiedene Weise bei. Italienische Interessengruppen des aufstrebenden Industrie-Bürgertums sahen in dem deutschen Vorhaben, Italien zu einem Gegengewicht zu Frankreich am Mittelmeer zu machen, eine Aufforderung an Italien, insbesondere nach Frankreichs Einmarsch in Tunesien (1881), sich an der Kolonialpolitik der europäischen Mächte zu beteiligen. Hierdurch sollten neue Möglichkeiten für den Handel, etwa Absatzmärkte im Ausland, eröffnet, die Marine verstärkt und neues Land für die Bauern geschaffen werden und damit eine „friedliche“ Lösung der landwirtschaftlichen Krise und der Überbevölkerungsprobleme auf dem Land.

Unter Ministerpräsident Crispi zeigte die italienische Legislative ein verstärktes Interesse an der Art des Aufbaus und der Verwaltung des Staates Preußen – schon 1871 hatte sie die Reform der Armee nach preußischem Muster beschlossen. Crispi selbst hätte allzu gerne aus dem Ministerpräsidenten einen Kanzler à la Bismarck gemacht; aber Italien war nicht Preußen und die Preußen keine Italiener. Wenn auch nicht nur aus Preußen, so kamen doch immer wieder Impulse aus dem deutschen Raum nach Italien. Zu Beginn der Industrialisierung war eine beachtliche Beteiligung deutschen Kapitals am Aufbau der Industrie sowie der wirtschaftlichen Infrastruktur Italiens zu verzeichnen gewesen. Nach der Kündigung der Handelsverträge mit Frankreich und den darauffolgenden Schwierigkeiten zwischen beiden Ländern wandte sich Italien mehr und mehr Mitteleuropa zu. Die Handelsverträge und wirtschaftlichen Abkommen von 1883, 1891 und 1906 zwischen Italien und Deutschland leiteten eine neue Epoche in der Investition deutschen Kapitals ein, das nunmehr vorwiegend für die Gründung großer Kreditanstalten, wie der *Banca Commerciale di Milano* (1894) und des *Credito Italiano di Genova* (1895), verwendet wurde. Das Raiffeisenbanksystem wurde 1892 von der sich allmählich organisierenden Katholikenbewegung als Modell für die Gründung der ersten *Casse Rurali* (Genossenschaftsbanken für Bauern und Kleinpächter) in der Provinz Venetien übernommen mit dem Ziel, kleineren und mittleren Bauern zur Selbstfinanzierung zu verhelfen. Bald wurde sie durch die katholische Organisation *Opera dei Congressi* (Kongreßwerke) auf ganz Italien ausgedehnt.

Die Katholikenbewegung selbst orientierte sich bei ihrer Aufbauarbeit an der christlichen Zentrumspartei des deutschen Raums. Breite Schichten der italienischen Gesellschaft fühlten sich mit der deutschen Kultur eng verbunden, obwohl sie weniger nach Berlin als nach London schauten. Die Rezeption der klassischen deutschen Philosophie und der Schriften von Marx und Engels sowie die Auseinandersetzungen mit ihnen, die von Antonio Labriola begonnen worden waren, von Benedetto Croce, Rodolfo Mondolfo, Giovanni Gentile und Antonio Gramsci fortgesetzt wurden und bis heute lebendig geblieben sind, haben einen wichtigen Beitrag zur Gestaltung des politischen und kulturellen Lebens im Italien des 20. Jahrhunderts geliefert. Diese Begegnung mit Preußen und mit der deutschen Kultur sollte jedoch eine schizophrene Entwicklung einleiten, deren wichtigste Marksteine auf der einen Seite die Zusammenarbeit und Freundschaft von Croce und Karl Vossler sowie der Aufbau der Linken, auf der anderen Seite der Stahlpakt und der Zweite Weltkrieg waren.

h) Francesco Crispi

Für Francesco Crispi, den Sizilianer, der mit Garibaldi 1860 auf Sizilien gegen die Bourbonen gekämpft hatte, der später als Vertreter der *Estrema Sinistra* in das italienische Parlament eingezogen war und nach dem nationalen Schock von Dogali (1887) Depretis als Ministerpräsidenten ablöste, konnte die Zukunft Italiens nur dadurch gesichert werden, daß dem Staat und seinen Institutionen größere Macht verliehen wurde. Das bedeutete, daß den Schichten, die den wirtschaftlichen Aufbau Italiens vorantrieben, mehr politischer Raum und Entscheidungsgewalt im staatlichen Leben eingeräumt werden mußten. Mit Crispi erhielten das Industrie- und Agrarbürgertum des Nordens und die Großgrundbesitzer des Südens einen Vertreter ihrer Interessen, der sich für die *Rivoluzione Nazionale* im Sinne einer Umbesetzung der obersten Staatsämter und einer Umwandlung der institutionellen in eine parlamentarische Monarchie einsetzen sollte, wobei das Erbe des *Risorgimento,* die territoriale und politische Einheit der Nation, als oberstes Gebot weiterhin Gültigkeit hatte.

Während der zehn Jahre (1887–1896), in denen Crispi direkt oder indirekt das politische Leben Italiens bestimmte, entwikkelte die Legislative eine intensive Tätigkeit, um dem Staat eine zeitgemäße und funktionsfähige Verwaltung zu geben. Es gab beinahe keinen Bereich des staatlichen Apparates, der nicht durch Crispi weitgehend erneuert wurde. Diese gewaltige gesetzgeberische Arbeit sollte der Legislative gegenüber der Monarchie mehr Handlungsspielraum bringen, jedoch nicht zur Kontrolle der Exekutive durch die Legislative führen.

Die Reform des Innenministeriums, die Einsetzung von *Sottosegretari* (Staatssekretäre) und das Gesetz über die Festlegung der Ministerzahl und ihrer Bereiche, die Wählbarkeit der Bürgermeister, das neue Strafgesetzbuch und die Reform der Polizei bilden den Kern der Reformpolitik, die Crispi durchgesetzt hatte. Gewissermaßen als Gegengewicht zum Außenministerium, das noch fest in der Hand der königlichen Familie lag, deren Getreue noch lange die Mitglieder der Diplomatie stellten, erweiterte Crispi die Befugnisse des Innenministeriums, indem er die Regionalverwaltung durch die Politisierung des Amtes der *Prefetti* an die Zentralregierung band.[16] Ab 1887 waren die *Prefetti* nicht mehr dem König, sondern der Regierung gegenüber verantwortlich, und von diesem Zeitpunkt an waren sie Vertreter der Zentralregierung in jeder Provinz des Königreichs. Nach einem weiteren Gesetz von 1888, das erheblich zur Unabhängigkeit der Gemeindeverwaltungen vom König beitrug, wurden die Bürgermeister nicht mehr vom König ernannt und abgesetzt, sondern von den Bürgern gewählt.

Im gleichen Jahr gelang es Crispi, eine wichtige Änderung in der Praxis der Festlegung der Ministerzahl und ihrer Aufgaben durchzuführen. Danach war es ab 1888 nicht mehr Sache des Parlaments, sondern des Ministerpräsidenten, dem König sowohl die Zahl als auch die Amtsbereiche der neuen Minister vorzuschlagen, wobei der König durch ein Dekret seine Entscheidung bekanntgeben sollte. In der Tat brachte die Änderung mehr Handlungsfreiheit, allerdings nur für den vom König jeweils zur Bildung einer neuen Regierung beauftragten Ministerpräsidenten. Gleichzeitig sicherte Crispi mit der Institutionalisierung die Kontinuität der Regierungspolitik, da der *Sottosegretario* Vertreter der Regierung war. Er trug jedoch keine politische Verantwortung wie der Minister, dessen Hauptmitarbeiter und Amtsvertreter er war.

Eine weitere und diesmal direkte Verstärkung der Exekutive erfolgte durch das Inkrafttreten des neuen Strafgesetzbuchs und durch die Reform der Polizei. Der *Codice Zanardelli* (1889), der in Kraft blieb, bis er 1931 durch den faschistischen *Codice Rocco* ersetzt wurde, hat die italienische Gerichtsbarkeit bis heute wesentlich geprägt. Es ist das Verdienst des *Codice Zanardelli,* im jungen Nationalstaat eine einheitliche Strafgerichtsbarkeit eingeführt zu haben. Dem Albertinischen Strafgesetzbuch gegenüber enthielt der *Codice Zanardelli* bedeutende Änderungen, z.B. die Abschaffung der Todesstrafe. Dem Bürger wurde während eines Strafverfahrens mehr Freiheit für seine Verteidigung zuerkannt, und als zaghaftes Zugeständnis an die katholische und sozialistische Arbeiter- und Bauernbewegung wurde das Streikverbot aufgehoben, was zur Folge hatte, daß ohne formelle Einführung des Streikrechts friedliche Streiks geduldet wurden.

Zeitgenössische Historiker in Italien sind sich darüber einig, daß der *Codice Zanardelli* objektiv einen Fortschritt bedeutete, aber nur wenige unter ihnen warnen davor, das Strafgesetzbuch getrennt von der Reform der Polizei zu sehen: Umberto Levra, der zu den letzteren gehört, hat einige im *Codice Zanardelli* enthaltene politische Ziele folgendermaßen dargestellt: „Das neue Strafgesetzbuch verstärkt die Verteidigung des Privateigentums; es sorgt für einen besseren Schutz der Obrigkeit, indem es Strafen für neue Delikte wie Gewalt und Widerstand gegen die Staatsgewalt, Bedrohung und Beleidigung ihrer Beamten vorsieht. Die Theorie der *Difesa Sociale* (soziale Verteidigung) wird hier in *Difesa di Classe* (Verteidigung einer Klasse) dadurch umgewandelt, daß politisch Andersdenkende durch die Anzahl möglicher neuer Delikte kriminalisiert werden, wie z.B. Beleidigung der Institutionen, anarchistische und sozialistische Propaganda, Gewaltverherrlichung, Klassenhaßverbreitung etc.“[17]

Levra gehört auch zu jenen Historikern, die Crispi autoritäre Führung vorwerfen und Unfähigkeit, die tatsächliche politische und soziale Entwicklung Italiens zu erkennen. Dazu ist zu betonen, daß Crispi ohne jegliche Bedenken eine neue Regierung bildete, die speziell mit der Aufgabe betraut war, die anhaltenden Arbeiterunruhen in Sizilien und in mehreren Zonen des Nordens, die nicht einmal von der Sozialistischen Partei unterstützt wurden, zu unterdrücken (1894), mit der Begründung, diese neuen politischen Kräfte, die ihre Misere bekämpfen wollten, hätten die territoriale und politische Einheit des *Risorgimento* gefährdet.

Crispi hatte dem Land eine Staatsverwaltung gegeben und große Handlungsfreiheit für die Zentralregierung durchgesetzt; kurz nach seinem Abtreten fühlte sich ein Getreuer des Hauses Savoyen, Sidney Sonnino, daher veranlaßt, einen *Ritorno allo Statuto* (Rückkehr zur alten Verfassung), d.h. mehr Macht für den König, zu verlangen.

Der Ministerpräsident der *Rivoluzione Nazionale* hatte es bei all seinen politischen Erfolgen versäumt, der breiten Masse der Nation die nötige Aufmerksamkeit zu widmen, ihre Veränderungen und ihr wachsendes politisches Selbstbewußtsein zu erkennen und diesen Faktoren Rechnung zu tragen. Dieser Bruch, der die gesamte Politik Crispis kennzeichnete, läßt sich durch die ganze erste Regierungsperiode der *Sinistra Storica* (Historische Linke; Depretis bis 1887, Crispi bis 1986) verfolgen. Der *Sinistra Storica* war es gelungen, aus dem jungen Staat, in dem die Industrialisierung erst nach der territorialen Einigung eingesetzt hatte, ein teilweise industrialisiertes Land zu machen. Die internationale Krise der achtziger Jahre hatte Italien in seiner wirtschaftlichen Entwicklung stark getroffen, andererseits aber auch dazu beigetragen, die schwierige Lage in der Landwirtschaft, das Problem der Überbevölkerung auf dem Land und die Stagnation der Industrialisierung durch eine Beteiligung an der europäischen Kolonialpolitik unter dem Schutz des Dreibundes zu lösen.

Die imperialistische und kolonialistische Politik Italiens (1882–1896), die von Crispi stark vorangetrieben worden war und dem Faschismus den Weg bereitete, brachte dennoch nicht den erhofften wirtschaftlichen Gewinn für die Überwindung der anhaltenden Wirtschaftskrise. Die militärische Niederlage in Abessinien bei Adua (1896) und die darauffolgenden antikolonialistischen Kundgebungen in Italien mögen der Anlaß für Crispis Rücktritt gewesen sein.[18] Die wahren politischen Motive sollten aber erst von dem bedeutendsten seiner Nachfolger, Giovanni Giolitti, aufgedeckt werden.

Mit Giolitti erhält die bürgerliche Tradition der italienischen Gesellschaft ihren ersten liberalen Vertreter. Mit ihm oder durch ihn wird der Bruch mit der Tradition des *Risorgimento* vollzogen, indem Giolitti schon sehr früh die veränderte politische und soziale Struktur Italiens zum Ausgangspunkt seiner Politik machte. In einer Rede, die er als Innenminister vor dem Parlament anläßlich des ersten Generalstreiks der italienischen Arbeiterbewegung in Genua 1900 hielt, sagte er: „Lange hat man versucht, die Organisierung der Arbeiter zu verhindern. Wer heute die Situation in unserem Land wie in allen anderen zivilisierten Ländern kennt, muß zu der Überzeugung kommen, daß dies vollständig unmöglich ist... Wir stehen am Anfang einer neuen historischen Epoche. Jeder, der nicht ganz blind ist, kann das erkennen. Neue Schichten des Volkes nehmen am öffentlichen Leben teil, jeden Tag stellen sich neue Probleme, neue Kräfte kommen zum Vorschein, mit denen sich jede Regierung auseinandersetzen muß. Die Bewegung der Arbeiter und der Bauern gewinnt täglich an Stärke, und sie ist nicht zu unterdrücken, weil sie allen zivilisierten Ländern gemeinsam ist und weil sie auf dem Prinzip der Gleichheit unter den Menschen basiert. Niemand kann sich einbilden, verhindern zu können, daß die unteren Volksklassen ihre Beteiligung an den wirtschaftlichen und politischen Entscheidungen des Landes durchsetzen. Die Freunde der Verfassung haben vor allem die Pflicht, diese Klassen davon zu überzeugen, und zwar mit Fakten davon zu überzeugen, daß sie von den bestehenden Institutionen mehr zu erwarten haben als von Zukunftsträumen."[19]

Giolittis Eingeständnis, daß Italien nicht mehr gegen die beiden großen Volksbewegungen *I Rossi* (Die Roten) und *I Neri* (Die Schwarzen), die sozialistische und die katholische, zu regieren war, bedeutete aber nicht, daß er eine gemeinsame Regierung mit ihnen anstrebte. In diesem Sinn hielt er noch stark an der Strategie des *Trasformismo* fest und scheute kein Mittel, durch sie immer wieder neue parlamentarische Mehrheiten für sich als Ministerpräsident zu gewinnen. Der liberalen Einstellung von Giolitti ist es zu verdanken, daß die katholische Seite wieder für eine aktive Teilnahme am politischen Leben Italiens gewonnen werden konnte und für die aufkommenden politischen Kräfte die Möglichkeit geschaffen wurde, sich frei zu Gewerkschaften und Parteiorganisationen zusammenzuschließen.

ι) *I Neri (Die Schwarzen)*

Obwohl die Weisung *Non Expedit* von Pius IX. (1874) die Katholiken von einer direkten Beteiligung am politischen Leben der Zentralregierung abhalten sollte, ließen sich diese nicht daran hindern, verstärkt an der regionalen und lokalen Verwaltung des Landes mitzuarbeiten. Schon 1875 wurde die Organisation

Opera dei Congressi gegründet, die durch gezielte politische Arbeit die Trennung von *Italia Reale* („pays réel") und *Italia Legale* („pays légal") verdeutlichen sollte. Ihr Ziel konnte sie jedoch nicht erreichen, da sich innerhalb der *Opera dei Congressi* bald eine sehr einflußreiche Gruppe konstituierte, die Querverbindungen zu den liberalen Kreisen der Regierung unterhielt und sich für die indirekte Teilnahme an den politischen Wahlen von 1882 und 1886 einsetzte, wenn auch beide Male ohne Erfolg. Von Anfang an zeigten sich innerhalb der Katholikenbewegung zwei Gruppen: die Unnachgiebigen, die an der Ablehnung des Nationalstaates festhielten, und die Gemäßigten, die für eine breitere Beteiligung am politischen Leben Italiens eintraten.

Es sollte noch lange dauern, nämlich bis zur Gründung des *Partito Popolare Italiano* (PPI, 1919) durch Luigi Sturzo, bis die Katholische Bewegung das Schwanken zwischen den beiden Richtungen aufgab. Angesichts der Unmöglichkeit, die Politik der *Opera dei Congressi* durchzusetzen, ging die Katholische Bewegung dazu über, sich eine sozio-ökonomische Organisationsform zu geben, deren tragendes Element die schon erwähnten *Casse Rurali* sein sollten.

Wegbereiter dieser wirtschaftlichen Entwicklung der *Opera dei Congressi* war der Wirtschaftsexperte Giuseppe Toniolo, der sich mit seiner 1889 in Padua gegründeten *Unione Cattolica* bemühte, die wirtschaftliche und soziale Lage Italiens wissenschaftlich zu analysieren. Mit seiner Zeitschrift *Rivista Internazionale di Scienze Sociali e di Discipline Ausiliari* leistete er die notwendige wissenschaftliche Vorarbeit für den Aufbau der Bewegung. Zu einer solchen theoretischen und praktischen Beteiligung an der politischen Arbeit hatte Papst Leo XIII. in der Enzyklika *Rerum Novarum* (1891) aufgefordert, damit die Probleme der arbeitenden Bevölkerung nicht allein den Sozialisten überlassen blieben. Die Umsetzung dieser Aufforderung in die Tat erfolgte durch das *Programma dei Cattolici di fronte ai Socialisti* (Programm der Katholiken gegenüber den Sozialisten),[20] das wiederum von Giuseppe Toniolo inspiriert worden war. Als Kern des Programms forderte Toniolo das Recht der Arbeiter auf *Resistenza* (Widerstand) zur Durchsetzung ihrer gerechten Forderungen. Dieses wurde bald darauf zum Grundprinzip der neugeschaffenen gewerkschaftlichen Struktur der Bewegung selbst. Inzwischen hatte die *Opera dei Congressi* eine beachtliche Verbreitung in ganz Italien erfahren. Im Jahr 1897 zählte sie 188 Diözesankomitees, 3892 Pfarreikomitees, 708 Jugendsektionen, 16 Universitätskreise. In Mailand allein hatte sie 15319 Mitglieder.[21] Gerade in Mailand, wo nach der Niederwerfung der Unruhen von 1894 neue Arbeiterdemonstrationen von General Fiorenzo Bava Beccaris 1898 mit Kanonen bekämpft worden waren, kam es zur ersten heftigen Diskussion zwischen der Leitung der *Opera dei Congressi,* die auf der Seite der *Ultras* stand, und der Gruppe *Democrazia Cristiana* um David Albertario und Romolo Murri.

Die *Democrazia Cristiana* forderte eine Klärung der Beziehungen der Katholikenbewegung zur Zentralregierung, eine Festlegung ihrer Funktion bei der Verbesserung der wirtschaftlichen Lage des italienischen Volkes und eine Erneuerung des politischen Lebens der „Nation" und formulierte diese Punkte 1899 in ihrem *Programma Sociale della Democrazia Cristiana* von Turin. Die Entschiedenheit, mit der vor allem Murri die Frage nach einer Beteiligung am politischen Leben Italiens und innerhalb eines liberalen Staates aufwarf, veranlaßte Papst Leo XIII. zu der Enzyklika *Graves de communi re* (1901), in der er die *Democrazia Cristiana* zu einer Zusammenarbeit mit der *Opera dei Congressi* aufforderte. Sein Nachfolger Pius X. löste dagegen nach dem gescheiterten Versuch einer Restrukturierung im Jahre 1904 die *Opera dei Congressi* auf.

Nach der Auflösung der *Opera dei Congressi* erhielt die Katholische Bewegung eine besser gegliederte und flexiblere Struktur. Dazu trug auch die Politik von Giolitti bei, der in der Zusammenarbeit von Katholiken und Sozialisten den einzigen Weg sah, die wirtschaftlichen Schwierigkeiten des Landes und die Konfliktphase (1894–1902) zu überwinden. Die katholische Bewegung organisierte sich in drei großen *Unioni* (Verbände): *Unione Popolare tra i Cattolici d'Italia* als Rahmenorganisation, *Unione Economica e Sociale dei Cattolici d'Italia* und die *Unione Elettorale Cattolica Italiana.* Durch diese letztere konnte die Bewegung zum ersten Mal direkt an den allgemeinen Wahlen von 1904 und 1909 teilnehmen, indem sie die Katholiken zur Wahl ihrer eigenen katholischen oder liberalen Kandidaten, die sich für die Interessen der Katholiken im neugewählten Parlament einsetzen sollten, aufrief. Um ein noch direkteres Eingreifen bemühten sich die Gruppen um Murri durch die Gründung der *Lega Democratica Nazionale* und um den sizilianischen Priester Luigi Sturzo. Diese beiden Hauptfiguren der Bewegung standen sich in den Grundpositionen ihrer Programme sehr nahe. Beide strebten eine Partei an, die ihre Grundidee vom Christentum ableiten sollte, jedoch sollte der katholische Glaube weder Ziel noch Voraussetzung für eine Mitarbeit in der Partei sein. Dieser gewagte Ansatz fand keine Zustimmung der Kirche; sie löste beide Gruppen durch die Enzyklika *Pascendi dominici gregis* (1907) auf.

Inzwischen war durch die Einführung des allgmeinen Wahlrechts für Männer (1912) die Zahl der Wahlberechtigten von drei auf acht Millionen gestiegen. Dies brachte der sozialistischen Partei große Stärkung, der Regierung jedoch Ungewißheit. Die Bemühungen Giolittis, die Katholiken zur Mitarbeit zu bewegen, wurden immer intensiver. Schließlich kam es zum *Patto Gentiloni* (1913), d.h. der Legalisierung dessen, was in den Wahlen 1904/1909 schon geschehen war, ohne daß jedoch die Weisung *Non expedit* zurückgenommen wurde. Durch das Wahlergebnis stieg die Zahl der katholischen Abgeordneten im Nationalparlament auf 20. Weitere 228 liberale Abgeordnete hatten mit Hilfe der katholischen Wähler das Ziel erreicht.

Der Erste Weltkrieg, der eine radikale Kursänderung in der Außenpolitik Italiens notwendig machte, erforderte angesichts des nationalen Notstandes von allen Teilen der italienischen Gesellschaft die Verteidigung des Vaterlandes, was, ähnlich wie in Frankreich und Deutschland, zur Einstellung der Oppositionspolitik und zur Mitarbeit in der Regierung führte und für die Bewegung der Katholiken die volle Rückkehr in die *Res publica* bedeutete. Nach Kriegsende intensivierte sich die politische Arbeit der Katholiken. Schon bei der ersten Nachkriegswahl 1919 waren sie mit ihrer eigenen Partei, dem *Partito Popolare Italiano* (PPI, 1919), vertreten und zogen mit 100 Abgeordneten als zweitstärkste Partei nach den Sozialisten, die 156 Mandate erhalten hatten, in das Parlament ein. Die Liberalen waren von 228 Sitzen auf 41 Sitze geschrumpft.

Die neue Partei – ihr offizieller Gründer war Luigi Sturzo – war aus dem Zusammenschluß mehrerer katholischer Organisationen hervorgegangen und orientierte sich stark am „Zentrum der deutschen Katholiken". Das Programm, das verschiedene Komponenten des *Partito Popolare Italiano* berücksichtigte, enthält eine genaue Aufzählung der Forderungen für die Bereiche Sozialwesen, Kultur, Arbeitsfragen und Gesundheit: die Anerkennung des Nationalstaates, die unantastbare Unabhängigkeit der Kirche, mehr Handlungsfreiheit für die regionale und lokale Verwaltung des Staates, in der die Katholiken immer sehr aktiv gewesen waren, die Einführung einer progressiven Besteuerung, das Frauenstimmrecht, die Wählbarkeit der Senatsmitglieder, die immer noch vom König ernannt wurden. Als Gegenleistung erklärte sich die Partei u. a. bereit, die Kolonialpolitik der Regierung zu unterstützen.[22]

j) I Rossi (Die Roten)

„In den Räumen der *Fasci*[23] konnte man an den Wänden Papierstreifen mit Aussprüchen von Marx, Lassalle, Bovio, Hugo, Mazzini, Garibaldi, des Königs und der Königin finden. Nicht selten wurden Bilder von Marx zusammen mit denen des königlichen Paars und sogar der Madonna während einer Demonstration herumgetragen. Für die naiven Bauern drückte Marx ihre Schmerzen aus, und die anderen irdischen und himmlischen Figuren waren die Mächte, die ihren Schmerzen ein Ende bereiten konnten."[24] Diese ideologische Unklarheit, die in der ersten rudimentären Basisorganisation der *Rossi* zu finden war, entsprach dem Fehlen eines gemeinsamen Bezugspunktes innerhalb Italiens, so wie ihn für die *Neri* die Kirche darstellte. Während sich die *Neri* von vornherein auf eine gemeinsame christliche Tradition berufen konnten, unternahm für die *Rossi* eine kleine Gruppe Intellektueller bürgerlicher Herkunft den Versuch, der europäischen sozialistischen Bewegung in Italien eine Basis zu verschaffen, indem sie jene Teile der republikanischen Tradition Italiens, die mit Carlo Pisacane, Mazzini, Garibaldi und Giovanni Bovio eine starke Aufgeschlossenheit für die demokratische Zukunft des Landes gezeigt hatten, für sich gewinnen wollten.

In ihren Anfängen machte die Arbeiterbewegung in Italien eine spontane anarcho-konspirative Phase durch, die durch das persönliche Wirken Bakunins stark geprägt wurde. Errico Malatesta und Emilio Covelli waren die italienischen Hauptvertreter des Anarchismus. In dieser ersten Periode, die von der Ankunft Bakunins in Italien (1864) bis zur Gründung des *Partito Socialista Rivoluzionario di Romagna* von Andrea Costa (1881) reicht, entstanden überall zahlreiche sozialistisch orientierte Gruppierungen, wobei die Anarchisten vorwiegend in der Emilia-Romagna, in den Marken und in der Toskana Fuß fassen konnten. Gleichzeitg wurden auch die ersten Formen der Arbeiter- und Bauernvereinigung mit ihren *Organizzazioni di Mutuo Soccorso* und *Leghe di Resistenza* (gegenseitigen Hilfs- und Widerstandsorganisationen) gegründet, die sich durch ihre konkreten Ziele zu einer starken Konkurrenz für die *Società Operaie* (Arbeitervereine) von Mazzini entwickelten; denn letztere hielten immer noch an den Zielsetzungen des *Risorgimento* fest.

Die Ablehnung aller gesellschaftlichen Autoritätsformen wie Monarchie, Staat und Kirche führte unter den Anarchisten zwangsläufig zur *Astensione,* zur Verweigerung jeglicher Mitarbeit innerhalb des Staatsapparats, und zu konspirativen Versuchen, die italienische Gesellschaftsordnung zu zerschlagen.[25] Sie führte aber auch zu harten Auseinandersetzungen unter den sozialistischen Gruppen selber, insbesondere nach Gründung der Gruppe um den Franzosen Benoît Malon in Palermo (1874); diese Gruppe sprach sich für eine „legale" Veränderung des Staates durch die zur Verfügung stehenden politischen Mittel des bürgerlichen Parlamentarismus aus, nachdem der Sozialist Costa 1882 als erster sozialistischer Abgeordneter ins italienische Parlament eingezogen war.

In der Regel unterschieden sich die konkreten Forderungen, die die ersten Gruppen der Arbeiter- und Bauernbewegung an den Staat und die Arbeitgeber stellten, abgesehen von ihrer unsicheren sozialistischen Terminologie, nicht wesentlich von denen der *Radicali*, die schon seit langem ihre Vertreter unter den bürgerlichen Demokraten im Parlament hatten. Es ging grundsätzlich darum, den sozialen Fragen des Landes mehr Gewicht in der Politik der Regierungen der *Sinistra* zu verschaffen und dadurch eine Verbesserung der allgemeinen Lage der arbeitenden Bevölkerung zu erreichen. Später (1888) wurden diese Forderungen im *Statuto* des 1882 in Mailand gegründeten *Partito Operaio Italiano* ausdrücklich formuliert.[26] Gegen die grobe Vereinfachung der sozialen Probleme Italiens nach der Einigung und vor der Jahrhundertwende hatte schon der *Partito Socialista Rivoluzionario di Romagna* um Andrea Costa in seinem Gründungsprogramm argumentiert. Hier wurden die einzelnen wirtschaftlichen und sozialen Zielsetzungen der Arbeiter- und Bauernkämpfe als untrennbar von der zentralen Frage der Arbeiterbewegung, nämlich der politischen Emanzipation der unteren Schichten, erklärt. In der Tat ergab sich die Einengung des Programms des *Partito Operaio Italiano* weder durch die Forderungen, die an den Staat gestellt wurden, noch durch die Parteistrategie. Beide Parteien forderten als Schwerpunkte in ihren Programmen neben dem allgemeinen Wahlrecht die Anerkennung des Streikrechts als legales Mittel, um „eine Verkürzung der Arbeitszeit zu erreichen und die Löhne zu schützen". Der *Partito* von Costa fügte aber eine Aufforderung an alle sozialistischen Gruppierungen hinzu, den Arbeitern und Bauern während ihrer Kämpfe beizustehen und „gegebenenfalls Streik auszurufen".

Trotz der genannten grundlegenden Gemeinsamkeiten, die in allen sozialistischen Gruppierungen zu finden waren und auf zahlreichen Tagungen eine Zusammenarbeit der sozialistischen Gruppen in Norditalien ermöglichten, kam es nicht zu der von Costa erhofften vollständigen Fusion, da der *Partito Operaio Italiano* an zwei Prinzipien festhielt, die trennend wirkten: in der Unabhängigkeit des *Partito Operaio Italiano* (POI) von jeder anderen politischen Partei und an dem Auswahlprinzip, nach dem die Mitglieder der Partei nur Arbeiter sein durften. Im Ausschluß der Nicht-Arbeiter, d. h. der Intellektuellen, die aus dem republikanisch gesinnten Bürgertum stammten, lag die

Ursache der Verringerung der politischen Handlungsmöglichkeiten des POI: Dennoch wurde dieses Prinzip vom Parteiführer Costantino Lazzari gegenüber Costa bis zum Schluß verteidigt.

Die politischen und parteilichen Erfahrungen, die in diesen beiden Gruppen gemacht wurden, wurden zu Voraussetzungen für die Gründung einer einheitlichen sozialistischen Partei, die zum Sammelbecken für alle sozialistischen Gruppierungen im Lande werden sollte. Der POI mit seiner strengen „operaistischen" Einstellung gab den Arbeitern in Mailand und in der Lombardei und – nach den Kongressen von Mantua – auch den Bauern der Po-Ebene ein erstes Klassenbewußtsein. Demgegenüber zeigte Costa mit seiner programmatischen Entscheidung, ins Parlament einzuziehen, den *Astensionisti* (den Gegnern der Mitarbeit im Parlament) und den Unentschlossenen die historische Notwendigkeit, das Parlament als Forum zu benutzen.

Als Filippo Turati die Zeitschrift *Critica Sociale* 1891 gründete und damit die wissenschaftliche Auseinandersetzung mit dem Marxismus in Italien begann, lieferte er das dritte Element für die landesweite Gründung einer sozialistischen Partei. Turati und seine Freunde, die den Marxismus mit dem in der Lombardei sehr lebendigen Positivismus in Übereinstimmug zu bringen versuchten, hatten als Intellektuelle im POI keinen Platz finden können und waren deswegen dazu gezwungen worden, eine zusätzliche Gruppe zu bilden: die *Lega Socialista* (Sozialistische Liga). Als es 1886 innerhalb des POI zur Abspaltung des republikanischen Flügels um Felice Cavalotti kam und dieser in einer scharfen Polemik die Führer des POI der Komplizenschaft mit der Polizei bezichtigte, sah sich die Regierung in die günstige Lage versetzt, die Partei aufzulösen, indem sie beim ersten Streit sämtliche Verantwortlichen verhaften ließ. Nach diesem Schlag war für den POI und zahlreiche Gruppen in Norditalien ein Neubeginn nur innerhalb eines anderen Rahmens möglich, der den Anforderungen des politischen Kampfes gewachsen war.

Die Notwendigkeit einer einheitlichen Partei ließ sich nicht mehr umgehen, besonders nicht nach der theoretischen Vorbereitungs- und Aufklärungsarbeit, die die *Critica Sociale* geleistet hatte, und angesichts der Zuspitzung der sozialen Frage in den letzten zwanzig Jahren des 19. Jahrhunderts.

Auf einem Vorkongreß in Mailand (1891), an dem *Operaisti, Critica Sociale, Partito Rivoluzionario di Romagna,* Demokraten, *Radicali,* Anarchisten und die Gruppe um Camillo Prampolini aus der Emilia-Romagna teilnahmen, konnte man sich sowohl auf einen neuen Namen für den POI einigen: *Partito dei Lavoratori Italiani,* als auch über die Notwendigkeit, ein Jahr später einen besser organisierten Gründungskongreß in Genua abzuhalten. Die Hoffnung, daß in der Zwischenzeit die Positionen der verschiedenen Strömungen der italienischen Arbeiter- und Bauernbewegung hätten geklärt werden können, so daß es keine unüberbrückbaren Gegensätze mehr gäbe, erwies sich schon am ersten Tag des Kongresses in Genua als trügerisch. Grund dafür mag die Nicht-Teilnahme Costas gewesen sein. Die endgültige Spaltung ließ sich nicht mehr vermeiden. Die Anarchisten mit 80 der 420 Delegierten blieben im Saal, während Turati, Prampolini, Lazzari u. a. auszogen. Die Arbeit, die am nächsten Tag getrennt fortgesetzt wurde, brachte als Ergebnis der Gruppe Turati-Lazzari-Prampolini ein Programm-Manifest des *Partito dei Lavoratori Italiani,*[27] in dem inhaltlich jedoch nichts Neues enthalten war. Entscheidend für den Kongreß in Genua (1892) blieb die Spaltung, die dem *Partito dei Lavoratori Italiani* die Möglichkeit gab, sich dem ganzen Land mit einer eindeutigen Haltung bezüglich der politischen Arbeit innerhalb des Staates vorzustellen. Trotz der restriktiven Revision des Wahlrechts, die die Zahl der Wahlberechtigten um eine Million verringerte,[28] konnte der *Partito dei Lavoratori Italiani* nach der ersten Wahl von 1895 eine Gruppe von 15 Abgeordneten ins Parlament entsenden und diese Zahl bis 1919 so vergrößern, daß sie unter geändertem Namen *Partito Socialista Italiano* die stärkste Fraktion im Parlament (156 von 508 Sitzen) stellen sollte.[29]

3. Das 20. Jahrhundert (1901–1994) – Erste Niederlage einer parlamentarischen Tradition (1922–1943)

a) Chronologischer Überblick

1901–14	Giovanni Giolitti Ministerpräsident: Giolitti-Ära.
1902–14	Expansionspolitik Italiens in Afrika.
1906	Gründung der *Lega degli Industriali* (Arbeitgeber) und der *Confederazione Generale del Lavoro* (CGL, Metallarbeiter).
1910	Erster Nationalkongreß der *Nazionalisti.* Bekenntnis zum Imperialismus und zur Expansionspolitik.
1912	Allgemeines Wahlrecht für die Männer.
1913	873 000 Italiener wandern aus. *Patto Gentiloni* für die offizielle Teilnahme der Katholiken an Parlamentswahlen.
1915	Londoner Vertrag. Italien auf Seite der Entente.
1915–18	Italien als kriegführende Macht im Ersten Weltkrieg.
1919	Gründung des *Partito Popolare Italiano* (PPI) von Luigi Sturzo. Benito Mussolini verkündet seine Thesen über den *Fascismo.* Gründung der *Confederazione Italiana del Lavoro* (CIL) als christliche gewerkschaftliche Dachorganisation.
1919–20	*Biennio Rosso:* Fabrikbesetzung in Turin und Bildung von Fabrikräten.
1920	Um Gramsci und Togliatti bildet sich die Gruppe *Ordine Nuovo.*
1921	Spaltung des *Partito Socialista Italiano* (PSI). Gründung des *Partito Comunista d'Italia* (PCd'I) um den *Ordine Nuovo.*
1922	28. Oktober, Marsch auf Rom. Erste Mussolini-Regierung.
1924	Mord an dem Sozialistenführer Giacomo Matteotti. Krise des Faschismus. Die Opposition verläßt das Parlament.
1926	Die Mitglieder der Opposition werden entlassen. Die politischen Parteien und ihre Organisationen werden aufgelöst.
1926–32	Zuwachs der Landwirtschafts- und Industrieproduktion.
1926	Gründung der AGIP *(Azienda Generale Italiana Petroli)* für die Erdöl-Versorgung.
1927	*Carta del Lavoro* für eine faschistische Neuordnung der Arbeitswelt. Gründung der *Concentrazione Antifascista* in Paris.
1929	Lateranverträge.
1933	Gründung des IRI *(Istituto Ricostruzione Industriale).*
1935	Abessinienkrieg. Sanktionen des Völkerbundes gegen Italien.
1936	Gründung des Kaiserreiches Italien-Äthiopien. Intervention Italiens im Spanischen Bürgerkrieg.
1938	Das Parlament wird in eine *Camera dei Fasci e delle Corporazioni* umgewandelt und ist nicht mehr wählbar.
1939	Stahlpakt Italien-Deutschland. Besetzung Albaniens.

1940–45	Zweiter Weltkrieg.
1943	Der *Gran Consiglio del Fascismo* wählt Mussolini als Oberbefehlshaber der italienischen Armee ab. Der König läßt Mussolini verhaften.
1943–45	Die *Resistenza.*
1945	Mussolini von linken Partisanen hingerichtet.

b) Giovanni Giolitti bis 1922

Reden wie die von Giolitti anläßlich des Generalstreiks von 1900 gehaltene (s. S. 58) waren vor der Abgeordnetenkammer des italienischen Parlaments nichts Seltenes. Schon während der parlamentarischen Beratung der Wahlreform von 1882 hatten zahlreiche Mitglieder des Parlaments die *Sinistra Storica*, die die Regierung stellte, aufgefordert, das Wahlrecht so zu reformieren, daß breitere Schichten der Gesellschaft in das politische Leben des Landes integriert werden konnten. Ihr Argument war, daß der Abstand zwischen dem sog. *Paese Reale* („pays réel“) und *Paese Legale* („pays légal“) durch eine verstärkte Anteilnahme aller Italiener am politischen Geschehen verringert werden könnte. Dem *Paese Reale* entsprach die Mehrheit der Bürger, die keine gesellschaftlichen Mittel besaßen, um sich durch das Wahlrecht politisch zu betätigen. Nach der Reform von 1882 sah die Lage folgendermaßen aus: von den 29791000 Einwohnern Italiens waren 2017829 wahlberechtigt, also nur 6,9% der Gesamtbevölkerung.[1]

Die ersten Anzeichen dafür, daß die christlichen und sozialistischen *Masse Popolari* (Volksmassen) immer mehr zu einer selbstbewußten politischen Realität wurden und nicht mehr lange bereit sein würden, das Land gegen sie bzw. ohne sie regieren zu lassen, veranlaßten einige Abgeordnete des republikanischen Flügels der *Sinistra Storica*, ihre Bedenken dem Parlament vorzutragen; so erklärte z.B. Odoardo Luchini: „Die Industrie, die Presse und die Freiheit haben unsere Gesellschaft verändert. Beobachten Sie, meine Herren, die Lage der Werktätigen! Sie diskutieren, haben Genossenschaften, Vereine, Tagungen, Wanderbüchereien und eigene Schulen. In der Armee werden sie wach und abgehärtet: sie sind während des Streiks und in ihren Vereinen stark.“[2]

Die Wahlreform fiel jedoch restriktiv aus; die Spaltung zwischen dem *Paese Reale* und dem *Paese Legale* wurde weiter vertieft. In den zwanzig Jahren, die Luchinis Rede von der des Innenministers Giolitti trennten, hatten sich die *Movimenti Popolari* auf das ganze Land ausgedehnt. Durch ihre Vereine, durch die ersten Ansätze einer gewerkschaftlichen Organisation, durch das Kreditsystem der *Casse Rurali* sowie zahlreiche soziale und kulturelle Einrichtungen hatten die sozialistische Partei und die christlichen Organisationen sehr stark an politischem Gewicht innerhalb der lokalen Verwaltung gewonnen. Anders als seine Vorgänger Crispi, Luigi Rudiní und Antonio Pelloux, die noch mit militärischer Gewalt Protestbewegungen zu unterdrücken versucht hatten, begründete der zukünftige Ministerpräsident Giolitti die Forderung, die neuen Kräfte an der Mitgestaltung des Staates zu beteiligen, als historische Notwendigkeit. Hier sah der überzeugte Liberale Giolitti den einzig richtigen Weg, den wirtschaftlichen Aufschwung Italiens am Anfang des 20. Jahrhunderts zu schützen, ja durch eine innenpolitisch stabile Lage zu festigen. Die Korrektheit und Beständigkeit, mit der sich Giolitti aus den zunehmenden Konflikten zwischen Arbeitern und Arbeitgebern heraushielt, brachte ihm die Sympathie der Bauern und Arbeiter und eine indirekte Unterstützung der Sozialisten ein, sowohl für sein Kabinett von 1903–1905 als auch für das von 1906–1909.

Mit Giolitti war es der liberalen Tradition des italienischen Bürgertums gelungen, gegen den Widerstand der königlichen Familie und ihrer Anhänger im Senat, der Diplomatie und allen Bereichen der Armee die politische Leitung des Landes zu übernehmen.

Giolitti hatte aber Schwierigkeiten, seine Anhänger in einer zeitgemäßen Organisation zusammenzufügen und ein politisches Programm aufzustellen, das die verschiedenen Wahlbündnisse überleben würde. Giolittis Strategie, mit den Katholiken die Wahl zu gewinnen oder mit der Unterstützung der Sozialisten eine parlamentarische Mehrheit zu bilden oder sich sogar auf beide Gruppen zugleich zu stützen, half dem Parlament sicherlich, seine politische Handlungsfähigkeit wiederzugewinnen, nachdem es von Rudiní und Pelloux in seiner legislativen Funktion stark beeinträchtigt worden war. Diese pragmatischen Lösungen konnten aber nicht über die wirkliche und konkrete Entwicklungskrise hinweghelfen, in der sich das Parlament seit der Bildung der modernen politischen Parteien befand.

Sowohl die Öffentlichkeitsarbeit der Parteien und verschiedenen Bewegungen als auch der Einzug ihrer Vertreter ins Parlament, die wiederum den Parteien gegenüber verantwortlich waren, gab der parlamentarischen Arbeit eine neue und sehr wichtige Dimension, d.h. durch ein Mehr an Demokratie wurde der Zuwachs an politischem Bewußtsein im Lande spürbar. Dieser Entwicklung stand das Parlament, das immer noch durch den Widerspruch zwischen *Paese Legale* und *Paese Reale* geprägt war, unvorbereitet gegenüber. Die politische Erneuerung des Parlaments hätte nur von den Liberalen kommen können, die die absolute Mehrheit stellten, und zwar auf dem Wege einer Anpassung an die politische Organisation gesellschaftlicher Kräfte, wie sie die Sozialisten und Katholiken vorgenommen hatten. Statt dessen beharrte man auf dem parlamentarischen Korporativismus nach dem Vorbild des Korporativismus im Industrie- und Agrarbürgertum. Damit verzögerte sich die Herausbildung einer neuen Politikergeneration, die aus den bürgerlichen Schichten der italienischen Gesellschaft eine führende, aufgeklärte Klasse gemacht hätte und fähig gewesen wäre, ein Land, das sich auf dem Weg befand, eine Industrienation zu werden, ohne Autoritarismus zu führen, wie es etwa in anderen europäischen Ländern möglich gewesen war. Bezeichnend für die Verspätung ist nicht nur der Verzicht oder die historische Unmöglichkeit, dem Bürgertum eine moderne Organisation zu geben, sondern auch die zögernde Haltung der Unternehmer in Industrie und Landwirtschaft, die einen politischen Charakter hatte.

Während 1906 die *Lega degli Industriali* (Arbeitgeberliga) in Turin gegründet wurde, schlossen sich die Unternehmer in der Landwirtschaft erst 1908 zum ersten Mal in einer politischen Dachorganisation zusammen, der *Associazione Agraria* (Dachorganisation der Großgrundbesitzer), gewissermaßen als Antwort auf die immer zahlreicher werdenden gewerkschaftlichen

Organisationen der Arbeitnehmer, die seit 1891 ihre *Camere del Lavoro*[3] (Arbeitnehmerverbände) hatten und 1906 die erste gesamtitalienische Gewerkschaft *Confederazione Generale del Lavoro* (Nationale Dachorganisation der Arbeiter) unter Führung der Sozialisten gründeten. 1901 wurde die *Federterra* (Bauern- und Landarbeitergewerkschaft) als Dachorganisation der Bauern mit 150000 Mitgliedern ebenfalls unter Führung der Sozialisten ins Leben gerufen. Als Erklärung für dieses politische Verhalten des italienischen Bürgertums kann man vielleicht folgende beiden Faktoren ansehen: zum ersten den positivistischen Glauben an den technologischen Fortschritt, der die soziale Frage durch eine allgemeine Verbesserung der Lage der Arbeiter und Bauern hätte lösen können, und zum zweiten die politische Arbeit Giolittis, der Italien zur Zeit seines endgültigen Aufbruchs als Industrienation mit sicherer und glücklicher Hand regierte. Was Giolitti anbetrifft, so muß gesagt werden, daß bis heute noch nicht klar ist, ob er sich der historischen Notwendigkeit, dem Bürgertum eine moderne Partei zu geben, überhaupt bewußt war oder es gar nicht wollte.

In der Tat gilt die *Età Giolittiana* (Giolitti-Ära: 1901–1914) als eine in allen Bereichen des italienischen Lebens höchst produktive historische Periode. In seiner *Storia d'Italia dal 1875 al 1915* (Bari 1928) schilderte der bedeutendste Vertreter der liberalen Kultur Italiens, der Historiker Benedetto Croce, die Jahre 1900–1910 mit Begeisterung, und zwar folgendermaßen: „Eine so bedeutsame und verschiedenartige Tätigkeit von Gesetzgebung und Verwaltung war möglich geworden durch die Blüte der Wirtschaft, die man allgemein im Lande beobachten konnte. Obgleich dieser Aufschwung in eine günstige Konjunktur der ganzen Weltwirtschaft fiel und vom Zufluß überschießender ausländischer Kapitalien nach Italien befruchtet wurde, so trat er doch innerhalb der Gesamtheit dieser Erscheinungen besonders hervor; denn, wie die Sachverständigen bemerkten, machte kein Land in Europa in dieser Zeit so rasche und ausgedehnte Fortschritte wie Italien. Die Ausfuhr Italiens war zwischen 1890 und 1907 um 118 Prozent gestiegen; sie übertraf die Zunahme von 55 Prozent in England, von 92 Prozent in Deutschland. Im Jahrfünft 1896–1900 betrug sie 2622

Millionen Lire, im folgenden Jahrfünft 4420 Millionen; 1907 stieg sie auf 4930 Millionen und 1910 auf 5326 Millionen. Der Verbrauch an Strom hatte sich seit 1900 verfünffacht; ... Die Kohleneinfuhr hatte sich in diesen sieben Jahren verdoppelt: von 4947180 Tonnen im Jahr 1900 auf 8300439 im Jahr 1907; allein im Jahr 1905 nahm die Zahl der Dampfkessel um 981 zu. Im Jahr 1900 wurden in Italien sechs Automobile hergestellt, im Jahr 1907 1283; die Produktion von Kalziumkarbid, die im Jahr 1898 nur 600 Tonnen betragen hatte, stieg im Jahr 1907 auf 30651 Tonnen. Die Stahlproduktion hatte sich vervierfacht. In ähnlichem Maße wuchsen die Seiden- und Baumwollbearbeitung und andere Zweige der Industrie, die wir übergehen, indem wir auf die Statistik und die Schriften über Wirtschaftsgeschichte verweisen; denn hier handelt es sich für uns nur darum, durch einige Ziffern den beschleunigten Rhythmus aufzuweisen, den das Leben Italiens genommen hatte. Man berechnete die landwirtschaftliche Produktion, die 1896 etwa fünf Milliarden Lire betragen hatte, für 1910 auf etwa sieben Milliarden Lire; allerdings muß bemerkt werden, daß die Landwirtschaft immer noch mehr extensiv als intensiv war, daß es an einer richtigen Aufzucht des Viehs fehlte; andererseits stellten freilich die Handelsverträge die Landwirtschaft und ihre Interessen gegenüber dem Industrieschutz etwas in den Hintergrund. Der Unternehmungsgeist in Italien war lebhaft; neben industriellen Gesellschaften entstanden Kreditgenossenschaften, Volksbanken, landwirtschaftliche Kassen und andere Einrichtungen zur Unterstützung der Industrie und des Ackerbaus. Vor allem aber bemerkte man einen größeren Arbeitseifer und dementsprechend ein Abgehen von der alten Neigung zum Grundbesitz, zur Staatsrente und zur staatlichen Anstellung. Auch die Arbeiter hatten davon Vorteil; sie fühlten sich an die Interessen der Industrie gebunden; freilich gab die Unterstützung und Begünstigung des Staates für die Industrie und die Arbeitergenossenschaften wiederum Anlaß zu Klagen über die Vorteile, welche die Arbeiter Oberitaliens auf Kosten Unteritaliens und seiner Bauern genossen."[4] Bekanntlich unterbrach Croce seine *Storia d'Italia* mit dem Jahr 1915; als Begründung führte er an, daß er sich als Historiker nicht in der Lage fühle, die Zeit des Ersten Weltkrieges und dessen Folgen, in der er lebte, als Geschichte zu betrachten.

Für Italien bedeutete der Erste Weltkrieg einen dramatischen Abschied von seiner unbekümmerten Hoffnung auf technischen Fortschritt. Es wäre trotzdem nicht richtig zu behaupten, der Krieg hätte das Land überrascht, auch wenn der Mord von Sarajewo nicht vorherzusehen war. Italien befand sich als Mitglied des Dreibundes in einer unglücklichen Lage. Eine Klausel des Vertrages über den Dreibund besagte, daß es an seinem Freundschaftspakt mit England festhalten könne, das jedoch wiederum mit Frankreich und Rußland die *Triplice Intesa* (Dreierentente) bildete. Die Beziehungen Italiens zu Frankreich und Rußland hatten sich in den ersten Jahren des 20. Jahrhunderts entspannt. Ferner hatte Italien den Dreibund immer mehr als Defensivbündnis empfunden, und deswegen war seine Neutralitätserklärung als Reaktion auf das österreichische Ultimatum an Serbien 1914 eine korrekte Interpretation des „Casus foederis". Die Neutralität war jedoch kein Mittel, um den Frieden zu bewahren, sie war ein notwendiger Zustand, solange die politische Verbindung Italiens zum Dreibund und zur Dreierentente nicht geklärt war. Korrekterweise wird seitens der österreichischen Geschichtsschreibung auf jene politischen Überlegungen und Faktoren hingewiesen, die Österreich zur Ablehnung der Neutralitätsforderungen Italiens veranlaßten. In der „Geschichte Italiens" von H. Kramer werden sie folgendermaßen erklärt: „Die Forderungen der italienischen Regierung wurden stets höher und überschritten schließlich die deutsche und südslawische Volksgrenze. Es war begreiflich, daß die österreichische Regierung diese Verhandlungen schleppend und mit Unlust führte, obwohl die deutsche Regierung zur Abtretung drängte, also mit fremdem Gut Italien auch um einen hohen Preis neutralisieren wollte. Die Entente hatte es leichter; sie brauchte ja nur Territorien des Feindes zuzusagen. ... So wurden im Geheimvertrag von London vom 26. April 1915 Italien zugesprochen: das Trentino und das deutsche Südtirol bis zum Brenner, Görz und Gradisca, Triest und sein Hinterland, Istrien, ein gutes Stück von Dalmatien mit einer Reihe von Inseln, Stützpunkte im albanischen Raum und das Protektorat über Albanien, der volle Besitz der Inseln des Dodekanes, Interessengebiete in Kleinasien sowie ein Anteil an den deutschen Kolonien in Afrika."[5]

Der Londoner Vertrag, in dem sich Italien verpflichtete, binnen eines Monats auf der Seite der Dreierentente in den Krieg einzutreten, war der Beweis dafür, daß es in Italien keinen Willen zum Frieden gab. Es entstand zwar sofort nach Kriegsausbruch eine Spaltung in *Interventisti* (Interventionisten) und solche, die für die Beibehaltung der Neutralität waren. Letztere wurden von den Liberal-Demokraten um Giolitti, von Katholiken und Sozialisten unterstützt. Als innenpolitische Folge des Geheimvertrags von London brach 1915 die parlamentarische Mehrheit für die Neutralität zusammen. Mit den Stimmen der Liberal-Demokraten, ohne die Giolittis und der Katholiken, wurde die Regierung Antonio Salandra beauftragt, die Intervention gegen Österreich und später gegen das Deutsche Reich vorzubereiten. Von diesem Zeitpunkt an machte die Mehrheit der italienischen Öffentlichkeit einen gründlichen Umwandlungsprozeß durch, der mit einer Befürwortung des Krieges endete, wobei jede politische und kulturelle Strömung ihre eigenen Motivationen und Zielsetzungen hatte.

Die Nationalisten, schon immer für den Kriegseintritt plädierend, erhofften sich eine Intensivierung der von ihnen befürworteten Kolonial- und Expansionspolitik, die aus Italien eine große Nation und eine europäische Macht machen sollte.

Demokraten, Republikaner und Anhänger von Leonida Bissolati sahen dagegen im Krieg die Möglichkeit, die Nationalitätenfrage in Europa zu lösen und einen Neubeginn für einen dauerhaften Frieden zu setzen. Durch den Krieg wollte der anglophile Flügel der Liberalen Italien enger an Westeuropa binden und seine traditionelle Freundschaft mit England festigen.

Eine soziale Revolution erhofften sich die gewerkschaftlichen Gruppen innerhalb der Arbeiterbewegung, die die innere Lage Italiens zugunsten der unteren Schichten verändern wollten.

Benito Mussolini und seine wenigen Anhänger, die ihre Antikriegshaltung aufgegeben hatten und jetzt mit den Futuristen zusammen eine Demonstration für den Kriegseintritt organisierten, sahen im Krieg ein Mittel zur Befreiung Italiens aus seiner Dekadenz und zur Lösung aller *Irredenta*probleme.[6]

Nur die Sozialisten hielten mit der Parole *Nè aderire nè sabotare* (weder teilnehmen noch sabotieren) an der Neutralität fest, auch wenn sich andere europäische sozialistische Parteien auf die Seite ihrer jeweiligen Regierungen stellten, z.B. in Frankreich und Deutschland.

Der Krieg, der nach eigenen Gesetzen verlief, sollte fast keine dieser Erwartungen erfüllen, und Italien stand nach Kriegsende vor den gleichen Problemen wie zuvor, zu denen allerdings noch die unvermeidbaren Schwierigkeiten der Nachkriegszeit kamen. Mit der Umstellung der Kriegswirtschaft auf eine Friedenswirtschaft flammten die Konflikte, die sich in der *Settimana Rossa* (rote Woche) kurz vor Kriegsbeginn in Italien zugespitzt hatten, wieder auf. Die drei langen Kriegsjahre hatten zwar das nationale Zusammengehörigkeitsgefühl der Italiener über alle Schichten und regionalen Trennungen hinweg gefestigt und sie auf einen wirtschaftlichen und sozialen Neubeginn hoffen lassen. Mit dem Frieden kehrten aber die Alltagsprobleme zurück. Unter den Volksmassen nahmen Unzufriedenheit und Unmut eine politische Dimension an, die die Bauern und Arbeiter gewerkschaftlichen und parteilichen Organisationen zuführte, was sich bei den ersten Parlamentswahlen der Nachkriegszeit sichtbar auswirkte; bei diesen Gruppen konnten beide Volksparteien, die christliche und die sozialistische, große Erfolge erzielen, während die Wahlen für die Liberal-Demokraten das Ende ihrer politischen Hegemonie bedeuteten.

Zu dieser Veränderung in der politischen Zusammensetzung des Parlaments hatten zwei Faktoren beigetragen: die offizielle Teilnahme der Katholiken an den Parlamentswahlen durch ihren neugegründeten *Partito Popolare Italiano* (PPI) und die Oktober-Revolution, die erwiesen hatte, daß eine sozialistische Revolution möglich war. Die Tatsache, daß dies die erste Wahl war, die auf der Grundlage des allgemeinen Wahlrechts für Männer abgehalten wurde, machte ihr Ergebnis repräsentativer, wenn auch nur für die Hälfte der Nation.

Die Legislaturperiode begann mit der Bildung der *Gruppi*

Parlamentari (Fraktionen), d.h. jedes Mitglied des Parlaments mußte sich zu einer Gruppe bzw. Partei bekennen. Dieses neue System zeigte, wie schwach die politische Substanz des italienischen Parlaments war; abgesehen von den Sozialisten, die sich auf eine einheitliche Gruppe einigen konnten, bildeten die *Popolari* (Abgeordneten des *Partito Popolare*) mindestens drei und die Liberalen noch mehr Gruppen, je nach Art der Persönlichkeiten. Giolitti erhielt die Führung der *Democrazia Liberale*.

Obwohl die Liberal-Demokraten bis zum Amtsantritt Mussolinis als Ministerpräsident (1922) die Regierungen stellten, ließ sich das Ende der Hegemonie, wie es beim Wahlergebnis von 1919 bereits absehbar war, kaum aufhalten. Auslösend für diese Revision der politischen Kräfteverhältnisse im Parlament war vor allem die Gründung des *Partito Popolare Italiano*, die es nicht mehr erlaubte, daß Stimmen der Katholiken, wie es 1913 noch ausgehandelt worden war, für liberal-demokratische Kandidaten abgegeben wurden.

Bei der Mehrheitsbildung im Parlament zeigte sich, daß niemand mehr bereit war, liberal-demokratische Regierungen zu unterstützen. Historische Ereignisse, wie der Erste Weltkrieg und die Oktober-Revolution, hatten eine neue Strömung innerhalb der sozialistischen Partei entstehen lassen, die eine Radikalisierung der Auseinandersetzungen mit dem Bürgertum befürwortete und jede Mitarbeit an der Regierung, die als Vertretung der Interessen des Bürgertums angesehen wurde, ablehnte. Als innere Ursache des Hegemonieverlustes der Liberal-Demokraten ist vor allem die schwache theoretische Ausarbeitung des ideologischen Zusammenhalts der parlamentarischen Fraktion anzusehen; sie betrachtete sich immer noch als Vertreterin einer begrenzten Wählerschaft aus dem 19. Jahrhundert und war deswegen nach der Wahlreform nicht in der Lage, der neuen Wählerschaft als einheitliche politische Organisation entgegenzutreten und sich durch ein gemeinsames politisches Programm als moderne zeitgemäße Partei vorzustellen.

Als der ehemalige Ministerpräsident Salandra 1922 diese Fehlentwicklung mit Bedauern feststellte,[7] war es bereits zu spät; der Faschismus bereitete sich darauf vor, durch die sog.

Leggi Fascistissime (die superfaschistischen Gesetze) die Parteidialektik, die Grundlage des Parlamentarismus, abzuschaffen.

c) Nachkriegszeit und Aufkommen des Faschismus

Bei den Wahlen von 1919 erhielten Benito Mussolini und seine neugegründeten *Fasci di Combattimento* (Kampfbünde) kein Mandat. Mussolini hatte nach seinem Ausschluß aus der sozialistischen Partei (1914) bis zum Jahre 1919 alle Gruppierungen des anarchistischen Bereichs durchschritten und eine spektakuläre politische Wandlung durchgemacht. Höhepunkte von Mussolinis Karriere waren der Boykott des Libyenkrieges (1911), den die sozialistische Partei als Gegenleistung für das Zugeständnis des allgemeinen Wahlrechts unterstützte, ferner die *Settimana Rossa* in der Emilia, wo er mit dem damaligen Republikaner Pietro Nenni zusammenarbeitete, und die Leitung des Parteiorgans *L'Avanti!* kurz vor dem Krieg. Seine Arbeit innerhalb der sozialistischen Partei und als Chefredakteur des Parteiorgans war mehr durch eine „aggressive Entschlossenheit" als durch theoretische Vorbereitung für seine politische Tätigkeit geprägt. Hierin mag Mussolinis Stärke gelegen haben gegenüber Politikern wie Turati, Treves und Salvemini, die eine teilweise messianische Auffassung von politischer Arbeit hatten und aufgrund ihrer ethischen Grundprinzipien jegliche Gewalt ablehnten.

Sein politischer Aktivismus und seine ausgeprägte Tendenz zur Verknüpfung heterogener Impulse ermöglichten es ihm, sich, nachdem die Hoffnung, den Krieg in eine soziale Revolution umzuwandeln, gescheitert war, für eine Revolution zu entscheiden, die keine Merkmale einer sozialistischen oder republikanischen Bewegung mehr hatte, sondern eine nationale Revolution sein sollte, die Italien aus seinen hemmenden Bindungen an die Vergangenheit befreien und zu einer modernen Großnation machen sollte.

Der Zusammenarbeit Mussolinis mit den Nationalisten, die er während des Libyenkrieges und seiner Neutralitätsphase vor dem Ersten Weltkrieg noch als Verantwortliche für die Expansionspolitik der Regierung angegriffen hatte, stand nun nichts mehr im Wege. Die nationalistische Bewegung, die mit der Zeitschrift *Il Regno* (1903) von Enrico Corradini gegründet und vorwiegend eine literarische Komponente der italienischen Kultur gewesen war, sah ihre Funktion ab 1910 darin, die Ideale des *Risorgimento* zu bewahren und zu vollenden. Durch die Förderung einer „nationalen" Politik hatte sie den nationalen Gedanken, den Italien als Kernargument in seiner Außenpolitik gegenüber Österreich gebraucht hatte, bereits „politisiert" und sich immer mehr für eine Großmachtpolitik Italiens ausgesprochen. Aber erst nach dem Ersten Weltkrieg schlossen sich die Nationalisten zu einer rein politischen Bewegung zusammen; dies geschah zu dem Zeitpunkt, als sich nach dem Schlagwort der *Vittoria Mutilata* (verstümmelter Sieg) jener Teil der Offiziere und Soldaten um sie scharte, der sich im Alltag der Nachkriegszeit nicht mehr zurechtfand oder zurechtfinden wollte. Die breite Öffentlichkeitsarbeit wurde von Luigi Albertini in der Zeitung *Corriere della Sera* geleistet, der der Regierung Schwäche bei den Friedensverhandlungen in Paris vorwarf und nach Bekanntgabe der Friedensbedingungen erstmals das Schlagwort von der *Vittoria Mutilata* gebrauchte. Dies geschah, obwohl Italien einen beachtlichen territorialen Zuwachs verzeichnen konnte, etwa Südtirol oder einen Teil Dalmatiens mit sehr starken nichtitalienischen Volksgruppen erhielt, was eigentlich eine schwerwiegende Verletzung der Prinzipien des *Risorgimento* darstellte, auf die sich die Nationalisten jedoch weiter beriefen und somit „Vaterland" mit „Großnation" verwechselten.

Einer der größten Befürworter des Gedankens der Großnation war der Dichter Gabriele D'Annunzio. Seit seiner Rückkehr aus Frankreich wurde er zum offiziellen Sprecher und Dichter der nationalistischen Bewegung und testete als *Comandante degli Arditi e dei Legionari* (Führer der *Arditi* und der Legionäre)[8] mit Wissen und Willen einiger Regierungsmitglieder, wieweit der liberale Staat durch die Besetzung von Fiume (heute Rijeka) im September 1919 erpreßt werden konnte. Benito Mussolini sagte dem Dichter und *Comandante* D'Annunzio telegraphisch die Unterstützung seiner *Fasci di Combattimento* (Kampfbünde) zu, beließ es aus wahltaktischen

Gründen aber bei einer Stellungnahme zur Verteidigung der Besetzung von Fiume in seiner Zeitung *Il Popolo d'Italia*. Später, im Dezember 1920, als Giolitti, dem Rapallo-Abkommen mit Jugoslawien entsprechend, die Stadt Fiume und ihre Umgebung durch die Armee räumen ließ, sah Mussolini untätig zu.

Daß der liberale Staat in Fiume gegen D'Annunzio eingegriffen hatte, bestätigte zwar die These der Nationalisten, daß die liberal-demokratische Regierung unfähig sei, die Interessen der Großnation zu schützen, konnte aber Mussolini von ihrer Strategie dem Staat gegenüber nicht überzeugen. Es hinderte Nationalisten und Mussolini-Anhänger jedoch nicht, sich bald darauf auf eine gemeinsame Bekämpfungsstrategie des Feindes an der „Inneren Front" zu einigen. Nach Lageanalyse der Nationalisten und der Führer der *Fasci di Combattimento* lag die Schuld für den zögernden Wiederaufbau der Industrie und Landwirtschaft in der Nachkriegszeit bei den Bolschewisten, die verhindert hatten, daß sich Italien einen angesehenen Platz unter den großen Nationen sichern konnte. Zu den Bolschewisten wurde jeder gerechnet, der auf seiten der Arbeiter und Bauern in den sozialistischen, anarchistischen, christlichen oder republikanischen gewerkschaftlichen Organisationen gegen die Kürzung der Löhne, für das Recht auf Arbeit und eine Kürzung der täglichen Arbeitszeit auf acht Stunden kämpfte. In der Tat zeigten die Volksmassen nach dem Krieg einen Zuwachs an politischem Bewußtsein und an Bereitschaft, den Arbeitskampf dort aufzunehmen, wo er durch den Ersten Weltkrieg, den sie am teuersten bezahlt hatten, unterbrochen worden war. Die russische Oktober-Revolution und ihre Ausstrahlung auf ganz Europa lieferten der italienischen Arbeiter- und Bauernbewegung ein Modell für ihre politische und wirtschaftliche Emanzipation. Die Erfahrungen der Sowjets wurden innerhalb der sozialistischen Partei sehr intensiv diskutiert, und in mehreren Bereichen ihrer Organisation setzte sich die Tendenz durch, den Kampf in Betrieben und auf dem Land entsprechend den Erfahrungen der Sowjets zu radikalisieren.

Während des sog. *Biennio Rosso* (zwei rote Jahre, 1919 bis 1920), versuchten die Arbeiter in den Industriestädten im Norden, neue Formen in der Art der Betriebsführung durchzusetzen; schließlich besetzten sie die Betriebe und verwalteten sie durch die *Consigli di Fabbrica* (Fabrikräte), bis dieser Versuch an der Politik der sozialistischen Partei scheiterte. In der Emilia-Romagna, wo die Bauernbewegung am stärksten war und die Bauern für die Wahrung gewisser Rechte aus der Vorkriegszeit streikten, kam es zur ersten blutigen Auseinandersetzung, die dem Faschismus den Weg zur Macht bereiten sollte. Ab Ende 1920 begannen organisierte Schlägertrupps, deren Männer zu den *Fasci di Combattimento* gehörten, im Auftrag der Großgrundbesitzer die systematische Zerstörung der Bauernorganisationen. Von November 1920 bis September 1921 zählte man in Italien 726 Überfälle auf Gewerkschafts- und Parteiorganisationen mit einer Bilanz von 166 Toten und 500 Verletzten.[9] Mit der Propagierung des Antibolschewismus und der Idee der Großnation im Programm der *Fasci di Combattimento* sowie Mussolinis Verzicht auf eine republikanische Zukunft Italiens (1922)[10] gewann die faschistische Bewegung die Sympathie und Unterstützung breiter Schichten der italienischen Gesellschaft, des Staatsapparates und sogar der königlichen Familie. Auf diese Weise erhielt Mussolini die Möglichkeit, den liberalen Staat zu erpressen und sich gleichzeitig als Retter vor dem Bolschewismus hinzustellen.

Sicherlich läßt sich die Entstehung und Machtergreifung des Faschismus in Italien wie auch in anderen europäischen Ländern weder durch die Persönlichkeit ihrer Gründer erklären noch auf ihre Taten reduzieren. Historische Vorgänge solcher Tragweite stützen sich auf gesellschaftliche, kulturelle und wirtschaftliche Voraussetzungen, die nicht nur von einigen „Persönlichkeiten" abhängig sind.

Die Diskussion um den Faschismus, seine Motive, seine Komponenten, seine Helfer etc. hat in Italien relativ früh, d.h. schon bei seiner Entstehung angefangen.[11] Benedetto Croce, der sich 1927 weigerte, die Geschichtsschreibung Italiens über den Ersten Weltkrieg hinaus fortzusetzen, mag auch durch den Faschismus, den er als *Accidente* (unvorhergesehenes Ereignis) in der Geschichte Italiens hinstellte, daran gehindert worden sein. Andere bis heute geläufige Thesen in der italienischen Historiographie und Politologie erklären den Faschismus als Entwicklungskrise des liberalen Parlamentarismus, der nach dem Krieg nicht mehr fähig gewesen sei, eine neue parlamentarische Strategie zu schaffen, die die wirtschaftliche und moralische Krise des Landes hätte überwinden können. Wieder andere sprechen vom Faschismus als einem bewußten, autoritären Schritt, der von Teilen des Bürgertums gegen die Arbeiter- und Bauernbewegung unternommen worden sei, die ihrerseits die konkreten und realen Ziele der faschistischen Bewegung nicht erkannt habe. Manche sehen im Faschismus das unvermeidliche Ausarten der Kolonialpolitik des liberalen Staates, unterstützt vom nationalistischen Traum der Großnation Italien.

Zwar kann jede der oben genannten Thesen jeweils als wichtiger Teilaspekt der Frage betrachtet werden, jedoch wird eine endgültige Aufklärung dieser 20 Jahre italienischer Geschichte erst dann möglich sein, wenn die Fragen der Popularität des Faschismus, der Mitwirkung der Armee, der Beamtenschaft und breiter Schichten der Gesellschaft sowie die Frage des Widerstandes gegen den Faschismus neu beantwortet werden.

Der Versuch D'Annunzios, von Fiume aus den liberalen Staat zu stürzen, war u.a. an seiner „dichterischen" Art zu kämpfen und politisch tätig zu sein gescheitert, hatte aber gezeigt, daß und wieweit der Staat erpreßbar war. Mussolini, der sich zunächst abwartend verhalten hatte, sollte sehr bald Konsequenzen daraus ziehen und eine zwiespältige Haltung dem Staat gegenüber einnehmen: Erpressung durch offene Gewalttätigkeiten seiner *Fasci di Combattimento* in ganz Italien einerseits und ständige Verhandlungen mit den wichtigen Gruppen im Staat andererseits, denen gegenüber er sich als Schützer des Staates aufspielte.

Getreu seinem Grundprinzip, daß jede politische Kraft in der italienischen Gesellschaft ihren Vertreter im Parlament haben sollte, setzte sich Giolitti als Ministerpräsident (Juni 1920–Juni 1921) dafür ein, daß faschistische Kandidaten in die Wahllisten der *Blocchi Nazionali* (Nationale Blöcke) aufgenommen wurden. So kam 1921 eine erste Gruppe von 35 Vertretern der faschistischen Bewegung ins Parlament. In ihrer ersten Phase schienen Giolittis Integrationsmanöver gelungen zu sein. Mussolini und seine Leute hielten sich an die parlamentarischen Regeln, und es gelang Mussolini, selbst in einer harten Diskussion die extreme Spitze seiner Bewegung in Schach zu halten, womit seine offene Kampfansage an den Staat nur vertagt war. 1921 kam es sogar zu einem *Patto di Pacificazione* (Befriedungspakt) zwischen Faschisten und Sozialisten. Der Pakt wurde kurz nach der Gründung des *Partito Nazionale Fascista* (1921) revidiert, als Mussolinis republikfreundliche Thesen endgültig beiseite gelegt, die Militarisierung der Partei programmiert und die *Rivoluzione Fascista* verkündet wurden.

Das eigentliche Ziel, das Giolitti dazu bewogen hatte, die Wahlen vorzuziehen, nämlich das Parlament durch eine Verstärkung seiner *Blocchi Nazionali* auf Kosten der Sozialisten und Katholiken regierbar zu machen, wurde trotz der Gewalttätigkeiten der Faschisten am Wahltag (15. Mai 1921) nicht erreicht. Giolitti, der sich während des *Biennio Rosso* nicht in die Arbeitskonflikte eingemischt hatte, um den Arbeitern die Möglichkeit zu geben, sich selbst von der Unrealisierbarkeit ihrer Vorstellungen einer Selbstverwaltung der Produktion und der Betriebe zu überzeugen, glaubte, daß die Arbeiterbewegung nach ihrer Niederlage bereit sei, seine Reformpolitik zu unterstützen, gegebenenfalls auch gegen die Weisung der Parteispitze beider Volksparteien, die sich in einer schweren Krise befanden.

Nach dem erfolglosen Kampf der Metallarbeiter war in der sozialistischen Partei eine heftige Diskussion über die Verantwortung der Partei und der *Confederazione Generale del Lavoro* ausgebrochen, die in der Spaltung von Livorno (1921) ihren Höhepunkt erreichen sollte. Der linke Flügel der Partei um die Wochenzeitung *Ordine Nuovo*[12] von Antonio Gramsci, Palmiro Togliatti, Angelo Tasca u.a. gründete in Livorno den *Partito Comunista d'Italia* (PCd'I) und warf dem *Partito Socialista Italiano* reformistische Haltung und Zusammenarbeit mit den Vertretern der Bourgeoisie vor; die Kommunisten lehnten jede Form der Mitarbeit in der Regierung der Liberalen ab und dachten an eine revolutionäre Lösung der Krise, in der Überzeugung, daß nur ein revolutionärer Durchbruch die Arbeiterbewegung vor einem Zusammenbruch unter einem autoritären Regime retten könne.

Angesichts dieses massiven moralischen Drucks und trotz

der anhaltenden Krise und zunehmenden Gewalttätigkeit der Faschisten nahm die sozialistische Partei eine unentschlossene und starre Oppositionshaltung ein, die sich für die Faschisten als vorteilhaft erweisen sollte, da dadurch der liberale Staat zusätzlich geschwächt wurde.

Nicht anders trug auch der *Partito Popolare Italiano* (PPI) zur Zuspitzung der Krise des Staates bei. Das Veto gegen Giolitti von Sturzo, dem Führer des *Partito Popolare Italiano,* an dem die schon schwache parlamentarische Handlungseinheit des PPI restlos zerbrach,[13] verhinderte, daß gerade der Mann am Ruder blieb, der im Fall von Fiume und D'Annunzio gezeigt hatte, wie der Staat im Extremfall zu reagieren hatte.

Inzwischen setzten Mussolini und der *Partito Nazionale Fascista* ihre doppelte Strategie fort: die *Fasci di Combattimento* wurden als paramilitärische Organisation gegen den Bolschewismus, aber auch gegen den Staat ausgerüstet; gleichzeitig verhandelte Mussolini durch Vermittlung des Präfekten von Mailand mit Giolitti über eine Koalition Giolitti-Mussolini. Diese hätte nach einem zweiten vorgezogenen Wahlgang zustandekommen sollen, um den Faschisten einen Zuwachs an Sitzen im Parlament zu sichern.

Für Mussolini war Giolitti der Politiker, der die Faschisten in seine Wahlliste der *Blocchi Nazionali* aufgenommen hatte, der Ministerpräsident, der die Mehrheit im Lande haben wollte, der einzige Politiker, der in der Lage gewesen wäre, mit den *Fasci di Combattimento* fertig zu werden, wie der Fall Fiume bewiesen hatte. Obwohl Giolitti die Faschisten im Parlament als eine Kraft der Erneuerung zunächst begrüßt hatte und obwohl sich ihn die Öffentlichkeit als Ministerpräsidenten wünschte und wichtige gesellschaftliche Institutionen wie die *Lega degli Industriali* (Dachorganisation der Industrieunternehmer) ihm mitgeteilt hatten, sie seien für eine Koalition Giolitti-Mussolini, vorausgesetzt, sie sei in der Lage, die Ordnung im Lande und die Produktion in den Betrieben zu gewährleisten, zögerte Giolitti angesichts der höchst kritischen Lage, eine Regierungskrise einzuleiten, die zu vorgezogenen Wahlen führen sollte. Er bemühte sich vielmehr um eine Lösung innerhalb der bestehenden parlamentarischen Kräfteverhältnisse. Zeitweise schien eine Neuauflage der großen Koalition mit Sozialisten und Katholiken noch im Bereich des Möglichen zu liegen.

Ebenso bemühte sich Mussolini um breitere Unterstützung im Regierungsbereich, indem er mit einzelnen wichtigen Führern der Liberal-Demokraten wie Nitti und Salandra verhandelte und der Monarchie zusicherte, daß seine Partei nicht mehr an ihren republikanischen Grundsätzen festhalten würde; seine *Fasci di Combattimento* stellten auf dem Parteitag in Neapel (22.–24. Oktober 1922) ihre militärische Stärke zur Schau.

Innerhalb von zwei Jahren folgten aufeinander sechs Kabinettsumbildungen; sie zeigten mit aller Deutlichkeit, daß die Liberalen zu schwach waren, den Staat weiterzuführen. Nachdem das zweite Kabinett Luigi Facta in eine Krise geraten war (Oktober 1922), stellten die Faschisten, die bis dahin für eine Mitverantwortung in der Regierung gewesen waren, ein Ultimatum mit der Drohung, auf Rom zu marschieren. Das Vorgehen König Viktor Emanuels III., sich am 28. Oktober 1922 zu weigern, die Notstandsgesetze zur Verteidigung Roms zu unterzeichnen und statt dessen Mussolini mit der Regierungsbildung zu beauftragen, während dieser in Mailand – mit einer Fahrkarte für die Schweiz in der Tasche – auf das Ergebnis des Marsches auf Rom wartete, bildet den Schlußakt dessen, was Paolo Alatri *Abdicazione dello Stato* (Selbstaufgabe des Staates) genannt hat und Nino Valeri in seinem erfolgreichen Buch *Da Giolitti a Mussolini* als *Grande Imbroglio* (großes Durcheinander) gekennzeichnet hat.[14]

Unter der damaligen parteipolitischen Perspektive mochte das erste Kabinett Mussolini (31. Oktober 1922–24. April 1923), dem Liberal-Demokraten, Abgeordnete des *Partito Popolare*, Unabhängige und zwei Generäle als Vertreter der Krone angehörten, wie eine gewöhnliche Regierungskoalition ausgesehen haben. Mussolinis Antrittsrede vom 16. 11. 1922 mit dem Satz *Potevo fare di quest'aula sorda e grigia un bivacco per i miei manipoli*[15] (Ich könnte aus diesem dumpfen und grauen Saal ein Lager für meine Kampfgruppen machen) ließ keinen Zweifel mehr, daß dem Parlament und dem Land stürmische Zeiten bevorstanden.

d) Das faschistische Italien

In dem Bildband *L'Italia fascista in cammino* (1932) (Das faschistische Italien im Aufbruch), der zum zehnjährigen Jubiläum der faschistischen Revolution in fünf Sprachen verfaßt wurde, stellte Mussolini im Vorwort fest: „Dutzende von Bänden und Tausende von Photographien wären notwendig und würden kaum genügen, um der Welt zu zeigen, was das Regime der Schwarzhemden überall und auf jedem Gebiet verwirklicht hat. Und zwar nicht nur – wie sogleich betont werden muß – auf dem Gebiet materieller Tätigkeit, sondern tiefer noch auf dem der geistigen Betätigung. Eine tiefgreifende Umgestaltung ist notwendig und bedeutsam, aber das letzte Ziel der faschistischen Revolution ist die Umwandlung des Temperaments, des Charakters, der Intelligenz der Italiener."[16]

Nach zehnjährigem Bestehen der faschistischen Revolution, 1931, zählte Italien 41 043 000 Einwohner, 20 181 000 Männer und 20 862 000 Frauen. Zur erwerbstätigen Bevölkerung gehörten 13 658 000 Männer und 5 195 000 Frauen: das entsprach 45,3 % der gesamten Bevölkerung. Die 54,7 % Nichterwerbstätigen teilten sich in 6 771 000 Männer und 15 667 000 Frauen. Die Arbeitswelt setzte sich aus folgenden Bereichen zusammen:

a) Landwirtschaft, Forstwesen, Jagd und Fischerei: Männer 6 704 000, Frauen 2 718 000; zusammen 9 422 000, d.i. 51,7 % der arbeitenden Bevölkerung.

b) Industrie: Männer 3 566 000, Frauen 1 227 000; zusammen 4 793 000, d.i. 26,3 % der arbeitenden Bevölkerung.

c) Weitere Bereiche: Männer 2 854 000, Frauen 1 143 000; zusammen 3 997 000, d.i. 22 % der arbeitenden Bevölkerung. Aus den Daten, die in dem Band *L'Italia fascista in cammino* enthalten sind, ergibt sich, daß der *Partito Nazionale Fascista* 1932 mit Hilfe seiner Führer das ganze Land erfaßt und das öffentliche Leben in Italien völlig neu gestaltet hatte.

Mit der Erfassung der Bevölkerung in zahlreichen, nach Alter gestaffelten Organisationen und dank der in jedem Dorf des Landes vorhandenen nationalen Organisation *Dopolavoro* (vergleichbar der Organisation *Kraft durch Freude* im Dritten

Reich) hatte die Partei bis 1932 einen Verstaatlichungsprozeß des öffentlichen Lebens und sogar der Freizeit durchgeführt, der an der Übereinstimmung des Landes mit dem Regime keinen Zweifel ließ. Bei der Schaffung dieser Organisationsstrukturen war der Jugend große Aufmerksamkeit gewidmet worden, sowohl um die „Rasse zu schützen" als auch, um ihr eine faschistische Erziehung zu geben. Die Hauptorganisationen, die Jungen und Mädchen bis zum 18. Lebensjahr erfaßten, und zwar die *Balilla* (Kleine Kinder), die *Piccole Italiane* (Kleine Italienerinnen), die *Avanguardisti* (Vorhut) und die *Giovani Italiani* (Junge Italiener), zählten im Jahr 1932 2292637 eingeschriebene Mitglieder. Die *Opera Nazionale per la Protezione Maternità ed Infanzia* (Nationalwerk zum Schutz für Mutter und Kind) unterstützte von Januar 1926 bis Dezember 1932 3633018 Mütter und Kinder mit einem Kostenaufwand von L. 548681179.

Die Organisation *Dopolavoro* wurde im Jahre 1925 gegründet, „um die Freizeit nach der Arbeit durch Sport, Ausflüge, künstlerische Betätigung, Anleitung zu sozialer Tätigkeit, Hygiene und Berufsfortbildung und zur moralischen und körperlichen Ertüchtigung des Volkes zu nutzen". 1932 umfaßte sie 16192 Sektionen mit 1777035 eingeschriebenen Mitgliedern. Die allumfassende Gegenwart des Staates in der Freizeit seiner Bürger wird in dem erwähnten Bildband am Beispiel des *Carro di Tespi* und des Nationalen Olympischen Komitees Italiens C.O.N.I. besonders deutlich: „Der Thespiskarren bringt durch prächtige künstlerische Vorstellungen während vieler Monate des Jahres Freude in die kleinen Ortschaften: 147 Opern-Aufführungen in 66 Ortschaften vor 660000 Besuchern; 877 Schauspiel-Aufführungen an 481 Plätzen vor 1650000 Besuchern." „Das Nationale Olympische Komitee Italiens (C.O.N.I.) pflegt und regelt die sportliche Tätigkeit Italiens. Es gehören ihm 21 Verbände mit 1052353 Mitgliedern an."[17]

Was die Arbeitswelt betraf, so war sie aufgrund des Abkommens von *Palazzo Vidoni* (1925) neu organisiert worden. Die Arbeitgeber verpflichteten sich, nur mit den Vertretern der faschistischen Gewerkschaften zu verhandeln. Gleichzeitig wurden die Betriebsräte abgeschafft, womit den anderen gewerkschaftlichen Organisationen jegliche gesetzliche Mittel zur Wahrung der Interessen ihrer Mitglieder entzogen wurden. Die *Confederazione Generale del Lavoro* war damit restlos zerschlagen.

Im Jahr 1927 schuf sich der Faschismus durch Art. 4 der *Carta del Lavoro* (Charta der Arbeit) die Grundlage des *Stato Corporativo* (Ständestaat) und seiner Staatstheorie.[18] In der *Carta del Lavoro* wird „die den Interessen der Produktion untergeordnete Versöhnung der gegensätzlichen Interessen der Arbeitgeber und der Arbeitnehmer" postuliert: *La conciliazione degli opposti interessi dei datori di lavoro e dei lavoratori e la loro subordinazione agli interessi della produzione.*[18] Durch die endgültige Form der Verstaatlichung der faschistischen Gewerkschaften, nämlich die Neugliederung des *Consiglio Nazionale delle Corporazioni* (1930) (Nationalrat der Korporationen), schuf der Faschismus eine jener Strukturen, die „die Partei zum Herzen des Regimes" (Mussolini) machten.

Der *Consiglio Nazionale delle Corporazioni* bestand 1930 aus sieben Sektionen: d.h. aus sechs gewerkschaftlichen Verbänden, denen sowohl Arbeitgeber als auch Arbeitnehmer angehörten: Industrie, Landwirtschaft, Handel, Banken, Binnen- und Auslandsverkehr, während in der siebten alle freien Berufe zusammengefaßt waren. Seine Funktion bestand darin, die Regierung in ihrer Wirtschaftspolitik zu unterstützen. Aus den Daten der beiden größten Verbände geht hervor, daß 1932 der Industrieverband 119248 Firmen und 2285469 Arbeitnehmer, die gewerkschaftlich organisiert waren, zählte, und im Generalverband landwirtschaftlicher Syndikate 2148422 Landwirte eingeschrieben waren.[19] Im Jahr 1934 wurde, um die spezifischen Interessen der einzelnen Arbeitgeber und Arbeiterkategorien besser wahrnehmen zu können, die Zahl der *Corporazioni* auf zweiundzwanzig erhöht: acht für Einzelbereiche der Landwirtschaft, acht für Industrie und Handel und sechs für Dienstleistungen. Die Leitung der *Corporazioni* bestand aus einer paritätischen Zusammensetzung von Mitgliedern der Arbeitgeber, der Arbeitnehmer und des *Partito Nazionale Fascista.*

Von 1937 an wurden dem *Consiglio Nazionale delle Corpo-*

razioni mehr Entscheidungsbefugnisse eingeräumt: er wurde u. a. zuständig für die Zuteilung von Rohstoffen, für die Arbeiten in den Kolonien und die Festsetzung der Steuern und Sozialabgaben. Im Sommer 1937 wurde der *Consiglio delle Corporazioni* in *Commissione Suprema dell' Autarchia* (Oberster Ausschuß für die Autarkie) umgewandelt und damit zum obersten Entscheidungs- und Planungsgremium für die *Politica dell'Autarchia* (autarke Wirtschaftspolitik), zu der der Faschismus nach den Sanktionen, die der Völkerbund 1935 gegen Italien verhängt hatte, gezwungen war.

Trotz des Optimismus, der in *L'Italia fascista in cammino* noch zum Ausdruck kommt, hatte der Faschismus 1932 seine „beste Zeit" bereits hinter sich – jene Zeit, in der es ihm gelungen war, den Staatshaushalt zu sanieren, die Industrieproduktion im Vergleich zu 1922 um 50 Prozent zu steigern sowie die Landwirtschaft durch die berühmte *Battaglia del Grano* (Getreideschlacht) und die Trockenlegung der Pontinischen Sümpfe zu verbessern.[20] Die wirtschaftlichen Erfolge von 1922 bis 1929, die aus dem Faschismus eine populäre Bewegung gemacht hatten, zu der sich nicht nur das Bürgertum, sondern auch breite Schichten der gesamten Bevölkerung bekannt hatten, wurden dazu benutzt, die zunächst nur faschistische Regierung in ein politisches Regime umzuwandeln.

Der erste Schritt in diese Richtung war, daß der neugegründete *Gran Consiglio del Fascismo* (1923, Oberster Rat des Faschismus) der Staatsgewalt des Vorsitzenden unterstellt wurde, der nur durch den Ministerpräsidenten gestellt werden konnte. Als zweites erfolgte 1923 ein Antrag der Mussolini-Regierung auf Änderung des Wahlsystems, mit der Begründung, die Abgeordneten-Kammer sei in ihrer Zusammensetzung nicht regierbar und vertrete nicht die wahren Interessen des Landes. In der Vorlage der Regierung, die bald als Gesetz *Acerbo* bekannt wurde, war ein Bonus für die in der Wahl siegreiche Partei enthalten, die automatisch und unabhängig von der Zahl ihrer Stimmen zwei Drittel der Sitze erhalten hätte. Gegen das Gesetz *Acerbo* bzw. gegen Mussolinis Versuch, eine Parteidiktatur zu errichten, entbrannte der letzte Kampf zur Rettung des liberalen Staates. Die *Popolari*, die am Mussolini-Kabinett beteiligt waren, konnten sich nach einer langen und schwierigen Diskussion zwischen Partei und Fraktion von der Regierung lösen, auch wenn einige von ihnen das Gesetz während der Parlamentsdebatte unterstützt hatten. Die parlamentarische Opposition, die aus Liberalen, Republikanern, Sozialisten und Kommunisten bestand, konnte sich trotz des Ernstes der Lage nicht auf eine gemeinsame Oppositionsstrategie einigen, so daß das Gesetz in einem innerlich zerstrittenen und von außen her belagerten Parlament angenommen wurde.

Die Wahl von 1924 wurde jedoch nicht zu dem Triumph, den der *Partito Nazionale Fascista* geplant hatte. Vor allem waren nicht alle Abgeordneten bereit, die neue Regierung stillschweigend hinzunehmen, wie es Giolitti seinen Freunden empfohlen hatte. Giacomo Matteotti, der Führer der Sozialisten, verwies in einer mutigen Rede vor der neu gebildeten Kammer auf das Klima der Gewalt, in dem sich die Wahl vollzogen hatte, und stellte einen Antrag auf Überprüfung der Wahlergebnisse.

Kurz danach wurde er entführt und tot aufgefunden (Juni/August 1924). Das Land reagierte betroffen. Mussolini und der *Gran Consiglio del Fascismo* waren auf eine solche Reaktion nicht vorbereitet, ebensowenig wie die parlamentarische Opposition. Diese zog sich aus dem Parlament zurück. Aber sie war nicht fähig, die Betroffenheit des Landes so zu artikulieren, daß Mussolini und mit ihm der Faschismus zum Rücktritt gezwungen wurden.

Die Gründe dafür waren, daß die Opposition dem Land keine politische Alternative anbieten konnte oder wollte, daß der Vatikan mit seiner Nichteinmischungspolitik die *Popolari* blockierte, daß sich die Monarchie, auf die die „Aventin-Abgeordneten“ (s. S. 95) hofften, auf die Seite Mussolinis stellte, aus Furcht vor einer sozialistischen Revolution, und der König ihm sein Vertrauen aussprach. Mit solcher Rückendeckung warf Mussolini den Kammerabgeordneten vor, sie seien nicht mutig genug, um offen eine Anschuldigung gegen ihn vorzubringen. „Die Abgeordnetenkammer, die den Fehdehandschuh nicht aufnahm, akzeptierte damit ihr eigenes Todesurteil und das Ende des liberalen Staates.“[21] Als die „Aventin-Abgeordneten“

ins Parlament zurückkehren wollten, wurden sie buchstäblich hinausgeworfen und 1926 alle für ihres Mandats verlustig erklärt. Zwei vereitelte Mordversuche auf Mussolini waren der willkommene Anlaß, den Prozeß der „Faschistisierung" Italiens zu beschleunigen. Nach dem ersten wurde die Pressefreiheit beträchtlich eingeschränkt, und zwar durch das Verbot wichtiger oppositioneller Zeitungen: *Corriere della Sera, L'Avanti!, Giustizia;* ferner wurden den Präfekten weitergehende Vollmachten übertragen. Nach dem zweiten wurden die Oppositionsparteien verboten und die Todesstrafe eingeführt. Damit kam es zu dem für Italien seit dem *Trecento* (14. Jahrhundert) gewohnten Bild der *Fuorusciti*, der Emigranten, die sich vor den hohen Strafen des *Tribunale Speciale* (Sondergerichts) retten wollten. Unter den ersten *Fuorusciti* war Luigi Sturzo, der auf den Rat von Pietro Kardinal Gasparri hin Italien verließ. Die Beschwichtigungspolitik des Vatikans dem Faschismus gegenüber war einerseits von dem Willen bestimmt, die Lage Italiens nicht weiter zu verschärfen, andererseits wollte man durch die Annäherung des Faschismus an den Vatikan eine Versöhnung zwischen Staat und Kirche herbeiführen. Die *Patti Lateranensi* (Lateranverträge), die ab 1929 die Beziehung zwischen Kirche und Staat regelten sowie zuvor das Ergebnis der ersten Wahl mit dem *Listone* (der Parteiliste, 1924) darstellten, waren ein Höhepunkt des faschistischen Regimes. Die Italiener erwiesen dem Faschismus ihre Dankbarkeit, indem sie ihre Entscheidungspflicht an ihn abtraten.

Zu dem Erfolg im Inland kamen die ersten Anerkennungen im Ausland: Papst Pius XI. sprach von Mussolini als von dem Mann, den Gott Italien gesandt habe, und Winston Churchill sah in Mussolini den richtigen Mann für Italien. Diese Fehleinschätzungen mögen ihre Begründung einmal in den Interessen haben, die die Beteiligten damit verfolgten, teilweise lassen sie sich aber auch mit der Zurückhaltung Mussolinis in der Außenpolitik Italiens erklären. Diese wurde bis dahin von den alten Berufsdiplomaten weitergeführt; Mussolini gab dazu nur die programmatische Erklärung ab: *In politica estera sono più prudente io* (in der Außenpolitik bin ich etwas vorsichtiger). In der Tat hatte der Faschismus, solange er mit dem Aufbau der

Produktion und der Ausschaltung der Opposition beschäftigt war, keine eigentliche Außenpolitik betrieben, obwohl der Eintritt Italiens als Großnation in die Weltpolitik auf dem faschistischen Programm stand.[22] Die Weltwirtschaftskrise von 1929 sollte dafür bald sorgen – allerdings auf eine Art und Weise, die von den Faschisten nicht vorgesehen war. Der faschistische Staat reagierte auf die Krise, die Italien sehr hart traf, mit massiven Investitionen in den öffentlichen Bereichen, wie Straßenbau, Ausbau des Eisenbahnnetzes, Verbesserung der landwirtschaftlichen Betriebe und Gründung von Institutionen, um Produktion und Forschung zu sichern. Mit der zunehmenden wirtschaftlichen Krise zeichneten sich zwei Grundlinien ab, die die Politik des Faschismus bis zu seinem Untergang bestimmen sollten: erstens der Verzicht auf eine Versöhnung von Kapital und Arbeit, von Arbeitgebern und Arbeitnehmern, bei einer Wirtschaftspolitik der Autarkie zugunsten der Arbeitgeber und zweitens der Versuch, neue Erfolge im Ausland zu erreichen als Ausgleich für die ausgeschöpften innenpolitischen Möglichkeiten.

In die Kolonialpolitik stieg der Faschismus, wie einst die Nationalisten, mit allen Mitteln der Rhetorik ein, und sie schien dem Faschismus auch den Erfolg zu sichern, den er suchte. Nach einem beispiellosen Aggressionskrieg gegen Abessinien, wobei sogar Giftgas zum Einsatz kam, verkündete Mussolini 1936 vom Balkon des *Palazzo Venezia* in Rom die Gründung des *Impero* (Reich), und Italien begann begeistert *Faccetta Nera*[23] zu singen. Das *Impero* hatte den König zum Kaiser gemacht, Mussolini zum ersten Marschall des Kaiserreiches, Badoglio zum Fürsten von Addis Abeba, die Italiener erhielten neue Münzen und Briefmarken, und einige Minuten lang gaben sie sich der berauschenden Illusion hin, die Wiedergeburt Roms zu erleben, als der *Duce* von seinem Balkon aus Italien und der Welt die Gründung des Kaiserreichs verkündete.

Wirtschaftlich gesehen war das imperiale Unternehmen eine zusätzliche Belastung für die Volkswirtschaft und das militärische Potential Italiens. Hierzu kam das Embargo, das der Völkerbund über Italien verhängte, auch wenn dessen zwei stärkste europäische Mitglieder, England und Frankreich, sich auf diplomatische Protestaktionen beschränkten. Der kriegerische Kurs der italienischen Außenpolitik ließ Italien jedoch keine Zeit, sich als Kolonialmacht in den besetzten Gebieten zu etablieren. Ebenso belastend für die Volkswirtschaft wirkte sich das Eingreifen des *Duce* im Spanischen Bürgerkrieg aus. Hier stand er an der Seite Francos; und hier begegneten sich Italien und Deutschland nach fünfzig Jahren wieder als Verbündete, wenn auch auf beiden Seiten der Front: Faschisten und Nationalsozialisten auf der Seite Francos, republikanisch gesinnte Emigranten in den Internationalen Brigaden auf der Seite der Republik.

Die Annäherung zwischen dem nationalsozialistischen Deutschland und dem faschistischen Italien war durch Hitlers neutrale Haltung während der italienischen Aggression in Abessinien (1935/36) eingeleitet und durch die Isolierung, die Italien nach der Verhängung der wirtschaftlichen Sanktionen (1935) durch den Völkerbund erfuhr, begünstigt worden. In zahlreichen Treffen – darunter den triumphalen Reisen Mussolinis nach Berlin (1937) und Hitlers nach Rom (1938) – hatten sich der *Duce* und der Führer sowie die Außenminister Ciano und Ribbentrop bemüht, den Beziehungen zwischen beiden Regimen eine starke außenpolitische Funktion zu geben. Es schien, als ob sich Italien und Deutschland bezüglich ihrer expansionistischen Ansprüche auf Lebensraum: Italien im Mittelmeer und auf dem Balkan, Deutschland in Nord- und Osteuropa, geeinigt hätten. Vor allem nachdem Italien dem Antikominternpakt (1937) gegen die Sowjetunion beigetreten war, Mussolini den Anschluß Österreichs an Deutschland (1938) ohne Protest hingenommen hatte und der Stahlpakt im Mai 1939 abgeschlossen worden war, schien die expansionistische Politik beider Länder eine gemeinsame Strategie zu verfolgen.

Der deutsche Einmarsch in Polen im September 1939 sollte bald zeigen, daß der Vertrag zwischen Hitler und Mussolini auf der Basis von Fehleinschätzungen und Vermutungen ausgehandelt worden war. Während Graf Ciano davon ausging, daß Hitler zwei bis drei Jahre warten würde, bevor er nach Osten marschierte, verschwieg ihm Ribbentrop den bevorstehenden Einmarsch in Polen bis August 1939. Erst bei dem Treffen auf dem

Obersalzberg wurde Ciano davon in Kenntnis gesetzt. Mussolini, dem es während der Münchner Konferenz im September 1938 gelungen war, sich als erfolgreicher Vermittler in der Sudetenfrage durchzusetzen, bekam zu spüren, daß der Stahlpakt keinen Raum für eine gleichzeitige und parallele Expansionspolitik ließ. Obwohl der *Duce* immer noch unbekümmert von acht Millionen Bajonetten sprach – in der Tat zählte die italienische Armee im Jahr 1940 eine Million Männer mit einem Munitionsvorrat für zwei Monate –, sah er sich gezwungen, in dem Moment, als die Deutschen in Polen einmarschierten, die *Non Belligeranza* (Nicht-Kriegführung) Italiens zu erklären.[24] Die *Non Belligeranza*, die Mussolini Hitler von vornherein als „Anwartschaft" auf den Krieg an der Seite der Deutschen erklärt hatte, war in der damaligen Situation die letzte diplomatische Möglichkeit, sich aus dem Konflikt herauszuhalten und eine echte Neutralität daraus zu entwickeln. Die wirklichen Gründe der Zurückhaltung lagen darin, daß zum einen das militärische Potential des Landes in den letzten fünf Jahren seit dem Äthiopienkrieg bis zur Invasion in Albanien stark geschwächt worden war; letztere hatte Mussolini unternommen, um den deutschen Verbündeten den Anspruch Italiens auf den Balkan nochmals deutlich zu machen; und zum zweiten verfügte Italien über keine Rohstoffquellen, die ihm eine rasche und notwendige moderne Rüstung für den Krieg in Europa ermöglicht hätten.

Aber Mussolini hielt gegen den Widerstand innerhalb des Großen Rates des Faschismus, der Öffentlichkeit und der Generalität an der konzeptionslosen Strategie der parallelen Kriegführung im Mittelmeerraum fest, so daß Italien weniger einen eigenen Krieg führte, als erfolglose Versuche unternahm, am Krieg der starken Verbündeten und in Konkurrenz mit ihnen teilzunehmen – so in den französischen Alpen im Juni 1940, gegen Griechenland im Oktober 1940, in Rußland an der Seite der *Camerati Tedeschi* (deutsche Kameraden) und in Nordafrika, wo nach anfänglichen Erfolgen die italienischen Truppen der Führung von Rommel unterstellt wurden, um eine endgültige Niederlage zu vermeiden.

Mussolini selbst geriet nach seiner Befreiung (siehe nächster

Abschnitt) durch deutsche Fallschirmjäger und nach der Gründung der *Repubblica Sociale Italiana* (RSI, 1943 auch *Repubblica di Salò* genannt) immer mehr in die Abhängigkeit seiner Verbündeten, so daß er den Sieg der Deutschen schließlich selber nicht mehr wünschen konnte.

e) Die „Anderen" und die Resistenza (1943–1945)

Trotz seines dramatischen Mißerfolgs bedeutete der Protest auf dem Aventin eine notwendige historische Zäsur im politischen Handeln der italienischen Parteien. Die Schwäche dieses Protestes lag darin, daß die alte Generation von Politikern wie Turati, Treves, Giovanni Amendola, Giolitti, Vittorio E. Orlando, Salandra usw. sich in ihrem politischen Handeln stets auf die ethischen Prinzipien des liberalen Staates berief, etwa auf die Gewährleistung der parlamentarischen Rede- und Handlungsfreiheit für die Opposition, wogegen sich der Faschismus damit brüstete, eine Bewegung „ohne Programm" zu sein und die politische Macht durch Brachialgewalt an sich gerissen zu haben. Von seiten der Kommunisten, die im Parlament geblieben waren, wie auch der jungen Liberalen um Gobetti und Carlo Rosselli wurde der Vorwurf erhoben, daß die „Aventin-Abgeordneten": Liberale, Demokraten, Sozialisten und Katholiken, nicht verstehen wollten, daß der Faschismus kein ungeratener Koalitionspartner war, von dem man sich durch eine parlamentarische Krise befreien könne. Als Antwort auf die Erpressung durch Gewalt, die der Faschismus dem Staat antat, forderten sie, das ganze Land in die Krise einzubeziehen. Für eine politische Klasse, die die Politik immer noch auf die parlamentarische Arbeit begrenzen wollte, mußte ein solcher Vorschlag als ein Manöver der Kommunisten erscheinen, die Revolution auszurufen. Weder der liberale Gobetti noch der Kommunist Gramsci sollten die Möglichkeit haben, den historischen Beweis für die Richtigkeit ihrer These zu erleben; beide zählten zu den ersten Opfern des faschistischen Terrors bald nach der Überwindung der Matteotti-Krise. Die Abkehr einiger Demokraten und Liberaler wie Giolitti, Orlando, Nitti und Croce vom Faschismus, den sie zunächst gutgeheißen hatten, mag ein später und trauriger

Trost sein. Damit soll keineswegs das spätere antifaschistische Engagement von Croce geschmälert werden, der durch ein ständiges Eintreten für die Freiheit des Geistes, der Kultur und des Denkens mit seiner Zeitschrift *Critica* zum Freiheitssymbol einer ganzen Intellektuellengeneration wurde. Die Polemik über die „Aventin-Strategie" und das Abdanken des liberalen Staates, die in der heutigen italienischen Geschichtsschreibung noch fortgesetzt wird, wurde damals in der Emigration weitergeführt. Dorthin flüchtete bald die Mehrheit der Parteiführer, Oppositionspolitiker und Gewerkschaftsvertreter, um sich vor der Provokation der politischen Polizei und den hohen Strafen des Sondergerichts zu retten. Die alte Klasse der Liberalen und die Vertreter des *Partito Popolare Italiano* blieben hingegen fast vollzählig in Italien zurück. Ihr Widerstand gegen den Faschismus nahm immer mehr die Form der Dissidenz an und konzentrierte sich auf das Gebiet der Lehre, wo sich die Liberalen auf die Freiheit des Geistes beriefen und die Katholiken mit den Grundprinzipien des Christentums ihr Handeln rechtfertigten.

Nach Sturzos Emigration und aufgrund der sich anbahnenden Versöhnungspolitik zwischen faschistischem Regime und Kirche ließ der Druck auf die Katholiken nach. Durch die Lateranverträge von 1929, die Mussolini die Unterstützung der Kirche und der breiten Masse der Katholiken einbrachten, wurde der Kirche das Recht auf eine eigene Organisation eingeräumt. Die *Azione Cattolica* (Katholische Aktion) mußte sich jedoch neutral verhalten und durfte sich nicht politisch betätigen.

Die Mehrheit der italienischen Emigranten sammelte sich in Frankreich. Die erste Arbeit, die von ihnen allen unternommen wurde, war der Aufbau einer breiten antifaschistischen Bewegung. Diese wurde 1927 unter Leitung der beiden sozialistischen Parteien PSI und PSU gegründet und trug den Namen *Concentrazione Antifascista* (Antifaschistische Sammelbewegung). Mit ihr nahmen alle politischen Gruppierungen und Parteien, die Zusammenarbeit suchten, Beziehungen auf, z.B. die Kommunistische Partei Italiens, die *Giustizia e Libertà* von Carlo Rosselli, der *Partito Repubblicano*, die *Confederazione*

Generale del Lavoro, die *Lega Italiana dei Diritti dell'Uomo* (Italienische Liga für Menschenrechte). Aufgrund ihrer breiten politischen Zusammensetzung war das Wirken der *Concentrazione Antifascista* und ihres Presseorgans *Libertà* von vornherein als zeitlich begrenzt anzusehen. Ihre Funktion bestand vorwiegend darin, den antifaschistischen Kräften in der Emigration eine klärende Diskussion über Faschismus, Anti-Faschismus-Strategie und über die politische Arbeit in Italien und im Ausland zu ermöglichen. Ihr Auseinanderfallen im Jahr 1934 ist damit zu erklären, daß sich mit dem Einsetzen eines neuen und wirksameren Kampfes gegen den Faschismus in Italien ihre Funktion von selbst erledigte. Der Faschismus hatte sich nämlich auf eine Aggressionspolitik umgestellt, die große Teile der Öffentlichkeit nicht mittragen wollten und die sein Ende bedeuten sollte. 1934 war auch ein erstes Abkommen über einen *Fronte Unico* (Einheitsfront) zwischen der sozialistischen Partei und den Kommunisten zustande gekommen, in dem beide Parteien trotz ihrer „ideologischen, methodologischen und taktischen Divergenzen" feststellten, daß „diese Divergenzen beider Parteien sie nicht an einem Zusammengehen über genau festgelegte, konkrete und aktuelle Bereiche des proletarischen Kampfes gegen den Faschismus und gegen den Krieg" hindern würden.[25] Trotz der Gefahr, von der politischen Polizei *OVRA* entdeckt zu werden, verstärkten nun beide Parteien ihre politische Arbeit in Italien durch Entsendung neuer Kader, die verhaftete Genossen ersetzen sollten.

Die Teilnahme am Spanischen Bürgerkrieg, zu der die Bewegung *Giustizia e Libertà* von Rosselli und Ferrucio Parri mit der Parole *Oggi in Spagna, Domani in Italia* (Heute in Spanien, morgen in Italien) aufgerufen hatte, sollte Republikaner von *Giustizia e Libertà*, Sozialisten und Kommunisten zueinanderführen. Diese drei Jahre, in denen sie dem italienischen Faschismus die erste militärische Niederlage zufügten und Kampferfahrungen sammelten, die noch 1943 der *Resistenza* mit Kämpfern wie Luigi Longo, Parri und Sandro Pertini zugute kamen, wurden die politische und moralische Grundlage für den ersten Aufruf zur Bewahrung der Einheit der Bevölkerung, den *Partito Comunista Italiano* (PCI), PSI und *Giustizia e Libertà* 1941 gemeinsam verfaßten und an alle Italiener richteten. Damals wurde bereits an die Nachkriegszeit, an den Wiederaufbau des Landes gedacht, der von allen antifaschistischen Kräften gemeinsam durchgeführt werden müsse: „Wir, die Antifaschisten, sind manchmal anderer Meinung bezüglich der Einschätzung mancher besonderer Probleme und Situationen. Heute brüderlich für das heiligste aller Anliegen vereint, wollen wir durch gemeinsame Anstrengungen dazu beitragen, die Schranken niederzureißen, die die Italiener aufgrund ihrer Ideale, Klassen, politischen Parteien und verschiedenen Religionen trennen, weil wir alle die Freiheit, den Frieden und unser Land lieben. Wir wenden uns an alle, die nicht länger bereit sind, die grausame Verantwortung der heutigen Politik des Faschismus auf sich zu nehmen, an jene, denen, verblendet durch die faschistische Propaganda, heute die Augen aufgehen, an die große Masse der Jugendlichen, die in dieser tragischen Zeit der italienischen Geschichte ihr Bewußtsein erlangen."[26]

Im Lande selbst war der Antifaschismus durch Veröffentlichungen aus dem Untergrund, gewerkschaftliche Arbeit im Rahmen der Legalität und in Form konkreter gegenseitiger Hilfe am Leben geblieben. Nachdem die *Alleanza Nazionale* (Nationales Bündnis) von Mario Vinciguerra und Lauro De Bosis mit ihrem Versuch, die Monarchie, den Vatikan und die *Azione Cattolica*[27] als die stärksten noch neben dem Faschismus bestehenden Kräfte gegen diesen zu mobilisieren, gescheitert war, hatten die tragischen Folgen der Kriegspolitik des *Duce* einen Teil der Führung des *Partito Nazionale Fascista*, der Generalität und des Bürgertums gegen ihn aufgebracht, zumal Mussolini seit kurzem das Bürgertum als *schifosa vile borghesia* (ekelhafte, feige Bourgeoisie) beschimpfte.[28] Die Monarchie verhielt sich bis zum Schluß dem Faschismus gegenüber loyal, obwohl nach der Landung der Alliierten in Sizilien (Juli 1943) der ehemalige Ministerpräsident Ivanoe Bonomi mit anderen Mitgliedern der Liberalen Partei und General Pietro Badoglio mit einigen Vertretern der Armee und mit Unterstützung des Kronprinzen sowie des Ministers der königlichen Familie auf den König Druck ausübten, Mussolini zu entlassen und mit den Alliierten Friedensverhandlungen aufzunehmen.

Erst als Mussolini nach der berühmten Nachtsitzung des *Gran Consiglio* (24.–25.7. 1943) zum König ging und ihm selbst mitteilte, daß der *Gran Consiglio* ihm den Oberbefehl über die Streitkräfte entzogen und ihn aufgefordert habe, alle Staatsfunktionen sofort wiederherzustellen und die Monarchie in ihren politischen Rechten wieder zu bestätigen, wodurch Mussolini seiner Macht innerhalb der Partei und des Staates enthoben war, entschloß sich der König, den *Duce*, „den er immer gern gehabt hatte", fallenzulassen, und gab General Badoglio den Auftrag zur Bildung einer Militärregierung.[29] Das unentschlossene Verhalten des Königs vor und nach dem Sturz Mussolinis und der Badoglio-Regierung in den 45 Tagen bis zur Bekanntgabe des geheimen Waffenstillstandes von Cassibile am 8. September 1943 brachte Italien und seinen Streitkräften zusätzliches und unnötiges Leid. Während die Vertreter der antifaschistischen Parteien, die Liberalen um Bonomi, die Sozialisten, Katholiken, Kommunisten und die *Giustizia e Libertà* der Regierung ihre Mitarbeit für die Wiederherstellung der Grundrechte der Bürger anboten, lehnte Badoglio dies ab. Er zeigte sich unfähig, Entschlüsse zu fassen, und verkündete lediglich, der Krieg gehe weiter.

Die Flucht des Königs mit seiner Regierung aus Rom nach der Bekanntgabe des Waffenstillstandes und die darauffolgenden tragischen Konsequenzen für das Land und für die Armee zeigten, unter welcher politischen Unfähigkeit das Land zu leiden hatte, und stellten in aller Dringlichkeit die Frage nach der Zukunft der Monarchie. Um das endgültige Auseinanderfallen des Landes zu vermeiden, bildete sich 1943 in Rom das erste *Comitato di Liberazione Nazionale* (CLN, Nationales Befreiungskomitee), dem *Democrazia Cristiana* (DC), *Partito Comunista Italiano* (PCI), *Partito Socialista Italiano d'Unità Proletaria* (PSIUP), *Partito d'Azione, Partito Liberale Italiano* (PLI) und *Democrazia del Lavoro* (DL) angehörten. Es nahm Verhandlungen mit den Alliierten zu einem Zeitpunkt auf, wo diese eine Landung südlich von Rom planten und die Hauptstadt noch unter einer deutschen Militärregierung stand.

Mit der offiziellen Kriegserklärung an Deutschland am 13. Oktober 1943 verwandelte sich der Krieg immer mehr zu einem „Befreiungskampf" vom Faschismus und seinen Verbündeten, vor allem im Norden. Hier hatte Mussolini, nachdem Hitler ihn 1943 aus der Gefangenschaft befreit hatte, die *Repubblica Sociale Italiana* gegründet, um den Faschismus in seiner ursprünglichen Form zu verwirklichen. In der Tat stand Norditalien als besetztes Militärgebiet teils direkt, teils indirekt unter deutscher Verwaltung. Gegen Faschisten und Nationalsozialisten hatten schon 1943 die ersten Arbeiterstreiks in Turin und Mailand stattgefunden, und die bewaffnete Widerstandsbewegung *(Resistenza)* begann nun, ihre ersten Gruppen auszubilden.

Im Süden, sowohl im Gebiet des AMG *(Allied Military Government)* als auch in den Provinzen, die dem König unterstanden, hatten sich überall nationale Befreiungskomitees gebildet, die ihren ersten Kongreß in Bari (28.–29.1.1944) abhielten. Hier wurde die Frage der Monarchie zwar ausführlich debattiert, jedoch kam es zu keiner Einigung. Auf seiten der Monarchie standen PLI und DL, gegen sie waren PSIUP und Pd'A, während DC und PCI sich nicht endgültig festlegen wollten. Die Anerkennung der Regierung Badoglio durch die Sowjetunion und das Eintreffen des Führers des PCI, Palmiro Togliatti, in Italien (1944) brachten die festgefahrenen Verhandlungen zwischen den Parteien wieder in Bewegung.[30] Badoglio nahm die Vertreter des *Comitato di Liberazione Nazionale* in seine Regierung auf, die Frage der Staatsform wurde aber bis nach dem Krieg vertagt.

Im April 1945 marschierten die Alliierten in die großen, von den Partisanen fast schon befreiten Städte des Nordens ein. Der Krieg war zu Ende. Mit dem Frieden verstärkte sich die Aufbauarbeit der Institutionen und des Staates. Die Vertreter des CLN von Oberitalien (CLNAI) wurden an der Regierung von Ferruccio Parri, Juni–November 1945, beteiligt. Die Gewerkschaften, die 1944 die *Confederazione Generale Italiana del Lavoro* (CGIL, Allgemeiner Italienischer Gewerkschaftsbund) als einheitliche Organisation des PCI, PSIUP und der DC neu konstituiert hatten, verhinderten, daß es in den Industriebetrieben im Gefolge der Unsicherheit der Nachkriegszeit zu Massenentlassungen kam. Säuberungsprozesse wurden durchgeführt, aber auch sehr rasch abgebrochen, und viele ehemalige Beamte der faschistischen Verwaltung in den Staatsdienst übernommen, vorwiegend in die Ordnungs- und Sicherheitskräfte. In der Bevölkerung zeigte sich eine verständliche, wenn auch gefährliche Tendenz zur Entpolitisierung, trotzdem beteiligte sie sich sehr stark an der ersten Nachkriegswahl, durch die die Monarchie abgeschafft wurde.

4. Die Erste Republik (1946–1994)

a) Chronologischer Überblick

1943–50	*Ricostruzione:* Wirtschaftlicher Wiederaufbau Italiens.
1945	Ende des Krieges. Die *Consulta Nazionale* wird gebildet. Die *Democrazia Cristiana* stellt ihren ersten Ministerpräsidenten: Alcide De Gasperi.
1946	Referendum am 2. Juni: vom 89,1 % abgegebenen Stimmen erhält die Republik 54,3 %, die Monarchie 45,7 %. Einführung der *Scala Mobile* (gleitende Lohnskala) in der Industrie. Enrico De Nicola wird erster Präsident der Republik.
1946–48	*Costitutente* – Verfassunggebende Versammlung.
1947	Pariser Friedensvertrag. De Gasperi tauscht seine linke Regierungskoalition aus DC-PCI-PSI und DL gegen eine Koalition der Mitte mit DC-PSLI-PRI-PLI aus. Die Verfassung der Republik wird mit 453 Ja-Stimmen gegen 62 Nein-Stimmen angenommen.
1948	Die *Costituzione Repubblicana* tritt in Kraft. Spaltung der Einheitsgewerkschaft CGIL. Erste Parlamentswahl. Luigi Einaudi wird 2. Präsident der Republik.
1949	Italien wird Gründungsmitglied der NATO.
1950	Gründung der *Cassa per il Mezzogiorno* zur wirtschaftlichen Förderung des Südens. Das Parlament verabschiedet das Gesetz zur Agrarreform. Mit der Bildung von 12 Divisionen und mit einem Etat von 250 Milliarden Lire beginnt die Wiederaufrüstung in Italien.
1951	Erste Steuerreform: *Riforma Vanoni.* Italien tritt der Europäischen Montanunion bei.
1952	Die *Scala Mobile* wird auf die Landwirtschaft ausgedehnt.
1953–62	Italienisches Wirtschaftswunder.
1953	Scheitern der *Legge Truffa* (Wahlreform) bei der zweiten Parlamentswahl.

1955	Giovanni Gronchi wird 3. Präsident der Republik. Erste Sitzung des Verfassungsgerichts. Italien wird in die UNO aufgenommen.
1957	Unterzeichnung des EWG-Vertrags.
1958	Dritte Parlamentswahl. Bau des ersten italienischen Atomkraftwerks.
1960	Ein Liter Benzin kostet 106 Lire. Die *Financial-Times* verleiht den Währungsoskar an die Lira.
1961	Erster *Piano Verde* (Grüner Plan) für die Entwicklung der Landwirtschaft.
1962	Antonio Segni wird 4. Präsident der Republik. Eröffnung des Zweiten Vatikanischen Konzils. Erste *Centro-Sinistra*-Regierung (Mitte-Links-Regierung).
1963	Die Zahl der Abgeordneten wird auf 630 und die der Senatoren auf 315 festgesetzt. Italien etabliert sich als Industrienation. Vierte Parlamentswahl.
1964	Giuseppe Saragat wird 5. Präsident der Republik.
1965	Der *Piano Pieraccini* für die nationale Förderung der Wirtschaft wird verabschiedet. Die Gewerkschaften vereinbaren eine gemeinsame Strategie bei Verhandlungen mit dem Arbeitgeberverband.
1966	Fusion der PSI mit dem PSDI zum PSU.
1967	Das Gesetz zur Bildung von Regionalparlamenten wird verabschiedet.
1967–69	Studentenunruhen; Intensivierung der Streikwelle: *Autunno Caldo* (Heißer Herbst).
1968	Fünfte Parlamentswahl. Generalstreik von CGIL-CISL-UIL zur Durchsetzung der Forderung einer Reformpolitik.
1969	Beginn des Terrorismus bzw. der *Strategia della Tensione* (Strategie der Spannung).
1970	Verabschiedung des *Statuto dei Lavoratori* (Arbeiterstatut). Erste Wahl von Regionalparlamenten in ganz Italien. Die Ehescheidung wird eingeführt.
1971	Generalstreik der CGIL, CISL und UIL für Sozialreformen und Wohnungsbaupolitik. Giovanni Leone wird 6. Präsident der Republik.
1972	Erste vorgezogene Parlamentswahl. Die drei größten Gewerkschaften CGIL, CISL und UIL unternehmen einen Föderationsversuch.
1974	Referendum zur Beibehaltung der Ehescheidung. Faschistische Bombenanschläge in Brescia und auf den Zug *Italicus*. Verfassungsgericht spricht sich gegen das RAI-TV-Monopol aus. Privatsender werden zugelassen. Die Zahl der Arbeitslosen steigt auf über 1,2 Mio.
1975	Regionalwahlen mit starken Verlusten der DC. Die Schule wählt zum ersten Mal ihre Schulräte. Das neue Familien-

recht wird verabschiedet. Das Gesetz *Reale* zur Bekämpfung des Terrorismus tritt in Kraft.

1976 Gegenüber 1973 hat die Lira eine Entwertung von 21,01 % erfahren. Zweite vorgezogene Parlamentswahl: historischer Erfolg des PCI mit 34,4 %. Bettino Craxi übernimmt die Führung des PSI. Lockheed-Affäre in Italien. Giulio Andreotti bildet eine DC-Minderheitsregierung, die durch die Enthaltung von PSI und PCI *(Governo delle Astensioni)* amtieren kann.

1977 DC, PLI, PSDI, PRI, PSI und PCI vereinbaren ein Programm zur Überwindung der Krise. 634769 arbeitslose Jugendliche tragen sich in die Sonderliste der Arbeitsämter ein.

1978 EUR-Strategie der CGIL, CISL und UIL zur Ankurbelung der Wirtschaft. Entführung und Ermordung des Parteivorsitzenden der DC Aldo Moro durch die *Brigate Rosse*. Der Präsident der Republik, G. Leone, tritt zurück. Sandro Pertini wird zum 7. Präsidenten der Republik gewählt. Das Parlament verabschiedet den *Servizio Sanitario Nazionale* (Nationaler Gesundheitsdienst). Die Inflation beträgt 12 %. Legalisierung der Schwangerschaftsunterbrechung und Einführung des *Equo Canone* (angemessene Miete).

1979 Dritte vorgezogene Parlamentswahl. Erste Wahlen für das Europäische Parlament. Der Christdemokrat Francesco Cossiga bildet sein erstes Kabinett mit DC, PSDI und PLI.

1980 Vittorio Merloni löst als neuer Präsident der *Confindustria* Agnelli ab. DC-Ministerpräsident Cossiga tritt zurück und bildet ein zweites Kabinett. Neue Gewerkschaft der Polizei. Regionalwahl mit dem hohen Satz von 16,5 % Nichtwählern. Italien boykottiert Olympische Spiele in Moskau. Faschistisches Attentat auf dem Bahnhof von Bologna, 85 Tote. Zur Sanierung der Fiat-Werke werden 14469 Arbeiter entlassen. 40000 Fiat-Angestellte und -Arbeiter sowie Turiner Bürger demonstrieren für die Fiat-Leitung. Abkommen zwischen Fiat und den Gewerkschaften. Arnaldo Forlani (DC) bildet sein erstes Kabinett mit PSI, PSDI und PRI als Koalitionsparteien. Schweres Erdbeben in Kampanien und Basilikata. 1980 werden 1502 Terrorattentate mit 125 Toten und 236 Verletzten gezählt.

1981 *Pentitismo* u. *Kronzeugenregelung*. Die Lira wird um 6 % innerhalb des SME (Europäisches Währungssystem) abgewertet. Privatisierung der Chemie-Holding *Montedison*.

Skandal um die Freimaurerloge P2 von Licio Gelli. 5 Referenden über Abschaffung der Abtreibung, weitere Liberalisierung der Abtreibung; Abschaffung des Gesetzes Cossiga über die öffentliche Ordnung, Reform der lebenslänglichen Haftstrafe, Begrenzung der Jagd. Die Regierung Forlani tritt wegen des P2-Logen-Skandals zurück. Die Mailänder Börse wird vorübergehend geschlossen. Giovanni Spadolini (PRI) bildet sein erstes Kabinett mit DC, PSI, PSDI und PLI. 12. Volkszählung: die natürliche Zuwachsrate von 4,4‰ ist die niedrigste seit 1861.

1982 Die Mafia ermordet P. La Torre, den sizilianischen Regionalsekretär des PCI. Die italienische Nationalmannschaft wird in Madrid zum 3. Mal Fußballweltmeister. Spadolini bildet sein 2. Kabinett. General Dalla Chiesa wird Opfer eines Mafia-Anschlages. Italien entsendet militärische Friedenseinheiten in den Libanon. Amintore Fanfani (DC) bildet sein 5. Kabinett mit PSI, PSDI und PLI.

1983 Maßnahme gegen Steuerhinterziehung im Handel und im Dienstleistungsbereich. Abkommen *Scotti* zwischen Gewerkschaften und *Confindustria* zur erstmaligen Kürzung der *Scala Mobile.* Berlinguer spricht sich für eine *Alternativa Democratica* (demokratische Alternative) aus. Der ehemalige König von Italien, Umberto II., stirbt in Genf. Die Lira wird um 2,5% innerhalb des SME abgewertet. Fünfte vorgezogene Parlamentswahl. Der Sozialist Bettino Craxi bildet die erste Regierung unter sozialistischer Führung. Das Parlament entscheidet sich für die Aufstellung der 112 Cruise-Raketen in Còmiso (Sizilien). Der *Banco Ambrosiano* meldet Konkurs an.

1984 Dekret zur Begrenzung der *Scala Mobile*. Die italienischen Militäreinheiten verlassen den Libanon. Neues Konkordat. Luigi Lucchini ist neuer Vorsitzender der *Confindustria.* 700000 Bürger protestieren in Rom gegen die Kürzung der *Scala Mobile*. Die Regierung erreicht die Umwandlung des zweiten Dekrets zur *Scala Mobile*. PCI-Parteisekretär Berlinguer stirbt in Padua. Die autonomen Gewerkschaften unterschreiben den Kodex zur Selbstdisziplin im Transportbereich, wie er von CGIL-CISL-UIL mit dem Transportminister ausgehandelt worden ist. Die Gewerkschaften melden einen andauernden Abwärtstrend bei ihrer Mitgliederschaft. Die Gesamtzahl der in Arbeitskonflikten verlorenen Arbeitsstunden beträgt 62506000 gegenüber 93783000 im

Vorjahr. Verhältnis US-Dollar und Lira 1: 1907,52. Der Mafia-Boss T. Buscetta wird Kronzeuge. Bombenanschlag von Rechtsextremisten auf einen Zug bei Florenz: 15 Tote und mehr als 100 Verletzte.

1985 Die Steuerreform des Finanzministers Visentini wird verabschiedet. Regionalwahlen mit erstmaliger Beteiligung der *Verdi* (Die Grünen): 1,7% (9 Mandate). Referendum über die Rücknahme der Kürzung der *Scala Mobile:* 54,3% Nein- und 45,7% Ja-Stimmen bei einer Wahlbeteiligung von 78%. In Mailand und Rom große Schüler-Demonstrationen für eine bessere Schule *(Movimento '85).* Herztransplantationen werden gesetzlich erlaubt. Italienische Textil- und Bekleidungsexporte mit 10028 Mill. US-Dollar auf dem 1. Platz in der Welt.

1986 Die Lira wird um 0,75% gegenüber der DM abgewertet. Die Inflation liegt bei 4,5%. In Tokio fordert Craxi erfolgreich den Beitritt Italiens zum Fünfer-Club (USA, Japan, Bundesrepublik, Großbritannien und Frankreich). Die Mailänder Börse erreicht am 20. Mai 1986 einen historischen Höhepunkt. Craxi bildet sein zweites Kabinett. *The Economist* meldet, daß Italien 1986 Großbritannien vom 5. Rang unter den westlichen Industrienationen verdrängt hat. Jahresbilanz für Tourismus 1986: Ausgaben für Auslandsreiseverkehr: 2,7 Mrd. Dollar; Einnahmen: 9,9 Mrd. Dollar. Italien ist von einer Konjunktureuphorie erfaßt.

1987 Inkrafttreten des ökologischen Rahmengesetzes Galasso. In einem Revisionsurteil spricht ein römisches Gericht den Führern der *Autonomia* wie Toni Negri und Oreste Scalzone hohe Strafminderungen zu. Das Urteil wird als Einlenken des Staates bewertet. Der neugebildeten Minderheitsregierung des Christdemokraten Amintore Fanfani wird das Mißtrauen ausgesprochen. Sechste vorgezogene Parlamentswahl. Erfolgreicher Einzug der *Verdi* und der *Lega Lombarda* ins Parlament. Der Christdemokrat Giovanni Goria wird Ministerpräsident einer Fünfer-Koalition mit DC, PSI, PRI, PSDI und PLI an. 5 Referenden: für Verschärfung der Baubestimmungen für neue Atomkraftwerke, gegen Bauzuschüsse an die Regionen für neue Atomkraftwerke, Verbot für ENI, sich im Ausland an Nuklearprojekten zu beteiligen, für die volle Haftung der Richter, zur Abschaffung des parlamentarischen Untersuchungsausschusses gegen Minister und für ihre volle Haftung vor Zivilgerichten.

1988 DC-Ministerpräsident Goria tritt zurück. Der DC-Parteisekretär Ciriaco De Mita führt die alte Koalition wieder zusammen. Achille Occhetto wird PCI-Parteisekretär.

1989 Industriewachstum bei 5 %. 6. Kabinett Andreottis. Aufbau des Ministeriums für Universität und Forschung. Europawahl. *Montedison* übernimmt ENI: *Enimont* als größter Chemiekonzern bei Raul Gardini. Skandal beim *Banco Nazionale del Lavoro:* Viertausendmilliarden-Kredit an Irak. Rassistischer Mord in Villa Literno. Freispruch der Angeklagten wegen des Bombenanschlags von Mailand (1969). Neuer *Codice di procedura penale* (Strafgesetzbuch). Der Verlag Mondadori bricht mit Carlo De Benedetti und verkauft an die *Fininvest* von Silvio Berlusconi.

1990 4 %ige Entwertung der Lira bei Beitritt zum SME. Martelli-Gesetz zur Regelung der Einwanderung. Das Staatsdefizit steigt von 113 000 Milliarden (1989) auf 147 000 Milliarden (1990). Liberalisierung bei Auslandskonten und Vermögensbildung. Erfolg der *Lega Lombarda* bei Regional- und Gemeindewahlen. Reform der Grundschule. Streikregelung im öffentlichen Dienst. Fußball-WM *Italia 90.* Drogenkonsum wird strafbar. Das Mammì-Gesetz etabliert die Privatsender Berlusconis landesweit. EG-Gipfel in Rom. *Enimont* verkauft ENI an den Staat zurück.

1991 Entscheid des Verfassungsgerichts für Fernbleiben von der Schule anstelle des freiwilligen Religionsunterrichts. Teilnahme Italiens am Golfkrieg. Leoluca Orlando gründet die Antimafia-Bewegung *La Rete.* Als *Lega Nord* vereint Umberto Bossi die *Leghe*-Bewegung. Mafia-Bericht des Innenministers über die 500 Organisationen, die Kampanien, Sizilien und Kalabrien kontrollieren. Erfolgreiches Referendum zum Einmannwahlkreissystem für die Kammer. Gewaltsame Abschiebung von Albaniern. Auflösung von 18 Stadträten wegen Mafia-Verdachts. Konflikt zwischen Richtern und dem Vorsitzenden des Obersten Rats der Justiz (CSM), dem Präsidenten der Republik, Cossiga. Gründung des *Partito della Rifondazione Comunista* (PRC) oder *Rifondazione Comunista.*

1992 Parlamentsauflösung. Beginn der Untersuchung *Mani Pulite* (Saubere Hände). Biella, Crotone, Lecco, Lodi, Rimini und Vibo Valentia werden Provinz. Parlamentswahl mit Verlusten der Regierungsparteien. Ermordung der Mafia-Ankläger Giovanni Falcone und (später) Paolo Borsellino. Der Rechnungshof lehnt Haushaltsbilanz 1991 ab. Cossiga tritt zurück, und Oscar Luigi Scàlfaro wird 9. Präsident der Republik. Giuliano Amatos (PSI) „schlanke Regierung“ mit weniger Ministern. Abschaffung der *Scala Mobile. Mani Pulite* erreicht führende PSI- und DC-Politiker. Erfolge bei Mafia-

Bekämpfung. Einsetzung der *Commissione bicamerale per le riforme istituzionali.* Die Lira verläßt den SME mit einer Entwertung von 7%. Mario Segni stellt die Bewegung *Popolari per le riforme* vor. Mino Martinazzoli leitet die Erneuerung der DC ein. Handwerker und Händler gegen die Steuerregelung *Minimum tax.* Gründung der Wählerbewegung *Alleanza Nazionale.* Ratifizierung des Vertrages von Maastricht. Ermittlung gegen Francesco de Lorenzo (Gesundheitsminister). Änderung im nationalen Gesundheitssystem. Erfolg der *Lega Nord* und des MSI, hohe Verluste der DC und des PSI bei Gemeindewahlen.

1993 Verhaftung des Mafia-Bosses Totò Riina. Strukturreform im öffentlichen Dienst. *Mani Pulite* erreicht den PSI-Parteisekretär Bettino Craxi. Rücktritt der Minister Giovanni Goria und Francesco De Lorenzo wegen Korruption. Versuch, *Mani Pulite* durch Amnestie zu stoppen. Wahlreform für Gemeinden und Provinzen. Ermittlung gegen Giulio Andreotti wegen Mafiaverdachts. Erfolgreiche Referenden, u.a. zu: Senatswahlsystem, Finanzierung der Parteien und Nichtstrafbarkeit bei Drogensucht. Der Parteilose Carlo Azeglio Ciampi bildet ein koalitionsfreies Kabinett. Freispruch der Angeklagten wegen des Bombenanschlags von Brescia (1974). Das Parlament negiert die Aufhebung der Immunität des Abgeordneten Craxi. Bombenanschläge in Rom und Florenz. Gemeindewahlen nach der Reform: Erfolg der *Lega Nord,* Auflösung des PSI und der DC. Bestellung der RAI-Leitung durch das Parlament gegen die Macht der Parteien. Schmiergeldskandal im Gesundheitsministerium, das Parlament lehnt die Aufhebung der Immunität des Ministers ab. Mord an Gabriele Cagliari und Selbstmord Raul Gardinis im Kontext von *Mani Pulite.* Gründung des neuen PPI durch die DC. Bombenanschläge. Neues Wahlgesetz. Abschaffung der Immunität für Mitglieder des Parlaments. Skandal um die Führung der Geheimdienste. Erfolg der *Lega Nord,* des MSI und der Parteien um den PDS bei Gemeindewahlen. Schülerprotest gegen die „Privatisierung" der Schule. Inflation sinkt auf 4,2%, die offizielle Arbeitslosigkeit erreicht 11,3%, mit einem Nettoverlust von 330000 Arbeitsplätzen.

1994 Erste Parlamentswahl nach der Wahlreform: Erfolg des Wahlkartells *Polo della libertà (Forza Italia*-CCD + *Lega Nord*) und des Wahlkartells *Polo del buon governo (Forza Italia*-CCD + MSI-*Alleanza Nazionale*). Silvio Berlusconi bildet die erste Regierung der Zweiten Republik (11. 5.–

21. 12. 1994). Proteste aus dem Ausland wegen Beteiligung von MSI-Mitgliedern am Kabinett. Weltwirtschaftsgipfel in Neapel. Krise um den Biondi-Erlaß gegen die Vorbeugehaft. Hochwasserkatastrophe (Po) in Piemont. Richter Antonio di Pietro von *Mani Pulite* gibt auf. *Legge Finanziaria* (Haushaltsgesetz) 1995 verabschiedet. Die *Lega Nord* verläßt die Regierungskoalition. Berlusconi tritt zurück. Republikpräsident Scàlfaro spricht sich für eine „Regierung des Präsidenten" aus, um die Reform der Institutionen zu Ende zu führen.

1995 Januar: Scàlfaro beauftragt den parteilosen Lamberto Dini mit der Regierungsbildung.

b) Die Verfassunggebende Versammlung

Am 12. April 1944 gab König Viktor Emanuel III. dem italienischen Volk über Rundfunk bekannt, daß sich das Königshaus, die politischen Kräfte des Landes (die *Comitati di Liberazione Nazionale* und die Parteien), die Regierung und die Alliierten über die ersten Schritte für den Wiederaufbau des Staates einig geworden seien. Weiter teilte er den Hörern mit, daß er sich als König von Italien verpflichtet habe, Kronprinz Umberto die Führung des Landes als *Luogotenente Generale del Regno* (Statthalter des Königreiches) zu übergeben, sobald die Alliierten Rom erreicht hätten. Die Entscheidung über den institutionellen Aufbau des Staates sollte der militärischen Lage wegen auf einen späteren, günstigeren Zeitpunkt verschoben werden.

Als die Amerikaner am 4. Juni 1944 in Rom einmarschierten, übernahm Kronprinz Umberto das Amt des Statthalters. Die Regierung Badoglio trat zurück, und an ihrer Stelle schuf Bonomi eine neue Regierung, weiterhin mit den Vertretern der sechs Parteien, die das nationale Befreiungskomitee (CLN) bildeten. Die Regierung Bonomi verabschiedete als erstes eine Gesetzesverordnung (*Decreto Legge Luogotenenziale* 151, 25. Juni 1944), wonach sich sowohl die Regierung als auch der Statthalter verpflichteten, unmittelbar nach Beendigung der Feindseligkeiten in Italien das italienische Volk zur Wahl aufzurufen, um eine *Assemblea Costituente* (Verfassunggebende Versammlung) zu wählen, die die Entscheidung über die zukünftige Staatsform vorbereiten sollte. Nach langen und schwierigen Diskussionen innerhalb der Regierungsparteien und Verhandlungen mit den Alliierten, die daran interessiert waren, die Monarchie zu retten und ein Übergewicht der Linken in Italien zu verhindern, wurde das Gesetz 151 zurückgenommen. Statt dessen setzte die Regierung eine doppelte Wahl an; die Wahl zur Verfassunggebenden Versammlung wurde mit einem Volksentscheid über den neuen institutionellen Aufbau des Staates verbunden. Am 25.9.1945 trat die *Consulta Nazionale* (Nationaler Rat) aus Vertretern aller antifaschistischen Kräfte des Landes zusammen, die die rechtlichen, politischen und organisatorischen Voraussetzungen für die Wahl der Verfassunggebenden Versammlung und den Volksentscheid schaffen sollte.

Die Wahl fand am 2. und 3. Juni 1946 statt. Zum ersten Mal in der parlamentarischen Geschichte Italiens wurde eine Wahl auf der Basis eines echten allgemeinen Wahlrechts für alle Bürger ohne nennenswerte restriktive Voraussetzungen durchgeführt. Die Frauen durften zum ersten Mal wählen, was einen Zuwachs der bürgerlichen Parteien mit sich brachte. Von 28005449 Wahlberechtigten gaben 24946878 (89,1%) ihre Stimme ab, davon waren 12718641 (54,3%) für die Republik und 10718502 (45,7%) für die Monarchie. Ein klarer, dennoch bedenklicher Sieg. Die stark konservative Tendenz erschien auch im Ergebnis der Wahl für die *Costituente*, die Verfassunggebende Versammlung:[1]

	Stimmen	*Sitze*	*Prozente*
Partito Comunista Italiano (PCI)	4356686	104	18,9
Partito Socialista Italiano d'Unità Proletaria (PSIUP)	4758129	115	20,7
Partito d'Azione (Pd'A)	334748	7	1,5
Partito Repubblicano Italiano (PRI)	1003007	23	4,4
Democrazia Cristiana (DC)	8101004	207	35,2
Partito Liberale Italiano (PLI)	1560638	41	6,8
Uomo Qualunque (UQ)	1211956	30	5,3
Blocco Nazionale (BN)	637328	16	2,8
Democrazia del Lavoro (DL)	40633	1	0,2
Weitere Listen	1006350	12	4,2

Obwohl DC, PCI und PSIUP mit ihren Mandaten eine starke Mehrheit bildeten, ist unverkennbar, daß im Wählerpotential der DC, die sich nie sehr deutlich für die Republik ausgesprochen hatte, eine Gruppe von Wählern vorhanden war, die für die Monarchie gestimmt hatte. Trotz dieser unklaren Position während des Wahlkampfes nahm der Christdemokrat De Gasperi als Ministerpräsident der neuen Regierung eine entschiedene Haltung gegen den Kronprinzen Umberto ein, so daß dieser und die königliche Familie bald nach der Bekanntgabe des Ergebnisses des Volksentscheides Italien verlassen mußten.

An Stelle des Königs gab sich die Republik Italien in der Person von Enrico De Nicola ihren ersten provisorischen Präsidenten. Nach einer Regierungskrise bildete De Gasperi mit der Unterstützung der DC, PCI, PSIUP und PRI sein zweites Kabinett. Von diesem Zeitpunkt bis zur Auflösung der Verfassunggebenden Versammlung gab es in Italien eine Art doppelter Führung. Während De Gasperi mit seinem zweiten Kabinett das Land in Erwartung der *Costituzione* (Verfassung) verwaltete und mit den Alliierten über den Friedensvertrag und den wirtschaftlichen Wiederaufbau des Landes Verhandlungen führte, die sehr bald schwerwiegende innenpolitische Konsequenzen mit sich bringen sollten, erhoffte sich die Mehrheit der Bevölkerung von der *Costituente* eine tiefgreifende Erneuerung der italienischen Gesellschaft.

Der Einsatz und Eifer, mit dem die *Costituente* ihre Aufgabe erfüllte, war von Anfang an durch einen für das heutige Italien fast unbekannten Stil politischer Arbeit gekennzeichnet. In weniger als sieben Monaten verabschiedete die Gruppe der 75, der Kern der *Costituente*, zu dem die besten Juristen, die bedeutendsten Fachleute für die einzelnen Bereiche und die führenden Politiker des Landes gehörten, 131 Artikel der Verfassung und legte sie dem Plenum zur Erörterung vor. In den neun Monaten, während denen man im Plenum über die 131 Artikel debattierte, wurden 40 Änderungsanträge angenommen, so daß der endgültige Text der Verfassung, der mit 453 Stimmen gegen 62 angenommen wurde, aus 139 Artikeln und 18 Übergangsbestimmungen bestand.

Ohne auf Einzelheiten der Entstehung der Verfassung einzugehen, soll hier die *Costituente* in ihrer Funktion als Sammelbecken aller demokratischen Kräfte, die sich in Italien seit dem *Risorgimento* gebildet und das Land geführt hatten, betrachtet werden. Der rasche Aufbau eines demokratischen politischen Lebens in Italien nach dem Sturz des Faschismus hatte gezeigt, wie lebendig die Haupttraditionen der italienischen Gesellschaft, die liberale, die christliche und die marxistisch-sozialistische, geblieben waren, trotz des Versuchs des Faschismus, sie mit jeweils unterschiedlicher Härte und Strategie zum Schweigen zu bringen.

Obwohl die Liberalen der PLI wegen ihrer promonarchistischen Haltung an der Mehrheitsbildung der *Costituente* keinen Anteil hatten und dementsprechend auch gegen den Verfassungstext gestimmt hatten und obwohl das *Statuto Albertino* als Modell einstimmig abgelehnt worden war, läßt sich kaum bestreiten, daß wesentliche Elemente der liberal-bürgerlichen Tradition in die Verfassung der Italienischen Republik eingegangen sind. Dies geschah, weil die Mitglieder der Verfassunggebenden Versammlung einerseits durch liberale Tradition geprägt waren und weil sie sich andererseits bis zu einem gewissen Grad an den Verfassungen anderer liberaler Staaten wie England und USA, vor allem aber Frankreich, orientiert hatten, insbesondere was die Gewaltenteilung und das Verhältnis zwischen Bürger und Staatsapparat betrifft.

In einem Klima der Zusammenarbeit, in dem oft die unmittelbaren Interessen der einzelnen Parteien zurückgestellt wurden und wo es primär darum ging, die wiedergewonnene Einheit des Landes und den sozialen Frieden nicht zu gefährden, zeigten Christdemokraten, Sozialisten und Kommunisten eine ausgeprägte Bereitschaft zur Kooperation, um die demokratische Tradition des Landes mit ihren Idealen, Werten, gesellschaftlichen und politischen Zielsetzungen in die Verfassung eingehen zu lassen, wenn auch nicht einstimmig, so doch zumindest konfliktlos. Höhepunkte dieser gemeinsamen Suche nach Einheit für einen neuen Anfang bildeten die Debatte über die Definition Italiens als Republik (Art. 1) und über das Verhältnis zwischen Staat und Kirche (Art. 7) bzw. über die Aufnahme der Lateranverträge in die Verfassung.

Während die Mehrheit der Mitglieder der *Costituente* sich ständig auf den Geist der *Resistenza* (Widerstand) und auf die Nichtgefährdung des Friedens berief, hatte die *Resistenza* bereits im Jahr 1945 ihre erste Niederlage erlebt. Das Jahr 1945 gewann somit eine doppelte, in sich widersprüchliche Bedeutung: einerseits ist es das Jahr des Kampfes um die *Costituente*, andererseits wird mit dem Rücktritt der Regierung Parri ein Normalisierungsprozeß eingeleitet, der viele Zielsetzungen der *Resistenza* zum Scheitern bringen sollte.

Die Regierung Parri (21. Juni - 24. November 1945), als unmittelbarer Ausdruck der *Resistenza* von allen sechs CLN-Parteien getragen, zeigte eine große Bereitschaft zu tiefgreifenden Änderungen, etwa zu scharfen Säuberungsprozessen und mehr Entscheidungs- und Beteiligungsmöglichkeiten für die Arbeiter in den Fabriken. „Der Wind aus dem Norden",[2] wie damals diese Erneuerungsbewegung bzw. Hoffnung genannt wurde, war aber den Alliierten nicht willkommen. Diese waren stark an einem raschen Normalisierungsprozeß und der Beibehaltung alter Verwaltungsstrukturen interessiert, um die Besatzungszeit verkürzen und Italien durch einen Friedensvertrag enger an die westeuropäischen Mächte binden zu können, wie es auf den Konferenzen von Jalta und Potsdam mit Stalin vereinbart worden war. Innenpolitisch gesehen lag die Schwäche der Regierung Parri darin begründet, daß sie keine starke und einheitliche Partei hinter sich hatte. Sie wurde mehr von der moralischen Größe und Ausstrahlung ihres Ministerpräsidenten und einiger seiner Mitarbeiter getragen als von der Unterstützung ihres *Partito d'Azione* (Pd'A), der keine breite Basis in der Bevölkerung hatte. Die drei größten Parteien: DC, PCI und PSIUP waren vor dem bevorstehenden Volksentscheid davon überzeugt, daß die Regierung, die die Wahl durchführen sollte, einen stärkeren Rückhalt bei der Bevölkerung haben sollte.

Die Alternative zu Parri war eine Regierung unter der Leitung des Christdemokraten De Gasperi, der als Außenminister der Regierung Parri angehört hatte, unter Beteiligung des

PSIUP, PCI und PRI. Die Entscheidung, De Gasperi anstelle von Parri zu wählen, entsprach auch der Notwendigkeit, den Alliierten einen Gesprächspartner anzubieten, der die Garantien bieten konnte, die diese verlangt hatten: keine revolutionären Versuche und rascher Wiederaufbau der Staatsverwaltung. Ferner konnte De Gasperi als Vertreter des laizistischen Flügels der DC einen Ruck seiner Partei und ihrer Verhandlungspartner im Vatikan nach rechts und damit eine Restaurationsbewegung verhindern, die den Alliierten wegen der internationalen Lage genausowenig willkommen gewesen wäre.

Die Beteiligung des PCI an der De Gasperi-Regierung war von Togliatti durch die historische Notwendigkeit begründet worden, daß alle demokratischen und antifaschistischen Kräfte Italiens zusammenarbeiten müßten, um die Einheit des Landes zu bewahren und mit dem sozialen und wirtschaftlichen Wiederaufbau des Landes so rasch wie möglich zu beginnen. Theoretisch bezog sich Togliatti auf Gramscis These von der Zusammenarbeit innerhalb der *Classi Subalterne* (untere Schichten) als Voraussetzung für eine demokratische Wende im politischen Leben Italiens, d.h. für die Hegemonie der Arbeiterklasse. Diese Strategie der Zusammenarbeit mit den Sozialisten und den demokratischen *Forze Popolari* (Volkskräfte) christlicher Zugehörigkeit, die Togliatti als historische Notwendigkeit und konkrete Möglichkeit für eine demokratische und fortschrittliche Entwicklung des Landes ansah, war weder von der Mehrheit der Mitglieder des PCI richtig verstanden worden – viele erhofften und dachten sehr konkret an eine sozialistische Revolution in Italien – noch von ihren politischen Gegnern. Letztere warfen Togliatti und seiner Partei vor, eine Politik der *Doppiezza* (Doppelzüngigkeit) zu verfolgen, mit dem „versteckten" Ziel, Italien durch eine sozialistische Revolution in die Einflußsphäre der Sowjetunion einbeziehen zu wollen.

Für die Sozialisten des PSIUP, die die zweitstärkste Partei des Landes war und die mit dem PCI einen *Fronte Popolare* (Volksfront) gebildet hatte, war die Mitarbeit an einer Regierung unter der Führung der DC eine legitime und notwendige Fortsetzung ihrer parlamentarischen Arbeit der vorfaschistischen Zeit; sie sollte dazu verhelfen, beim Aufbau und bei der

Erneuerung des Landes einige spezifische Elemente im Rahmen ihrer politischen Möglichkeiten durchzusetzen.

Die Tatsache, daß De Gasperi auf die Zusammenarbeit der PCI und PSI genau nach seiner Reise in die USA (Mai 1947) verzichtete, hat viele Politiker von damals und viele Historiker von heute dazu veranlaßt, den Ausschluß der Linken als ein Diktat der Amerikaner anzusehen, als Voraussetzung bzw. Garantie für die wirtschaftliche Hilfe an Italien, die kurz danach unter dem Namen Marshall-Plan anlief. Der Beginn des Kalten Krieges konnte sicherlich an Italien nicht vorübergehen, dennoch kann man damit allein weder die Entwicklung der innenpolitischen Lage Italiens noch die Haltung der DC erklären. Neben dem Druck der Amerikaner waren bei den Friedensverhandlungen und bei der Verfassunggebenden Versammlung neue Momente eingetreten, die eine Zusammenarbeit mit der Linken politisch nicht mehr notwendig machten. So wurde die Zusammenarbeit mit der Linken, die De Gasperi seiner Partei und dem Vatikan gegenüber zunächst als notwendig für die Ratifizierung des unpopulären Friedensvertrags und die Sicherstellung der Arbeit der *Costituente* begründet hatte, abgebrochen.

Die Bemühungen De Gasperis, die kleinen laizistischen Parteien PRI und PLI an seinen Regierungen von Mai 1947 bis Juli 1953 zu beteiligen, auch nach den allgemeinen Wahlen vom 18. April 1948, die der DC zum ersten Mal die absolute Mehrheit im ersten Parlament sicherten, sollten ein Gegengewicht zu den klerikalen Strömungen innerhalb seiner Partei und zur Gruppe um Giuseppe Dossetti bilden. Letzterer beanspruchte aufgrund der These, die DC vertrete alle Schichten der Republik, die gesamte politische Macht für die DC allein.[3] Das Einbeziehen der Liberalen mit Wirtschaftsexperten wie Einaudi sollte sowohl gegen die radikalen Vorschläge der *Dossettiani*, die eine weitergehende Sozialpolitik verlangten, ein Gegengewicht schaffen, als auch die Gruppe der Arbeitgeber dazu bewegen, die Aufbaupolitik der Regierung zu unterstützen, insbesondere nach dem Auseinanderfallen der Einheit der Gewerkschaften infolge des Mordanschlags auf Togliatti im Juli 1948.

Dieser Versuch von De Gasperi, die rechten und linken radikalen Strömungen innerhalb der DC durch das Einbeziehen von äußeren Kräften in die Regierungspolitik auszubalancieren und der Regierung selbst eine größere Selbständigkeit gegenüber seiner eigenen Partei zu sichern, sollte sich aufgrund der Verschlechterung des politischen Klimas in Europa und in Italien als die größte Schwäche seiner Politik erweisen.

Obwohl De Gasperi im Jahr 1946 die Leitung der Partei abgegeben und den Vorsitz im *Consiglio Nazionale* (Nationalrat) der DC übernommen hatte, um damit seine Regierung von der innenpolitischen Lage der DC abzusetzen, gelang es ihm nicht, die Kräfte des *Centro* im Parlament so zu verbinden, daß eine genauso starke Koalition wie die des Drei-Parteien-Bündnisses entstanden wäre. In der Tat fehlte der DC, einer Partei, die sich 1942 nach dem Vorbild des *Partito Popolare Italiano* konstituiert hatte, die notwendige Einigkeit bezüglich der sozio-ökonomischen Entwicklung des Landes. Statt dessen gab es in ihr verschiedene, sehr ausgeprägte Strömungen, die sich als zusätzlicher Faktor mangelnder Stabilität auf alle Regierungen der Nachkriegszeit auswirken sollten.

Die Entlassung der Kommunisten und Sozialisten aus der Regierung, die auch auf Druck der klerikalen und integralistischen Strömungen der DC zurückzuführen war, löste eine heftige Diskussion über die Verantwortung der Regierung und die politische und wirtschaftliche Zukunft Italiens aus. Mehrere damit verbundene Entscheidungen brachten Italien in diesem politischen Klima an den Rand des Bürgerkriegs. Die Niederlage der Linken bei den Wahlen vom 18. April 1948 und der Aufschwung rechter Kräfte in ganz Italien verstärkten die Diskussion, und es begann eine Hetzkampagne gegen die Linke des *Fronte Popolare*. In diesem Klima wurde ein Mordanschlag auf den Führer der Kommunisten, Togliatti, durch den Studenten Antonio Pallante verübt. Der Generalstreik, der darauf folgte, hatte alle Anzeichen einer Revolution. Nur die Disziplin der Linken und der Gewerkschaften konnte den Ausbruch eines Bürgerkrieges verhindern. Der Preis für diese Herausforderung der Rechten, Italien ins Chaos zu stürzen, war das Auseinanderfallen der Einheit der Gewerkschaften; der christdemokratisch orientierte Flügel der *Sindacati Confederati* (Dachorganisation der Gewerkschaften) spaltete sich ab und schloß sich zum *Confederazione Italiana Sindacati Lavoratori* (Italienischer Arbeitergewerkschaftsbund) zusammen.

Der Entschluß des Papstes, in die Politik Italiens dadurch direkt einzugreifen, daß er alle marxistisch orientierten Italiener exkommunizierte (1949), wurde von gewissen Kräften innerhalb der DC damals als Signal zum Verbot des PCI aufgefaßt. So hatte der Kalte Krieg auch in Italien seinen Höhepunkt erreicht. Nur aus dieser Sicht ist zu erklären, warum De Gasperi, ein Verteidiger der parlamentarischen Auseinandersetzung und ein überzeugter Vertreter des parlamentarischen Ablösungsprinzips, eine Wahlreform annahm, die ihm eine Niederlage brachte und das Ende der De Gasperi-Ära einleitete. Kurz vor Ende der 1. Legislaturperiode (1952) verabschiedete das Parlament auf Antrag des Kabinetts De Gasperi ein Wahlreformgesetz, das die Einführung eines sogenannten Mehrheits-Bonus für die Partei oder die Koalitionsparteien vorsah, die allein oder zusammen 50,1 % der abgegebenen und gültigen Stimmen auf sich vereinigten. Die Partei oder die Koalitionsparteien mit 50,1 % hatten nach dem Bonus-System automatisch das Recht auf zwei Drittel der Sitze im Parlament. Nach dem Willen des Gesetzgebers sollte diese Wahlreform die Regierung stärken, aber auch eine parlamentarische Alternative zur DC ermöglichen, da man sich von dieser Reform eine Stärkung der kleinen Parteien der Mitte erhoffte. Die Opposition sprach von einer *Legge Truffa* (Betrugsgesetz).

Die DC erreichte 1953 jedoch weder allein noch zusammen mit ihren Koalitionspartnern 50,1 %; das Gesetz verfehlte seine Wirkung und trat nicht in Kraft. Trotz des Erfolges der DC bedeutete die zweite allgemeine Wahl der Republik für De Gasperi eine Niederlage: Seinem nur aus Christdemokraten bestehenden Kabinett wurde im Parlament nicht das Vertrauen ausgesprochen. Dies bedeutete das Ende seiner Tätigkeit als Ministerpräsident.

d) Wiederaufbau, Wirtschaftswunder – der Weg zur Wohlstandsgesellschaft

Das Jahr 1953 war noch durch andere wichtige Faktoren gekennzeichnet, die auf eine Änderung sowohl in der Politik als auch in der Wirtschaft des Landes hindeuteten. Das Scheitern der Wahlreform hatte De Gasperi u. a. dazu veranlaßt, Koalitionsverhandlungen mit der Kommunistischen Partei PCI und der Sozialistischen Partei PSI von Nenni aufzunehmen,[4] um erneut eine Drei-Parteien-Regierung zu bilden. Obwohl diese nicht zustande kam, zeigt die Tatsache deutlich, daß sich eine Änderung des politischen Klimas im Sinne einer Verbesserung der Beziehungen zwischen Christdemokraten und marxistisch orientierten Italienern anbahnte. Zur Entspannung der sozialen Lage hatte auch der Aufschwung der Wirtschaft beigetragen, die Anfang der fünfziger Jahre die Schwierigkeiten der unmittelbaren Nachkriegsperiode überwunden hatte und jetzt auf einen Anschluß an Europa hinarbeitete.

Da die Christdemokraten weder über ein Wirtschaftsprogramm verfügten, noch sich auf eine eigene Wirtschaftstradition oder -schule stützen konnten, waren sie gezwungen, sich beim Wiederaufbau der italienischen Wirtschaft die Mitarbeit der Experten der liberalen Wirtschaftsschule zu sichern. Hier muß betont werden, daß diese die führende Wirtschaftsgruppe darstellten und ihre Wirtschaftstheorien meist mit den wirtschaftlichen Zielsetzungen der DC übereinstimmten. Dabei wurde die Kontinuität zwischen der liberalen Regierung der Nachkriegszeit und der Regierung der DC gerade durch Finanz- und Schatzminister wie Quinto Quintieri, Marcello Soleri, Mario Corbino und Luigi Einaudi gesichert.

Der bekannteste unter ihnen, Einaudi, wurde sogar als Nachfolger von Enrico De Nicola im Jahr 1948 zum zweiten Präsidenten der Republik gewählt, nachdem er von 1945 bis 1948 *Governatore della Banca d'Italia* (Präsident der italienischen Zentralbank) gewesen war. Mit dem Namen Einaudi verbindet man im allgemeinen die Ablehnung einer Währungsreform gegen den Willen der Linken, die damals an der Regierung beteiligt war. Einaudi vertrat mit Erfolg die These, daß eine Währungsreform kein erfolgreiches Antiinflationsmittel sei und nur auf Kosten der Sparer erfolgen könne. Zu seinen Verdiensten zählt auch die Bekämpfung der Nachkriegsinflation, die durch die Ausgabe der *Am-Lire*[5] zusätzlich verschärft worden war. Ziel seiner Wirtschaftspolitik war einerseits die Befreiung der öffentlichen Finanzen und der Wirtschaft von jeglicher staatlicher Einmischung, wie sie unter dem Faschismus üblich gewesen war, und andererseits der Anschluß an die europäische Wirtschaft durch eine Politik des Freihandels.

Obwohl die Kriegsschäden in Italien nicht so erheblich wie in anderen vom Krieg heimgesuchten Ländern waren (92 % der Industrieanlagen waren unbeschädigt geblieben, die Bahn hatte 62 % ihres Streckennetzes intakt halten können und 50 % der Verkehrsmittel waren betriebsbereit), sollte Italien erst in den sechziger Jahren den Anschluß an die westeuropäische Industrie- und Landwirtschaftsproduktion erreichen. Dies lag daran, daß über einen Wiederaufbau von Industrie und Landwirtschaft in Italien hinaus eine Restrukturierung der Industrie und eine Umwandlung des Landes von einem Agrarland in eine Industrienation stattfand; aber es war auch durch den Mangel an Energiequellen und Rohstoffen bedingt.

Das Fehlen von Rohstoffen und Energiequellen wie Erdöl, Gas oder Kohle steuerte den Aufbau der Industrieproduktion in Richtung einer verarbeitenden Industrie, die stark vom Ausland abhängig sein sollte: sei es wegen der Beschaffung von Rohstoffen, sei es wegen des Absatzes eines beträchtlichen Teils der Fertigwaren auf ausländischen Märkten. Nur unter Berücksichtigung dieser Voraussetzungen konnte der wirtschaftliche und finanzielle Wiederaufbau des Landes erfolgreich sein. Dazu kam, daß er von De Gasperi durch eine rege Außenpolitik unterstützt wurde. Damit soll nicht nur auf die 435 Millionen Dollar der UNRRA *(United Nations Relief and Rehabilitation Administration)* angespielt werden, die Italien zwischen 1945 und 1947 zugeteilt wurden, oder auf die finanzielle Hilfe durch den Marshall-Plan, die beide dazu beigetragen haben, die strukturellen Mängel der italienischen Wirtschaft der Nachkriegszeit zu überwinden, sondern auch auf die frühe Aufnahme Italiens als Mitglied in den Internationalen

Währungsfonds (1946), seine Teilnahme an der Gründung der NATO (1949), seine Beteiligung als Gründungsmitglied an der Europäischen Montanunion (1951) und schließlich seine Mitwirkung an der Ausarbeitung und Unterzeichnung der Römischen Verträge (1957), die zur Gründung der Europäischen Wirtschaftsgemeinschaft (EWG) führten. Mit der Aufnahme in die UNO (1955) war die internationale Anerkennung Italiens erreicht.

Unter den innenpolitischen Maßnahmen, die entscheidend zum Wiederaufbau der italienischen Wirtschaft beigetragen haben, muß neben der schon erwähnten radikalen Bekämpfung der Inflation durch Einaudi, der als Präsident der *Banca d'Italia* 25 % der Währung aus dem Verkehr zog, auch der Beitrag der Industriearbeiter erwähnt werden. Als sich Italien 1947 infolge des Fehlens deutscher und englischer Kohlelieferungen in einer sehr ernsthaften Krise befand, vereinbarten die *Sindacati Confederati* (Dachorganisation der Gewerkschaften) mit der neu errichteten *Confindustria* (Dachorganisation der Arbeitgeber) einen sechsmonatigen Lohnstopp, der im Mai 1947 auf das ganze Jahr verlängert wurde.

Der Staat selbst, dem zu diesem Zeitpunkt 90 % der Banken als Erbe des faschistischen Wirtschaftssystems gehörten, entschloß sich, durch Investitionen, Kredite und Gründung von wirtschaftlichen Instituten und Unternehmungen direkt in den Wiederaufbau einzugreifen; er stellte damit die Weichen für die *Partecipazioni Statali:* eine Form von Staatskapitalismus, die im Laufe der sechziger und siebziger Jahre auf mehrere lebenswichtige Produktionsbereiche der italienischen Industrie – Chemie und Auto-Industrie sowie den Energiesektor – ausgedehnt werden sollte.

Die Übernahme und Sanierung des faschistischen *Istituto per la Ricostruzione Industriale* (IRI, Institut für industriellen Wiederaufbau) und die Gründung des *Fondo per il Finanziamento dell'Industria Meccanica* (1947, Fonds für die Finanzierung der mechanischen Industrie), der ein Sanierungsprojekt in der Stahlindustrie finanzieren sollte, waren die ersten Schritte in diese Richtung. Es folgten 1950 die Gründung der *Cassa per il Mezzogiorno* (Entwicklungskasse für Süditalien) zur wirtschaftlichen Entwicklung des Südens und 1953 die Gründung des *Ente Nazionale Idrocarburi* (EM, Nationales Amt für Energiebeschaffung), das unter der Leitung von Enrico Mattei eine weltweite Politik der Beschaffung und Sicherung von Energie für die italienische Produktion verfolgte.

Mit der *Cassa per il Mezzogiorno* wollte die De Gasperi-Regierung politisches Engagement im Süden zeigen. Die *Cassa* hatte sich als Ziel gesetzt, Industrieanlagen und den Aufbau sozialer Einrichtungen zu finanzieren. In den Jahren 1950–52 wurde ein erster, schüchterner Versuch unternommen, die Landwirtschaft im Süden in Bewegung zu bringen. Angesichts der Bauernunruhen und Landbesetzungen[6] wurden 700 000 ha unbebauter Ländereien an Kleinbauern verteilt. Die historische Verspätung, mit der die sozialen Institutionen gegründet und vereinzelte Reformen durchgeführt wurden, sowie die sofortige Bürokratisierung dieser Institutionen, ihre Begrenztheit und das Fehlen eines globalen Entwicklungskonzepts für den Süden erklären, warum diese Maßnahmen von vornherein dazu verurteilt waren, die Hoffnung des Südens auf eine baldige bessere Zukunft zu enttäuschen.

Trotz dieses ungelösten nationalen Problems bzw. aufgrund der fast völligen Beibehaltung des Status quo im Süden, war Italien in der Mitte der fünfziger Jahre auf dem Weg, in den nächsten zehn Jahren, die unter dem Namen *Boom* oder *Miracolo Economico* (Wirtschaftswunder) bekannt geworden sind, zu einer der ersten sieben Industrienationen der Welt zu werden. 1963 war die Umwandlung von einer Agrarnation in ein Industrieland abgeschlossen, wobei die Bevölkerung einer gewaltigen gesellschaftlichen Umwälzung unterworfen wurde. Seit 1952 war die Zahl der in der Industrie Beschäftigten von 29,6 % auf 38,6 % angestiegen, während die Zahl der Beschäftigten in der Landwirtschaft von 38,6 % auf 27 % zurückgegangen war. Das Bruttovolkseinkommen hatte sich von 1952 bis 1963 mit einer jährlichen Zuwachsrate von 6 % erhöht.

Geographisch gesehen zeigen diese Daten, daß die Entwicklung aus gesamtitalienischer Sicht wenig erfolgreich war; die gesellschaftliche Umwälzung hatte sich nicht gleichmäßig in ganz Italien vollzogen, sondern war vielmehr das Ergebnis zweier Wanderungswellen: die erste (1954–57) ging von Osten nach Westen und die zweite (1958–63) von Süden nach Norden. In dem Zeitraum von 1951 bis 1965 haben jährlich ca. 1,5 Millionen Italiener ihren Wohnsitz gewechselt: 29 von 1000. Davon haben sich jährlich 113000 im Industriedreieck Mailand-Turin-Genua niedergelassen. Die hohe Arbeitslosenquote auf dem Lande und im Süden sowie das Auseinanderklaffen der Löhne und Preise in der Industrie und in der Landwirtschaft waren die beiden Hauptgründe der massiven Bevölkerungsbewegung vom Land in die Stadt und von den unterentwickelten Gebieten des Südens in die Industriegebiete des Nordens.

Nach der Sättigung des Arbeitsmarkts im Norden wurden die *Meridionali* (Süditaliener) gezwungen, ins Ausland zu gehen. Die Zahl der Auswanderer, die während des *Miracolo Economico* (Wirtschaftswunder) zurückgegangen war, stieg schon im Jahre 1965 auf 282642. Diese Zahl verschob sich in den folgenden Jahren deutlich nach oben.

Zur gleichen Zeit, seit Anfang der siebziger Jahre und dank der *Economia Sommersa* (Wirtschaft im Untergrund),[7] zeigten sich in breiten Schichten der italienischen Gesellschaft, trotz der Krise und einer Inflationsrate um 22%, die ersten Anzeichen dafür, daß Italien im Begriff war, eine Wohlstandsgesellschaft zu werden. Das Problem des Nord-Süd-Gefälles und alle damit verbundenen Schwierigkeiten sind zwar nicht gelöst worden, doch kann man damit allein nicht mehr die Realität Italiens umschreiben. Schon lange leben breite Schichten im Süden nach den gleichen Wohlstandsmustern wie die Menschen im Norden, infolge der Schaffung von Arbeitsplätzen im öffentlichen Dienst durch den Staat und infolge der Geldüberweisungen der Gastarbeiter. Die Familie ist zahlenmäßig zurückgegangen, häufig gehen beide Elternteile arbeiten, neben dem Einfamilienhaus oder der Eigentumswohnung kauft man sich ein kleines Ferienhaus am Meer oder in den Bergen, und beide werden mit Möbeln und Elektrogeräten vollgestopft. Das Zweitauto steht schon lange für die Frau und für Einkäufe in der Stadt bereit, wo es sehr schwierig ist, einen Parkplatz zu finden.

e) Minderheitskabinett, Mitte-Rechts-Koalition, Mitte-Links-Koalition

Nach dem Scheitern seines letzten Kabinetts zog sich De Gasperi von der Regierungsarbeit zurück und widmete sein letztes Lebensjahr der Parteiarbeit. Er starb 1954. Mit seinem Tod wurde in der *Democrazia Cristiana* ein Änderungsprozeß eingeleitet, der innerhalb von zehn Jahren aus der DC eine Partei machte, die sich von der Politik ihrer Gründer immer mehr distanzierte und Ausdruck der *Partecipazioni Statali* (Staatskapitalismus) wurde. Natürlich trugen zu dieser Umwandlung noch andere Faktoren bei, wie z.B. neue Kräfteverhältnisse bei den Parteien und Klärungsprozesse, die in fast allen Parteien während der fünfziger Jahre stattgefunden haben, außerdem die Politik der *Confindustria* (Dachorganisation der Arbeitgeber) und die Selbstkritik und Kursänderung der Gewerkschaften.

Von 1953 bis 1963 erhielten die jungen Vertreter verschiedener Strömungen in der DC wie Giuseppe Pella, Amintore Fanfani, Mario Scelba, Antonio Segni, Adone Zoli, Fernando Tambroni und Giovanni Leone vielfach Gelegenheit, ihr Regierungskonzept zu erproben, um dem Land eine stabile und sichere Regierungspolitik zu gewährleisten. Die Häufigkeit, mit der sie sich als Ministerpräsidenten ablösten (11 Kabinette in 10 Jahren),[8] deutet auf die Schwierigkeit, ja fast Unmöglichkeit hin, mit den Problemen der eigenen Partei fertigzuwerden. Dies darf keinesfalls mit mangelnder Stabilität oder sogar Unregierbarkeit des Landes verwechselt werden.

Wie bereits ausgeführt, wurde das Klima der fünfziger Jahre nicht nur von der Euphorie der Hochkonjunktur geprägt. Die sozialen Umwälzungen, die im Gefolge des Wiederaufbaus vor sich gingen, hatten alle politischen und wirtschaftlichen Kräfte des Staates zu einer Überprüfung ihrer Strategie herausgefordert. Die DC als Regierungspartei war am stärksten betroffen. Das Scheitern der 11 Kabinette ist ein klares Zeichen dafür, daß keine Strömung oder Verbindung von Strömungen in der Lage war, der Partei eine einheitliche Handlungsfähigkeit nach außen zu geben, wie sie unter De Gasperi bestanden hatte.

Zwar ließ das rechte Wählerpotential für die DC immer eine antikommunistische Koalitionsmöglichkeit offen, aber der Verlust an Stimmen bei den Wahlen von 1953 bis 1963 zeigte, daß die antikommunistische Haltung allein keine Antwort auf die Probleme des Landes war, und dies um so weniger, als innerhalb der Kommunistischen Partei Veränderungen eingetreten waren, die die Berechtigung der DC zu einer solchen Haltung in Frage stellten. Insofern war die Entscheidung der Mehrheit der DC (Parteitag in Neapel 1962) für die von Aldo Moro geforderte *Apertura a Sinistra* (Öffnung nach Links): Bildung einer neuen Regierungskoalition mit den zwei sozialistischen Parteien PSI und PSDI sowie mit dem PRI, nicht nur das Ergebnis einer innerparteilichen Auseinandersetzung, sondern auch eine Antwort auf die Notwendigkeit, die sozialen, politischen und wirtschaftlichen Veränderungen im Lande neu zu interpretieren und eine breitere politische Plattform für die sechziger Jahre auszuarbeiten. In seiner Rede auf dem Parteitag in Neapel stellte Aldo Moro fest, daß in der zeitgenössischen Gesellschaft „Regierungsarbeit, unternehmerische Entscheidungen und gewerkschaftliche Kräfte von wirtschaftlichen und sozialen Mechanismen zwangsläufig zusammengeführt werden", und fuhr fort, indem er folgende Begründung für die Änderung der Politik der DC gab: „Es ist Aufgabe des Staates, eine neue Beziehung zur Realität zu finden, die er zu verwalten verpflichtet ist; die neue Beziehung soll dem Handeln neuerer sozialer Kräfte und der Richtung des Fortschritts der italienischen Gesellschaft entsprechen."[9] Ähnliche Diskussionen hatten in der Sozialistischen Partei (PSI) seit Aufgabe des *Fronte Popolare Democratico* (Volksfront) stattgefunden. Die Sozialisten (PSI) waren auf der Suche nach politischen Handlungsmöglichkeiten, die ihnen eine klare Identität sichern sollten, und waren deswegen auf Distanz zu den Kommunisten gegangen. Die Enthüllungen über die Stalin-Ära nach Stalins Tod und die sowjetische Außenpolitik (1956) gaben ihnen die Gelegenheit, die These ihres Führers Nenni von der Solidarität mit der Sowjetunion aufzugeben und sich zu Italiens Zugehörigkeit zu Westeuropa zu bekennen (1961). Diese Kursänderung hatte sich schon im Jahre 1955 auf dem Turiner Parteitag mit dem Angebot an die Katholiken zur Wiederaufnahme politischer Gespräche abgezeichnet. Auf das Angebot des PSI, sich über ein konkretes Koalitionsprogramm zu verständigen, sollte die DC erst zurückkommen, nachdem sie alle Möglichkeiten, den *Centrismo* am Leben zu erhalten, ausgeschöpft hatte, und die Gewerkschaften, die ihre einheitliche Handlungsautonomie wiedererlangt hatten, einen harten Kampf gegen die restriktiven Maßnahmen der *Confindustria*, erfolgreich geführt hatten. Die erste Mitte-Links-Regierung kam zwar mit Unterstützung des PSI, aber ohne dessen Beteiligung an der Regierungskoalition zustande, der DC, PRI und PSDI angehörten (Fanfani 1962/63).

Eine Anzahl von Reformen, wie die Verstaatlichung der Nationalen Elektrizitätsgesellschaft (ENEL), die Verlängerung der Schulpflicht auf acht Jahre und die Erhöhung der Renten wurden durchgeführt, und vor allem wurde ein Ausschuß für die Wirtschaftsplanung gebildet, der einen Wirtschaftsentwicklungsplan erarbeiten sollte. Die Wahlen von 1963 brachten keine Entscheidung für die Parteien der Mitte-Links-Koalition, nur der PCI und der PLI konnten ihre Stimmenzahl verbessern. Die darauffolgende Krise der Regierung Fanfani wurde mühsam von Moro mit dem *Centro-Sinistra-Organico,* d.h. mit der direkten Beteiligung des PSI gelöst. Den Kommunisten, die sich als Regierungspartei angeboten hatten, wurde eine klare Absage erteilt.

Solange Aldo Moro Führer der Partei und mehrere Male Ministerpräsident war, zeichnete sich in der Politik der DC wieder eine Kontinuität wie zur Zeit De Gasperis ab, obwohl sie nicht in die gleiche Richtung wies. Moros Absage an den *Centrismo* von De Gasperi wurde damit begründet, daß die „DC bis zur Erschöpfung ihrer politischen Möglichkeiten daran festgehalten hat", während die Zukunft des Landes „eine Änderung in der Kontinuität" verlangte.[10] Das Ziel des *Centro-Sinistra* konnte nach Moro nur darin bestehen, der Regierung einen breiteren politischen Raum zu schaffen, jedoch unter Ausschluß und Isolierung der Kommunistischen Partei.

Der PSI hoffte, den Christdemokraten durch seine Mitarbeit an der Regierung eine reformistische Politik aufzwingen zu können; sie hätte dem PSI gleichzeitig zu einer politischen

Identität verholfen. Aus heutiger Sicht kann gesagt werden, daß es dem *Centro-Sinistra* zwar nur geringfügig gelungen ist, sein Reformprogramm zu verwirklichen, daß die damit verbundenen politischen Überlegungen innerhalb der DC und des PSI aber ihre Ziele erreicht haben. Mit Moro als Ministerpräsidenten gelang es dem PSI nicht, sein Verstaatlichungsprogramm durchzusetzen, dagegen zwang er aber die DC, die Diskussion über ihre Beziehungen zur Linken wieder aufzunehmen. Wenn Moro der Forderung der Kommunisten, in die Regierung aufgenommen zu werden, auch eine Absage erteilt hatte, so war diese Absage doch kein kategorisches Nein. Er selbst hatte die von ihm gewollte Isolation des PCI immer als „demokratische Herausforderung" an die Kommunisten verstanden. Der PSI erhielt insofern die historische Funktion und Identität, jene Partei gewesen zu sein, die immer wieder Gesprächsmöglichkeiten zwischen den beiden Hauptkomponenten der italienischen Gesellschaft geschaffen und gleichzeitig einer Radikalisierung der politischen und wirtschaftlichen Verhältnisse durch ihre Kompromißbereitschaft die Spitze abgebrochen hatte.

f) Die kommunistische Frage, der historische Kompromiß und die Folgezeit

Mit der Strategie der Isolierung des PCI und der gleichzeitigen „demokratischen Herausforderung" demonstrierte Moro, wie seine Aussage, der *Centro-Sinistra* soll eine „Änderung in der Kontinuität" herbeiführen, zu verstehen sei. Trotz Moros Absage an den PCI bestand bei ihm die Bereitschaft, die Entwicklung des PCI kritisch und realistisch zu verfolgen, insbesondere angesichts der Tatsache, daß der PCI einen ständigen Stimmenzuwachs verzeichnen und eine echte Alternative für das Land bedeuten konnte.

Der PCI befand sich wie die anderen politischen und sozialen Kräfte Italiens seit dem „unvergeßlichen Jahr 1956" auf dem Weg, die Struktur der Partei und ihrer Politik mit der veränderten Realität Italiens der späten fünfziger Jahre zu konfrontieren. Die ersten Anregungen für eine Entstalinisierung der Partei kamen von Togliatti selbst; in einem Interview für

Nuovi Argomenti (1956) äußerte er sich über Stalin und hob hervor, daß sich die innere Struktur der kommunistischen Weltbewegung geändert hätte, daß das „sowjetische Modell auf keinen Fall verpflichtend sei“, wobei er auf die Tatsache verwies, daß „heute Länder existieren, wo ein Vormarsch auf den Sozialismus angestrebt wird, ohne daß die Kommunisten die leitende Partei seien“.[11] Hier liegt der theoretische Beginn des Autonomieprozesses einzelner kommunistischer Parteien des Westens, der von der Sowjetunion erst während der Berliner Konferenz der Kommunistischen Parteien und Arbeiterparteien (1976) anerkannt worden ist.

Für den PCI, der seinen achten Parteitag vor sich hatte, bedeutete 1956 Togliattis Erklärung von der Suche nach „unserem italienischen Weg zum Sozialismus“ einen Rückgriff auf Erfahrungen der italienischen Arbeiterbewegung. Ausgehend von Gramscis These: „Ist in der Politik erst einmal der Stellungskrieg gewonnen, ist ein für alle Mal entschieden“,[12] begründete Togliatti die Akzeptierung der parlamentarischen Institutionen folgendermaßen: „Das parlamentarische System, die Beachtung des Prinzips sich frei äußernder Mehrheiten, die von der Verfassung vorgesehene Methode, nach der sich die Mehrheiten auf freie und demokratische Weise bilden, sind nicht nur vereinbar mit der Verwirklichung grundlegender gesellschaftlicher Reformen und mit dem Aufbau einer sozialistischen Gesellschaft, sondern sie erleichtern und bestätigen unter den heutigen Bedingungen die Eroberung der Mehrheit durch die Parteien der Arbeiterklasse, den Kontakt und die Zusammenarbeit mit anderen sozialen und politischen Kräften sowie das Heranwachsen einer neuen Führungsschicht“[13]. In dem Moment, als die Kommunistische Partei das Parlament als Werkzeug anerkannte, mit dem ein positiver sozialer Wandel bewirkt werden konnte, wurden folgende Änderungen in der Strategie des PCI eingeleitet: absolute Opposition gegen die *Centro*-Regierungen der dritten Legislaturperiode (1958–63); differenzierte Opposition gegen die *Centro-Sinistra*-Regierungen (1962–68); Einsatz der Partei für eine „molekulare“ Gewinnung immer größerer politischer Handlungsräume: Gemeinde, Provinzen, Regionen, um dadurch den Einfluß auf die

Zentralregierung zu verstärken. Der PCI entschied sich für eine Politik der Reformen, d.h. er verzichtete auf eine Machtübernahme durch die „Zerschlagung des Staates" und stellte sich auf eine Langzeitstrategie ein. Aus dieser Zeit stammte auch der Verzicht auf Lenins These von der Gewerkschaft als dem „Treibriemen"; er führte zu einer selbständigen Politik der Einheitsgewerkschaft (CGIL), die in den sechziger Jahren für die gesamte italienische Arbeiterbewegung entscheidend wurde.

Die politischen Ereignisse am Ende der sechziger und zu Beginn der siebziger Jahre: Streikwellen, Studentenunruhen, Putschversuche, Geheimdienstskandale, Bombenanschläge, bewußte Schaffung von Spannungen durch die Neofaschisten, faschistische Volksaufstände in Reggio (Kalabrien) und in L'Aquila (Abruzzen), Produktionskrise, hohe Arbeitslosigkeitsquoten, einsetzende Inflation und Kapitalflucht ins Ausland setzten den Hoffnungen, die die Reformpolitik der *Centro-Sinistra*-Mehrheit geweckt hatte, ein Ende.

Die Parteien waren sich weder über die Ursachen der wirtschaftlichen und sozialen Stagnation noch über die politische Verantwortung für das Scheitern ihres Koalitionsprogramms einig. Sie versuchten trotzdem immer wieder, Möglichkeiten einer Zusammenarbeit zu schaffen, um die schon seit langem im Lande verbreitete These von der Unregierbarkeit Italiens zu widerlegen. In der Tat hatte sich seit dem Scheitern des dritten Moro Kabinetts (1968) in der Dynamik der Regierungsbildung ein Wiederholungsmechanismus verselbständigt, wonach den mißglückten Anläufen zur Bildung einer langfristigen und regierungsfähigen *Centro-* oder *Centro-Sinistra*-Koalition regelmäßig eine Alleinregierung der DC *(Monocolore)* folgte. Die kurzlebigen *Monocolore*-Regierungen,[14] die offiziell dazu dienen sollten, dem Koalitionspartner Zeit zu geben, um sich über die Fortsetzung der Arbeit zu einigen, sollten im Grunde den Ausbruch einer Verfassungskrise verhindern. Besonders nachdem die vorgezogenen Wahlen von 1972 keine Klärung der Kräfteverhältnisse und keine Stärkung der an der Regierung beteiligten Parteien gebracht hatten, zeigte sich der Ernst der Krise: Italien hatte eine sehr starke Opposition, fand aber keine regierungsfähige Mehrheit.

In der Auseinandersetzung über mögliche Maßnahmen, die Regierungskrise zu beenden und einen sozialen und wirtschaftlichen Erneuerungsprozeß im Lande einzuleiten, übernahm die Kommunistische Partei mit ihrem Angebot eines *Compromesso Storico* (Historischer Kompromiß) die führende Rolle. Während Togliatti nach der Wahl von 1953 argumentiert hatte, daß den Kommunisten eine Regierungsbeteiligung zustehe, schlug 1973 der PCI eine Koalitionsformel vor, wonach alle antifaschistischen und „konstitutionellen" Parteien an der Regierung beteiligt werden sollten.[15] Das Angebot des Parteivorsitzenden Berlinguer an die DC (es brachte ihm und dem PCI scharfe Kritik und den Vorwurf einer Spaltungstendenz nach links ein)[16] unterschied sich von den früheren Angeboten Togliattis dadurch, daß der PCI auf die Regierungsübernahme auf der Basis einer Mehrheit der Linken von 50,1 % verzichtet hatte. Dies wurde nicht mehr als ausreichende Voraussetzung angesehen, um ein Land wie Italien zu regieren.

Die DC, als Hauptadressat des Vorschlags, begründete ihre Ablehnung mit der Natur der italienischen Demokratie: sie sei „anders und schwieriger" (Moro) als in anderen Ländern. Der eigentliche Grund war jedoch, daß sich die DC immer mehr mit der Kontinuität der Republik identifiziert hatte und glaubte, daß eine Ablösung an der Spitze des Staates eine substantielle Änderung mit sich bringen würde; außerdem wurde den Kommunisten noch nicht die „Gleichheit" mit den anderen Parteien zuerkannt. Die marxistisch-leninistische Basis des PCI und seine kritische Verbundenheit mit Moskau brachte in einem Land, das zur NATO gehört und in dem die katholische Kirche ihren Hauptsitz hat, zwangsläufig Schwierigkeiten mit sich. Unter den Kommunisten selbst konnten viele Parteimitglieder das Angebot ihres Vorsitzenden nicht verstehen. Sie konnten nicht verstehen, warum der PCI mit jener Partei zusammenarbeiten sollte, die für die Lage des Landes verantwortlich gemacht wurde. Diese Kritik an der Spitze des PCI zeigte sich in aller Deutlichkeit 1978, als der PCI gerade in Industriestädten wie Genua Stimmen verlor. Offensichtlich waren seine Stammwähler nicht mehr mit der Politik der *Non-Opposizione* (Nicht-Opposition) gegen die Regierung Andreotti einverstanden.

Die kleinen laizistischen Parteien: PRI, PLI, PSDI, PR gingen davon aus, daß in einer Koalition zwischen DC und PCI für sie kein politischer Raum und keine Handlungsfähigkeit mehr übrigbliebe. Innerhalb der DC selbst wurden inzwischen immer mehr Stimmen laut, die den PCI für regierungsfähig erklärten. In der Tat regiert seit 1976 der PCI allein oder in linken Koalitionen in 2795 von 8068 Gemeinden, in 49 von 94 Provinzen und in 6 von 20 Regionen. Mit dem Mord an Aldo Moro (1978), der zu einem Zeitpunkt erfolgte, als der Vorsitzende der DC die dritte Phase der Annäherung des PCI an die Regierung einleiten wollte, verlor das Angebot des *Compromesso Storico* an Gewicht. Der PCI hat seit 1979 jede weitere indirekte Unterstützung der DC-Regierung mit der Parole „entweder an die Regierung oder die Opposition" abgelehnt und gleichzeitig den laizistischen Parteien die Bildung einer *Alternativa di Sinistra* bzw. *Alternativa Democratica* (linke bzw. demokratische Alternative) ohne DC angeboten. Wegen des plötzlichen Todes von Berlinguer (1984) und der darauf entstandenen Führungskrise des PCI geriet der Vorschlag ins Abseits.

g) Die Auflösung der Ersten Republik

Mit dem Tod von Aldo Moro und Enrico Berlinguer trat eine Zäsur in der politischen Kultur der Ersten Republik ein. Die Vision einer Versöhnung der christlichen und der linken, laizistischen Komponenten der italienischen Kultur verschwand lautlos. Die kulturpolitische Vision, die aus dem Widerstand zum Faschismus entstanden war, sollte zur prägenden Identität der Ersten Republik werden. Sie sollte für Kontinuität in der Geschichte eines Landes sorgen, dessen nationale Identitätsbildung durch eine zwanzigjährige Diktatur unterbrochen war. Nach dem Verlust der beiden integrierenden Persönlichkeiten wich diese Vision dem *Decisionismo* des PSI-Ministerpräsidenten Bettino Craxi (1983–1987). Der autoritäre Führungsstil Craxis wurde mit der Notwendigkeit begründet, dem Land politische Stabilität zu garantieren. Dies galt als oberstes Gebot des politischen Alltags der achtziger Jahre, um Strukturänderungen zu ermöglichen. Darunter fielen die Einführung neuer Technologien, die Rationalisierung von veralteten Arbeitsplätzen, die Reform der Legislative und der Exekutive, die Bekämpfung der Inflation und die Aufhebung der *Scala Mobile* (gleitende Lohnskala). Das Ergebnis der Regionalwahlen von 1985, zur Halbzeit der Craxi-Ära, wurde daher als Mandat für mehr Pragmatismus zur Stützung der Wirtschaft verstanden, die durch ihre Lebendigkeit kaum Raum für kulturpolitische Diskussionen über die Zukunft des Landes zuließ.

Dennoch entartete Craxis Pragmatismus in einen lähmenden Kampf um die Regierungsführung, denn jede bruchteilige Verschiebung von Wählerstimmen ließ Konflikte unter den Koalitionspartnern PSI und DC entflammen, bis die DC die Führung über das Land erneut an sich reißen konnte. Das Ausmaß des Interessenkonfliktes zwischen dem Hegemoniestreben der Parteien und dem überparteilichen Auftrag des Parlaments war schon in den siebziger Jahren ersichtlich geworden. Abgebrochene Legislaturperioden (1972, 1976, 1979, 1983 und 1987), schleppende Koalitionsrunden und die langen Wege der Gesetzgebung hatten so weit geführt, daß Italiens Demokratie als *Democrazia Incompiuta* oder *Bloccata* (unvollständige bzw. blockierte Demokratie) bezeichnet wurde. Die Koalitionskrise vom 28. April bis 28. Juli 1987 bestätigte zwar die Vorherrschaft der Parteien gegenüber dem Parlament, aber sie machte deutlich, daß eine Demokratisierung des öffentlichen Lebens keineswegs über die Entbürokratisierung der Institutionen allein zu erreichen ist. Zur Verschärfung des prekären Gleichgewichts zwischen Parteien und Parlament bzw. Gesellschaft kam die Tatsache hinzu, daß der PCI, der eigentliche Herausforderer der Regierungsmehrheit, seine Funktion als Opposition im Parlament stark eingeschränkt hatte, da er im selben Zeitraum Bestandteil der Vorherrschaft der Parteien gegenüber der Gesellschaft geworden war.

Das Unbehagen angesichts der Vorherrschaft der Parteien, ihre Unfähigkeit, die angekündigte Reform der Institutionen herbeizuführen, fand seinen ersten Ausdruck in der Protestbewegung der *Leghe*, die in den achtziger Jahren stark unterschätzt wurde. Mit ihrer ethnisch gefärbten Vorstellung von einer wirtschaftlichen Dezentralisierung der Republik, mit ihrer Auflehnung gegen das korruptionsfördernde Eindringen der Parteien in jeden Bereich der Gesellschaft, mit ihrem Widerstand gegen den rabiaten Fiskalismus, mit dem der Staat sich vor drohender Zahlungsunfähigkeit retten mußte, vereitelte die *Leghe*-Bewegung den Versuch, die geplante Reform der Legislative und Exekutive *(Commissione Bozzi per le riforme istituzionali 1983–1985)* als Rettungsanker für die Parteien der Ersten Republik zu mißbrauchen.

Ab 1992 begannen die Ermittlungsrichter der Untersuchungskampagne *Mani Pulite* aufzudecken, welchen Tanz auf dem Korruptionsvulkan die Führer der *Classe Politica* bis zuletzt geführt haben, um die Hegemonie ihrer Parteien über die Gesellschaft zu finanzieren, anstatt die Demokratisierung der Parteien als Übergang in die Zweite Republik voranzutreiben.

Damit hat die Gerichtsbarkeit in Zusammenarbeit mit den Ordnungskräften eine dritte Front zum Schutz der republikanischen Staatsform Italiens eröffnet. Nachdem es ihr gelungen war, dem Terrorismus im wesentlichen den Prozeß zu machen und in der zweiten Hälfte der achtziger Jahre den Kampf gegen die Mafia auf Erfolgskurs zu bringen, verdankt man es den Ermittlungsrichtern von *Mani Pulite*, daß sie den Weg zur Zweiten Republik freigemacht haben. Indem die Ergebnisse ihrer Ermittlungen die Koalitionsparteien der Ersten Republik zur Abwahl ihrer Führung gezwungen haben, hat sich ein unvermeidliches Eingreifen der Gerichtsbarkeit in den politischen Alltag ergeben, das die Übergangsphase zur Zweiten Republik beschleunigt, jedoch nicht bestimmt hat.

Nicht von ungefähr hat die Mehrheit der italienischen Wähler in einer beunruhigenden Übergangsphase ihre Vorliebe für die konservative Tradition der Kulturgeschichte Italiens wiederentdeckt. Sie hat sich u.a. einer Bewegung wie *Forza Italia* anvertraut, die für Kontinuität in Rahmen des nationalen Denkens angetreten ist. Die Absage an das Programm der *Progressisti* ist ferner der Beweis dafür, daß es den fortschrittlichen Parteien der Ersten Republik, trotz ihrer kulturellen Hegemonie, nicht gelungen ist, mit ihrer Vorstellung von emanzipierender Sozialgerechtigkeit in die konsumorientierte Wirklichkeit der breiten Schichten der italienischen Bevölkerung einzudringen.

So gesehen ist die Auflösung der Ersten Republik als Folge der wachsenden Entfremdung zwischen der Gesellschaft auf der einen Seite und Parteien und Institutionen auf der anderen Seite zu verstehen. Die korruptionsfördernde Vorherrschaft der Parteien und das Scheitern des Staates als sozialgerechter Unternehmer haben zur Auflösung entscheidend beigetragen. Der Auftrag der Wähler an die konservativen Parteien aus dem *Polo della libertà* (Bündnis der Freiheit) und aus dem *Polo del buon governo* (Bündnis der guten Regierung) ist allerdings keine Entscheidung für kulturellen, sozialen und politischen Wandel. Man hat es vielmehr mit einem Phänomen zu tun, das sich in der Geschichte Italiens mit Regelmäßigkeit wiederholt. Während die jeweils fortschrittlichen Kräfte die Übergänge im Staat vorbereitet oder sogar herbeigeführt haben, sind es immer aufgeklärte Kräfte bis konservative oder reaktionäre Kräfte gewesen, die die Zeit danach verwaltet haben. Eminente Beispiele dafür sind das *Postrisorgimento*, das Aufkommen des Faschismus, die Zeit nach dem Widerstand bzw. nach der Gründung der Ersten Republik. Daher ist Berlusconis Erfolg kein Ergebnis einer audio-visuellen Manipulation der italienischen Bevölkerung, sondern Ausdruck einer historischen Regelmäßigkeit, mit der die Mehrheit der Bürger den eigenen Alltag vor dem Zugriff des ersehnten Wandels schützen möchte.

Teil II
Der republikanische Aufbau des italienischen Staates

1. Grundlegende Prinzipien der republikanischen Verfassung (Art. 1–12)

Jede republikanische Verfassung ist von der Zeit, in der sie ausgearbeitet wird, geprägt; sie bleibt an die Konflikte, die sie überwinden soll, gebunden und birgt in sich alle Kompromisse, die ihre endgültige Formulierung ermöglicht haben. Wenn man nun diese drei formellen Analyseprinzipien auf die italienische Verfassung anwendet, so lassen sich einige Grundtendenzen erkennen, mit deren Hilfe eine erste Annäherung aus heutiger Sicht möglich wird.

Das Grundgesetz war das Schlagwort, das alle politischen Partisanenverbände und antifaschistischen Gruppierungen zu Anfang der vierziger Jahre zu einer minimalen Zusammenarbeit veranlaßt hatte. Der Streit um die Zukunft der Monarchie während der Tagung des nationalen Befreiungskomitees in Bari (1944) hatte zwar die Liberalen von diesem gemeinsamen Vorhaben abgebracht, sie waren jedoch für das Grundgesetz nicht verloren. Im Referendum vom 2. Juni 1946 (s. S. 109 ff.) sprach sich die italienische Bevölkerung für eine republikanische Verfassung aus. Trotz eines deutlichen Vorsprungs von fast 500 000 Stimmen zugunsten der Republik blieb unklar, wie sich die Mehrheit der Christdemokraten während der Verfassunggebenden Versammlung verhalten würde, denn infolge der Unentschlossenheit der Parteispitze hatten 80 % ihres Wählerpotentials für die Monarchie gestimmt. Dies war sicher keine gute Voraussetzung für die Zusammenarbeit mit den laizistischen Parteien an einer republikanischen Verfassung. Aber das politische Klima der Widerstandsbewegung, die Überzeugung aller politischen Kräfte, einen Erneuerungsprozeß im Land in Gang setzen zu müssen, die Sorge um die Erhaltung des wiedergewonnenen Friedens und um die Einheit des Landes führten bei den Mitgliedern der *Costituente* zu einer gemeinsamen ethisch-politischen Bewußtseinsbildung, bei Respektierung der verschiedenen Kulturtraditionen, wie sie in starkem Maße in die Verfassung Eingang gefunden haben.

Beispielhaft dafür ist das Ringen um die endgültige Formulierung von Art. 1 der Verfassung: „Italien ist eine demokratische, auf Arbeit gegründete Republik. Träger der Souveränität ist das Volk, das sie in den Formen und in den Grenzen der Verfassung ausübt."

Die Gruppe der 75 (s. S. 110) hatte dem Plenum folgende Fassung von Art. 1 vorgeschlagen: „Italien ist eine demokratische Republik. Die italienische Republik beruht auf der Arbeit und reellen Teilnahme aller Arbeiter an der politischen, ökonomischen und sozialen Gestaltung des Landes."

Diese erste ausführliche Formulierung sollte den demokratischen Charakter der Republik unterstreichen. Italien sollte eine demokratische Republik sein, weder eine bürgerlich-liberale noch eine sozialistische Volksrepublik werden. Man sprach damals von *Democrazia Avanzata o Progressista* (fortgeschrittene oder fortschrittliche Demokratie), um eine Abgrenzung gegenüber den beiden anderen existierenden Demokratie-Modellen vorzunehmen. Diese Bemühungen um eine Kompromißformel, in der Abgrenzung und Entwicklungstendenzen einen deutlichen Niederschlag gefunden haben, sind in den Vorschlägen zu finden, die aus dem Plenum kamen, um die Formulierung der 75 prägnanter zu gestalten. Während die Linke mit Giorgio Amendola, Lelio Basso, Randolfo Pacciardi und Gerardo Bruni den Vorschlag machte: „*L'Italia è una repubblica dei lavoratori*" (Italien ist eine Arbeiterrepublik), einigte man sich auf den Gegenvorschlag von Fanfani: „*L'Italia è una repubblica democratica, fondata sul lavoro*" (... demokratische Republik, gegründet auf Arbeit, Art. 1).

Italien sollte keine Arbeiterrepublik werden, erkannte aber als tragende Kraft seiner Demokratie die Arbeit an. In Absatz 2 von Art. 1 findet man die Stelle, wo die bürgerlich-liberale Tradition in die Verfassung eingeflossen ist, obwohl die Mitglieder der *Costituente* jegliche Bezugnahme auf den *Statuto Albertino* (1848) abgelehnt hatten und der PLI sich gegen die republikanische Verfassung ausgesprochen hatte und gegen ihre endgültige Formulierung stimmen sollte. „Alle Gewalt liegt beim Volk" war die Parole, die aus der Erklärung der Menschenrechte von 1789 stammte und die sich das *Risorgimento* zu eigen gemacht hatte, die aber im *Statuto Albertino* abgelehnt worden war. Mit der Anknüpfung an die Parole „die Gewalt liegt beim Volk" wollten die Mitglieder der *Costituente* jede Begrenzung der Ausübung der Souveränität nach unten oder in der Breite und jede Beschränkung auf eine Person oder Parteienkoalition verhindern.

Wenn die Gewalt beim Volk liegt, dann hat jeder Bürger den Auftrag, sie im Rahmen des Grundgesetzes auszuüben. Die Macht gehört nicht der politischen Mehrheit der Bürger allein, sondern auch die politischen, religiösen und ethnischen Minderheiten, wie sie in Art. 2 und 3 genauer definiert werden, sollen durch keinerlei Einschränkungen daran gehindert werden.

In Art. 4, Abs. 1 „Die Republik erkennt allen Staatsbürgern das Recht auf Arbeit zu und fördert die Voraussetzungen für die Verwirklichung dieses Rechtes" und Abs. 2 „Jeder Staatsbürger ist verpflichtet, im Rahmen seiner Möglichkeiten nach eigener Wahl eine Tätigkeit oder Funktion auszuüben, die zum materiellen oder geistigen Fortschritt der Gesellschaft beiträgt", sind das Recht auf Arbeit und die Bürgerpflicht, eine Arbeit auszuüben oder eine Funktion zu erfüllen, sehr eng miteinander verknüpft. Die Republik übernimmt die soziale Verpflichtung, dieses Recht für alle Bürger wirksam zu gestalten. Auch hier hatte die Linke mit ihrem Vorschlag, dem Staat das Recht auf wirtschaftliche Planung einzuräumen, versucht, eine konkrete Ausgangsbasis für die Verwirklichung des Rechts für alle zu sichern. In der Kompromißformel wird dieses nicht ausdrücklich anerkannt, dagegen wird jedoch das Recht der Arbeiter auf alle Kampfmöglichkeiten, dieses Recht zu verwirklichen, verankert, wie es später in Art. 39 und 40 festgelegt ist.

Nach der Formulierung von Art. 3, in dem Schutz und Entwicklung der „Freiheit und Gleichheit der Bürger" untereinander und innerhalb der Republik zur „Aufgabe der Republik" erklärt wurden, erwies sich die Diskussion um Art. 7 über das Verhältnis von Staat und Kirche als sehr schwierig. Und das aus zwei Gründen: 1. Die Mehrheit der *Costituente*, die aus DC, PCI und PSIUP bestand, spaltete sich zwangsläufig; denn die liberal-laizistischen Gruppen, die in anderen Bereichen traditionell die DC unterstützten, standen in diesem Fall auf seiten der Linken; 2. der PCI nahm jedoch eine differenzierte Haltung ein, die die Verabschiedung des Art. 7 ermöglichte. Damit erfolgte die Anerkennung des Konkordates und der Lateranverträge von 1929 in ihrer Gesamtheit durch die italienische Republik.

Den Kommunisten ist sogar von Christen wie dem Historiker Arturo Jemolo vorgeworfen worden, sie hätten durch ihre Kompromißbereitschaft eine klerikalere Fassung des Artikels ermöglicht, die selbst die Katholiken nicht gewollt hätten. Für Togliatti, der die italienische Lage der Nachkriegszeit sehr realistisch einschätzte, barg die Ablehnung der Lateranverträge und des Konkordates die Gefahr einer Spaltung der Nation aus religiösen Gründen in sich (die Exkommunizierung der Kommunisten im Jahre 1949 sollte dies beweisen), die aus der Sicht der Kommunisten nicht zu verantworten war, insbesondere wenn man berücksichtigt, wie veränderlich und unklar die Kräfteverhältnisse in der *Costituente* und im Lande waren. Mit der Ratifizierung des neuen Konkordats im Jahr 1985 sind jene Prinzipien und Erklärungen aus dem Konkordat und aus den Lateranverträgen entfernt worden, die im Widerspruch zu einzelnen Artikeln und zum Geist der Verfassung standen und den Katholiken mehr Rechte als den anderen Bürgern einräumten: z.B. ist der Katholizismus nicht mehr Staatsreligion, die Ehe wird vom Staat nicht mehr als Sakrament anerkannt, jede staatliche Unterstützung der Kirche fällt seit 1990 weg.

Formal gesehen, wird die italienische Verfassung oft als „unflexibel“ und „zu detailliert“ bezeichnet. Die mangelnde Flexibilität bezieht sich nicht auf die Qualität der Formulierung einzelner Artikel, sondern auf die übergeordnete Funktion der Verfassungsartikel den übrigen Gesetzen gegenüber. Diese können nur dann in Kraft treten, wenn sie nicht im Widerspruch zur Verfassung stehen. Die Verfassung selbst kann durch ein besonderes Verfahren (Art. 138) abgeändert oder revidiert werden. Bei diesem Revisionsverfahren darf jedoch die republikanische Staatsform Italiens nicht in Frage gestellt werden (Art. 139).

Mit der Bezeichnung „zu detailliert" soll zum Ausdruck gebracht werden, daß einzelne Bereiche bis in Einzelheiten festgelegt wurden. Die Mitglieder der *Costituente*, die am Anfang diesen Weg beschritten hatten, sind im Lauf der Zeit wegen objektiver und unüberwindlicher Schwierigkeiten davon abgekommen, und damit hat die Verfassung eine Signalfunktion bekommen, so daß heute noch von der „unvollendeten Verfassung", vom „Kampf um die Verwirklichung der Verfassung" die Rede ist. Dies ist in jedem Fall positiv zu bewerten, denn es spricht für die Lebendigkeit der Verfassung der italienischen Republik.

2. Rechte und Pflichten der Staatsbürger (Art. 13–54)

Schon während des *Risorgimento* hatte Mazzini von den „Pflichten des Menschen" gesprochen, die ihn zu politischem Handeln veranlassen sollten.[1] Sein Grundgedanke „Gott hat uns nicht zu beschaulichem Denken, sondern zum Handeln geschaffen" ist in der italienischen republikanischen Kultur vom *Risorgimento* bis zur Gründung der Republik Italien lebendig geblieben. Hierauf bezogen sich die Mitglieder der *Costituente*, um die im Grundgesetz integrierte und dialektische Beziehung zwischen Rechten und Pflichten der Bürger zu verankern und damit die republikanische Verfassung von den vorangegangenen Verfassungen und Grundgesetzen zu differenzieren. Während es bei den früheren Verfassungen im wesentlichen darum ging, die Rechte der Bürger gegen absolutistische oder aufgeklärte Könige durchzusetzen, kann die Verfassung einer demokratischen Republik nur durch die Teilnahme ihrer Bürger am politischen Leben verwirklicht werden. So wie die Republik sich dem Bürger gegenüber zum Schutz seiner Rechte verpflichtet hat, muß der Bürger von sich aus bereit sein, jene Pflichten zu erfüllen, die für die Erhaltung der demokratischen und republikanischen Institutionen lebensnotwendig sind.

Bezüglich der Pflichten der Bürger, die in die italienische Verfassung eingegangen sind, läßt sich eine weitere Differenzierung festhalten, die eine Unterscheidung zwischen Pflichten, die einem politischen Imperativ gleichkommen, und zwingenden Pflichten, deren Nichterfüllung strafrechtlich verfolgbar ist, ermöglicht. Die Bestimmungen über das Stimmrecht in Art. 48, dessen „Ausübung Bürgerpflicht ist", ist ein gutes Beispiel, um die Auffassung von den Pflichten zu erläutern. Da die Nichterfüllung dieser Pflicht zu keinen Strafmaßnahmen führt, darf man annehmen, daß es sich um eine ethisch-politische Pflicht handelt, um einen Appell an die politische Reife der Bürger der Republik. Die hohe Beteiligung der Italiener an den verschiedenen Wahlen (s. S. 146) beweist die Richtigkeit dieser Entscheidung.

Anders ist z.B. Absatz 1 von Art. 52 zu deuten: „Die Verteidigung des Vaterlandes ist heilige Pflicht des Staatsbürgers", der in Absatz 2 folgendermaßen präzisiert wird: „Der Militärdienst ist Pflicht in den vom Gesetz festgelegten Grenzen und Bestimmungen." Wenn der einführende Appell an den Bürger, das Vaterland (das ist weder der Staat noch die Republik) zu verteidigen, als „heilige Pflicht" dargestellt wird, befreit aber die ethische Gestalt der Pflicht die Bürger nicht von einem konkret zu leistenden Dienst, dessen Nichtableistung strafrechtlich verfolgt wird. Erst seit 1972 können Bürger aufgrund ihrer religiösen und/oder ethischen Einstellung zu Militär, Rüstung und Krieg davon befreit werden. Kommt es zu einer Kollision dieser Pflicht mit einem Recht des Bürgers, so wird sie, wie im Falle der Auswanderer, von der Legislative vorübergehend ausgesetzt.[2] Um eine unausweichliche Pflicht geht es in Art. 53: „Jedermann ist gehalten, nach Maßgabe seiner Steuerkraft zur Deckung der öffentlichen Ausgaben beizutragen", obwohl aus dem jährlichen Haushaltsbericht des Finanzministeriums hervorgeht, daß die Italiener davon bis heute noch nicht vollkommen überzeugt sind, so daß sich kürzlich das Ministerium für Post- und Fernmeldewesen gezwungen sah, eine Briefmarke mit dem Text des Art. 53 in Umlauf zu bringen.

Die Rechte der Bürger lassen sich in ihrer dialektischen Beziehung zu den Pflichten auch als demokratische Prinzipien begreifen. Ihre Verwirklichung ist nur durch die Teilnahme der Bürger am politischen Leben möglich. In einem abschließenden Abschnitt werden einige Rechte der Bürger erwähnt, die bis heute nicht verwirklicht worden sind, da die entsprechenden Rahmengesetze von der Legislative noch nicht ausgearbeitet und verabschiedet worden sind. Grundsätzlich lassen sich die Verfassungsrechte der Bürger in zwei Hauptgruppen unterteilen: die Rechte, für die die Italiener spätestens seit dem *Risorgimento* gekämpft hatten und die fast alle vom Faschismus abgeschafft worden waren, und die neuen Rechte, die die Verfassung den Bürgern eingeräumt hat und die durch die Teilnahme am politischen Geschehen von den Bürgern selbst verwirklicht werden sollen, fast im Sinne einer Art Zukunftsplanung der Republik.

Zur ersten Gruppe gehören jene Rechte, die unter dem Titel I des ersten Teils: „Die bürgerlichen Freiheiten" aufgezählt werden. Es sind die grundsätzlichen Freiheiten des Bürgers, die zusammengefaßt lauten: „Die persönliche Freiheit ist unantastbar" (Art. 13). „Die Wohnung ist unverletzlich" (Art. 14), „Die Freiheit und das Geheimnis des Schriftverkehrs sowie jeder anderen Form der Kommunikation ist unverletzlich" (Art. 15), Freizügigkeit innerhalb und außerhalb der Republik (Art. 16) – das Recht auf Versammlungen (Art. 17) – Religionsfreiheit (Art. 19 und 20) – Freiheit der Meinungsäußerung und Pressefreiheit (Art. 21) – Recht auf politisches Handeln (Art. 22) – Recht auf Verteidigung in Strafsachen (Art. 24).

Zur zweiten Gruppe gehören die Pflichten, die die Republik ihren Bürgern gegenüber übernommen hat; sie sind unter dem Titel II des ersten Teils: „Ethisch-soziale Beziehungen" aufgeführt: Schutz der Familie (Art. 29) – der Kinder (Art. 30) – der Gesundheit der Bürger (Art. 32) – ihres Rechts auf freie Entfaltung in Kunst, Wissenschaft und Lehre (Art. 33) sowie des Rechts auf Bildung und Ausbildung (Art. 34). In Titel III und IV des ersten Teils, wo es um die „Wirtschaftlichen Beziehungen" und „politischen Beziehungen" geht, wird der Bürger nicht mehr als einzelner oder Mitglied einer Familie betrachtet, sondern als Teil der Arbeitswelt, integriert im politischen Gefüge der Republik.

Das Prinzip der Solidarität nimmt eine besondere Stellung ein; in Art. 2 wird es folgendermaßen formuliert: „Die Republik anerkennt und gewährleistet die unverletzlichen Rechte des Menschen, sei es als Einzelperson, sei es im Rahmen der gesellschaftlichen Zusammenschlüsse, wo sich seine Persönlichkeit entfaltet, und sie fordert Erfüllung der unabdingbaren Pflichten politischer, wirtschaftlicher und sozialer Solidarität." Meuccio Ruini, ein Mitglied der *Costituente*, nannte es das zentrale Prinzip der Republik, mit der Begründung: „Heute kann man sagen, daß entweder die Republik aus Demokratie und wirtschaftlichen Reformen bestehen oder nicht existieren wird."[3]

Das Verhältnis von Rechten und Pflichten zwischen Republik und Bürgern wird damit auf eine Basis gestellt, die erst durch die Erfüllung der Pflicht zur Zusammenarbeit (Art. 4) aller Kräfte der italienischen Gesellschaft ein demokratisches Zusammenleben in der Republik gewährleisten kann. In der Art, wie das Prinzip der Solidarität durch Begriffe aus dem politischen, wirtschaftlichen und sozialen Bereich umschrieben wird, wird deutlich, daß hier die drei großen Traditionen der italienischen Kultur und Geschichte zusammenfließen. So lassen sich in dieser Formulierung wiedererkennen: 1) das soziale Engagement der Katholiken, zu welchem Papst Leo XIII. in der Enzyklika *Rerum Novarum* aufgerufen hatte, 2) das Ethos der *Fraternité* aus der bürgerlich-liberalen Tradition, wie es schon in der Französischen Revolution begründet worden war, und 3) der Beitrag der sozialistischen und kommunistischen Bewegung zur Herstellung der Demokratie in Italien und in der Arbeitswelt.

Die Solidarität, die diese drei historischen Komponenten verbinden und ihre Einigung gewährleisten soll, ist gleichzeitig die Voraussetzung für die Verwirklichung des Rechts auf Arbeit für alle Bürger (Art. 35) bei angemessener Vergütung der Arbeitnehmer (Art. 36) und den damit verbundenen notwendigen Sozialversicherungen (Art. 38). In diesem politischen und wirtschaftlichen Zusammenhang tritt die Republik sowohl für den Schutz der privatwirtschaftlichen Initiative ein als auch für die Anerkennung des Privateigentums (Art. 42), wobei gleichzeitig aber den Arbeitern das Recht zugesagt wird, an der Führung der Betriebe beteiligt zu werden (Art. 46), und die Republik sich verpflichtet, Agrarreformen durchzuführen, „um eine rationelle Bewirtschaftung des Bodens zu erreichen und um gerechte soziale Verhältnisse zu schaffen“ (Art. 44).

Dieses Versprechen wurde bis heute nicht eingelöst. Der Weg zur Aufhebung dieses Widerspruchs führt heute wie einst zur Zeit der *Costituente* nur über das politische Handeln. Hierzu wird allen Bürgern das Recht auf gewerkschaftliche Organisation (Art. 39 und 40) und auf Bildung politischer Parteien (Art. 49) eingeräumt, die – bis zur Wahlreform 1993 – keine Prozentklausel als Hürde für den Einzug ihrer gewählten Vertreter ins Parlament zu überwinden hatten. In diesem Solidaritätskontext, den sich die Republik gleichzeitig als Prinzip und als Ziel gesetzt hat, haben die Mitglieder der *Costituente* auf das Prinzip des Widerstandes verzichtet und in Art. 54 an die Bürger appelliert, „der Republik die Treue zu bewahren und die Verfassung und die Gesetze zu beachten“.

3. Der Präsident der Republik (Art. 83–91)

Obwohl nach Art. 84 „jeder Bürger zum Präsidenten der Republik gewählt werden kann, der das fünfzigste Lebensjahr vollendet hat und im Besitz der bürgerlichen und politischen Rechte ist“, wäre es verfehlt, diese Aussage der italienischen Verfassung als eine reelle Chancengleichheit für alle Italiener zu verstehen. Sowohl die Tatsache, daß der Präsident nicht direkt vom Volk, sondern vom Parlament und den Vertretern der Regionen (Art. 83) gewählt wird, als auch die hohen fachlichen Anforderungen, die an den Präsidenten (Art. 87) gestellt werden, begrenzen die Auswahl der Kandidaten auf Persönlichkeiten, die das politische, kulturelle, soziale und wirtschaftliche Leben der Republik lange Zeit mitgestaltet haben. Deswegen liegt die Bedeutung von Art. 84 mehr in einem feierlichen Bekenntnis zu einer nicht eingeschränkten Demokratie, wie sie der jeweils gewählte Präsident verkörpern soll; denn von ihm wird erwartet, daß er den Geist der Zeit verkörpert und das politische Klima des Landes spiegelt, das wiederum seine Wahl ermöglicht hat.

Bis heute hat sich diese innere, selbständige Dynamik bei allen Präsidenten der Republik gezeigt, sowohl im positiven als auch negativen Sinn. Den beiden ersten liberalen Präsidenten Enrico De Nicola (1946/48) und Luigi Einaudi (1948–55), denen die Aufgabe anvertraut wurde, den Staat aus seiner bürgerlich-liberalen Tradition in eine moderne demokratische Republik umzuwandeln, folgten Giovanni Gronchi (1955–62) und Antonio Segni (1962–64), zwei Christdemokraten aus der Zeit des *Centrismo*, die mit einer stark integrierenden Funktion zur Entspannung des sozialen Klimas der fünfziger Jahre beigetragen hatten. Die Wahl des Sozialdemokraten Giuseppe Saragat (1964–71) erfolgte in der Phase der „Öffnung nach Links", wenn auch nicht reibungslos, wie es die dafür notwendigen 21 Wahlgänge bewiesen. Mit keinen geringeren Schwierigkeiten war die Wahl von Giovanni Leone (1971–78) zum Präsidenten der Republik im Jahr 1971 verbunden. Es waren 23 Wahlgänge erforderlich, obwohl bereits nach dem dritten Wahlgang keine Zweidrittelmehrheit mehr notwendig ist, sondern die absolute Mehrheit ausreicht (Art. 83), die er nur sehr knapp mit 52 % der Stimmen erreichen konnte.

Die Präsidentschaft des Staatsrechtlers Giovanni Leone spiegelte das politische Klima und den Geist dieser Zeit in Italien wider: das Auseinanderfallen des *Centro-Sinistra* und eine Reihe schwerwiegender Skandale, die bis in den Quirinal hineinreichten und Giovanni Leone zum Rücktritt zwangen. Mit der Wahl des ehemaligen Partisanen und Sozialisten Sandro Pertini (1978–85) zum Präsidenten der Republik, die zwar 21 Wahlgänge erfordert hatte, aber doch mit 83,6 % der Stimmen zustande kam, hatte Italien eine moralische und historische Persönlichkeit zum Präsidenten gemacht, um seinem Willen und seiner Bereitschaft zur Erneuerung Ausdruck zu geben und Italien im Ausland ein glaubhaftes Profil zu sichern. Die Wahl von Francesco Cossiga (DC, 1985–92) zum Präsidenten der Republik am 24. 6. 1985 bereits im ersten Wahlgang und mit den Stimmen des PCI war das Ergebnis der verabredeten *Alternanza* (Ämterwechsel) unter den Hauptkoalitionspartnern, Christdemokraten und Sozialisten, nicht die Entscheidung für einen Integrationspräsidenten. Seit dem 25. Mai 1992 befindet sich der DC-Abgeordnete Oscar Luigi Scàlfaro als letzter Präsident der Ersten Republik im Amt. Ihm fällt die schwierige Aufgabe zu, den institutionellen Übergang zur Zweiten Republik zu leiten.

„Der Präsident der Republik ist Staatsoberhaupt und repräsentiert die Einheit der Nation." Mit dieser prägnanten Definition des Präsidenten in Art. 87, in dem seine Befugnisse aufgeführt werden, stellte die Verfassung den Präsidenten als Synthese des politischen Lebens des Landes dar, der über Regierung, Ministerpräsident und Gerichtsbarkeit stehen soll, ohne jedoch deren Unabhängigkeit auf irgendeine Weise einzuschränken. Dem Präsidenten fällt, entsprechend der Verfassung, ein formelles und ein substantielles Entscheidungsrecht zu. Von ihm wird erwartet, daß er die Arbeit der Regierung unterstützt, indem er die vom Parlament verabschiedeten Gesetze sanktioniert. Trotzdem hat er die Möglichkeit, sie an das Parlament zu einer neuen Beratung zurückzuverweisen (Art. 74). Zu seinen Befugnissen gehören: 1. die Ernennung des Ministerpräsidenten und auf dessen Vorschlag die Ernennung der Minister (Art. 92); 2. die Auflösung des Parlaments, allerdings nicht in den letzten sechs Monaten seiner Amtszeit; 3. die Ernennung einiger Senatoren (Art. 59); 4. das Recht, besonders in Krisenzeiten direkt in das politische Leben des Landes einzugreifen, wird ihm durch den obengenannten Art. 92 eingeräumt, der bezeichnenderweise zum Titel III des zweiten Teils: „Die Regierung" gehört; 5. das Begnadigungsrecht und das Recht auf Umwandlung von Strafen (Art. 87).

Obwohl der Präsident der Republik sich bei der Beauftragung eines Politikers mit der Regierungsbildung an festgelegte Regeln halten muß, bleibt ihm eine gewisse Handlungsfreiheit und relativ große Entscheidungsmöglichkeit, wie Sandro Pertini bei der Bildung der ersten Regierung Cossiga (1979) gezeigt hat. Der Präsident ist zwar verpflichtet, Vertreter der Parteien und die Sozialpartner zu konsultieren, es bleibt ihm jedoch die

Möglichkeit, die Dynamik der Krisenüberwindung zu bestimmen, indem er während der Konsultationen jegliche innerparteilichen Schwierigkeiten zurückweist und die Parteivertreter zu verpflichtenden Aussagen zwingt.

Bei der Diskussion um den zweiten Absatz von Art. 92, „der Präsident der Republik ernennt den Präsidenten des Ministerrates und auf dessen Vorschlag die Minister", die schon am Anfang der Amtszeit Pertinis entflammte, zeigte es sich, daß trotz der langen Zeit, in der die Präsidenten nur eine „dekorative" Funktion übernommen hatten, dem Präsidenten politische und moralische Mittel zur Verfügung stehen, die Republik so zu gestalten, daß sie die Aufgaben, die ihr in der Verfassung gestellt werden, auch erfüllt.

Um seine vielseitigen Pflichten wahrnehmen zu können, verfügt der Präsident der Republik über ein Präsidialamt, das in sechs Abteilungen unterteilt ist und unter der Leitung eines Generalsekretärs steht. Als Vertrauensmann und Hauptmitarbeiter des Präsidenten wird der Generalsekretär vom Präsidenten selbst bestimmt und vom Ministerpräsidenten und Ministerrat bestätigt. Zu den Aufgaben des Generalsekretärs gehören die Koordination der Arbeit des Präsidialamtes, die ständige Information des Präsidenten über das Leben im Lande, die kontinuierliche Verbindung des Präsidenten zu den anderen Verfassungsorganen, ständige Gespräche mit den Regierungsparteien, aber auch diskreter Informationsaustausch mit der Opposition. Der Generalsekretär ist bei den Gesprächen des Präsidenten der Republik mit italienischen und ausländischen Persönlichkeiten anwesend und erstellt auf Weisung des Präsidenten den Terminkalender für die Konsultationen im Hinblick auf die Ernennung des neuen Ministerpräsidenten.

Neben dem Generalsekretär stehen dem Präsidenten als Mitarbeiter fünf weitere Berater zur Verfügung, die jeweils die Verbindung und den Informationsfluß zwischen ihm und jenen Bereichen, die ihm von der Verfassung zugewiesen sind, gewährleisten. Hierzu gehören die Außenpolitik, die Streitkräfte und der Verteidigungsrat, die Beziehungen zum Parlament, die wirtschaftliche und finanzielle Lage des Landes, die italienische und ausländische Presse und die Nachrichtendienste.

Wie bei allen anderen Verfassungsorganen stellt sich auch für den Präsidenten der Republik die Frage nach der Verantwortung und Kontrolle seines Handelns. Er trägt keine politische Verantwortung für das Erlassen von Dekreten, denn diese wird von den Ministern getragen; auch kann er „für die in Ausübung seiner Amtsaufgaben vollzogenen Handlungen" nicht verantwortlich gemacht werden; ausgenommen sind „Hochverrat oder Angriff auf die Verfassung" (Art. 90). Die moralischen Forderungen, die an ihn gestellt werden, sind durch diese Aussage der Verfassung nicht aufgehoben, und insofern werden in der Öffentlichkeit seine Handlungen immer an den Grundprinzipien der Verfassung selbst gemessen, durch die der Präsident selbst auch zum Rücktritt gezwungen werden kann, wie es im Jahre 1978 mit Giovanni Leone geschehen ist.

4. Aktives und passives Wahlrecht, Wahlsystem Referendum (Art. 48, 49, 51, 56, 57, 58, 132, 138)

Das allgemeine Wahlrecht für Männer und Frauen besteht in Italien erst seit dem Referendum über die Monarchie (2. Juni 1946). Bis dahin waren Frauen nicht stimmberechtigt. Heute sind wahlberechtigt: „volljährige männliche und weibliche Staatsbürger" (Art. 48), die das 18. Lebensjahr am Wahltag vollendet haben. Nur für den Senat wurde die Altersgrenze für das aktive Wahlrecht auf 25 Jahre angehoben. Eine entsprechende Verschiebung der Altersgrenzen erfolgte auch beim passiven Wahlrecht. Während bei allen Arten von Wahlen (Gemeinde, Provinz, Region und Abgeordnetenkammer) jeder Bürger wählbar ist, der das 25. Lebensjahr vollendet hat, müssen Bewerber um einen Sitz im Senat am Wahltag das 40. Lebensjahr vollendet haben (Art. 58). Die Begründung dieser altersmäßigen Differenzierung liegt in der Natur, Funktion und Tradition der Zusammensetzung des Senats, wie später gezeigt werden soll.

Seit Einführung des königlichen Parlaments in Turin (1848) hat sich das Wahlsystem in Italien ständig geändert, mit dem Ziel, das Verhältnis zwischen *Paese Reale* und *Paese Legale* (s.

S. 50 u. 69), zwischen Kandidaten und Wählern, zwischen Wahlberechtigten und Einwohnern Italiens demokratischer zu gestalten; dieses Ziel wurde dadurch erreicht, daß sich das Parlament auf eine immer breiter werdende Basis in der Bevölkerung stützen konnte bzw. daß immer breitere Volksschichten ihre Vertreter ins Parlament entsenden konnten. Als Beispiel dieser Demokratisierung der Regierungsorgane und des politischen Lebens in Italien werden in der folgenden Tabelle einige entscheidende Momente dieses langwierigen Prozesses zusammengefaßt:

	Abgeordnete	*Altersgrenze*	*Wahlberechtigt: Männer/Frauen*	*Wahlberechtigte*	*Prozent der Einwohnerzahl*	*Stimmen*	*Prozent*
1848	222	25	M	418696	1,90	239583	57,20
1913	508	25	M	8443205	23,20	5100015	60,40
1929	460	25	M	9682630	23,52	8661820	89,86
1946	573	21	M/F	28005449	61,30	24946870	89,10
1976	630	18	M/F	40423131	72,20	37760520	93,40
1983	630	18	M/F	43936534	77,40	39114321	89,00
1992	630	18	M/F	47435689	84,10	41404415	87,30

Nach dem Scheitern des Wahlreformgesetzes von 1953 (*Legge Truffa* siehe S. 116) wurde in Italien grundsätzlich mit zwei Wahlsystemen gewählt: mit dem *Colleggio Plurinominale* (Mehrmannwahlkreise) für die Abgeordnetenkammer, Region, Provinz und Gemeinde und mit dem *Colleggio Uninominale* (Einmannwahlkreise) für den Senat; beide beruhten auf einem Proporzsystem, das die Sitzverteilung unter den Parteien regelte.

Durch das Gesetz vom 30. März 1957, das die Hinweise der Verfassung (Art. 56) in konkrete Wahlmodalitäten umsetzte, wurde Italien in 32 Wahlkreise eingeteilt, die – je nach Einwohnerzahl – mindestens 4, höchstens 47 Abgeordnete zu wählen hatten. Weiter sah das Gesetz vor, daß die Parteien oder die organisierten politischen Gruppierungen, wie sie in Art. 49 der Verfassung vorgesehen sind, ihre Kandidatenliste vorlegen und beim Innenministerium das Wahlsymbol hinterlegen mußten, mit dem sie ihre Kandidatenlisten in den einzelnen Wahlbezirken kennzeichnen wollten. Dies mußte unmittelbar vor Eröffnung des Wahlkampfes, der nicht länger als 70 Tage dauern darf (Art. 61), erfolgen.

Die Wahlreform vom Dezember 1993 hat weder das Zweikammersystem des italienischen Parlaments noch die Anzahl der Mandate (630 + 315) geändert, sie reduziert sich somit auf die Einführung eines begrenzten *Collegio Uninominale* (Einmannwahlkreissystem). Nur 475 (75,4 %) von den 630 Mandaten sind in Einmannwahlkreisen zu bestimmen. Die restlichen 155 (24,6 %) werden nach dem alten Proporzsystem auf Wahlkartelle, Wahlbündnisse oder Parteien in der jeweiligen *Circoscrizione* (Wahlbezirk) verteilt. Das Land wird deswegen neu in 27 Wahlbezirke mit einer festgelegten Zahl an Sitzen eingeteilt. Für den Senat wird in Einmannwahl lediglich über 232 (73,6 %) Mandate abgestimmt; die restlichen 83 (26,4 %) werden nach dem alten regionalen Proporzsystem besetzt. Laut Verfassung verfügt jede Region über eine feste Anzahl von Senatsmandaten. Für den Einzug ins Parlament ist ein Minimum von 4 % der abgegebenen Stimmen nötig. Jede Art von Wahlen findet fortan an einem Sonntag statt.

Da in Italien noch keine Briefwahl möglich ist, muß sich der Wähler am Wahltag in das zuständige Wahllokal begeben und dort unter Wahrung des Wahlgeheimnisses seine Stimme in einer Stimmzelle abgeben. Dafür stehen ihm drei Wahlzettel zur Verfügung: zwei für die Abgeordnetenkammer und einer für den Senat. Für die Kammer darf er zwei Stimmen abgeben: eine für das Wahlkartell, die Wahlbündnisse oder die Parteiliste und eine für den Kandidaten. Für den Senat fällt die Wahl des Kandidaten mit der des Kartells bzw. des Bündnisses oder der Parteiliste zusammen.

Während für die Wahl eines *Consiglio Regionale* (regionaler Rat) eine Reform vorbereitet wird, gilt für die Wahl eines *Consiglio Provinciale* (Provinzrat) und seines Präsidenten das neue Wahlgesetz vom März 1993. Kern der Wahlreform ist die Abkopplung der Wahl des Präsidenten des Provinzrates von der Wahl des Provinzrates. Präsident wird der Kandidat, der im ersten Wahlgang die absolute oder in der Stichwahl die relative Mehrheit der abgegebenen Stimmen erreicht. Da jeder Kandidat sich auf eine Partei bzw. auf ein Kartell stützt, erhält die Partei oder das Kartell des neuen Präsidenten 60 % der Sitze, und die restlichen 40 % werden auf die Opposition verteilt. Die interne Sitzverteilung zur Konstituierung des Provinzrates erfolgt aufgrund der Zahl der Stimmen, die auf die einzelnen Kandidaten entfallen. Der Präsident wählt die Referenten. Bei erfolgreichem Mißtrauensantrag steht eine neue Wahl an.

Mit dem Gesetz Nr. 81 vom März 1993 ist hauptsächlich das Kommunalwahlrecht dahingehend reformiert worden, daß der Bürgermeister im „Kontext des Gemeinderates" gewählt wird. Hier wird unterschiedlich vorgegangen. Bei Gemeinden mit bis zu 15 000 Einwohnern tritt der Kandidat in eine direkte Verbindung mit nur einer Wahlliste ein. Der Kandidat, der die einfache Mehrheit erhält, wird Bürgermeister. Seine Liste erhält zwei Drittel der Sitze im Gemeinderat. Das restliche Drittel wird auf die Mitglieder der Opposition verteilt. Der Wähler darf sich äußern: für den Bürgermeisterkandidaten allein oder für den Kandidaten und seine Liste oder für den Kandidaten, die Liste und für einen Gemeinderat, den er namentlich wählt.

In Gemeinden mit mehr als 15 000[4] Einwohnern darf der Bürgermeisterkandiat sich auf eine Liste oder ein Wahlkartell stützen, so daß sein Name neben einer oder mehreren Wahllisten zu finden ist. Es wird der Kandidat Bürgermeister, der am Wahltag die Hälfte plus eine der abgegebenen Stimmen erhalten hat. Bei Stichwahl reicht die einfache Mehrheit. Bei absoluter Mehrheit erhält die Liste oder das Kartell des neuen Bürgermeisters 60 % der Sitze, die restlichen 40 % werden auf die Opposition verteilt. Im Fall einer Stichwahl werden die Sitze im Gemeinderat nach dem Stimmenverhältnis aus dem ersten Wahlgang besetzt, zugleich muß jede Änderung in der Zusammensetzung des Wahlkartells berücksichtigt werden. Der Bürgermeisterkandidat gibt seine Referentenmannschaft noch vor der Wahl bekannt. Er wird für vier Jahre gewählt. Nach einem gelungenen Mißtrauensantrag steht eine neue Wahl an. Bei der Zusammenstellung der Wahllisten darf kein Geschlecht mit mehr als zwei Dritteln der Kandidaten vertreten sein.

Das ständige Zurückgreifen auf Korrektive zeigt, wie schwierig es ist, ein Wahlsystem zu entwerfen, durch das sowohl die Voraussetzungen als auch die Zielsetzungen einer Wahl mit „absoluter" Gerechtigkeit realisiert werden können. Andere „Schwächen" der hier geschilderten Wahlsysteme würden sichtbar, wenn man diese Wahlsysteme mit denen anderer Länder vergliche, wobei gesagt werden muß, daß das Demokratieverständnis von Land zu Land verschieden ist.

In diesem Zusammenhang läßt sich die Absicht der Mitglieder der *Costituente,* die das Wahlrecht zu einer „staatsbürgerlichen Pflicht" erklärt haben, in ihrer Tragweite besser verstehen. Diese Dialektik von Bürgerrecht und Bürgerpflicht als treibende Kraft der italienischen Demokratie findet eine beispielhafte Darstellung in den Art. 75, 132 und 138 der Verfassung, wo die Funktion und Notwendigkeit des Referendums besprochen werden. Dem Referendum verdankt Italien eine neue Staatsform, wodurch die gesetzliche Voraussetzung für die Wiedereinführung einer parlamentarischen Demokratie im Rahmen einer Republik geschaffen worden ist. Trotz dieser guten Erfahrung mit dem Referendum als Instrument der Demokratie waren sich die Mitglieder der *Costituente* auch der Gefahr dieses Instruments bewußt. Durch das Referendum sollten die Bürger ein Mittel für unmittelbare demokratische Entscheidungen (Art. 132 und 138) erhalten und gleichzeitig eine Möglichkeit, manche Bereiche der gesetzgeberischen Arbeit des Parlaments (Art. 75) zu überprüfen, jedoch auf eine Art und Weise, die mögliche Mißbräuche ausschließen sollte. Wie in anderen Bereichen der Verfassung wird auch hier auf die Wahlpflicht der Bürger zurückgegriffen, indem festgelegt wird, daß ein Referendum sein Ziel nur dann erreicht hat, wenn eine „Mehrheit der Stimmberechtigten an der Abstimmung teilgenommen hat und eine Mehrheit der gültig abgegebenen Stimmen erreicht wird". Das Ziel eines Referendums darf nur korrektiver Natur sein, d.h. „eine gänzliche oder teilweise Aufhebung eines Gesetzes oder eines mit Gesetzeskraft ausgestatteten Aktes" (Art. 75). Die Begrenzung des Referendums auf eine korrektive Funktion soll jede Entartung desselben verhindern, die gegen das Parlament, das immerhin Ausdruck des politischen Willens der Bevölkerung bleibt, gerichtet sein könnte. Deswegen ist ein Referendum gegen ein Gesetz, das mit einer Zweidrittelmehrheit verabschiedet worden ist, nicht zulässig (Art. 138).

Obwohl sich die italienische Bevölkerung auch beim zweiten Referendum seiner republikanischen Geschichte, am 12. Mai 1974, über die Zurücknahme des Ehescheidungsgesetzes (1970) ganz korrekt verhalten hat, war die Referendumskampagne von einer heftigen Diskussion über die Notwendigkeit, das *Referendo Facile* (leichtes Referendum) zu verhindern, begleitet. Die Auseinandersetzung hat sich fortgesetzt, nachdem der *Partito Radicale* (PR) mit seinen Referendumsvorschlägen zu den verschiedensten Bereichen (Abschaffung staatlicher Finanzierungen der Parteien, Abschaffung des Rahmengesetzes *Reale* über die polizeiliche Gewalt, 1978 Abschaffung der Jagd, 1981 völlige Liberalisierung der Abtreibung) das Referendum zum strategischen Mittel gegen die Koalitionspolitik der jeweiligen Regierung umfunktioniert hat, auf die er als kleine Partei keinen Einfluß hat, aber doch in der Lage ist, die für die Durchführung eines Referendums notwendigen 500000 Unterschriften zusammenzubringen (Art. 138). Nach dem Scheitern bei allen fünf Referenden von 1981 (darunter das Referendum für die Abschaffung der Abtreibung) und bei dem hartumkämpften Referendum für die Rücknahme der Kürzung der *Scala Mobile* (1985) war die Diskussion um das *Referendo Facile* beendet worden. Mit einer heftigen Diskussion über die fünf Referenden (drei über die Atomenergie, eins über die Haftung der Richter und eins über die Haftung von Ministern und Staatsoberhaupt vor der Gerichtsbarkeit) unter den Koalitionsparteien DC und PSI wurde das Kabinett Craxi 1987 zu Fall gebracht.

Nach einer Phase der Müdigkeit – bei den Öko-Referenden zu Jagd und Pestiziden (3./4. Juni 1990) hielt sich die Mehrheit der Stimmberechtigten zurück –, wurde am 9./10. Juni 1991 mit dem Referendum zur Abschaffung des Mehrmannwahlkreissystems für die Abgeordnetenkammer der Übergang zur Zweiten Republik eingeleitet. Am 18./19. April 1993 folgten weitere acht Referenden. Absolute Zustimmung erhielt das Referendum zur Abschaffung der 65%-Hürde beim direkten Mandat für den Senat, wodurch der Weg zur Wahlreform vom Dezember 1993 festgelegt wurde.

5. Das Parlament (Art. 55–82)

Die Berücksichtigung der Gewaltenteilung in Legislative, Exekutive und Gerichtsbarkeit entsprach jener Staatsauffassung, wie sie im Laufe des 18. Jahrhunderts von Vertretern des aufgeklärten Bürgertums entwickelt worden und mit ihren Grundelementen bereits in den *Statuto Albertino* eingegangen war. Natürlich handelte es sich damals um eine formelle Aufnahme dieser Prinzipien, denn die Souveränität blieb immer dem König von Gottes Gnaden vorbehalten, vorübergehend konnte sie jedoch an den Staatsapparat und seine Organe delegiert werden. Diese letzteren zeigten, wie wir gesehen haben, eine immer stärkere Tendenz zur Unabhängigkeit, so daß die Konsolidierung des Parlaments und die Gestaltung seiner inneren Zusammensetzung dazu führte, daß die Macht des Königs de facto immer mehr eingeschränkt wurde.

Die *Costituente* stellte die traditionelle Gewaltenteilung auf eine republikanische Basis und integrierte sie durch zwei sog. *Interpoteri* (Zwischenmachtbereiche). Ihre Grundlage war schon in Art. 1 definiert worden, in dem es heißt: „Träger der Souveränität ist das Volk, das sie in den Formen und in den Grenzen der Verfassung ausübt." Die *Interpoteri*, die den drei Gewalten im Staate übergeordnet sind, ohne jedoch ihre Selbständigkeit einzuschränken, sind: der Präsident der Republik und das Verfassungsgericht.

Vom *Statuto Albertino* stammt auch das Zweikammersystem her, auf dem das italienische Parlament beruht (Art. 55). Obwohl dem Senat, der bis dahin als Ausdruck des königlichen Willens fungiert hatte, in einer republikanischen Demokratie keine spezifische Funktion zuzuordnen war, entschlossen sich die Mitglieder der *Costituente*, ihn beizubehalten, um in dem Ausarbeitungsprozeß eines Gesetzes eine Überlegungspause zu ermöglichen. Nach diesem Prinzip muß jedes Gesetz, nachdem es von der Abgeordnetenkammer verabschiedet worden ist, dem Senat vorgelegt werden (Art. 70 und 72). Je nachdem, ob der Senat es in der gleichen Fassung annimmt oder nicht, wird es dann endgültig verabschiedet oder an die Kammer mit Änderungswünschen zur nochmaligen Beratung zurückverwiesen.

Um die Gefahr einer Angleichung beider Kammern zu vermeiden, beschloß die *Costituente*, sowohl die Altersgrenze der Wähler als auch der Kandidaten zu differenzieren (Art. 56 und 58). Die Verbundenheit der Senatoren und Abgeordneten mit ihrer Partei macht dieses Korrektiv jedoch wirkungslos. Hinzu kommt die Tatsache, daß sich die Kräfteverhältnisse der Kammer fast symmetrisch in denen des Senats widerspiegeln, so daß sehr selten eine Diskussion oder Abstimmung über eine Gesetzesvorlage im Senat anders verlaufen kann als in der Kammer. Diese im Laufe der Zeit eingetretene Angleichung führt in der Öffentlichkeit und den Parteien immer wieder zu Diskussionen über die Notwendigkeit einer Verfassungsänderung, die dem italienischen Parlament jene Funktionalität sichern soll, die in anderen europäischen Parlamenten bereits besteht. Diese Änderung allein würde die von den Italienern gewünschte Funktionalität aber nicht mit sich bringen, denn der Aufbau des italienischen Parlaments und die Gestaltung der parlamentarischen Arbeit sind Bestimmungen und einer Praxis unterworfen, die die Substanz des politischen Lebens im Land ausmachen.

Unmittelbar nach der Bekanntgabe des Wahlergebnisses (Art. 61) „konstituieren" sich beide Kammern des Parlaments durch die Bildung der Fraktionen, die Wahl des Präsidenten und des Präsidiums und die Zusammensetzung der ständigen Ausschüsse. Für die Bildung eines *Gruppo Parlamentare* (Fraktion) sind mindestens 20 Abgeordnete oder 10 Senatoren notwendig. Für die kleineren Parteien ist die Koalitionsfreiheit gewährleistet. Die Fraktionen dienen dazu, die Arbeit der einzelnen Parteien innerhalb des Parlaments zu koordinieren und die Mitglieder der *Commissioni Permanenti* (ständige Ausschüsse) in der Fraktion zu wählen.

Die Wahl des Präsidenten und der Mitglieder des Präsidiums beider Kammern wird als erstes Anzeichen des neuen Kurses der beginnenden Legislaturperiode verstanden, da sie auf der Basis des neuen Kräfteverhältnisses im Parlament erfolgt. Zum Präsidium gehören die Vizepräsidenten, die den Präsidenten bei der Leitung der Arbeit der Kammer gegebenenfalls vertreten, die Sekretäre, die die Aufstellung der Tagesordnung und die Protokolle verantworten, und die Quästoren, die für die Ordnung und Disziplin innerhalb des Parlaments sorgen müssen.

Mit der Bildung der ständigen Ausschüsse, die auf der Geschäftsordnung von 1971 beruht und an denen alle Parteien nach ihrer Stärke im Parlament beteiligt werden müssen, wird der erste Schritt für die Aufnahme der gesetzgeberischen Tätigkeit beider Kammern getan. Die ständigen Ausschüsse decken fast alle legislativen Bereiche ab und unterteilen sich in Ausschüsse mit beratender und solche mit beschließender Funktion. Während sich die Ausschüsse mit beratender Funktion auf die Vorarbeiten und/oder den Entwurf eines Gesetzestextes beschränken, üben die Ausschüsse mit beschließender Funktion eine legislative Tätigkeit aus, die keiner zusätzlichen parlamentarischen Diskussion bedarf. Eine dritte Art von Ausschuß sind die *Commissioni Redigenti* (Redaktionsausschüsse). Sie arbeiten das Gesetz in seiner endgültigen Form aus; das Parlament kann den Text entweder annehmen oder als ganzen ablehnen. Von den Sitzungen der Ausschüsse werden keine Protokolle, sondern nur ein für die Öffentlichkeit gedachtes Kurzprotokoll angefertigt. Die Sitzungen sind zwar öffentlich, jedoch nur über Videoaufzeichnungen der Öffentlichkeit zugänglich.

Durch die Arbeit in den Ausschüssen soll das Parlament entlastet werden, indem einige als vordringlich erklärte Gesetze so rasch wie möglich von qualifizierten Parlamentariern ausgearbeitet und verabschiedet werden. In letzter Zeit haben alle drei Ausschüsse an politischem Gewicht gewonnen. Seit die Koalitionsregierungen an ein von den Koalitionsparteien ausgearbeitetes Programm gebunden sind, stellen die Ausschüsse mit ihrer kleinen Mitgliederzahl eine geeignete Struktur dar, um Abmachungen der Koalition zu verwirklichen. Ferner läßt sich die Beziehung zur Opposition besser gestalten, vor allem, wenn es sich um eine „konstruktive" Opposition handelt, die zur Zusammenarbeit bereit ist, wie es die Kommunistische Partei von 1973–1979 mehr oder weniger praktiziert hat.

Taktisch gesehen ermöglicht die kleine Mitgliederzahl der Ausschüsse einer starken und disziplinierten Opposition, wie sie in Italien besteht, manche Erfolge bei der Abstimmung im Ausschuß, die in den Plenarsitzungen nicht denkbar wären. Diese Tendenz innerhalb des Parlaments, gesetzgeberische Arbeit an die Ausschüsse bzw. an Experten zu delegieren, entspricht auch dem hohen Niveau der Anforderungen, die heute an den Gesetzgeber von einer Gesellschaft gestellt werden, die durch ihre rasche Entwicklung eine immer spezifischere und differenziertere Gesetzgebung verlangt.[5]

Neben der gesetzgebenden Gewalt übt das Parlament weitere Funktionen aus, die für die Gestaltung des politischen Lebens des Landes genauso wichtig sind; darunter fallen die jährliche Verabschiedung des Staatshaushalts (Art. 81), die Kontrolle der Regierungspolitik, die Entscheidung über Krieg und Frieden (Art. 78), die Ratifizierung internationaler Verträge (Art. 80) u. a.

Für die Kontrollfunktion stehen den Mitgliedern des Parlaments differenzierte Mittel zur Verfügung: 1) Jedes Parlamentsmitglied kann sich mit der *Interrogazione* (Anfrage), die mündlich oder schriftlich erfolgen kann, an einen Minister wenden und von ihm Auskunft über Regierungsmaßnahmen oder politische Ereignisse verlangen. 2) Es kann eine mündliche oder schriftliche *Interpellanza* (Interpellation) an die Regierung gestellt werden, wenn ein Mitglied des Parlaments Auskunft über die Beweggründe, die die Regierung in gewissen Fällen zu ihrer Politik oder Entscheidung veranlaßt haben, wünscht. Nach der Erklärung der Regierung erhält der Parlamentarier die Möglichkeit, die Aussage der Regierung als befriedigend bzw. unbefriedigend zu bezeichnen. 3) Es kann eine *Mozione* (Antrag), der gewöhnlich von mehreren Parlamentariern unterstützt wird, gestellt werden, um eine Abstimmung über einen Bereich der Regierungspolitik zu bewirken. Einen Regierungswechsel strebt die Opposition dann an, wenn sie eine *Mozione di Sfiducia*, einen Mißtrauensantrag, stellt, der von mindestens einem Zehntel der Kammermitglieder unterzeichnet und frühestens drei Tage nach seiner Einbringung erörtert wird (Art. 94).

Während Anfrage, Interpellation und Antrag zur Tagesordnung des Parlaments gehören, greift die Opposition nur in schwerwiegenden Fällen zum Mißtrauensantrag, denn ein gescheiterter Mißtrauensantrag bedeutet zwangsläufig eine Stärkung der Regierung. Die Koalitionspartner ziehen deswegen die sog. „außerparlamentarische Krise" vor, um die Regierung zum Rücktritt zu zwingen, indem eine oder mehrere der Parteien aufgrund innerer Schwierigkeiten ihre Teilnahme an der Regierung rückgängig machen.

Schließlich kann das Parlament einen Untersuchungsausschuß einberufen, in dem alle Parteien vertreten sind, um Ereignisse im Land oder die Verantwortung der Regierungsmitglieder in bestimmten Fällen zu untersuchen. Das Untersuchungsergebnis muß der Öffentlichkeit mitgeteilt werden. Unter den bekanntesten Ausschüssen seien hier die *Commissione Antimafia* und die *Commissione per le Riforme Istituzionali* (Ausschuß für die Reformen der Institutionen) erwähnt.

Um den Parlamentariern die bestmöglichen Arbeitsverhältnisse zu schaffen, haben die Mitglieder der *Costituente* einige grundlegende Rechte aus anderen europäischen Parlamentstraditionen in die Artikel 67, 68, 69 der Verfassung aufgenommen: Neben der finanziellen Sicherheit und Unabhängigkeit (Art. 69) und der parlamentarischen Immunität, die in Art. 68 sehr genau definiert wird, ist in Art. 67, wonach „jedes Mitglied des Parlaments die Nation vertritt, sein Amt ausübt, ohne an Aufträge gebunden zu sein", die Unabhängigkeit des Parlamentariers sowohl von seinen Wählern als auch von seiner Partei begründet. Dieser Selbständigkeitsstatus der Parlamentarier, der seine Legitimation aus der Unteilbarkeit der Macht des Volkes und der Republik bezieht, dient im Alltag der Legislative dazu, sie vor Störungen infolge des unvorhersehbaren Rücktrittes einzelner Parlamentarier zu schützen.

6. Regierung
(Art. 92–100)

Nach dem Grundgesetz setzt sich die Regierung der Republik aus dem Ministerpräsidenten und den Ministern zusammen, die den Ministerrat bilden (Art. 92). Ihre Aufgabe besteht darin, das politische Leben des Landes in allen seinen Bereichen zu entwickeln und die öffentliche Verwaltung zu gewährleisten (Art. 95). Der Ministerpräsident und auf dessen Vorschlag die Minister werden vom Präsidenten der Republik ernannt (Art. 92). Im politischen Alltag sieht es so aus, daß der Präsident der Republik nach der überlieferten Praxis des königlichen Parlaments und nach dem Muster anderer europäischer Parlamente verpflichtet ist, einen Vertreter der stärksten Partei im Parlament mit der Regierungsbildung zu beauftragen.

Die Tatsache, daß seit der Gründung der Republik die DC bis auf zwei Fälle den Ministerpräsidenten, mit fast absoluter Regelmäßigkeit den Präsidenten des Parlaments und viermal den Präsidenten der Republik gestellt hat, hat in die Dynamik der Regierungsbildung eine gewisse Routine gebracht. In der Regierungspraxis hatte es eine Aufblähung des Regierungsapparats zur Folge, vor allem durch die Ernennung zahlreicher Staatssekretäre. Nach dem Scheitern des *Centro-Sinistra* sowie weiterer Regierungsformeln links von der Mitte ist der Spielraum bei der Regierungsbildung sehr klein geworden. Um diesen geringen Spielraum an Verhandlungsmöglichkeiten innerhalb der Parteien auszubalancieren, sind in die Konsultationen von seiten des Präsidenten der Republik zunehmend Vertreter der Gewerkschaften, der Unternehmer und der Finanz einbezogen worden. Die Suche nach einer Regierungsformel hat sich damit immer mehr außerhalb des Parlaments verlegt und dazu geführt, daß die Unterstützung bzw. das Vertrauensvotum aufgrund des Regierungsprogramms mit den Koalitions- und Oppositionsparteien ausgehandelt wurde, bevor der Ministerpräsident seine Mannschaft und sein Programm dem Parlament für das Vertrauensvotum vorstellen konnte. Mit der Wahl vom 27./28. März 1994 zeichnet sich in der bis dahin geltenden Koalitionsdynamik kein Bruch ab. Die Wahlreform hat den Wahlkartellen *Polo della Libertà* und *Polo del buon governo* eine klare Mehrheit im Parlament gebracht. Die Koalition ist nach den Spielregeln der Ersten Republik zustande gekommen, da *Forza Italia, Lega Nord* und MSI-*Alleanza Nazionale* über kein gemeinsames Regierungsprogramm verfügen.

Neben der Hauptfunktion des Regierungschefs, dem Land eine politische Führung zu sichern, gehört es auch zu seinen Aufgaben, die öffentliche Verwaltung durch die einzelnen Minister zu garantieren. Um diese Aufgaben zu erfüllen, stehen der Regierung die *Presidenza del Consiglio* (Amt des Ministerpräsidenten), die Ministerien, der *Consiglio Nazionale Economia e Lavoro* (Rat für Wirtschaft und Arbeit), der *Consiglio di Stato* (Staatsrat) und die *Corte dei Conti* (Rechnungshof) zur Verfügung. Während die *Presidenza del Consiglio* aus Mitarbeitern bestehen muß, die das Vertrauen des Ministerpräsidenten genießen, legt die Verfassung für weitere Organe der öffentlichen Verwaltung die „Unparteilichkeit“ (Art. 97) als tragendes Prinzip des Staatsapparates fest, mit der Begründung, daß die Bediensteten der öffentlichen Verwaltung „ausschließlich im Dienst der Nation“ (Art. 98) stehen.

Von den 25 Ministerien, die für die Exekutive der Zweiten Republik vorgesehen sind, decken 19 mit *Portafoglio* (Geschäftsbereich) die klassischen Sektoren des öffentlichen Lebens ab wie: Arbeit und Sozialfürsorge, Auswärtiges Amt, Finanzen, Kulturgüter und Umwelt, öffentliches Unterrichtswesen; die restlichen sechs verfügen über keinen Geschäftsbereich, darunter z.B. das Ministerium für Sozialfragen oder für die Beziehungen mit dem Parlament. Je nach Aufgabengebieten sind die Ministerien mit Geschäftsbereich in Generaldirektionen untergliedert und mit jeweils einem *Sottosegretario* (Staatssekretär) versehen. Die Zahl der Ministerien ohne Geschäftsbereich sowie der Staatssekretäre wird als Stabilisator für das politische Gleichgewicht innerhalb der Regierungskoalition von Mal zu Mal neu definiert.

Jedes Ministerium ist je nach Größe in verschiedene Abteilungen unterteilt; manche von ihnen können einem Staatssekretär unterstellt werden. Obwohl der Staatssekretär als direkter Mitarbeiter des Ministers in der Verfassung nicht vorgesehen ist, hat sich diese Praxis durch den Zuwachs an Aufgaben als notwendig erwiesen, so daß die *Sottosegretari* zu einem wichtigen Bestandteil der öffentlichen Verwaltung geworden sind. Ihre Zahl ist von der Zusammensetzung des Ministerrates abhängig. Die Koalitionspartner bestimmen von Mal zu Mal, wieviele Staatssekretäre jeweils notwendig sind, um bei der Ämterverteilung das Gleichgewicht innerhalb der *Correnti* (Strömungen) der Koalitionsparteien nicht zu gefährden.

Da zwischen den Kompetenzbereichen der einzelnen Ministerien oft Überschneidungen eintreten, die Zusammenarbeit aber sinnvoll koordiniert werden soll, sind *Comitati Interministeriali* (Interministerielle Ausschüsse) gebildet worden. Von diesen seien hier nur die wichtigsten erwähnt: *Comitato Interministeriale dei Prezzi* (Interministerieller Ausschuß für Preisfragen), *Comitato Interministeriale per la Ricostruzione* (Interministerieller Ausschuß für Wiederaufbau) und *Comitato Interministeriale per la Programmazione Economica* (Interministerieller Ausschuß für Wirtschaftsplanung). Wie schon aus ihrer Definition hervorgeht, setzen sie sich aus Experten zusammen, die den Ministern als Berater unterstellt sind.

Da die Mitglieder der *Costituente* die Notwendigkeit, die Verfassungsorgane mit beratenden Institutionen auszurüsten, erkannt hatten, hatten sie dafür gesorgt, daß die Republik neben dem traditionellen *Consiglio di Stato* (Staatsrat) und der *Corte dei Conti* (Rechnungshof) auch einen *Consiglio Nazionale dell'Economia e del Lavoro* (CNEL, Rat für Wirtschaft und Arbeit) erhielt, der Gesetze vorschlagen darf und gemäß den vom Gesetz vorgesehenen Grundsätzen und Grenzen zur Ausarbeitung der Wirtschafts- und Sozialgesetzgebung beitragen kann (Art. 99). Nach dem Gesetz über seine Errichtung aus dem Jahr 1957 besteht der CNEL heute aus einem Präsidenten, 59 Delegierten aus den verschiedenen Bereichen der Produktion und 20 Wirtschafts- und Sozialwissenschaftsexperten. Trotz seiner frühen Einsetzung hat der CNEL bis heute keine entscheidende Funktion ausgeübt. Erst in der letzten Zeit werden aufgrund der Schwierigkeit und Komplexität der Wirtschafts- und Arbeitslage Versuche unternommen, den CNEL funktionsfähiger zu gestalten.

Im Gegensatz dazu hat sich die Tätigkeit des *Consiglio di Stato* (Staatsrat) und des Rechnungshofes bewährt. Hier handelt es sich um zwei beratende Organe, die schon lange vor der Republik als Bestandteile des modernen Staates existiert hatten. Insofern verfügten sie über die notwendigen praktischen Erfahrungen und sorgten rechtzeitig für eine Festlegung ihrer Aufgaben. Der Staatsrat ist nach der knappen Formulierung der Verfassung „Beratungsorgan in Rechts- und Verfassungsfragen und Träger der Verwaltungsgerichtsbarkeit" (Art. 100), ähnlich wie der französische *Conseil d'Etat.* Um diesen Auftrag der Verfassung zu erfüllen, hat sich der Staatsrat eine bestimmte Struktur gegeben. Er ist in sechs Abteilungen unterteilt: drei haben eine beratende, drei eine rechtsprechende Funktion. Alle sind dem Staatsratspräsidenten unterstellt, der vom Präsidenten der Republik auf Beschluß des Ministerrats ernannt wird. Der Staatsrat, vertreten durch einzelne Abteilungen oder durch die Vollversammlung seiner Mitglieder, verfaßt „Gutachten über Gesetzesvorlagen und die Angelegenheiten jeder Art, über die er von den Ministern befragt wird". Rechtsprechende Funktion übt der Staatsrat aus, wenn er als Verwaltungsgarant bei Streitigkeiten zwischen den Bürgern und der Staatsverwaltung handelt. Diese rechtsprechende Funktion ist vom Staatsrat den neu gegründeten *Tribunali Amministrativi Regionali* (TAR, Landesverwaltungsgerichte) übertragen worden. Er selbst ist dadurch zur Berufungsinstanz für Verwaltungsprozesse geworden.

Die *Corte dei Conti* (Rechnungshof) hat eine dem Staatsrat ähnliche innere Struktur. Seine Funktion wird von der Verfassung folgendermaßen umschrieben: „Der Rechnungshof überwacht vorbeugend die Rechtmäßigkeit der Regierungsmaßnahmen und prüft nachträglich die Führung des Staatshaushaltes" (Art. 100). Der Rechnungshof überprüft einerseits die Rechtmäßigkeit der Handlungen aller zentralen Institutionen des Staates, andererseits gewährleistet er die rechtmäßige Verwaltung der öffentlichen Gelder. In einer begrenzten Zahl von Fällen steht dem Rechnungshof eine rechtsprechende Funktion zu, wie im Fall von Beschwerden über alle Amtsträger, die öffentliche Gelder verwalten, oder über Schäden, die öffentliche Bedienstete der Staatsverwaltung zugefügt haben.

7. Die Gerichtsbarkeit (Art. 101–113)

Die Mitglieder der *Costituente* vermieden es, die Gerichtsbarkeit als drittes Element der Staatsgewalt ausdrücklich zu definieren; dennoch wird sie an verschiedenen Stellen erwähnt, etwa in Absatz 2 von Art. 101 „Die Richter sind nur dem Gesetz unterworfen", in Absatz 1 von Art. 104 „Die Richter bilden einen selbständigen und von jeder anderen Gewalt unabhängigen Stand" und in einzelnen Artikeln des Titels IV, Abschnitt II, wo die Pflichten und Befugnisse des Richterstandes festgelegt werden.

Um die Unabhängigkeit des Richterstandes zu gewährleisten und ihn vor dem Einfluß der Legislative und Exekutive zu schützen, wurden in der Verfassung einige Voraussetzungen als Schutzmaßnahmen geschaffen: Vorrang der ordentlichen Gerichte, Verbot der Einsetzung von Sondergerichten (Art. 102), Ernennung der Richter aufgrund von Anwärterprüfungen (Art. 106), Unabsetzbarkeit der Richter (Art. 107). Ferner wurde in diesen Artikeln die Verschiedenheit der Richter nur durch ihre Aufgabenbereiche begründet.

In Art. 104 wurden die Voraussetzungen für die Selbstverwaltung des Richterstandes geschaffen. Seine Unabhängigkeit sollte von innen her durch den Aufbau des *Consiglio Supremo della Magistratura* (Oberster Rat des Richterstandes) nach französischem Vorbild gefestigt werden. Dieser Oberste Rat des Richterstandes wurde dem Präsidenten der Republik unterstellt, und zwar aus zwei Gründen: erstens sollte er überhaupt einer Kontrolle unterworfen und durch die Natur der Befugnisse des Präsidenten der Republik in die Staatsgewalt autonom integriert werden, und zweitens sollte vermieden werden, daß sich aus dem Obersten Rat des Richterstandes ein Staat im Staate entwickeln könnte. Dementsprechend ist auch die personelle Zusammensetzung des Rates. Der Stellvertreter des Präsidenten des Rates wird vom Rat selbst gewählt, allerdings aus den vom Parlament vorgeschlagenen Mitgliedern des Rates, die nur ein Drittel der Ratsmitglieder stellen, während die anderen zwei Drittel aus dem Richterstand gewählt werden. Von Rechts wegen und um die Einheit der Gerichtsbarkeit zu vertreten, gehören dem Rate der erste Präsident des Kassationsgerichtshofes und dessen Generalstaatsanwalt an. Der Rat bleibt vier Jahre im Amt, eine unmittelbare Wiederwahl seiner Mitglieder ist nicht zulässig.

Die Funktion des Obersten Richterstandes ist vorwiegend administrativer Natur. Der Rat soll nach Art. 105 der Verfassung ein ordnungsgemäßes Funktionieren der Gerichtsbarkeit sichern, indem er die reibungslose Tätigkeit aller Dienststellen der Justiz durch Übernahme junger Richter in den Richterstand, durch entsprechende Aufgabenzuweisung, durch Zuweisung des Amtssitzes, durch Versetzungen und verschiedene andere Maßnahmen, die während der Laufbahn eines Richters erforderlich sind, gewährleistet. In diesem Zusammenhang sind einige Kompetenzstreitigkeiten zwischen dem Obersten Rat des Richterstandes und dem Justizministerium entstanden, die vom Verfassungsgericht zugunsten der Autonomie der Gerichtsbarkeit entschieden wurden, während dem Minister nur „die Sorge für die Organisation und den Gang des Gerichtswesens obliegt" (Art. 110).

Aufgrund von Art. 24 der Verfassung, wonach: „Ein jeder zum Schutze seiner eigenen Rechte und seiner rechtmäßigen Interessen das Gericht in Anspruch nehmen kann" und „den Bedürftigen die Mittel zugesichert werden", aufgrund von Art. 107, wonach „die Richter sich nur durch die Verschiedenheit ihrer Aufgabenbereiche voneinander unterscheiden", und aufgrund des Art. 25 „Niemand darf seinem gesetzlichen Richter entzogen werden" ist in Italien eine Gerichtsordnung entstanden, die auf dem Prinzip der Pluralität der Gerichte in den Hauptbereichen der Gerichtsbarkeit gründet. Unter Pluralität der Gerichte wird die Festlegung der Zuständigkeit der Richter und der Gerichte nach der Sache, dem Streitwert und den territorialen Begrenzungen verstanden. Nur die *Corte di Cassazione* (Kassationshof) als oberste Instanz unterliegt zwangsläufig keiner Zuständigkeitsbegrenzung.

Die Zivilgerichtsbarkeit ist folgendermaßen aufgebaut: Es gibt

1) den *Giudice Conciliatore* bzw. *di Pace* (Friedensrichter);

seine territoriale Zuständigkeit endet mit der Grenze der betreffenden Gemeinde. Er befindet über Streitsachen mit geringem Streitwert (bis 1 Million Lire);

2) den *Pretore* (Amtsrichter); sein Amtsbereich umfaßt mehrere Gemeinden, und er ist in Streitsachen mit einem Streitwert bis zu fünf Millionen Lire zuständig. Sein Sitz ist gewöhnlich in einer kleinen Stadt;

3) den *Tribunale* (Gericht), dem territorial gesehen mehrere Amtsrichter angehören, besteht aus einem Vorsitzenden und zwei Beisitzern (Richtern). Das Gericht befindet in Zivilsachen, bei Steuern, Adoptionsfragen, Streitfällen bei Gemeindewahlen sowie Ehescheidung. Es fungiert als zweite Instanz gegenüber dem Amtsgericht und als erste für das Appellationsgericht.

4) die *Corte d'Appello* (Appellationsgericht), sie hat ihren Sitz gewöhnlich in den Provinzhauptstädten und besteht aus einem Präsidenten und vier weiteren Richtern. Wie schon aus der Benennung hervorgeht, entscheidet das Appellationsgericht über die von den Richtern in erster Instanz gefällten Urteile, gegen die Berufung eingelegt wird;

5) die *Suprema Corte di Cassazione* (Oberster Kassationshof); dieses Gericht hat seinen Sitz in Rom und kann nur angerufen werden, wenn formales Recht verletzt wurde (z.B. Formfehler im Verfahren). Es wirkt auf die übrigen Gerichte richtungweisend durch Urteile, in denen umstrittene Gesetze ausgelegt werden, und trägt so zur Vereinheitlichung der Rechtsprechung bei.

Nach dem gleichen Muster der Gebietseinteilung, Abgrenzung und Personalbesetzung üben Richter und Gerichte im Bereich der Strafgerichtsbarkeit ihre Tätigkeit aus. Ihre Entscheidungen müssen jeweils begründet werden (Art. 111), und es können gegen ihre Entscheidungen Rechtsmittel bei einer höheren Instanz eingelegt werden. Staat bzw. Richter dürfen sich nicht der Urteilsfindung entziehen (Art. 112).

1) Der *Pretore* (Amtsrichter) ist für jene Straftaten zuständig, die innerhalb seines *Mandamento* (Amtsbezirk) begangen worden sind und entweder mit einer Geldbuße oder einer Freiheitsstrafe bis zu vier Jahren bestraft werden können.

2) Der *Tribunale* (Gericht) bildet mit seinem *Circondario* (territoriale Abgrenzung) und seiner Zuständigkeit den eigentlichen Kern des Strafgerichtsapparates. Hier wird über Straftaten geurteilt, die mit Freiheitsstrafen wie Zuchthaus, aber nicht lebenslänglichem, bestraft werden können. Das Gericht fungiert als zweite Instanz gegenüber dem Amtsgericht und als erste für das Appellationsgericht.

3) Die *Corte d'Appello* (Appellationsgericht) ist dazu verpflichtet, falls der Angeklagte oder Anklagevertreter Berufung einlegt, den Prozeß neu aufzurollen und das Urteil der ersten Instanz zu überprüfen.

Parallel zu den Gerichten und den Appellationsgerichten, die in ihrem *Distretto* (Distrikt) mehrere Gerichte zusammenfassen, sind die *Corte d'Assise* (Schwurgericht) und die ihr übergeordnete *Corte d'Assise d'Appello* (Appellationsschwurgericht); beide sind für die oben erwähnten Straftaten zuständig. In ihrer Personalbesetzung sind sie jedoch mit den *Tribunali* und der *Corte d'Appello* sowie mit der *Corte di Cassazione* verbunden.

4) Die *Corte d'Assise* (Schwurgericht) besteht aus einem Präsidenten, der gleichzeitig Appellationsgerichtsrat sein muß, aus einem Bezirksrichter aus sechs *Giudici Popolari* (Laienrichter).

5) Für die *Corte d'Assise d' Appello* (Appellationsschwurgericht) sind sechs Laienrichter und ein Richter aus dem Appellationsgericht vorgesehen, während der Präsident ein Richter des Kassationsgerichts sein muß.

Der Kassationshof fällt auch in der Strafgerichtsbarkeit durch seine sechs Kammern ausschließlich Entscheidungen über Rechtsfragen. In diesem Zusammenhang übt er in allen Fällen, die die persönliche Freiheit der Bürger betreffen, zwangsläufig rechtsprechende Funktion aus, und als solcher ist der Kassationshof das oberste Gericht der Republik, dem der Staatsrat und der Rechnungshof rechtlich unterstellt sind.[6] Der politische Wille der Mitglieder der *Costituente*, den Italienern eine demokratische Gerichtsordnung mit allen Garantien einer demokratischen Republik für ihre Bürger zu sichern, konnte bis heute noch nicht völlig verwirklicht werden. Die italienische Gerichtsbarkeit leidet unter dem tiefgreifenden Widerspruch, die Ziele der Verfassung im Bereich der Justizverwaltung mit Hilfe von Gesetzbüchern und Prozeßordnungen erreichen zu wollen, die unter dem Faschismus ausgearbeitet wurden. Durch eine Reihe von Urteilen des Verfassungsgerichts wurde zwar versucht, einzelne Artikel, Teile und Bereiche des Strafgesetzbuches *Codice Rocco* (1931), des Bürgerlichen Gesetzbuches (1942), der Strafprozeßordnung (1931) und der Zivilprozeßordnung (1942) mit der Verfassung in Einklang zu bringen, jedoch ist die in ihnen verankerte antidemokratische Grundtendenz der damaligen Zeit bis heute erhalten geblieben.[7] Mit der Reform der Strafprozeßordnung (1989) darf die Staatsanwaltschaft nur aufgrund einer Vorentscheidung des *Giudice per le Indagini Preliminari* (GIP, Richter für die Voruntersuchungen) Anklage erheben. Entlastung und Belastung des Angeklagten kommen erst im Lauf des Verfahrens zustande. Die Reform sieht zusätzlich eine Vielfalt von zweckmäßigen Prozeduren vor *(Giudizio Immediato, Giudizio Direttissimo, Giudizio Abbreviato, Giudizio per Decreto, Patteggiamento)*, um den Konflikt auf dem jeweils kürzesten Weg zu klären.

Die Verspätung, mit der das Verfassungsgericht im Jahre 1955 gegründet wurde, mag eine Erklärung für dieses schwerwiegende Versäumnis der Legislative und Exekutive sein. Ein anderer Grund dafür liegt möglicherweise in der Kontinuität des Richterstandes bzw. in der Unmöglichkeit, in kurzer Zeit jene Personalveränderungen in der Justizverwaltung durchzuführen, die eine Erneuerung der Arbeitsmittel, Gesetzbücher, Prozeßordnungen und Rahmenbedingungen für Richter und Gerichte ermöglicht hätten.

8. Das Verfassungsgericht (Art. 134–137)

Die *Corte Costituzionale* (Verfassungsgericht) trat zum ersten Mal im Jahr 1955 zusammen; bis dahin waren seine Aufgaben teilweise von der Legislative und Exekutive übernommen worden. Mit der Bildung des Verfassungsgerichts erhielt die Republik ein Instrument, das 1) den Vorrang der Verfassung vor den einfachen Gesetzen sicherstellen sollte; 2) über Zuständigkeitskonflikte zwischen Organen der Staatsgewalt, zwischen Staat und Regionen und innerhalb der Regionen befinden sollte; 3) gegebenenfalls den Präsidenten der Republik oder die Minister unter Anklage stellen sollte (Art. 90 und 135).

Diese drei Befugnisse machen das Verfassungsgericht zu einem Organ mit unbeschränkter Autonomie; selber ist er nur der Verfassung verpflichtet. In die Auswahlkriterien für die 15 Mitglieder und in die Voraussetzungen, die sie erfüllen müssen, sind jene Garantien eingebaut, die einen Mißbrauch verhindern bzw. erschweren sollen (Art. 135). Hinsichtlich seiner ersten Befugnis gilt: Das Verfassungsgericht handelt nicht von sich aus; vielmehr bedarf es dazu eines Antrags, den nur ein Richter stellen kann. Der Antrag kann nur im Laufe eines Prozesses gestellt werden, weil entweder der Richter selbst oder ein Rechtsanwalt die Verfassungsmäßigkeit eines Gesetzes überprüfen lassen will, oder weil eine der Parteien dies beantragt hat und der Richter den Antrag für „unbegründet hält". Während ein Urteil, in dem die Verfassungswidrigkeit einer Rechtsnorm festgestellt wird, die automatische Aufhebung dieser Norm bedeutet, schließt die Ablehnung des Antrags die Möglichkeit nicht aus, den Antrag mit einer anderen Begründung erneut zu stellen. Hinsichtlich seiner zweiten Befugnis, der Schlichtung von Zuständigkeitskonflikten, ist hervorzuheben, daß sein Urteil eine rechtsprechende Funktion erhält und für beide Parteien verbindlich ist. Die Zuständigkeitskollision wird als positiv bezeichnet, wenn beide Parteien (Staat und Region z. B.) sich um ein Recht streiten, als negativ, wenn z. B. der Staatsrat und der Rechnungshof die Ausübung einer Kompetenz ablehnen, da nicht klar sei, wer dazu verpflichtet ist. Die Ausübung der dritten Befugnis ist in Wirklichkeit nur durchführbar, wenn die Anklage gegen einzelne Minister gerichtet ist; den Präsidenten der Republik unter Anklage wegen „Hochverrats oder Angriffes auf die Verfassung" (Art. 90) zu stellen, hieße, die Republik in eine Institutionskrise zu stürzen, die schwerlich durch einen Prozeß vor dem Verfassungsgericht zu überwinden wäre.

9. Die Dezentralisierung der Verwaltung (Art. 114–133)

Die Frage nach der Gestaltung der Autonomie der einzelnen historischen Regionen Italiens hatte sich schon vor der Einigung Italiens gestellt. Der neue Staat sollte aus politischen Gründen eine stark zentralistische Verwaltung haben; dennoch hatte man als Ziel im Auge, die Autonomie der einzelnen Regionen zu wahren, um ihrer historischen und sozialen Identität eine weitere Entfaltung zu ermöglichen. Diese Auffassung wurde mit unterschiedlichen Voraussetzungen und unterschiedlicher Zielsetzung sowohl von Caro Cattaneo und Giuseppe Mazzini als auch von Camillo Cavour vertreten. Nach der territorialen Einigung Italiens verhinderten der Widerstand des Südens gegen die Piemontesen, die ungeklärte *Questione Romana* und die Frage der politischen Grenzen des Landes im Norden jede Diskussion im königlichen Parlament über die Autonomie der Regionen. Selbst die *Sinistra Storica* verzichtete auf diesen Teil ihres Programms, nachdem sie die politische Macht im Land übernommen hatte.

Die Idee der Autonomie der Regionen und der Dezentralisierung der staatlichen Verwaltung lebte in den katholischen Kreisen weiter und wurde zu einer der Kernforderungen des politischen Programms des *Partito Popolare Italiano* (PPI) von Luigi Sturzo. Der Grund dafür lag in jenem Verbot, nach welchem es den Katholiken untersagt war, sich am politischen Leben des königlichen Italien zu beteiligen, es ihnen aber frei blieb, in den lokalen Verwaltungen mitzuarbeiten. Dies erklärt das große Interesse des PPI an einer gesicherten Autonomie der Regionen und der wachsenden Macht der lokalen Verwaltungen gegenüber der zentralen Staatsverwaltung.

Für die Sozialisten und später für die Kommunisten stellte sich die Frage der Autonomie der Regionen zunächst nicht, obwohl einige Politiker wie Antonio Gramsci und Ruggero Grieco in ihr ein Demokratisierungspotential erkannt hatten. Sowohl Sozialisten als auch Kommunisten waren zu dieser Zeit zu stark von der wirtschaftlichen, sozialen und gesellschaftlichen Spaltung zwischen Nord und Süd, Stadt und Land beeinflußt, als daß sie in der Autonomie der Regionen einen möglichen Weg zur Lösung des Problems hätten sehen können.

Innerhalb der *Costituente* war die Frage der Autonomie der Regionen bzw. der Dezentralisierung der Verwaltung sehr umstritten; selbst unter den Parteien, die die Mehrheit bildeten, gab es kein gemeinsames Konzept. Während die Rechte: Liberale, Monarchisten und Qualunquisten,[8] in der Dezentralisierung eine Schwächung des Staates sahen und sie ablehnten, trat die DC der Tradition des PPI gemäß sehr entschieden für die Schaffung regionaler Verwaltungen ein. Die Linke, und hier vor allem die Kommunisten, zeigten keine Aufgeschlossenheit für diese Problematik und beteiligten sich an der Diskussion der einzelnen Artikel von Titel V, Teil II der Verfassung mit einer eher anti-dezentralistischen Haltung.

Diese Haltung mag teilweise durch die Nachkriegssituation erklärt werden, wo die Einheit des Landes in Frage gestellt war durch separatistische und autonomistische Bewegungen in Sizilien und Sardinien und durch die territoriale Unklarheit und Frage der Grenzziehung, die der Friedensvertrag mit sich brachte; teilweise stammte sie wohl aus der leninistischen Auffassung von der Funktion des Staates, und schließlich war sie sicher auch von der Tatsache bestimmt, daß PCI und PSIUP seit 1946 Mitglieder der republikanischen Regierungen gewesen waren.

Die kontroversen Auffassungen in der Mehrheit der *Costituente* schlugen sich in der Formulierung des gesamten Konzepts und der einzelnen Artikel des Titels V, Teil II der Verfassung nieder. In Art. 5 sind auf beispielhafte Art alle Elemente des Konflikts bereits enthalten. Dort heißt es, die Republik sei „eine Einheit und unteilbar"; sie respektiere und fördere jedoch die örtliche Selbstverwaltung, zudem verpflichtete sie sich, die „weitestgehende Dezentralisierung der Verwaltung" durchzusetzen. Neben allen Schwierigkeiten rechtlicher Art, die überwunden werden mußten, um die Beilegung des Konflikts zu erreichen, lag die Hauptschwierigkeit des Titels V, Teil II der Verfassung in der historischen Tatsache, daß hier durch eine Rechtsnorm eine Verwaltungsstruktur geschaffen werden mußte, die bis dahin in keiner Staatsform oder Verfassung der italienischen Staaten existiert hatte. In diesem Sinn erhielt dieser Teil der Verfassung einen „revolutionären Charakter".

Die 110 Änderungsanträge, die während der Diskussion von Art. 117 über die gesetzgeberische Autonomie der Regionen eingebracht wurden, sind ein Beweis dafür, wie umstritten die Definition der gesetzgeberischen Autonomie der Regionen gegenüber der Republik war und daß den Mitgliedern der *Costituente* bewußt war, daß hiermit ein Erneuerungselement in das politische und soziale Leben Italiens eingeführt wurde.

Die Vorsicht, mit der die Autonomie der lokalen Verwaltungen gegenüber der Souveränität der Republik formuliert wurde, und der Umschwung in der Haltung der DC und der Linken bezüglich der Dezentralisierung der Verwaltung machten die politische Umsetzung dieses Teils der Verfassung zu einem Kampf der Linken gegen die DC und die Rechte. Der PCI, der, solange er an der Regierung beteiligt war, in der Autonomie der Regionen eine Tendenz zum Verlust der politischen und sozialen Einheit des Landes gesehen hatte, sollte nach seinem Ausscheiden aus der Regierung De Gasperi (1947) darin einen demokratischen Weg sehen, um sich an der Staatsgewalt zu beteiligen, wie es einst die Katholiken getan hatten. Die DC als Regierungspartei übernahm die Funktion der liberalen Regierungen, indem sie für ein zentralistisches System eintrat. Erst 20 Jahre nach Inkrafttreten der Verfassung wurden weitere notwendige Rahmengesetze verabschiedet, durch die die Dezentralisierung der Verwaltung durch die Schaffung regionaler Strukturen auf ganz Italien ausgedehnt wurde (1970).

Seit 1970 ist ganz Italien in 20 Regionen eingeteilt. Fünf davon waren schon früher mit einem *Statuto Speciale* (Sonderstatut) aufgrund von Art. 116 errichtet worden, der ihnen „besondere Formen und Bedingungen der Autonomie" zugestand. Die Notwendigkeit, die Regionen mit einem Sonderstatut zu schaffen, wurde von der *Costituente* damit begründet, daß diese Regionen spezifische historische, geographische und soziale Merkmale aufwiesen. In der Tat wollte die *Costituente* starken separatistischen und autonomistischen Bestrebungen, wie sie sich in Sizilien (1946–48) und Sardinien (1948) bemerkbar machten, durch die Verleihung eines Sonderstatuts zuvorkommen. Für die Grenzregionen Valle d'Aosta (1948), Trentino-Alto Adige (1948) und später für Friuli-Venezia Giulia (1963) sollten die jeweiligen Sonderstatuten die Voraussetzung schaffen, um den dort stark vertretenen, nicht-italienischen Minderheiten im Rahmen einer Dezentralisierung entgegenzukommen.

In einem Rahmengesetz von 1968 hatte die Zentralregierung die Modalitäten der Regionalwahlen festgelegt, wodurch 1970 der gesetzgeberische und exekutive Apparat der Region: *Consiglio Regionale* (Regionalrat), *Giunta Regionale* (Regionalausschuß) und *Presidente della Regione* (Regionspräsident) zustande kam (Art. 122); als erstes arbeitete er ein Statut aus, das im Einklang mit der Verfassung und mit den Gesetzen der Republik die Normen und die innere Organisation der Region (Art. 123) festsetzte.

Obwohl den Regionen 1972 die Verwaltungsautonomie mit konkreten Modalitäten übertragen worden war, konnten sie sie dennoch nicht ausüben, denn ihre gesetzgeberische Autonomie war noch nicht vollständig festgelegt. Durch zwei weitere Rahmengesetze von 1975 und 1977 übertrug der Staat den Regionen endgültig die gesetzgeberischen Kompetenzen für jene Bereiche, die ihnen in Art. 117 der Verfassung zugewiesen worden waren. Man kann sie in folgende Hauptbereiche zusammenfassen: a) Dienstleistungen, b) wirtschaftliche Entwicklung, c) Raum- und Verkehrsplanung und d) Bodenverbesserung und -nutzung.

Neben der gesetzgeberischen und administrativen Autonomie, die das gesamte kulturelle, soziale und wirtschaftliche Leben der Region betrifft, besitzen die Regionen auch eine selbständige Finanzverwaltung (Art. 119); sie wurde 1970 durch ein Finanzgesetz in Einzelheiten festgelegt. Mit dem Aufbau einer selbständigen Finanzverwaltung setzte sich die Region ihre autonome Finanzierung zum Ziel. Um dies zu erreichen, steht den Regionen das Recht zu, bestimmte Steuern zu erheben, während der Staat den Regionen jährlich einen bestimmten Prozentsatz der Staatssteuern durch seine zentrale Steuerverwaltung zukommen läßt. Ferner unterstützt der Staat durch die Finanzierung von Vorhaben, die im öffentlichen Interesse liegen und die verschiedensten sozialen Bereiche betreffen, vor allem jene Regionen, die über keine ausreichenden Einnahmen verfügen, um ein Gleichgewicht der Entwicklung zwischen den einzelnen Regionen herzustellen.

Gegenüber den Provinzen und Gemeinden üben die Regionen die Rechtsaufsicht aus (Art. 130). Obwohl durch die Einführung der Regionalverwaltung die Provinzen ihre Hauptfunktion als Verbindung zwischen der Zentralverwaltung und den zu ihr gehörenden Gemeinden nicht verloren haben, haben sie jedoch viel von ihrer örtlichen Funktionalität eingebüßt.

In den 103 Provinzhauptstädten Italiens werden die Ministerien weiterhin durch den *Prefetto* (s. S. 377, Anm. 16), die *Questura* (Polizeipräsidium), *Intendenza di Finanza* (Finanzdirektion), *Provveditorato agli Studi* (Schulamt), *Ufficio Provinciale del Genio Civile* (Provinzbauamt), *Ispettorato Provinciale dell'Agricoltura* (Landwirtschaftliche Aufsichtsbehörde), *Ufficio Provinciale del Tesoro* (Vertretung des Schatzministeriums) und *Ufficio del Lavoro e della Massima Occupazione* (Provinzialamt für Arbeit und Beschäftigung) vertreten.

Ihr Verwaltungsapparat, bestehend aus *Consiglio Provinciale* (Provinzrat), *Giunta Provinciale* (Provinzausschuß) und *Presidente della Provincia* (Provinzpräsident), hat viele seiner Kompetenzen, sicherlich nicht konfliktlos, an die Regionen abtreten müssen, während diesen von unten, von den Gemeinden, Aufgabenbereiche abgenommen wurden.

In der Tat sind die Kompetenzen der Provinzen im Bereich der Dienstleistungen und der Bodennutzung auf jene Teile begrenzt worden, die eine direkte geographische Zugehörigkeit zum Staat aufweisen oder eine Verbindungsfunktion zwischen der peripheren und zentralen Verwaltung sichern sollen. Diese Funktion wird vom Präfekten ausgeübt, der als Vertreter der Regierung die Verantwortung für die ordnungsgemäße Ausübung der staatlichen Gewalt in den einzelnen Gemeinden der Provinz trägt und dem die Bürgermeister der Gemeinden unterstehen.

Ebenso wie die Region und die Provinz geben sich auch die 8104 Gemeinden Italiens selbstgewählte Verwaltungsorgane.

Diese bestehen aus *Consiglio Comunale* (Gemeinderat),

Giunta Comunale (Gemeindeausschuß) und *Sindaco* (Bürgermeister), der den beiden ersten übergeordnet ist und sie leitet. Der Gemeinde fällt eine doppelte Funktion zu: sie ist ein Teil der peripheren dezentralisierten Staatsverwaltung und gleichzeitig ein autonomes Gebilde. Als Teil der nationalen Verwaltung übernimmt die Gemeinde alle Verwaltungsaufgaben, die in ganz Italien erfüllt werden müssen, u.a. Standesamt, Meldebehörde, Erfassung der Wehrdienstpflichtigen. Als autonomes Gebilde muß die Gemeinde alle Aufgaben wahrnehmen, die das Leben in einer Gemeinde mit sich bringt, z.B. die Aufstellung der Ortspolizei, Gesundheitswesen und Hygiene, Wasser- und Energieversorgung, Kanalisation, wirtschaftliche und Handelseinrichtungen wie Messen und Märkte. Sie trägt ferner die Verantwortung für alle Einrichtungen auf dem Gebiet der Kultur, des Sports, der Wohlfahrt und Erholung. Um diese Aufgaben erfüllen zu können, verfügt die Gemeinde über das Recht, Verordnungen zu erlassen, Steuern und Dienstleistungsgebühren einzuziehen und die Kontrolle über die Ämter und Beamten, die innerhalb der Gemeinde tätig sind, auszuüben.

Um das Leben der Gemeinde bürgernah zu gestalten bzw. die Bürger an den politischen Entscheidungen der Gemeindegremien unmittelbar zu beteiligen, wurde Anfang der sechziger Jahre in Bologna ein erster Versuch mit Stadtbezirksräten gemacht. Inzwischen haben fast alle größeren Städte Italiens diese Stadtbezirksräte in ihren Gemeinden aufgebaut. Die Hauptfunktion des *Consiglio di Quartiere* (Stadtbezirksrat) besteht darin, daß die Bürger eines Bezirks veranlaßt werden sollen, durch Artikulierung ihrer Alltags- und Strukturprobleme an der Gestaltung des öffentlichen Lebens ihres Bezirks direkt teilzunehmen.

10. Die Streitkräfte und die Polizei (Art. 11 und 52)

Von den drei Einheiten der italienischen Streitkräfte ist die Luftwaffe aus historischen Gründen die jüngste. Sie wurde vom Faschismus aus propagandistischen Überlegungen und als Gegengewicht zum Heer und zur Marine stark ausgebaut;

denn letztere wollten sich aufgrund ihrer langen Tradition und eingefahrenen Strukturen keiner Hegemonie der Funktionäre des *Partito Nazionale Fascista* beugen.

Seit Februar 1947 verfügen Heer, Marine und Luftwaffe über kein eigenes Ministerium mehr, sondern unterstehen alle drei einem einzigen Ministerium. In Einklang mit Art. 11 der Verfassung, durch den sich Italien den anderen Ländern der Welt gegenüber offiziell verpflichtet hat, „den Krieg als Mittel zur Verletzung der Freiheit anderer Völker und als Mittel der Lösung internationaler Streitigkeiten" für immer zu „verwerfen", wurde 1947 das Kriegsministerium „aufgelöst" und unter der Benennung „Verteidigungsministerium" als zentrale Verwaltung aller Bereiche der Streitkräfte aufgebaut. Die politische Führung der Streitkräfte liegt nach Art. 87 der Verfassung beim Präsidenten der Republik als Vorsitzendem des *Consiglio Superiore della Difesa,* des Obersten Verteidigungsrates.

Das *Institute for Strategic Studies* hat in seinem 1994 in London veröffentlichten Bericht „Military Balance" Daten zusammengestellt, denen zufolge Italien als NATO-Mitglied 1992 für Besoldung, Rüstung u.a. 24,4 Millionen Dollar ausgegeben hat. Bemerkenswert ist dabei, daß die größte Summe für die Besoldung ausgegeben wird. Von den 354630 Angehörigen der Streitkräfte sind 207900 Wehrpflichtige. Die gesamte Zahl ist folgendermaßen aufgeteilt: Heer 233330 (165000 Wehrpflichtige), Marine 43600 (16400 Wehrpflichtige) und Luftwaffe 77700 (26500 Wehrpflichtige).

Der Militärdienst, der z.Z. 12 Monate bei Heer und Luftwaffe und 18 Monate bei der Marine dauert, ist obligatorisch, denn „Die Verteidigung des Vaterlandes ist heilige Pflicht des Bürgers" (Art. 52). Seit 1972 wurde nach einer langen Öffentlichkeitskampagne die Wehrdienstverweigerung aus Gewissensgründen und später als Ersatz dafür ein Zivildienst in Entwicklungsländern zugelassen, allerdings sind beide einer strengen Prüfung unterworfen.

Neben den drei Waffengattungen gibt es in Italien verschiedene mehr oder weniger militärisch organisierte Polizeieinheiten. Dazu gehören die *Carabinieri*, die als Sondereinheit der Armee eine polizeiliche Funktion im ganzen Land ausüben und ca. 118000 Angehörige zählen. Die Polizei zählt 80400 Mitglieder, sie ist nur in den Städten tätig und untersteht dem Präfekten; damit ist sie dem Innenministerium unterstellt. Als dritt- und viertstärkste Einheiten mit polizeilicher Funktion folgen mit 64100 und 45000 Mann die *Dogana* (Zoll- und Grenzpolizei) und die *Guardia di Finanza* (Finanzpolizei), die dem Innenministerium bzw. dem Finanzministerium unterstellt sind. Seit Oktober 1991 ist die *Direzione Investigativa Antimafia* (DIA) tätig. Es handelt sich dabei um eine Sondereinheit, derer einziges Ziel die Bekämpfung des organisierten Verbrechens ist.

Ferner sind die Gemeinden auch verpflichtet, einen eigenen Polizeiapparat (Verkehrspolizei, Gesundheitspolizei u.a.) zu halten, der dem Bürgermeister untersteht. Wenn man noch andere kleine Einheiten wie Strafvollzugsbeamte, Forstbeamte u.a. dazu zählt, kommt man auf ca. 700000 uniformierte und bewaffnete Bedienstete, so daß Italien, betrachtet man das Verhältnis von bewaffneten Bediensteten und Bevölkerungszahl, die zahlenmäßig stärkste Armee der Welt unterhält.

11. Naturschutz als Verfassungsrecht?

Es wäre nicht zutreffend, schon für die vierziger Jahre bei den Mitgliedern der *Costituente* ökologisches Bewußtsein zu vermuten. Dieses hat sich in Italien erst infolge von Umweltkatastrophen entwickelt, z.B.: Polesine- und Arno-Überschwemmung (1951/1966), Vajont-Dammbruch (1963), Cholera-Epidemie von Neapel (1973) und Giftwolke von Icsema-Seveso (1976). Dennoch läßt sich anhand der Art. 9 und 117 der Verfassung ein Verfassungsrecht auf Naturschutz ableiten. Im Art. 9, der zu den Grundprinzipien der Verfassung gehört, ist zu lesen: „Sie [die Republik] schützt die Landschaft und das historische und künstlerische Erbe der Nation." Im Art. 117 erhalten die Regionen den Auftrag, in „Städtebau, Fremdenverkehr und Hotelwesen, Straßenbau, Steinbrüchen und Torfmooren, Jagdwesen, Fischerei in Binnengewässern sowie Land- und Forstwirtschaft" anhand der regionalspezifischen Interessen tätig zu werden. Zusätzlich sind in den Art. 32 und 41 das individuelle und das kollektive Recht auf Gesundheitsschutz unmißverständlich verbrieft: „Die Republik schützt die Gesundheit als grundlegendes Recht des Individuums" und „Die privatwirtschaftliche Initiative ist frei. Sie darf nicht im Gegensatz zum Gemeinwohl oder in einer Weise ausgeübt werden, die der Sicherheit, der Freiheit und der Würde des Menschen schadet."

Mit den Art. 674 und 734 aus dem Strafgesetzbuch wird gegen gesetzwidrige Ableitung von Gas, Dampf und Rauch sowie gegen schädliche Eingriffe in geschützte Gebiete vorgegangen. Mit Art. 844 des BGB wird das Recht auf Schutz gegen Lärmbelästigung festgeschrieben. Die ersten Schritte in Richtung eines umfassenden Naturschutzes wurden 1974 mit der Schaffung des *Ministero per i beni culturali e per l'ambiente* (Ministerium für Kulturgüter und Umwelt) getan. Die spezifische Gesetzgebung hat 1976 mit dem Wasserschutzgesetz die erste Hürde genommen. Das Gesetz *Merli* wurde 1979 und 1981 entsprechend novelliert und trug somit dazu bei, daß ab 1979 die italienischen Gemeinden mit Kläranlagen ausgerüstet wurden. Der autonome Aufbau des *Ministero dell'Ambiente* (Umweltministerium, 1986) hat dazu geführt, daß eine Schädigung der Umwelt strafbar ist. Der Verursacher ist verpflichtet, den Schaden zu beheben und die betroffene Gemeinde zu entschädigen.

In den letzten zwanzig Jahren haben folgende Gesetze dem Naturschutz schärfere Konturen verliehen:

Mit dem Gesetz Nr. 968 vom 27.12.1974 über das Wild als „unabdingbaren Bestandteil staatlichen Eigentums" wird das Jagen einer Anzahl gefährdeter Tierarten strengstens verboten. Das Gesetz Nr. 41 vom 20. 2. 1985 schützt den Grund und die Umgebung der Meere. Das Gesetz Nr. 47 vom 28. 2. 1985 definiert jedes Vorgehen gegen die Natur als strafbar. Zu Schutzgebieten werden Meeres- und Seeküsten bis zu einer Breite von 300 m, Ufer von Bächen und Flüssen bis zu 150 m erklärt, dazu jede Art von Landschaft oberhalb von 1800 m ü. M. (später wird die Grenze auf 1600 m gesenkt), darunter insbesondere Gletscher, Wälder und Forste. Das Gesetz Nr. 322 vom 25. 2. 1985 setzt Maßstäbe zur Kontrolle der Wasserqualität sämtlicher Badeorte der Halbinsel. Das Rahmengesetz Nr. 394 vom 6. 12. 1991 behandelt die 18 vorhandenen und acht geplanten Nationalparks und legt ca. 43 regionale Naturschutzgebiete fest. Mit dem Gesetz Nr. 61 vom 21.1. 1994 wurde die *Agenzia Nazionale per la Protezione dell'Ambiente* (ANPA, Nationalamt für Naturschutz) gegründet.

Zu den Organisationen, die sich mit definierten Zielen dem Naturschutz verschrieben haben, gehören: *Italia Nostra* (1955), deren Hauptbereiche das historische und künstlerische Erbe der Nation und der Naturschutz sind. Die *WWF-Italia* (1966), die über eine engmaschige Vertretung in ganz Italien verfügt, tritt entschieden in sämtlichen Naturschutzbereichen auf. Die *Lega per l'ambiente* (Umweltbund 1977), betreibt ökologische Aufklärung und berät über legislative Maßnahmen. *Greenpeace Italia* (1977) ist als Kontrollinstanz zum Schutz des Mittelmeeres hervorgetreten. *Fondo Ambiente Italiano* (FAI, Ressort für Umweltvermögen, 1975) ist dem *Ministero dell'Ambiente* angegliedert. Seine Aufgabe besteht in der Verwaltung von Schenkungen wie Gebäuden und Parks an den Staat und in deren Instandsetzung zum Zweck des öffentlichen Zugangs. Die *Lega Italiana Protezione Uccelli* (LIPU, Italienischer Vogelschutz, 1975) war zuvor als *Lega Nationale contro la distruzione degli uccelli* (Nationaler Bund gegen Vögelvernichtung, 1965) tätig. Die *Amici della Terra* (Freunde der Erde, 1977) ist die ökologische Organisation des ehemaligen *Partito Radicale.* Gegen Tierversuche engagieren sich die drei *Leghe Antivivisezione:* LAV, LAN und LAI.

Teil III

Die Bevölkerung: Entwicklung und Struktur

1. Bevölkerungsentwicklung

Während sich für die Mehrheit der westeuropäischen Länder das Ende der *Crescita Naturale* (natürlicher Bevölkerungszuwachs) schon um die Mitte des 18. Jahrhunderts vollzog, verschob er sich in Italien auf die Anfänge des 19. Jahrhunderts. Die Gründe für diese Verschiebung lagen teilweise in der Verspätung, mit der Italien seinen Wandel zum Industriestaat einleitete. Neben der hohen Sterblichkeitsrate waren Hungertod, Kriege und Krankheiten Ursachen dieser Verschiebung. Erst nach der Einigung Italiens (1861) zeigten sich im jungen italienischen Nationalstaat die ersten Ansätze einer natürlichen Bevölkerungszunahme.

Die Statistiken zeigen nach 1861 folgende Entwicklung (Zahlen in Tausend):

1. Volkszählungen[1]

	Männer	*Frauen*	*Insgesamt*	*Jährl. Zuwachsrate in ‰*
31. 12. 1861	13399	12929	26328	—
31. 12. 1871	14316	13835	28151	6,7
31. 12. 1881	15134	14657	29791	5,7
10. 2. 1901	16990	16788	33778	6,6
10. 6. 1911	18608	18313	36921	8,6
1. 12. 1921	18814	19042	37856	2,4
21. 4. 1931	20181	20862	41043	8,6
21. 7. 1936	20826	21573	42399	6,5
4. 11. 1951	23259	24257	47516	7,4
15. 10. 1961	24784	25840	50624	6,4
24. 10. 1971	26476	27661	54137	6,7
25. 10. 1981	27506	29051	56557	4,4
20. 10. 1991	27405	29006	56411	0,3

Quelle: ISTAT, 1992, S. 44.

2. Bevölkerungsentwicklung im Jahresdurchschnitt (Zahlenangaben pro Tausend, Kindersterblichkeit pro Hundert): [2]

	Geburten	*Sterbefälle*	*Kindersterblichkeit zwischen 0–1 Jahr*	*Natürliche Zunahme*	*Bevölkerungszunahme*	*Auswanderer bis 1988*
1861–1870	37,6	30,3	22,7	7,3	6,3	1,0
1871–1880	36,9	29,9	21,5	7,0	5,8	1,2
1881–1890	37,8	27,3	19,5	10,5	7,0	3,5
1891–1900	35,0	24,3	17,6	11,0	6,3	4,5
1900–1910	32,7	21,6	16,0	11,1	8,1	3,0
1911–1920	27,3	22,2	14,5	5,1	2,4	2,7
1921–1930	28,6	16,9	12,3	11,7	8,1	3,6
1931–1940	23,6	14,0	10,4	9,6	7,0	2,6
1941–1950	20,5	12,7	9,2	7,8	6,4	1,4
1951–1960	17,8	9,6	5,3	8,2	7,3	0,9
1961–1970	18,0	9,6	3,6	8,4	7,6	0,8
1971–1981	11,1	9,6	1,4	1,5	3,8	–2,3
1991	9,7	9,5	0,8	0,2	0,3	0,9

Die Bevölkerungszunahme war keineswegs durch einen Geburtenzuwachs verursacht, denn dieser blieb mit 36 Geburten auf 1000 fast bis ans Ende des Jahrhunderts konstant, sondern durch einen Rückgang der Sterblichkeit von 30,3 auf 24,3 Sterbefälle auf 1000 Einwohner. So zählte das Königreich Italien im Jahr 1901 33778000 Einwohner gegenüber 26328000 im Jahre 1861.

Hierzu muß aber bemerkt werden, daß, wenn man den Verlust durch die starke Auswanderung in Rechnung stellt, die reale Zuwachsrate der italienischen Bevölkerung um die Jahrhundertwende noch etwas höher lag. Die Auswanderung setzte gleich nach der Gründung des Königreiches Italien (1861) mit einer Quote von jährlich 120000 in den beiden folgenden Jahrzehnten ein; infolge der Agrarkrise am Anfang der achtziger Jahre dauerte sie von 1881–1890 mit 187920 und im letzten Jahrzehnt dieses Jahrhunderts mit 282473 Auswanderern pro Jahr an.[3]

Auch wenn man die Verluste durch die Auswanderung berücksichtigt, lag die Bevölkerungszuwachsrate Italiens mit 7,3 auf 1000 etwas niedriger als die der übrigen westeuropäischen Länder. In Deutschland betrug sie zur selben Zeit 8,5 auf 1000.[4] Entsprechend der wirtschaftlichen Struktur Italiens gab es demographische Diskrepanzen zwischen dem Norden und dem Süden des Landes. Während im Norden schon in den letzten Jahrzehnten des 19. Jahrhunderts ein Geburtenrückgang zu verzeichnen war, blieb die Zahl der Geburten in den südlichen Regionen bis 1930 relativ hoch, was eine Verzögerung von annähernd fünfzig Jahren gegenüber dem restlichen Italien bedeutete.[5]

Für die italienische Bevölkerung in ihrer Gesamtheit setzte bereits um die Jahrhundertwende ein leichter Geburtenrückgang ein; auf die gesamte Bevölkerungsentwicklung des Landes sollte er sich aber erst in den Jahrzehnten nach dem Ersten Weltkrieg auswirken. Ursache dieser Bevölkerungszunahme im Italien des 20. Jahrhunderts war bei stetig sinkenden Geburtenraten der Rückgang der Sterblichkeit von 24,3 ‰ um die Jahrhundertwende auf 9,6 ‰ in den sechziger Jahren. Ausschlaggebend für den Rückgang der Sterblichkeit war die ständige Abnahme der Kindersterblichkeit von 17,6 auf 3,6 %. Abgesehen von der Zeit des Ersten Weltkrieges ist die Bevölkerungszuwachsrate zwischen 1870 und 1930 von 7,0 auf 11,7 ‰ gestiegen. Nach diesem Höhepunkt, der im Zusammenhang mit der faschistischen Bevölkerungspolitik zu sehen ist, hat sich die Bevölkerungszunahme bis 1950 verlangsamt. Ab 1950 zeichnete sich eine Tendenz nach oben ab, die sowohl durch eine steigende Zahl von Geburten als auch durch eine Abnahme der Auswanderungsbewegung bedingt war (s. Tabelle).

Nach der jüngsten Volkszählung von 1991 hat Italien 56 243 935 Einwohner und eine jährliche Zuwachsrate von 0,3 ‰. Damit hat das Land den tiefsten Punkt in seiner Bevölkerungsentwicklung erreicht.

Nach einer ersten Phase hoher Geburtenraten und hoher Sterblichkeit und einer zweiten Phase hoher Geburtenraten und erheblich geringerer Sterblichkeit setzte in den Industriestaaten eine Phase der *Crescita Zero* (Nullwachstum) ein. In der Tat zeigt die Bevölkerungsentwicklung Italiens bisher keinen Stillstand der Bevölkerungszunahme, wohl aber einen *Tas-*

so nullo di fertilità (Fruchtbarkeitsrate gleich Null); der die letzte Stufe vor dem Eintreten des *Tasso negativo di crescita* (negative Wachstumsrate) darstellt, d. h. einer Bevölkerungsabnahme. Im Lauf der achtziger Jahre ist diese in Norditalien eingetreten. Am 31. Dez. 1985 hatte Italien eine Wohnbevölkerung von knapp 57 200 000 mit einem Nettozuwachs von ca. 666 000 gegenüber 1981 und mit einer jährlichen Bevölkerungszunahme von 2,9 ‰. Die Pro-Tausend-Bevölkerungszunahme ist jedoch unterschiedlich ausgefallen: – 1,1 im Norden, 2,8 im Zentrum, 7,9 im Süden und 8,4 auf den Inseln. Insofern scheint die Bevölkerungsentwicklung der achtziger Jahre die These einer Meridionalisierung Italiens zu bestätigen, wie sie von einigen Bevölkerungswissenschaftlern in den siebziger Jahren aufgestellt worden war. Danach behalten die *Meridionali* (Süditaliener) durch ihre hohen Geburtenraten ein Übergewicht in der Bevölkerungsentwicklung Italiens des ganzen Jahrzehnts. Zwischen 1981 und 1991 gab es in Italien z. B. eine Bevölkerungszunahme von 167 335 Einwohnern, davon im Norden – 359 319 = –1,4 ‰; in Mittelitalien 18 143 = 0,2 ‰; im Süden, auf Sizilien und Sardinien zusammen 508 531 = 2,5 ‰.[6] Die Ursache dieser unterschiedlichen Bevölkerungsentwicklung innerhalb Italiens ist im Industrialisierungsgrad der einzelnen Landesteile zu suchen. Die Einwohner des hochindustrialisierten Nordens verhalten sich bezüglich der Familienplanung nicht anders als die Bürger anderer Wohlfahrtsgesellschaften Nord- und Westeuropas. Zur These der Meridionalisierung Italiens muß hinzugefügt werden, daß trotz relativ hoher Geburtenziffern des Südens die Bevölkerungszahl im Süden aufgrund der Auswanderungsraten immer niedriger gewesen ist als im Norden, selbst wenn Kampanien mit einer Bevölkerungsdichte von 417 (1993) an erster Stelle steht. Weitere Ursachen dieser Tendenz zur negativen Wachstumsrate liegen in einigen Sozialreformen der siebziger Jahre, die das gesellschaftliche Leben Italiens in den nächsten Jahrzehnten deutlich verändert haben, auch wenn die Wohnbevölkerung zunehmen wird. Darunter sind zu nennen: 1. die Abschaffung von Art. 553 des Strafgesetzbuches, der die Werbung und den Verkauf von Empfängnisverhütungsmitteln verbot; 2. die Einrichtung von Beratungsstellen für sexuelle

Aufklärung; 3. die Liberalisierung der Abtreibung. In den Jahren 1990 und 1991 hat es in Italien 161 285 bzw. 154 662 „freiwillige Unterbrechungen der Schwangerschaft" gegeben, d. h. 285,5 bzw. 276,8 auf 1000 Geburten.

F. M.

2. Kulturethnische Minderheiten

Für einen Kenner der Geschichte Italiens im letzten Jahrhundert wird es keine Überraschung sein zu erfahren, daß es in Italien zahlreiche ethnische Minderheiten gibt. Ihre Entstehung geht auf bestimmte historische und politische Ereignisse zurück. Während einige Minderheiten, genauer gesagt diejenigen, die an der Staatsgrenze angesiedelt sind, durch Verträge mit den Nachbarstaaten im 20. Jahrhundert entstanden sind, können andere auf eine längere Tradition zurückblicken.

Das Problem der Autonomie der Minderheiten, das seit dem Aufkommen des Regionalismus in ganz Europa stark diskutiert wird und zu einigen Erfolgen ethnischer Minderheiten in Italien geführt hat, spielte in Italien beim Aufbau der Republik in den Jahren 1943–46 eine bedeutende Rolle. Autonomiebestrebungen bestanden nicht nur an den Grenzen zu Frankreich, Österreich und Jugoslawien, sondern auch in Sizilien[7] und Sardinien. Die Mitglieder der Verfassunggebenden Versammlung trugen dem Anliegen dieser Bewegungen Rechnung durch die Schaffung eines Sonderstatus für folgende Regionen: Sardinien, Sizilien, Aostatal, Trentino-Südtirol (Trentino-Alto Adige), Friaul-Julisches Venetien (mit Triest); den Einwohnern dieser Regionen wurde eine größere Autonomie gegenüber der Zentralregierung und eine eigenständige Gestaltung ihres sozialen, kulturellen und wirtschaftlichen Lebens zugestanden. Natürlich waren dadurch nicht alle ihre inneren und außenpolitischen Probleme gelöst. Selbst durch das Abkommen De Gasperi–Gruber (1946 in Paris) über die Normalisierung der Lage in Südtirol und durch den Vertrag von *Osimo* (1975) zur endgültigen völkerrechtlichen Klärung der *„Zona B"* (Gebiet B) um Triest sind nicht alle Konflikte beigelegt worden.

Neben diesen gewissermaßen gesetzlich geschützten Minderheiten bestehen in Italien andere, die mit keiner Unterstützung des Staates rechnen können und deren ethnische Existenz eher als eine „private Angelegenheit" der jeweiligen Gruppe angesehen wird denn als eine öffentliche und kulturelle. Zu diesen letzteren gehören laut dem EG-Bericht von 1984 (s. Bibliographie):

1) die *Albanesi* (Albanier); nach einer Schätzung des *Centro Internazionale di Studi Albanesi* (Internationales Zentrum für Albanistik) der Universität Palermo gab es im Jahr 1966 114783 albanischsprechende italienische Staatsbürger. Im Jahre 1984 wurden sie auf 80000 geschätzt. Sie leben in 50 Gemeinden in den Regionen Abruzzen, Molise, Kampanien, Basilikata, Apulien, Kalabrien und Sizilien. Ihre erste Ansiedlung in Italien erfolgte unter dem König von Neapel, Alfons I. von Aragonien.[8] Die Tatsache, daß sie über ganz Süditalien verstreut sind, macht es ihnen unmöglich, erfolgreichen Widerstand gegen den Italienisierungsprozeß zu leisten, dem sie täglich, u a. durch die Massenmedien, unterworfen sind. Vom Staat wird zum Schutz ihrer sprachlichen Identität – Albanisch ist eine eigenständige indogermanische Sprache – und kulturellen Tradition nichts unternommen. Das Fortbestehen ihrer Identität und Tradition verdanken sie nur privaten Wissenschaftlern oder Initiativen, die sie in letzter Zeit selber unternommen haben.

2) Die *Tedeschi* (Deutschsprachige); hier muß unterschieden werden zwischen 279600 deutschsprechenden Südtirolern in den autonomen Provinzen Bozen und Trient (1972) und den 15000 Menschen, die in Norditalien deutsche Sprachinseln bilden. Man findet sie in 18 Gemeinden in den Provinzen Udine, Vercelli, Novara, Aosta, Belluno, Verona und Vicenza. Während die politischen, kulturellen und wirtschaftlichen Fragen Südtirols durch das Abkommen De Gasperi-Gruber geregelt wurden, sind die anderen Deutschsprechenden in bezug auf die Erhaltung ihrer kulturellen Identität auf sich selbst angewiesen. Zur Komplexität der Lage Südtirols und seiner Konflikte muß angemerkt werden, daß sich hier eine Wende abzeichnet: 1981 sind die ersten Bomben in Bozen explodiert, um gegen die „Entitalianisierung Südtirols" zu protestieren.

In der Tat verfolgt die Südtiroler Volkspartei (SVP) unter der

Führung von Magnago mit ihrer Zweidrittelmehrheit in der Provinz Bozen eine kompromißlose Anwendung des Autonomiestatus (1972), so daß in der italienischen Öffentlichkeit von Destabilisierungspolitik die Rede ist. Inzwischen ist der deutschsprachige Anteil der Südtiroler von 63 % (1971) auf 66,4 % (1981) gestiegen, während der italienischsprechende von 33,3 % auf 29,4 % gesunken ist. Durch die gesetzliche Zulassung der Zweisprachigkeit im öffentlichen Dienst (1988) betrachtet die italienische Regierung die Südtirol-Frage als geklärt und erwartet von Österreich als Schutzmacht von Südtirol eine Streitbeilegungserklärung.

3) Die *Francesi* (Franzosen); von den ungefähr 90000 Frankophonen, die in Italien leben, wohnt die Mehrheit – knapp 75000 – im Aostatal und in der Provinz Turin. Hinzu kommen zwei Gemeinden in der Provinz Foggia (Apulien). Die einzigen, deren Sprache und Kultur vom Staat geschützt wird, sind die im Aostatal lebenden, wobei unter ihnen nur 10–15 % das Französische beherrschen, die Mehrheit von ihnen spricht einen frankoprovenzalischen Dialekt. Hierzu ist zu bemerken, daß das Frankoprovenzalische in der Sprachwissenschaft als eigene romanische Sprache gilt.

4) Die *Friulani* (Friauler); sie leben in den Provinzen Udine, Görz, Pordenone und Venedig. Man schätzt sie auf etwa 625000. Ihre Sprache ist das Friaulisch, das zum Rätoromanischen gehört. 1966 ist der *Movimento Friuli* (Friaul-Bewegung) gegründet worden, der für eine größere Autonomie der Region und für eine Verteidigung der Kultur und Sprache ihrer Einwohner eintritt. Zur Erhaltung der Kultur und Sprache trägt die Kirche bei, die erlaubt hat, daß in einigen Gemeinden der Provinz Udine die Messe auf friaulisch gelesen wird.

5) Die *Ladini* (Ladiner); zu den Rätoromanen gehören sowohl die *Friulani* als auch eine Gruppe von Ladinern (in einigen Dolomitentälern der Provinzen Trient, Bozen und Belluno): Man schätzt ihre Zahl auf 27500. Von ihnen genießen nur die in den Provinzen Bozen und Trient lebenden eine gewisse Autonomie, die ihnen im Südtirol-Vertrag eingeräumt worden ist. Für die anderen wird bezüglich der Erhaltung ihrer Tradition und Sprache nichts unternommen.

6) Die *Greci* (Griechischsprechende); man schätzt sie auf knapp 12500, die in zwei Gemeinden der Provinz Reggio Calabria und in neun Gemeinden der Provinz Lecce (Apulien) leben. Über ihre Einwanderung nach Italien sind sich die Forscher nicht einig. Während sie die einen als Nachfahren der Griechen aus der Zeit der Magna Graecia betrachten, meinen andere, daß sie sich zur Zeit des byzantinischen Reiches in Italien angesiedelt haben. Auch diese kleinen Gemeinden sind bezüglich der Erhaltung ihres kulturellen Erbes ganz auf sich selbst gestellt.

7) Die *Occitani* (Okzitanischsprechende); knapp 50000; sie leben in 119 Gemeinden in Piemont. Im Zug der Autonomiebewegung der Okzitanier in Frankreich hat sich auch unter ihnen eine Bewegung für die Autonomie der Okzitanier *(Movimento Autonomista Occitano:* MAO) gebildet. Ihr Ziel ist eine Wiederbelebung der okzitanischen Abstammung.

8) Die *Sardi* (Sarden); natürlich handelt es sich bei den Sarden um keine ethnische Minderheit im eigentlichen Sinne. Die Sarden ziehen zwar eine klare Trennung zwischen ihrer Insel und dem Festland; es besteht dort seit geraumer Zeit auch eine Autonomiebewegung; sie erstrebt aber eher eine kulturelle und wirtschaftliche Autonomie als eine politische. Hierzu ist zu bemerken, daß das Sardische nicht etwa ein Dialekt des Italienischen ist, sondern eine eigene romanische Sprache. Als Minderheit in der Minderheit leben in Sardinien 20000 Katalanischsprechende in Alghero und Umgebung.

9) Die *Croati* (Kroaten), sie bilden eine Gruppe von 2200 Menschen, die in drei Gemeinden der Provinz Campobasso (Molise) leben und als eine kleine Sprachinsel vor großen Schwierigkeiten stehen, ihre Existenz als ethnische Minderheit zu behaupten.

10) Die *Sloveni* (Slowenen); über die Slowenen liegen keine genauen Zahlen vor. Sie werden auf 52170 bzw. 125000 geschätzt und leben in den Provinzen Triest, Udine und Görz. Durch den Vertrag von *Osimo* (1975) wurde ihr Status völkerrechtlich abgesichert, auch wenn ihre Probleme damit nicht restlos gelöst geworden sind.

F. M.

3. Landflucht

Wenn von der Bevölkerungsentwicklung Italiens in den letzten drei Jahrzehnten die Rede ist, soll neben den zahlreichen Faktoren, die zu einer Zu- oder/und Abnahme der Bevölkerung geführt haben, ein weiterer Grund erwähnt werden, der sicherlich die letzteren beeinflußt hat: die Landflucht, mit den Zielen Nordwestitalien und Ausland. Betrachten wir, wie sich die arbeitende Bevölkerung Italiens nach dem Ergebnis von vier Volkszählungen und zwei Schätzungen aus den Jahren 1976 und 1982 auf die drei wichtigsten Beschäftigungssektoren verteilt, dann ergibt sich folgendes Bild:[9]

Landwirtschaft	
1951	42,2
1961	28,9
1971	17,4
1976	15,3
1982	12,1
1991	7,9
Industrie	
1951	32,1
1961	40,6
1971	44,3
1976	43,6
1982	35,8
1991	32,3
Dienstleistungssektor	
1951	25,7
1961	30,5
1971	38,3
1976	41,1
1982	52,1
1991	59,8

Die Graphik zeigt, daß es z. B. im Jahr 1971 3240856 Beschäftigte in der Landwirtschaft gab, d. h. 17,4 % der Bevölkerung; gegenüber den 5693075, d. h. 28,9 % im Jahre 1961 bedeutete dies einen Verlust von 2452119. Wenn man diese Zahl nach einzelnen Regionen aufschlüsselt, dann ergibt sich, daß von der Gesamtzahl von 2452119 auf die nördlichen Regionen 876407

Beschäftigte in der Landwirtschaft entfallen, die sich einen neuen Arbeitsplatz in einem anderen Sektor gesucht haben; im Zentrum Italiens waren es 845 842 und im Süden 1 089 870. Wie sich diese Landflucht auf die Bevölkerungsentwicklung des ganzen Südens ausgewirkt hat, wird aus folgenden Daten ersichtlich. Obwohl in den Jahren 1961–74 die Zahl der Geburten im Süden, nämlich 2 543 242 gegenüber nur 1 303 207 im Norden, die der Sterbefälle weit übertraf, lag die Bevölkerungszuwachsrate im Süden bei nur 1,2 ‰, im Norden dagegen bei 10 ‰.

Daß die Landflucht in Italien eine unvermeidbare Folge der Fortsetzung der starken Industrialisierung des Nordens ist, ergibt sich aus zwei im Wirtschaftsdenken verankerten Prinzipien: Die Landwirtschaft soll als Absatzmarkt für die Industrie und ein Teil ihrer Beschäftigten als Reserve für die Industrie dienen. Je nach Bedarf wird versucht, diese Reserve von billigen Arbeitskräften in die Stadt zu holen oder an die Scholle zu binden. Gleichzeitig zeigte sich zwischen 1959 und 1970 in der Landwirtschaft selbst, teilweise als Folge und teilweise als Ursache der Landflucht, eine starke Proletarisierung der Bauern. Während im Jahr 1959 die selbständigen Landwirte einen Prozentsatz von 75,7 % darstellten, sank dieser Anteil im Jahre 1970 auf 66,6 %, dagegen stieg in derselben Zeit der Prozentsatz der Lohnempfänger von 24,3 % auf 33,4 %. Dieser Trend wird von den Schätzungen aus den Jahren 1976 und 1982 sowie von den Ergebnissen der Volkszählung 1991 bestätigt.[10]

4. Verstädterung

Nach der Volkszählung von 1991 belief sich die italienische Bevölkerung auf knapp 57 Millionen Einwohner, bei einer Bevölkerungsdichte von 192 Personen pro km². Es ist eine für europäische Verhältnisse sehr hohe Bevölkerungsdichte, fast doppelt so hoch wie in Frankreich. 36,5 % der Italiener leben in Gemeinden mit mehr als 50 000 Einwohnern. Nur 1,9 % wohnen in Orten mit unter 1000 Einwohnern, 16,9 % in Gemeinden mit 1000 bis 5000 Einwohnern und die Mehrheit von 44,7 % in Gemeinden mit bis zu 50 000 Einwohnern. Somit erscheint das Land als stark urbanisiert. Trotzdem unterscheidet sich dieses Bild von dem anderer westeuropäischer Länder wie etwa England oder Frankreich insofern, als der Verstädterungsprozeß hier keine Städte mit so großer Konzentration an wirtschaftlichen, kulturellen, gesellschaftlichen und politischen Strukturen wie London und Paris hat entstehen lassen. In Italien findet man dagegen 124 Städte mit Einwohnerzahlen zwischen 50000 und 250000, 7 mittlere Großstädte: Brescia, Padua, Verona, Triest, Tarent, Messina und Cagliari, sowie 11 Großstädte mit mehr als 300000 Einwohnern: Venedig, Bari, Neapel, Mailand, Catania, Florenz, Bologna, Palermo, Genua Turin und Rom.[11]

Italien ist – ähnlich wie Deutschland – ein Land, das mehrere Zentren hat. Diese Tatsache beruht auf seiner historischen und politischen Entwicklung seit dem Fall des Weströmischen Reiches (476 n. Chr.) Es sei hier daran erinnert, daß bis zur Mitte des 19. Jahrhunderts nicht nur Turin, Neapel, Rom und Florenz, sondern auch Lucca und Parma Hauptstädte von mehr oder weniger unabhängigen Staaten und als solche auch wirtschaftliche und kulturelle Zentren waren. Das alles hat Spuren nicht nur in der Architektur und Gestaltung dieser Städte hinterlassen, sondern hat sich auch auf ihre Funktion und Bedeutung innerhalb des Landes ausgewirkt. So spricht man in Italien von Rom als der politischen Hauptstadt, von Mailand als der Hauptstadt der Finanzen und des Handels, von Turin als der Hauptstadt der Autoindustrie usw., hinunter bis zu Prato, der ehemaligen Hauptstadt der industriellen Lumpenverwertung.

Ein weiteres Merkmal der italienischen Städte ist die Verschiedenheit ihrer Wirtschaft und ihrer sozialen Zusammensetzung. Anhand dieser beiden Komponenten werden die italienischen Großstädte in zwei Gruppen unterteilt: die „Industriestädte“ des Nordens und die „Dienstleistungsstädte“ Mittel- und Süditaliens. Zur ersten Gruppe gehören Turin, Genua und Mailand, zur zweiten Bologna, Florenz, Rom und Neapel. Innerhalb der ersten Gruppe weisen die einzelnen Städte spezifische Elemente auf, aufgrund derer sie genauer definiert werden können. Turin ist durch die Autoindustrie geprägt, Genua ist durch den größten italienischen Hafen am Mittelmeer mit dem Außenhandel verbunden; Mailand als Finanz- und Handelszentrum hat neben der Börse und seiner berühmten Messe wichtige Industrien mit Unternehmen wie *Pirelli* und *Alfa-Romèo*.

Unter den Dienstleistungsstädten gilt Rom als die Stadt der Angestellten und Beamten, nicht nur weil dort die Zentralregierung ihren Sitz hat, sondern auch weil jede gesamtitalienische Behörde mit ihrem Verwaltungsapparat dort ansässig ist und fast jede national relevante Firma dort zumindest ein Büro unterhält, wenn sie nicht sogar ihren Hauptsitz in Rom hat. Die geograpische Lage Bolognas hat es zum wichtigsten Eisenbahn- und Autobahnknotenpunkt in Italien gemacht und dadurch zum organisatorischen Zentrum des Nah- und Fernverkehrs. Außerdem sorgen öffentliche Verwaltung, Handel sowie Klein- und Mittelbetriebe für Vollbeschäftigung. Obwohl die meisten Arbeitsplätze in Neapel durch die öffentliche Verwaltung in Verbindung mit dem Übersee- und Nahverkehr und die freiberuflichen Dienstleistungen geschaffen werden, ist das Bild der Stadt durch ein sehr enges Netz von kleinen Geschäften und Straßenhändlern bestimmt, deren Umsatz dem Inhaber eine Überlebenschance am Rande des Existenzminimums bietet.[12] Die wirtschaftliche und sozialpolitische Funktion einzelner Großstädte hat in Italien zu einer entsprechenden strukturellen Umformung ihres Umlandes geführt. Städte mit einer bedeutenden Konzentration an wirtschaftlichem Potential werden in einem Land mit einer hohen Arbeitslosenzahl zwangsläufig zum Anziehungspunkt für das ganze Land. Nach Ausschöpfung der Wohnmöglichkeiten in der Stadt selbst entsteht eine Pendlerbewegung zwischen der Hauptstadt und dem Umland durch diejenigen, die außerhalb wohnen, aber täglich zur Arbeit oder zum Studium in die Stadt kommen oder gelegentlich in die Stadt fahren, um die zentralisierten Gesundheits- und Verwaltungsdienste oder die besseren Einkaufsmöglichkeiten in Anspruch zu nehmen. Auch auf die Bevölkerungsentwicklung des Umlandes haben die Großstädte des Nordens einen anderen Einfluß ausgeübt als im Süden. Während um die Großstädte des Nordens *Regioni Funzionali* entstanden sind

(Regionen mit differenzierter Aufgabenverteilung[13]) – um Mailand herum entwickelten sich Brescia, Bergamo, Varese, Como und Pavia mit Einwohnerzahlen zwischen 80000 und 200000 –, findet man im Süden z. B. um Rom herum nur Latina mit knapp 100000 Einwohnern, während das weitere Umland von Rom keine organische Beziehung zum großen Zentrum hat.

Dieser Unterschied in der Gestaltung des Umlandes der Großstädte, ja im gesamten Verstädterungsprozeß des Nordens und teilweise auch Mittelitaliens, hat seinen Grund in der Entwicklung der einzelnen Städte Italiens, die sich manchmal bis zum Jahr 1000 zurückverfolgen läßt, in die Zeit der *Comuni*, der Stadtstaaten, die im Norden sehr ausgeprägt waren – im Gegensatz zum Süden, wo nur Palermo, Neapel und Rom auf eine historische Kontinuität zurückblicken können. Den Städten des Südens fehlen die soliden Wirtschaftsstrukturen der nördlichen Städte, und statt von einer *Regione Funzionale* sind sie oft nur von einer verelendeten Peripherie umgeben.

Die Konzentration bzw. Verteilung bestimmter sozialer Schichten auf die Wohnfläche der Großstädte ist recht verschieden. In Bari, Palermo, Bologna und Turin z. B. wird das historische Zentrum, d. h. der alte Teil der Stadt, vom Subproletariat bewohnt. Die Menschen leben in alten, heruntergekommenen Häusern, die weder Heizung noch sanitäre Einrichtungen haben bzw. etwas, das man annähernd so nennen könnte. Dieser Stadtteil, wie er in deutschen Städten vielfach Gastarbeitern, Studenten und Rentnern überlassen wird, ist umgeben von den Wohnvierteln der unteren und mittleren Schichten sowie den Luxusvierteln der oberen Schichten, soweit diese nicht aus der Stadt gezogen sind und sich in neuen Villenvierteln, wie z. B. San Siro in Mailand, angesiedelt haben. An der Peripherie, die einerseits organisch entstanden ist, andererseits in den Jahren des sog. Wirtschaftswunders in kürzester Zeit erbaut worden ist, um für die Zuwanderer Wohnmöglichkeiten zu schaffen, leben die Arbeiter.

In anderen Städten wie Rom oder Mailand gibt es seit Anfang der siebziger Jahre einen Trend zur Rückkehr ins Zentrum. Hier wurden Sanierungsprozesse für ganze Stadtviertel eingeleitet, wie z. B. in *Trastevere* in Rom, wo dann das alte und neue Großbürgertum die teuren sanierten Wohnungen bezieht. Somit werden hier gewissermaßen die Häuser und ihre Bewohner erneuert. Die alteingesessenen Bürger müssen dem fortschreitenden Sanierungsprozeß weichen, denn sie sind nicht in der Lage, die neuen hohen Mieten zu zahlen. Die letzten Stadtteile, die durch ihr organisches Zusammenwachsen bisher nicht der sozialen Trennung der modernen Stadtbauplanung unterworfen waren, verschwinden. Die Trennung zwischen Sozialschichten wird immer sichtbarer und von der zeitgenössischen Städteplanung bewußt weiter fortgesetzt.[14] Die sog. Schlafstädte für Arbeiter und Angestellte um Mailand herum, zwischen der Stadt und dem Autobahnring, stehen im Kontrast zu *Milano 2* und *3* des ehemaligen Bauunternehmers Silvio Berlusconi, einem neuen Mailand mit Grünanlagen, sauberer Luft und Sportanlagen für die neuen und alten Mitglieder der Mittel- und Oberschicht, die in der finanziellen Lage sind, dort eine Eigentumswohnung zu erwerben.

M. F.

5. Auswandererbewegung

Obwohl heute die jährliche Auswandererquote im Vergleich zu den Anfängen dieses Jahrhunderts fast unbedeutend ist, hat sich an der Art dieses Übels nichts geändert. Nachdem die Auswandererrate zwischen 1891 und 1900 konstant bei knapp 300 000 Personen im Jahr geblieben war, verdoppelte sie sich in den darauffolgenden Jahrzehnten auf 600 000 Auswanderer pro Jahr. Nach Umberto Cassinis[15] soll es im Jahr 1925 schon 16 629 641 Italiener gegeben haben, die seit 1876 schon einmal im Ausland als Auswanderer waren und dort zum Teil länger lebten. Mehr als 7 Millionen davon hielten sich in Europa auf und knapp 8,8 Millionen in Amerika, darunter 5 Millionen in den USA, 2 Millionen in Argentinien und 1,2 Millionen in Brasilien; 239 000 in Nordafrika, vor allem in Ägypten, Tunesien, Algerien und Marokko; 12 000 in Asien und 36 000 in Australien. Im Jahre 1921 zählte Italien 37 856 000 Einwohner. Unter dem Faschismus erlebte Italien nach 1932 bis zum Ende des Zweiten Weltkrieges einen kontinuierlichen Rückgang der

Auswanderungsbewegung. Gründe dafür waren die aggressive Kolonialpolitik des Faschismus in Afrika, durch die Mussolini und seine Berater unter anderem das Problem der italienischen Arbeitslosigkeit zu lösen versuchten, sowie die Sanktionen des Völkerbundes, die es den Italienern fast unmöglich machten, auszuwandern, waren doch damals alle Bürger aufgerufen, am Aufbau einer autarken Wirtschaft, die Italien aus der politischen und wirtschaftlichen Isolierung herausführen sollte, mitzuarbeiten.

Nach dem Ende des Zweiten Weltkrieges erreichte die Auswandererbewegung in kurzer Zeit wieder jene jährlichen Quoten, die man aus den zwanziger Jahren kannte. Nunmehr aber und vor allem seit Mitte der fünfziger Jahre gingen die Italiener verstärkt in europäische Länder: Frankreich, Schweiz, die Bundesrepublik und Belgien. Seit Anfang der siebziger Jahre zeichnet sich infolge der internationalen Wirtschaftskrise, die gleichmäßig alle Industriestaaten erfaßt hat, ein deutlicher Rückgang dieser Bewegung ab. Als Beispiel seien hier Zahlen aus den Jahren 1971 und 1984 verglichen: Im Jahre 1971 gab es 168000 Auswanderer und 129000 Rückwanderer, im Jahre 1984 dagegen 48914 Auswanderer und 77002 Rückwanderer. Anfang der achtziger Jahre wurde die Zahl der Auswanderer also kurzzeitig von der Zahl der Rückwanderer übertroffen. Gegen Ende des Jahrzehnts stabilisierte sich das Aus- und Rückwanderersaldo auf 0,9%.

Die italienischen Regionen, die von der Auswandererbewegung stets stark betroffen waren, sind die Inseln und der Süden. An der Spitze steht Sizilien mit einem Verlust von 850000 Einwohnern, gefolgt von Kalabrien mit 600000, Kampanien mit 400000 und Apulien mit 363000.[16] Nur in Zeiten sehr starker Landwirtschaftskrisen sind die nordöstlichen Randgebiete Friaul und Venetien sowie die Gebirgszonen von Piemont und der Lombardei von der Bewegung ebenfalls betroffen.

Neben der Auswandererbewegung ins Ausland hat es nach dem Zweiten Weltkrieg innerhalb von Italien selbst zwei große Wanderbewegungen gegeben: 1) in den fünfziger Jahren von Ost nach West und 2) seit der Mitte der fünfziger Jahre bis heute von Süden nach Norden. Was die zweite Welle betrifft, so hat man ermittelt, daß es während der sechziger Jahre eine Abwanderungsquote von jährlich knapp 100000 gab, die erst seit 1973 auf 32000 gesunken ist. Im gleichen Zeitraum hatte der *Mezzogiorno* einen durchschnittlichen Verlust (Binnen- und Auslandsauswanderung) von 135000 Einwohnern jährlich und von 72000 in der ersten Hälfte der siebziger Jahre[17] zu verzeichnen.

Es handelt sich hier um eine der größten Umwälzungen der italienischen Gesellschaft seit der Gründung des Königreiches Italien (1861), deren strukturelle Konsequenzen bis heute noch nicht voll erfaßt sind und die eine Reihe von Schwierigkeiten nach sich ziehen wird.

Es wäre verfehlt, aus der rein chronologischen Kontinuität der Auswandererbewegung den Schluß zu ziehen, daß sie im Laufe eines Jahrhunderts keinen Wandel erfahren habe. Faßt man ihre wirtschaftlichen, gesellschaftlichen und politischen Ursachen ins Auge, dann lassen sich drei große Phasen erkennen: Neben der erwähnten Ära des Faschismus, die als qualitative Zäsur (zweite Phase) in die Bewegung eingreift, gibt es die erste Phase von der Einigung Italiens bis zum Ersten Weltkrieg und die dritte Phase, die dem Wiederaufbau (1943–1950) folgte.

Kennzeichnend für die erste Phase war die absolute Notwendigkeit des Auswanderns, um dem Erwerbstätigen und seiner Familie ein Existenzminimum zu sichern, sowie die Tatsache, daß alle italienischen Regionen an dieser Bewegung beteiligt waren. Es war die Zeit des Aufbaus einer nationalen Wirtschaft und eines nationalen Arbeitsmarktes, wofür die unteren Schichten einen hohen Preis bezahlen mußten. Trotz der Ähnlichkeit der wirtschaftlichen Lage in der Zeit der Industrialisierung vor dem Ende des 19. Jahrhunderts und der Zeit des Wiederaufbaus der Wirtschaft in den Nachkriegsjahren nach 1945 lassen sich für die dritte Phase Merkmale herausarbeiten, die eine qualitative Änderung in der Geschichte der Auswanderungsbewegung offenbaren, denn jetzt ist es die Umstrukturierung der italienischen Volkswirtschaft bzw. die politische Entscheidung des Nordens, sich dem hochindustrialisierten Nord- und Westeuropa durch die Römischen Verträge von 1957 anzuschließen und die Landwirtschaft als Absatzmarkt für Industrieprodukte zu betrachten, die die Italiener zu Auswanderern macht. Diese Entscheidung bedeutete nämlich einen geringeren Bedarf an Arbeitskräften in der Landwirtschaft, es sei denn, daß gleichzeitig komplementäre Branchen wie Tierzucht und Weiterverarbeitung von landwirtschaftlichen Erzeugnissen ausgebaut wurden.

Beide Ziele konnten nur durch eine sehr hohe Mobilität der Arbeitslosen erreicht werden, d. h. durch die Landflucht und jene inneren Wanderbewegungen, die bereits erwähnt worden sind. Zur Auswanderung ins Ausland trägt die Umstrukturierung des Arbeitsmarktes auf europäischer Ebene bei, wie sie durch die Römischen Verträge eingeleitet wurde und durch die Ausfuhr von Industrieerzeugnissen in Länder außerhalb der EG verstärkt worden ist.

C. C.

6. Die Ausländer in Italien

Eines der ersten Ergebnisse, welches die Umverteilung der knapper werdenden Arbeitsmöglichkeiten auf dem internationalen Arbeitsmarkt mit sich brachte, war in Italien zu Beginn der siebziger Jahre die Anwerbung von Ausländern. So paradox es klingen mag, Italien mit seinen (1991) 2,662 Millionen = 10,9 % Arbeitslosen hat im Laufe der achtziger Jahre weiterhin in zunehmendem Maße billige Arbeitskräfte eingeführt. Da es Italien ablehnt, sich als Einwanderungsland zu verstehen, obwohl es durch den Export von Industrieprodukten und Technologie in den Mittelmeerraum und in die ehemaligen italienischen Kolonien Äthiopien und Eritrea als solches fungiert, sind die Angaben über die Zahl und die Lage der Ausländer, die in Italien, legal oder von den Behörden geduldet, arbeiten, nicht vollständig. Nach Angaben des *Segretariato Migranti*/Brescia aus dem Jahr 1992 arbeiten in Italien circa 925 172 Ausländer, die aus folgenden Ländern stammen:

	1990		1991		1992	
Marokko	80495	10,3 %	89005	10,3 %	95741	10,3 %
USA	58707	7,6 %	59728	6,9 %	62.112	6,7 %
Tunesien	42223	5,4 %	46393	5,4 %	50405	5,4 %
Eh. Jugoslawien	30121	3,9 %	33928	3,9 %	44650	4,8 %
Philippinen	35373	4,6 %	40965	4,7 %	44155	4,8 %
BRD	41698	5,3 %	39907	4,6 %	39495	4,3 %
Albanien	2034	0,3 %	26381	3,1 %	28628	3,1 %
Großbritannien	26927	3,4 %	27703	3,2 %	28087	3,0 %
Senegal	25268	3,2 %	27119	3,1 %	27572	3,0 %
Frankreich	24674	3,2 %	24953	2,9 %	25395	2,7 %
Ägypten	20211	2,6 %	22406	2,6 %	23515	2,5 %
China	19237	2,5 %	20632	2,4 %	21417	2,3 %
Polen	17201	2,2 %	19098	2,2 %	21221	2,3 %
Brasilien	14555	1,9 %	16939	2,0 %	18751	2,0 %
Schweiz	20066	2,6 %	18077	2,1 %	18225	2,0 %
Sri Lanka	13214	1,7 %	14545	1,7 %	17242	1,9 %
Rumänien	7844	1,0 %	13548	1,6 %	16443	1,8 %
Griechenland	21149	2,7 %	17395	2,0 %	16256	1,8 %
Spanien	14501	1,9 %	14420	1,7 %	15566	1,7 %
Somalia	9660	1,2 %	11853	1,4 %	14973	1,6 %
Argentinien	13116	1,7 %	14837	1,7 %	14871	1,6 %
Ghana	11655	1,5 %	12784	1,5 %	14216	1,5 %
Indien	11412	1,5 %	12115	1,4 %	13382	1,4 %
Äthiopien-Eritrea	12249	1,6 %	12566	1,5 %	13001	1,4 %
Iran	15022	1,9 %	12633	1,5 %	11139	1,2 %
Österreich	8877	1,1 %	8223	1,0 %	8334	0,9 %
Pakistan	6717	0,9 %	7070	0,8 %	7850	0,8 %
GUS	6701	0,9 %	9245	1,1 %	7632	0,8 %
Peru	5385	0,7 %	6396	0,7 %	7493	0,8 %
Kolumbien	5615	0,7 %	6393	0,7 %	7403	0,8 %
Zusammen	621907	80,0 %	687257	79,7 %	735170	79,2 %
Weitere Länder	159231	20,0 %	175720	21,3 %	190002	21,8 %
Insgesamt	**781138**	**100,0 %**	**862977**	**100,0 %**	**925172**	**100,0 %**

Die Frage drängt sich auf, wie sich denn Arbeitslosigkeit und Auswandererbewegung auf der einen Seite und Einwanderung von Arbeitskräften auf der anderen Seite vereinbaren lassen? Es ist richtig, daß im Italien der siebziger Jahre die Einwanderungsquote hoch war, während die Auswanderungswelle zurückging. Es trifft aber auch zu, daß im Norden und in Mittelitalien Vollbeschäftigung erreicht wurde und dort Schwierigkeiten bei der Beschaffung von nichtqualifizierten Arbeitskräften auftraten. Die Italiener verhalten sich – mit entsprechender Verspätung – wie Arbeitnehmer in hochindustrialisierten Ländern hinsichtlich der Ablehnung von Arbeitsplätzen, die gesundheitlich nicht genügend geschützt sind und ein geringes Sozialprestige haben, u. a. in der Stahlindustrie, im Gaststättengewerbe, in der Landwirtschaft und in der Fischerei. Gerade die Tätigkeit von Ausländern in diesen Bereichen und im Süden zeigt die Grenzen der Strategie der Gewerkschaften und der linken Opposition zum Schutz der Arbeitsplätze. Die Konzentration entsprechender Maßnahmen auf den Norden, mit der Hoffnung auf positive Auswirkungen auf den Süden hat dazu geführt, daß die Arbeitsplätze im Süden weniger geworden sind. Die staatlichen Investitionen im Süden wie z. B. für das Stahlwerk von Gioia Tauro (Kalabrien) oder die Chemiewerke in der Basilikata, die sich nach wie vor in einer Dauerkrise befinden, haben, wenn es keine Fehlinvestitionen waren, dazu gedient, Arbeitsplätze für Mitglieder des Mittel- und Klein-Bürgertums zu schaffen, die nicht bereit sind, für eine manuelle Arbeit ihren Sozialstatus aufzugeben. Dies ist auch ein Grund für die rasch fortschreitende Aufblähung der staatlichen Verwaltung.

Außerdem sind die vorhandenen Arbeitsplätze in der Landwirtschaft, der Fischerei und den kleinen und mittleren Handwerksbetrieben, die für die Entwicklung des Südens notwendig sind, durch Investitionen nicht genügend unterstützt und der Konkurrenz der großen Betriebe aus dem Norden ausgesetzt. Ein Beispiel für die Notwendigkeit einer differenzierten gewerkschaftlichen Politik zum Schutz der Arbeitsplätze ist die Lage der Saisonarbeiter in der Fischerei und in der Landwirtschaft, wo im Süden die Mehrheit der Ausländer beschäftigt wird. Die Gewerkschaften haben erreicht, daß kein Arbeitnehmer entlassen werden darf, auch nicht in den Branchen mit Saisonarbeit. Natürlich zieht es deshalb jeder Betrieb vor, für die zusätzliche Saisonarbeit Ausländer zu beschäftigten, die ihm völlig ausgeliefert sind. Die Tatsache, daß die darüber informierten Zentralbehörden nichts gegen diese Mißstände unternehmen, ist dadurch zu erklären, daß „billige und erpreßbare“

Ausländer bewußt als preisdrückender Faktor für die Arbeitskosten gegen den Widerstand politisierter Arbeitsloser beschäftigt werden, die geschützte Arbeitsplätze und neuartige Arbeitsmöglichkeiten fordern.

Die soziale Lage der Ausländer in Italien ist äußerst prekär. Zu den alltäglichen Schwierigkeiten, der Isolierung, den Vorurteilen, der Aggression usw. kommt die soziale Schwäche des Landes hinzu, das keine so gut entwickelten Infrastrukturen hat wie etwa Schweden oder die Bundesrepublik, so daß Konflikte, die im Schulbereich, Gesundheitswesen oder im Wohnungsbereich zwangsläufig entstehen, noch verschärft werden.

Hier liegt sicher eine der schwierigsten Aufgaben, mit denen Italien konfrontiert ist, zumal die politischen und sozialen Kräfte sowie die Öffentlichkeit daran gewöhnt waren, die Ausländer bis zur Verabschiedung des Gesetzes 943 im Jahr 1986 zur Regelung der Einwanderung aus Nicht-EG-Ländern als nichts anderes als ein „vorübergehendes notwendiges Übel" zu verstehen.

Nach dem Einwanderungsstopp aus dem Jahre 1982 und nach dem wenig erfolgreichen Versuch, die Lage der ausländischen Arbeiter nachträglich zu regeln, hat sich das Land erst im Jahre 1990 ein mangelhaftes Rahmengesetz, das *Legge Martelli*, gegeben, das den arbeitenden Ausländern die gleichen Arbeits- und Sozialrechte wie den italienischen Arbeitnehmern zusichert und vorsieht, daß ein Nachzug von Angehörigen nach einem einjährigen rechtmäßigen Aufenthalt des Antragstellers erfolgen kann.

C. C.

Teil IV
Wirtschaft und Gesellschaft

1. Von der *Ricostruzione* bis Ende der sechziger Jahre (1943–1970)

a) Die Entwicklung der Industrie seit dem Wiederaufbau bis Ende der sechziger Jahre

In den zwei Jahrzehnten von 1951 bis 1971 vollzog sich Italiens endgültige Umwandlung in einen Industriestaat, jedoch ohne daß der Beschäftigungsstand von 1951 aufrechterhalten werden konnte.

	1951	1961	1971
It. Bevölkerung [1]	47517537	50632569	54136547
Erwerbstätige	19577280	19592052	18831127
	41,2 %	38,7 %	34,8 %

	1951	1961	1971	1976
Landwirtschaft	42,2 %	28,9 %	17,4 %	15,3 %
Industrie	32,1 %	40,6 %	44,3 %	43,6 %
Dienstleistungssektor	25,7 %	30,5 %	38,3 %	41,1 %

Während die Zahl der Beschäftigten zwischen 1951–71 im Bereich des Dienstleistungssektors und der Industrie ständig zunahm, ging sie in der Landwirtschaft um 24,8 % zurück. In der Tat wurde die Umwandlung der italienischen Gesellschaft eher durch die Abwanderung aus der Landwirtschaft und Zunahme der in der Industrie Beschäftigten eingeleitet als durch eine umfassende Neugestaltung der gesamten Wirtschaft.

Anfang der fünfziger Jahre war die italienische Industrielandschaft durch ein Nebeneinander weniger Großkonzerne und Finanzgruppen und einer Unmenge kleiner Gewerbebetriebe gekennzeichnet, wobei die in den letzteren Beschäftigten vorwiegend in den traditionellen und technologisch veralteten

Bereichen der gewerblichen Produktion tätig waren. Im Gegensatz zu dieser Zersplitterung hatten die wenigen Großkonzerne und Finanzgruppen, wie die Elektrizitätswerke, aufgrund ihrer Konzentration und Technologie eine Monopolstellung innerhalb der italienischen Produktion und Wirtschaft inne, bis sie verstaatlicht wurden. Dieses Ungleichgewicht zwischen den einzelnen Betrieben und den einzelnen Regionen hatte starke Lohn- und Gehaltsunterschiede zur Folge. In diesem Zusammenhang sprach man von *Gabbie Salariali* (regionale Lohnstufen).[2] Die Arbeitswelt im Italien der fünfziger Jahre war, zusätzlich zur Problematik des historischen Nord-Süd-Gefälles, durch die Spaltung der Arbeitnehmer in solche mit sicheren und gutbezahlten Stellen, meistens im Norden, und solche in einer prekären Situation bei niedriger Bezahlung, im restlichen Italien, belastet. Der Industrieanteil der südlichen Regionen entsprach im Jahr 1951 15,5 % der gesamtitalienischen Zahlen und blieb bis 1971 auf diesem Niveau stehen.

Folgende Daten sollen verdeutlichen, wie und warum der Industriezuwachs in der ersten Hälfte der fünfziger Jahre erfolgte. Im Vergleich zu 1952 war 1955 in der Industrie eine Zunahme an Arbeitsplätzen um 2,4 %, an Löhnen und Gehältern um 9,5 %, an Investitionen um 26,6 % und an Produktion um 35,5 % mit einem Zuwachs des Arbeitsertrages von 32,7 % pro Arbeitnehmer zu verzeichnen.[3] Hauptträger dieses Zuwachses in der Industrie der fünfziger Jahre waren die Metall- und Autoindustrie, die Chemiewerke, die Erdölverarbeitung sowie die Herstellung von Haushaltsgeräten, Möbeln und Lederwaren. Die Kraftfahrzeugindustrie, und hier an erster Stelle die *Fiat*-Werke, haben mit ihrer Finanzkraft und dank ihrer Monopolstellung diese Zuwachstendenz erheblich gefördert; sie haben gleichzeitig die politischen Entscheidungen bezüglich der Entwicklung der gesamtitalienischen Industrieproduktion erheblich beeinflußt.

Leider gelang es nicht, weitere wichtige Wirtschaftsbereiche wie Textilindustrie, Nahrungsmittelindustrie, Baugewerbe, Handel und Versorgungsbetriebe, in diese Zuwachsdynamik einzubeziehen. Vielmehr verloren einige von ihnen, z.B. der Textilsektor, ihre Spitzenstellung innerhalb der Industrieproduktion und des Exports und wurden in technologisch unterentwickelte Produktionsbereiche verdrängt, in denen die Produktion von kleineren Betrieben weitergeführt wurde. Die Art der Produktion, eine geringere Produktivität und niedrigere Löhne unterschieden diese Industriezweige deutlich von den erfolgreicheren, die aber nicht in der Lage waren, neue Arbeitsplätze zu schaffen. In dieser Vernachlässigung der Produktion lebensnotwendiger Güter zugunsten billiger und teurer Konsumgüter sehen einige Kritiker den entscheidenden Fehler des sog. italienischen Wirtschaftswunders. Der Konzentration auf die Herstellung von nicht lebensnotwendigen Konsumgütern verdankt das Italien der siebziger Jahre die harte Konkurrenz jener Länder, die zu diesem Zeitpunkt eine positive Industrialisierung durchmachten und/oder über Rohstoff- und Energiequellen verfügten.

Der Verzicht auf eine gleichzeitige Industrialisierung der südlichen Regionen bzw. ihre Begrenzung auf einige staatlich subventionierte Stahl- und Chemiewerke bei Neapel, Matera und Tarent ohne Verflechtung mit einem Netz kleiner und mittlerer Betriebe hat dem Norden in den fünfziger und sechziger Jahren einen bevorzugten Status verschafft, erwies sich aber schon Ende der sechziger Jahre als belastend für das gesamtitalienische Wirtschaftssystem. Gewinn und Ertrag aus Monopolen waren eine weitere Komponente des Wirtschaftswunders, zu deren Abbau der Staat durch sein direktes Eingreifen sicherlich nicht beitrug. Als Unternehmensgruppen, die der Zentralregierung direkt unterstanden, traten das IRI *(Istituto per la Ricostruzione Industriale,* Institut für industriellen Wiederaufbau) und das ENI *(Ente Nazionale Idrocarburi,* Nationalamt für Kohlenwasserstoffe) zwischen 1952 und 1955 mit Investitionen in Höhe von 353 Milliarden Lire auf dem italienischen Finanz- und Industriemarkt auf. Gemessen an den 2000 Milliarden Lire, die durchschnittlich von einzelnen Konzernen zur selben Zeit investiert wurden, hielt sich das Investitionsvolumen der staatlichen Unternehmen in höchst bescheidenem Rahmen.

Das IRI war von der Republik vom Faschismus übernommen worden. Sein Ziel war und ist es, gefährdete private Unternehmen, die im nationalen Interesse tätig sind, zu unterstützen. Im Laufe von drei Jahrzehnten, seit Kriegsende, ist es dem IRI gelungen, ohne Enteignungen und Verstaatlichungen ganze Industriebereiche zu übernehmen.

Das ENI wurde im Jahr 1953 unter der Leitung des Ingenieurs Enrico Mattei mit dem doppelten Auftrag gegründet, erstens, um im Bereich der Chemieproduktion, vor allem der Düngemittelherstellung, das Monopol privater Unternehmen zu brechen, und zweitens, um das Monopol der multinationalen Erdölkonzerne bei der Versorgung der italienischen Wirtschaft mit Erdöl durch direkte Handelsverträge mit Erdölproduzenten wie Libyen und Iran zu brechen.

Zweifellos haben IRI und ENI durch ihre Tätigkeit in Italien und im Ausland einen wichtigen Beitrag zur Stärkung der italienischen Wirtschaft der fünfziger und sechziger Jahre geleistet, sowohl durch die Schaffung neuer Arbeitsplätze als auch durch die Neugestaltung der Produktion und des Arbeitsmarktes als auch durch eine erfolgreiche Politik der Energie- und Rohstoffversorgung, die für das Fortbestehen der italienischen Produktion lebenswichtig ist. Im Jahre 1956 wurde das *Ministero delle Partecipazioni Statali* (Ministerium für staatliche Beteiligungen) geschaffen. Dieses versuchte, ENI und IRI so zu lenken, daß es erstens möglich wurde, in die wichtigsten Finanz- und Wirtschaftsbereiche des Landes verstärkt einzugreifen, und zweitens, die unterentwickelten Regionen Italiens bei ihrer Industrialisierung zu unterstützen, und drittens, mit den Entwicklungsländern zusammenzuarbeiten. ENI und IRI stellten sich die Aufgabe, einen Modellversuch zu Ende zu führen, mit dem ein neuer Weg zur Weiterentwicklung nationaler Wirtschafts- und Finanzpolitik eingeschlagen werden sollte.

Im Laufe der sechziger Jahre zeigte sich aber als einziges Ergebnis die Loslösung von IRI und ENI von der *Confindustria* (Dachverband der Industrieunternehmer) und ihr Einsatz als politisches Machtmittel, ohne daß es jedoch dem Ministerium für staatliche Beteiligungen gelungen wäre, der Tendenz zur Monopolbildung in der freien Marktwirtschaft erfolgreich entgegenzuwirken. Die *Confindustria* hat ihrerseits ENI und IRI stets bekämpft, da sie in beiden Institutionen eine störende Einmischung in die Freiheit privaten Unternehmertums sah, obwohl IRI und ENI von ihren ursprünglichen Zielen so weit abgekommen waren, daß sie kein Gegenmodell mehr zu privaten Wirtschafts- und Finanzunternehmen darstellten. Durch die Schaffung von ENI und IRI war auch ein neuartiges Bürgertum entstanden, eine Art *Borghesia di Stato* (staatliches Bürgertum), das aufgrund seiner schnellen Ausbreitung zu Beginn der siebziger Jahre unter dem Namen *Razza Padrona* bekannt wurde.[4]

Inzwischen gehören zu ENI folgende Unternehmen: auf dem Erdölsektor: AGIP und SNAM; auf dem Chemiesektor: ANIC; in der Stahlindustrie: *Nuovo Pignone* und *Savio*; im Planungs- und Baubereich: *Saipem* und *Snaprogetti*; auf dem Textilsektor: *Lanerossi*; im Bergbau: *Samin*. IRI umfaßt seinerseits: *Finsider, Finmeccanica, Fincantieri* und SME auf dem Stahlsektor; *Stet, Finmare, Alitalia* und RAI-TV im Dienstleistungsbereich; *Banca Commerciale Italiana, Credito Italiano, Banca di Roma* und *Banco di Santo Spirito* auf dem Bank- und Finanzsektor; *Autostrade* im Bereich der Infrastrukturen und *SPA*, eine Gesellschaft zur Beteiligung an privaten Aktiengesellschaften.

Als drittes Glied in der Kette von Unternehmen der *Partecipazioni Statali* (Staatliche Beteiligungen) wurde das EFIM gegründet, das folgende verschiedenartige Konzerne umfaßt: *Breda Finanziaria*, SAFIM, ATI, *Export Efim, Istituto Ricerche Breda* (Breda-Forschungsinstitut), *Breda Progetti e Costruzioni* (Breda-Planung und Bau) und *Breda Ferroviaria* (Breda Eisenbahn).[5]

Durch diese massive und direkte Beteiligung an der Wirtschafts- und Finanztätigkeit des Landes hat sich die Regierung eine völlige Kontrolle des Staatsapparates im ganzen Land gesichert, ohne jedoch fähig zu sein, auf die unwirtschaftlichen Ausgaben und die Leistungsfähigkeit einiger ihrer Unternehmen Einfluß zu nehmen, die seit Ende der sechziger Jahre die gesamte Entwicklung und Produktivität des Landes beeinträchtigt haben. Schon im Jahre 1961, zur Zeit des sog. Wirtschaftswunders, erhoben sich erste warnende Stimmen, sich keinen Illusionen hinzugeben, denn die bevorstehenden Entwicklungs- und Produktionsprobleme seien zahlreich und die vorhandenen Möglichkeiten sollten deshalb besser ausgeschöpft werden.[6]

Die Zuspitzung der politischen Krise des Zentrismus im Stile von De Gasperi, die mit dessen Rücktritt (1953) eingeleitet worden war, war für viele eine warnende Vorwegnahme der wirtschaftlichen Rezession, wie sie in den Jahren 1963/64 eintreten sollte. Der italienische *Miracolo Economico* (Wirtschaftswunder) war ohne ein Modell, ohne eine Entwicklungsstrategie entstanden. Die Gewinne wurden nicht zum Wohl der Gesamtheit neu investiert, sondern kamen nur wenigen privaten Unternehmern zugute. Die Kapitalakkumulation diente vor allem der Steigerung der Produktivität und in geringerem Maße der Schaffung neuer Arbeitsbereiche. Die Arbeitslosigkeit konzentrierte sich deshalb auf die unproduktiven Bereiche, wie den öffentlichen Dienst und den gesamten Tertiärsektor. Im Lauf der fünfziger und sechziger Jahre stieg die Zahl der Gehaltsempfänger schneller als die der Lohnempfänger. Der gleiche Vorgang wiederholte sich in den siebziger Jahren, auch wenn dieses Mal eine Verringerung des Gefälles zwischen Löhnen und Gehältern zu verzeichnen war und die Löhne teilweise sogar die Gehälter einholten.

Von der Krise der Kapitalakkumulation während der sechziger Jahre wurden Landwirtschaft und Baugewerbe hart getroffen. Bei letzterem konnte nur durch massives Eingreifen des Staates, besonders durch Vergabe von Aufträgen und Gewährung von Subventionen, größerer Schaden abgewendet werden.

In den Jahren 1963/64 waren 65 % der landwirtschaftlichen Betriebe unproduktiv oder arbeiteten am Rande des Existenzminimums, mit einer Zuwachsrate, die niedriger lag als die der damaligen Entwicklungsländer wie Jugoslawien und Griechenland. Die Agrarkrise führte zu einer Verschlechterung der Außenhandelsbilanz, schwächte die Wirtschaftslage der südlichen Regionen und förderte die Landflucht. Infolge der Landflucht kam es in den großen Städten des Nordens zu einer starken Nachfrage auf dem Wohnungsmarkt und zu einem hohen Bedarf an sozialen Infrastrukturen, die nur durch massive staatliche Investitionen teilweise befriedigt werden konnten. Gleichzeitig wurde der Bauspekulation Tür und Tor geöffnet, da die Städte über keine rechtlichen Mittel verfügten, um das Baugewerbe zur Einhaltung städtischer Bebauungspläne zu zwingen. Keine Stadt hatte z. B. daran gedacht, Bauland zu erwerben, um es als unverkäufliche Nutzfläche privaten Bauunternehmen anzubieten und somit der Spekulationspolitik der Banken, Finanzgruppen und Finanzierungsinstitute wirksam entgegenzutreten.

G. R.

b) Zwischen wirtschaftlicher Krise und Öffnung nach links (Centro-Sinistra)

Als Krisen- und Inflationsfaktor hatte sich die übermäßige Nachfrage nach Konsumgütern erwiesen. Schuld daran war das Steigen der Löhne und Gehälter, das einen Anstieg der Preise, eine Minderung der Gewinne und eine Verschlechterung der Außenhandelsbilanz mit sich gebracht hatte. Die damalige Regierung reagierte wie bei der Inflationsbekämpfung in der Nachkriegszeit: Die Kredite wurden gekürzt, die Nachfrage nach nichtlebensnotwendigen Konsumgütern gedrosselt, die Preise stabil gehalten und die Außenhandelsbilanz saniert. Ein Nachteil dieser rein währungspolitischen Maßnahmen war ein Rückgang der Produktion, der Beschäftigung und der Investitionen. Wie schon im Jahr 1947 waren 1963/64 diese Maßnahmen das einzige Instrument, das vom Staat zur Bekämpfung der Rezession angewandt wurde, ohne daß gleichzeitig ein Ausgleich zwischen staatlichen Ausgaben und Steuereinnahmen angestrebt wurde. Die Deflationspolitik wurde auf Kosten der Investitionen und der Konsumnachfrage praktiziert, obwohl die wirtschaftlichen Voraussetzungen für ein wirksames Eingreifen des Staates durchaus gegeben gewesen wären, wenn die Inlandsnachfrage besser gesteuert worden wäre. Außerdem wollte man die Krise durch verstärkte Förderung der Exporte bewältigen, da man zusätzliche Schwierigkeiten im Falle eines Stagnierens des Außenhandels befürchtete.[7] Auf diese erste Rezession folgten bis in die siebziger Jahre kurze Aufschwünge und lange Phasen der Stagnation.

Zur industriellen Entwicklung des Wirtschaftswunders hatten die positive Entwicklung der Zahlungsbilanz, die durch den Fremdenverkehr und die Geldüberweisungen der Italiener aus dem Ausland begünstigt wurde, und die steigenden Gewinne der Unternehmer in anderthalb Jahrzehnten beigetragen, während die Lohn- und Gehaltserhöhungen stets hinter der Produktivitätszunahme lagen.

Eine neuere Ursache der Rezession entdeckte man in den zunehmenden Spannungen innerhalb der Arbeitswelt. Während in den fünfziger Jahren das Leben in den Betrieben sehr schwierig gewesen war, hatte die Kapitalakkumulation keinen Widerstand hervorgerufen. Die Industrie erzielte innerhalb des *Reddito Nazionale Lordo* (Bruttovolkseinkommen) in den fünfziger Jahren einen Zuwachs von 104% gegenüber 18% in der Landwirtschaft. Die Gewerkschaften waren völlig machtlos. Die Stellung der Unternehmer war durch die Maßnahmen des *Centrismo* zur Unterstützung der Landwirtschaft und des Südens, durch die Agrarreform von 1950–60 und die Gründung der *Cassa per il Mezzogiorno* (1950) sowie – paradoxerweise – auch durch die Verstaatlichung der Stromproduktion gestärkt worden (s. S. 207).[8]

Weder das Leben in den Betrieben noch die Gestaltung der Arbeitswelt waren als gewerkschaftliches und wirtschaftliches Problem begriffen worden. Ein 16tägiger Streik bei den Alfa-Romèo-Werken in Mailand war die erste, nicht zu übersehende Warnung, daß die neue Arbeitergeneration mit der täglichen Steigerung der Produktion und einer weiteren Verschlechterung der Lebensqualität nicht mehr einverstanden war. Damit begannen die Streikwellen, die die Jahre von 1962–64 kennzeichneten.

Als erste Reaktion auf diese Wiederaufnahme der gewerkschaftlichen Tätigkeit in den Betrieben fand eine Kapitalflucht ins Ausland statt, und es kam zu außerparlamentarischen Versuchen, die *Apertura a Sinistra* (Öffnung nach links) rückgängig zu machen. Die Protestwelle von 1960 gegen die Regierung Fernando Tambroni (DC) hatte zu erkennen gegeben, daß die breite Masse nicht mehr bereit war, Regierungen zu dulden, die mit Hilfe der Neo-Faschisten des MSI gegen sie regieren wollten.

Um diese unhaltbare politische Lage zu überwinden, bildete Fanfani im Jahre 1962 die erste Regierung, die von außen durch den PSI unterstützt wurde. Ihr folgte ein *Governo Balneare* (Badesaison-Regierung) zur Überbrückung der sommerlichen Ferienzeit und zur Vorbereitung des *Centro-Sinistra-Organico,* einer organischen Mitte-Links-Koalition, mit direkter Beteiligung des PSI unter dem DC-Parteisekretär Moro.

Zwischen 1963 und 1974 hat die Führung der DC zwölf Koalitionsregierungen mit allen nur denkbaren Zusammensetzungen (unter Ausschluß des neofaschistischen MSI und des PCI) gebildet. Hauptziel aller dieser Koalitionsregierungen war die *Programmazione Economica*, die Planung einer Finanz- und Wirtschaftspolitik. Ihre Ausarbeitung und Durchführung ist trotz langwieriger Verhandlungen stets an den Gegensätzen zwischen dem alten wirtschaftlichen und politischen Machtblock um die Parteien DC, PLI und PSDI und den neuen Koalitionsmitgliedern aus dem PSI und PRI gescheitert. Nur widerwillig stimmten die ersteren den von der Linken verlangten, notwendigen Reformen zu, während die letzteren nicht stark genug waren, um sie allein durchzusetzen.

Die angestrebte *Programmazione Economica* erhielt immer wieder neue Bezeichnungen. So sprach die Presse von Utopie, vom „Buch der Träume“ und von der Tragikomödie derjenigen, die Einigkeit zwischen Unternehmern und Gewerkschaften sowie PCI forderten, aber weiterhin untereinander um diese Einheit stritten. Durch die geplanten Reformen wollten die Mitte-Links-Regierungen einen Ausgleich in der italienischen Gesellschaft bewirken, deren Wohlstand zwar ständig wuchs, ohne jedoch einen Durchbruch im Sinne einer sozioökonomischen Erneuerung zu erzielen, der allen zugute gekommen wäre.

Das Manifest der angestrebten Wirtschaftsplanung wurde unter der Bezeichnung *Nota Aggiuntiva alla Relazione sul Bilancio del 1962* (Nachtrag zur Haushaltsdebatte 1962) von dem Republikaner La Malfa vorgelegt. Kernthese des Manifestes war: „Indem wir die Probleme zur Überwindung der grundlegenden Unterschiede im Lande in die Mitte der zukünftigen Wirtschaftspolitik stellen (...), werden wir im Rahmen eines kontinuierlichen und starken Wachstums des gesamten Wirtschaftssystems eine relevante Änderung in der Festlegung des Konsums und der Investitionen erzielen, so daß die Weichen für eine progressive Befriedigung der Bedürfnisse der Bürger einer Gesellschaft mit hohem Einkommen gestellt sind, zu der die italienische bald zählen wird, die aber von sich aus und spontan nicht in der Lage wäre, dies zu verwirklichen.«[9]

Dieser Wille zum Einsatz des Volkseinkommens für soziale Ziele, kurz *Politica dei Redditi* (Einkommenspolitik) genannt, setzte eine Einkommenssteigerung voraus, die die Produktivität ausgleichen sollte, zu einem Zeitpunkt, als die Gewerkschaften eine Verbesserung der Reallöhne durchsetzten und die Industrie mit einer Drosselung der Investitionen reagierte. Nichtsdestoweniger ließen sich die Verfechter der *Programmazione* nicht davon abbringen, neue Pläne zu schmieden. Im Jahre 1964 entstand die *Bozza di Programma Quinquennale 65–69* (Entwurf zu einem Fünf-Jahres-Programm), auch Giolitti-Plan genannt, der später zum *Programma Economico Nazionale 66–70* (Nationales Wirtschaftsprogramm 66–70) bzw. Pieraccini-Plan wurde, aber erst im Juli 1967 vom Parlament verabschiedet wurde. Die kurzfristigen Ziele des Pieraccini-Plans waren: eine jährliche Steigerung des Bruttosozialproduktes um jahresdurchschnittlich 5% zur Erreichung der Vollbeschäftigung; der Einsatz von 40–45% der Neubeschäftigten in Süditalien in den nicht zur Landwirtschaft gehörenden Bereichen und namentlich in der Industrie, um auf diese Weise ein langfristig gesünderes Verhältnis zwischen den in Süditalien Beschäftigten gegenüber den in Gesamtitalien beschäftigten Arbeitnehmern zu gewährleisten; eine Steigerung der für soziale Zwecke verwendeten Mittel auf 26–27%; diese Mittel sollten, je nach Dringlichkeit, dem Schulwesen, der Berufsausbildung, der wissenschaftlichen Forschung usw. zugewiesen werden. Die Gesamtinvestitionen in den fünf Jahren zwischen 1966 und 1970 beliefen sich auf 43 830 Milliarden Lire, davon 17 950 Milliarden für Sozialinvestitionen und 24 880 für direkte, produktive Kapitalanlagen (Landwirtschaft, Industrie und Dienstleistungen, Reserven).[10]

Zwei Jahre nach der Verabschiedung des Pieraccini-Plans durch das Parlament legte die *Centro-Sinistra*-Regierung das *Progetto 80* (Plan 80) als Einleitung zum *Piano 71–75* vor. Im *Progetto 80* waren eine Modernisierung und ein Ausgleich der Produktionsstrukturen des Landes vorgesehen. Um den Widerstand gegen diese Reformpläne zu brechen und ihnen ein Minimum an Realisierbarkeit zu sichern, zogen es die Experten der Wirtschaftsplanung vor, dem Parlament jeweils nur auf einzelne Sektoren und auf ein Jahr begrenzte Pläne vorzulegen. Gegen Ende der siebziger Jahre wurde mit dem Pandolfi-Plan ein letzter Versuch unternommen, der jedoch kläglich scheiterte, da für seine Verabschiedung durch das Parlament keine Mehrheit zustande gekommen wäre, obwohl der Plan sorgfältig ausgearbeitet worden war und in der Öffentlichkeit Zustimmung gefunden hatte. Da diese Erwartung nicht in Erfüllung ging, fühlte sich sogar die ausländische Presse veranlaßt, darüber zu berichten. Hier eine Darstellung aus der *Süddeutschen Zeitung*: „Der italienische Schatzminister Filippo Maria Pandolfi (DC) hat unlängst einen 90 Kapitel umfassenden Drei-Jahres-Plan vorgelegt, der die Voraussetzungen dafür schaffen soll, daß Italiens wirtschaftliche Entwicklung wieder mit der Wirtschaftsentwicklung Europas Schritt halten kann. Dieser Strukturplan soll am 1. Januar 1979 in Kraft treten. Er sieht vor allem eine Verminderung der öffentlichen Verschuldung und der Staatsausgaben vor. Die öffentliche Kreditaufnahme soll von 16,5 % des Bruttosozialproduktes im Jahr 1978 auf 14,7 % im darauffolgenden Jahr gesenkt werden. Die Gesamtausgaben des Staates sollen beschnitten werden, ohne daß jedoch die Investitionsausgaben nachlassen! Im Gegenteil, fast 10 Milliarden Mark sind zusätzlich für die Schaffung neuer Arbeitsplätze vorgesehen. Je die Hälfte dieses Betrages soll durch ausländische Anleihen und durch höhere Steuern aufgebracht werden. Mit Hilfe des Pandolfi-Plans soll bis Ende 1980 mindestens eine halbe Million neuer Arbeitsplätze entstehen. Es ist vorgesehen, daß die Löhne nicht mehr stärker steigen als die Inflationsrate. Auch soll der Kampf gegen die Steuerflucht verstärkt werden. Von der Bereitschaft aller Parteien, diese Opfer vor ihren Wählern zu vertreten, wird es abhängen, ob die Minderheitsregierung Andreotti das Sanierungswerk rechtzeitig und unverwässert beginnen kann." [11] Die Bereitschaft der Parteien ging jedoch nicht so weit. Andreotti trat zurück, die Sanierung wurde vertagt.

Die Aufnahme der *Programmazione Economica* in das Regierungsprogramm der *Centro-Sinistra*-Koalition war die Voraussetzung, die den PSI dazu bewog, der Koalition beizutreten. Neben diesem Versuch, die privaten den gesellschaftlichen Interessen unterzuordnen, setzte der PSI außerdem die Verstaatlichung der Stromproduktion, eine ausgewogene Regionalplanung, die Demokratisierung der Schule und die Ankurbelung der Landwirtschaft durch staatliche Investitionen auf das Koalitionsprogramm. Vor allem mußte das Komitee für Wirtschaftsplanung (CIPE), das vom *Ministero del Bilancio e della Programmazione Economica* (Ministerium für Haushalt und Wirtschaftsplanung) beauftragt worden war, die zahlreichen Initiativen zur Durchführung des Plans in Gang zu setzen und zu koordinieren, gegen Widerstände aus den eigenen Reihen kämpfen. Gegen das CIPE arbeiteten die Zentralbürokratie des *Ministero del Tesoro* (Schatzministerium), die *Ragioneria Generale dello Stato* (Allgemeines Rechnungsamt des Staates) sowie die *Cassa per il Mezzogiorno* und die *Partecipazioni Statali* (Staatliche Beteiligungen) – ein klassisches Beispiel dafür, wie private Interessen mit Hilfe staatlicher Organe gegen den Staat selbst verteidigt werden können.

Als erster Erfolg der *Centro-Sinistra*-Reformpolitik kann der Kampf gegen das Strommonopol, an dessen Spitze der Finanz- und Wirtschaftskonzern Edison stand, angesehen werden. Mit Unterstützung des *Governatore della Banca d'Italia* (Präsident der Bank von Italien) Guido Carli erhielten die von der Verstaatlichung betroffenen Gesellschaften eine Entschädigung in Höhe von 1500 Milliarden Lire in Form von Staatsobligationen, von denen 50% nicht weiter produktiv investiert wurden. Allein mit dem Anteil des Edison-Konzerns wurde die Fusionierung der Edison-Gruppe mit den Chemiewerken Montecatini in Montedison finanziert. Mit der Verstaatlichung der Stromproduktion und der Gründung des ENEL *(Ente Nazionale Energia Elettrica)* im Jahre 1962 begann der Untergang eines alten Typs von Unternehmertum; es entstand aber gleichzeitig eine Managergeneration, die immer stärker dazu neigen sollte, die *Partecipazioni Statali* (Staatlichen Beteiligungen), an die das ENEL angeschlossen wurde, wie private Unternehmen zu führen.

Im Jahre 1962 wurde eine Steuer auf Dividenden und Einkünfte aus Grund- und Hausbesitz eingeführt. Diese Steuer, als *Cedolare Secca* bekannt, wurde mit 50 % angesetzt, jedoch bald auf 30 % gesenkt und später als Vorauszahlung auf die Jahressteuererklärung de facto rückgängig gemacht. Die Reaktion auf ihre Ankündigung war wie immer eine Kapitalflucht ins Ausland und ein Zusammenbruch der Börse. Es fand in diesem Bereich keine durchgreifende Reform statt. Aktiengesellschaften, Monopole und Steuersystem wurden davon nicht betroffen. Erst im Jahr 1974 wurde die Gründung der CONSOB *(Commissione Nazionale per le Società e la Borsa)*, eines Nationalausschusses zur Kontrolle der Aktiengesellschaften und der Börse, vom Parlament beschlossen.

Als zweiter voller Erfolg der *Centro-Sinistra*-Reformpolitik soll hier die Einführung der *Scuola Media Unica* (Einheitsmittelschule) erwähnt werden. Es handelt sich hier um einen Teilerfolg, dem weitere Reformen folgen können, wenn die *Scuola Media Superiore* (Obere Mittelschule) und die Universität in die Umgestaltung des Bildungswesens einbezogen werden (siehe S. 351 ff.).

Nach diesem ersten Durchbruch wurde die Reformpolitik der *Centro-Sinistra*-Koalition zunächst gebremst, dann gestoppt. Die DC war durch die Angst verunsichert, sie sei zu weit nach links abgerutscht. Die Wähler reagierten jedoch anders, und zum ersten Mal, bei den Wahlen von 1963, erhielten die Christdemokraten weniger als 40 % der abgegebenen Stimmen.

In der Tat war der ganze Staatsapparat gegen die Reformpolitik eingestellt gewesen. Erst mit einigen Jahren Verspätung sollten die Italiener erfahren, daß der SIFAR *(Servizio Informazioni delle Forze Armate*, Nachrichtendienst der Streitkräfte) seit 1956 politische Spionage getrieben hatte und daß im Hauptquartier der *Carabinieri* ein Putschplan mit einer vollständigen

Namensliste von Personen vorlag, die bei einem Putsch verhaftet werden sollten.

Die späteren Jahre der *Centro-Sinistra*-Politik sind durch die Unmöglichkeit einer Zusammenarbeit zwischen den Hauptakteuren DC und PSI gekennzeichnet. Die DC neigte zwar zu einer Öffnung nach links, war jedoch stets bereit, Rückzieher zu machen. Der PSI war zwar an der Regierung beteiligt, löste aber bei Auftreten der ersten Schwierigkeiten sofort eine außerparlamentarische Regierungskrise aus. Fast ein Jahrzehnt lang (1962–69) versuchten die Parteien der *Centro-Sinistra*-Koalition, eine gemeinsame Politik zu finden. Das Scheitern der Fusionierung von PSI und PSDI in PSU (1966–69) bedeutete schließlich die endgültige Absage an die *Centro-Sinistra*-Politik, ohne daß jedoch der PSI die Regierung verließ. Aus dem Führungsvakuum, das die Zeiten der *Centro-Sinistra*-Koalitionen kennzeichnete, zogen die Sozialpartner Nutzen. *Confindustria* auf der einen Seite und die Gewerkschaften auf der anderen hatten inzwischen ihre Stellung so weit unabhängig voneinander ausgebaut, daß der sog. heiße Herbst nur zu einer allzu logischen Folge des Scheiterns der Reformpolitik wurde (s. S. 223ff.).

Die Wirtschaftspolitik der *Centro-Sinistra*-Regierungen selbst hatte sich immer mehr auf die Angleichung der Löhne und Gehälter, auf die Sicherung der Renten, auf die Subventionen für die in Schwierigkeiten geratenen Unternehmen und auf die Unterstützung in jedem Bereich des öffentlichen Lebens konzentriert. Sie förderte eine Wirtschaft, die zu keiner Renditen-Akkumulation führte, eine Wirtschaft, die nicht fähig war, aus sich heraus weiter zu wachsen, sondern ein immer höheres Maß an staatlicher und privater Verschuldung zu ihrer Erhaltung erforderte. Dies war die Folge der Unfähigkeit, eine ausgeglichene Haushaltspolitik zu betreiben, die Steuereinnahmen zu sichern und die öffentlichen Ausgaben im einzelnen festzulegen und zu überwachen. Die *Politica dei Redditi* (Einkommenspolitik) gestaltete sich so unübersichtlich, daß sie in kurzer Zeit zu einem *Giungla delle Retribuzioni* (Dschungel der Löhne und Gehälter) wurde, wogegen erst in den späteren siebziger Jahren etwas unternommen wurde.[12]

Um die weitere Wirtschaftsentwicklung in den Griff zu bekommen und die Nachfrage nach qualifizierten Konsumgütern und Dienstleistungen zu steuern, war mit dem *Progetto '80* (Plan '80) eine Führungsreform der staatlichen Wirtschaft ausgearbeitet worden, die jedoch durch die Wirtschaftskrise am Ende der sechziger Jahre zum Scheitern verurteilt war. Zur Verschärfung der Krise trugen u.a. die Kapitalflucht ins Ausland bei, die die an und für sich positive Außenhandelsbilanz nach unten drückte, und die ständig zunehmenden Arbeitskämpfe in den Betrieben. Die Verschlechterung der Wirtschafts- und Finanzlage zu Anfang der siebziger Jahre hatte zur Folge, daß die Reformpolitik von einem Mittel zur gerechten Verteilung der Wachstumsgewinne zu einem Instrument der Sicherung des Wachstums überhaupt wurde.

G.R.

c) Die Landwirtschaft

„Um eine rationelle Bewirtschaftung des Bodens zu erreichen und um gerechte soziale Verhältnisse zu schaffen, legt das Gesetz dem privaten Grundbesitz Verpflichtungen und Beschränkungen auf; es bestimmt die Grenzen seiner Ausdehnung je nach Region und landwirtschaftlicher Zone, fordert und verordnet die Bodenverbesserung, die Umbildung der Latifundien und die Wiederherstellung der Produktionseinheiten und hilft dem Klein- und Mittelbesitz." Aufgrund dieser Bestimmungen von Art. 44 der Verfassung entstand in der Nachkriegszeit unter der Führung der *Federterra*, einer Bauernorganisation unter kommunistischer Führung, eine Kleinbauern- und Tagelöhnerbewegung mit dem Ziel der Besetzung jener Ländereien, die verlassen waren und brachlagen. Angesichts der feudalistischen Landbesitzverhältnisse, wie sie sich im Süden behauptet hatten, war in diesen Regionen die genannte Bewegung am stärksten. Es kam zu blutigen Auseinandersetzungen, als im Jahre 1949 Tagelöhner von Melissa (Kalabrien) Ländereien besetzten, die seit 16 Jahren nicht mehr bestellt worden waren. Die *Carabinieri* schossen auf die Landbesetzer, es gab drei Tote und etwa 50 Verletzte unter den Tagelöhnern. Trotz erfolgreicher Niederschlagung dieses Versuchs sah sich die Regierung gezwungen, eine Agrarreform einzuleiten, nachdem sie auch vom regierungstreuen Bauernverband *Federazione dei Coltivatori Diretti* (Bund der Landwirte) unter Druck gesetzt worden war.

Die Agrarreform von 1950 erfaßte zehn Zonen in den Regionen Sizilien, Kalabrien, Basilikata, Kampanien, Sardinien, Molise, Abruzzen, Latium, Romagna und Venetien mit einer Gesamtfläche von 8,5 Millionen ha. Sie wurde im Jahre 1960 als abgeschlossen betrachtet. Insgesamt wurden 750000 ha enteignet und an 100000 besitzlose Tagelöhnerfamilien weitergegeben. Bei Einleitung der Agrarreform zählte Italien 6 Millionen Besitzlose, die in der Landwirtschaft beschäftigt waren! Jede Familie erhielt durchschnittlich 6 ha Land zugewiesen, die ihr ein Existenzminimum verschafften. Es gelang jedoch nicht, diesen Familien auf Dauer zu helfen, wie es allgemein auch nicht gelang, der Landwirtschaft durch die Agrarreform eine bessere Zukunft zu sichern. In Verbindung mit der Agrarreform wurden keine landwirtschaftlichen Genossenschaften gebildet, und keiner unter den Neulandbesitzern verfügte über ausreichende Mittel, um sich auf eine mechanisierte Landwirtschaftsproduktion umzustellen. Da die Fläche der zugeteilten Betriebe klein war und das notwendige Kapital fehlte, wurde die dringend erforderliche Modernisierung nicht durchgeführt. Der *Ente per la Riforma Agraria* (Amt für Agrarreform), das über seine lokalen Vertretungen den Bauern bei der Überwindung von Anfangsschwierigkeiten und bei der Erprobung neuer Produktionsverfahren helfen sollte, erwies sich durch die Art der Verteilung der Subventionen als eine politische Kontrollinstanz; denn die Subventionen wurden nach parteipolitischen Kriterien an die Antragsteller verteilt.

Der einzige Erfolg der Agrarreform im Süden lag in der Tatsache, daß die Generation, die davon betroffen war, nicht wie die vorhergehende und die darauffolgende dazu gezwungen war, das Land zu verlassen und in den *Treni della Speranza* (Züge der Hoffnung) abzuwandern. Um die Landflucht einzudämmen, nahm die Regierung durch die *Cassa per il Mezzogiorno* (Hilfsfonds für Süditalien) in der Mitte der fünfziger Jahre eine Anzahl von Investitionen vor, die die dortigen Verhältnisse durch die Schaffung sozialer Infrastrukturen verbessern sollten. Zwischen 1951 und 1971 verteilte die *Cassa* 21000 Milliarden Lire. Diese Subventionen wurden nach dem sog. *Finanziamenti a Pioggia* (Gießkannenprinzip) verteilt: es wurden dabei keine gezielten Projekte finanziert, denn dafür hätten die lokalen Behörden eine umfassende Planung ausarbeiten müssen. Man zog es vielmehr vor, die Subventionen an private Unternehmer zu verteilen oder die Entwicklung notwendiger Infrastrukturen zu subventionieren. Das alles trug zweifellos dazu bei, den Lebensstandard der *Meridionali* (Süditaliener) zu heben. Die Bauindustrie erlebte einen beachtlichen Aufschwung, auch wenn wegen der mangelnden Kontinuität der Subventionen nur kurzfristig Arbeitsplätze geschaffen wurden.

Mit der Gründung von drei weiteren Kreditanstalten: *Istituto per lo Sviluppo dell'Italia Meridionale* (ISVEIMER: Institut für die Entwicklung Süditaliens), *Istituto Regionale Finanziamento Industria in Sicilia* (IRFIS: Regionalinstitut zur Finanzierung der Industrie Siziliens), *Credito Finanziario Sardo* (CFS: Sardinische Kreditanstalt) im Jahre 1957 setzte sich die Regierung für eine Industrialisierung des Südens, d.h. für produktive Investitionen ein, und zwar zu einem Zeitpunkt, als die Lage der Industriearbeitnehmer sich folgendermaßen entwickelte:[13]

Industriearbeitnehmer	*1951*	*1961*	*1971*
Nord-West	2552024	3064353	3234845
Nord-Ost	1235259	1579825	1684595
Mitte	1009503	1326184	1435286
Süd	1492947	1993093	1995335
Insgesamt	6289733	7963455	8350061

Die drei Kreditanstalten sollten ihrem Auftrag gemäß den Unternehmern Kredite zur Verfügung stellen, teilweise zu einem besonders günstigen Zinssatz, teilweise mit subventionierten Rückzahlungen, um den Aufbau von Industriezentren im Süden zu ermöglichen. Die Tatsache, daß bis in die achtziger Jahre hinein der Industrie im Süden kein Durchbruch gelungen ist, hat ihre Ursache in der Spaltung des italienischen Arbeitsmarktes, die in Italien bewußt aufrechterhalten wird, wobei dem Süden stets eine untergeordnete Rolle zugewiesen worden ist: er sollte sowohl Absatzmarkt als auch Reservoir billiger Arbeitskräfte sein.

Nach der Agrarreform wurden keine weiteren Maßnahmen zur strukturellen Erneuerung der Landwirtschaft getroffen. Durch das Einwirken der Maschinenbauindustrie kam es zu einer Mechanisierung der Landwirtschaft in den Regionen, wo diese produktiv war und notwendige Investitionen infolge der entsprechenden Gewinne vorgenommen werden konnten. Die Verwendung von Düngemitteln, von chemischen und mechanischen Unkrautvertilgern und die Anschaffung von landwirtschaftlichen Maschinen trugen zu einer wesentlichen Steigerung der Erträge bei.

Zur Bekämpfung der Landflucht und zur Ankurbelung der Landwirtschaft in den weniger entwickelten Regionen wurden zwischen 1961 und 1976 zwei *Piani Quinquennali per lo Sviluppo dell'Agricoltura* (Fünf-Jahres-Pläne zur Entwicklung der Landwirtschaft), der *Piano Verde I* und *II* (Grüner Plan I und II), durchgeführt. Sie unterstützten die Kleinbauern beim Aufbau des Hofes, beim Kauf von Vieh und bei der Anschaffung landwirtschaftlicher Maschinen. Auch wenn die einzelnen Familienbetriebe dadurch nicht in die Lage versetzt wurden, mit der Agrarproduktion in der EG in Wettbewerb zu treten, lag der Erfolg dieser Maßnahmen in der Tatsache, daß eine völlige Abwanderung der Landbevölkerung verhindert wurde; und die Landwirtschaft konnte in jenen Regionen erhalten werden, wo sie dann in der zweiten Hälfte der siebziger Jahre unter veränderten Bedingungen und mit anderer Zielsetzung eine gewisse Belebung erfuhr.[14] Dennoch ging die Zahl der Beschäftigten in der Landwirtschaft zwischen 1961 und 1971 von 28,9% auf 17,4% zurück (s. Tabelle S. 196).

Nach der ersten vollständigen Bestandsaufnahme in der Landwirtschaft im Jahr 1961 soll es in Italien 4,3 Millionen Betriebe mit knapp 26 Millionen Hektar Nutzfläche gegeben haben. Laut ISTAT war die Zahl der Betriebe im Jahr 1975 auf 2664177 gesunken und die Nutzfläche auf 22410344 ha zurückgegangen. Wenn man davon ausgeht, daß sich die land-

und forstwirtschaftlich nutzbaren Flächen auf knapp 22,5 Millionen Hektar beliefen, ergibt sich ein Verhältnis von 8,4 ha auf einen Betrieb.

Zu diesem Wandel haben nicht nur die Landflucht bzw. der Ausbau der Industrie und der nicht immer notwendige Ausbau des Dienstleistungsbereiches mit seinen sicheren und besseren Löhnen und Gehältern, sondern auch die Mechanisierung der Landwirtschaft und deren technische Erneuerung beigetragen, – Erneuerung in dem Sinne, daß die Landwirtschaft auch in den schwächeren Regionen nicht zur Selbstversorgung gezwungen war. Vielmehr hat sie sich im Lauf der sechziger und siebziger Jahre immer mehr auf verschiedene Produktionsbereiche spezialisiert, wobei diese Spezialisierung teilweise durch staatliche Subventionen gefördert wurde.

Zu den traditionellen Agrarerzeugnissen Italiens gehören: Kartoffeln, Mais und Weizen, darunter der hochwertige *Grano Duro* (Hartweizen), der für die Teig- und Backwaren-Industrie im ganzen Süden angebaut wird. Mit Spanien und Frankreich gehört Italien zu den europäischen Ländern, in denen Reis in nennenswertem Umfang angebaut wird, was für den Export innerhalb der EG wichtig ist. Überall in Italien wird Wein angebaut. Die Weinproduktion ist völlig industrialisiert. Die Erschließung aller Weingebiete und die Klassifizierung der Weine bedeutete für die Weinproduktion eine Verbesserung der Qualität und größere Erträge. Typisch für den Süden bleibt der Anbau von Oliven, obwohl dieser auch in der Toskana und in Ligurien betrieben wird, wie auch der Anbau von Zitrusfrüchten. Obst und Gemüse, die zu den Hauptexportartikeln in die nördlichen Länder der EG zählen, werden überall an den Küsten angebaut. Eine Besonderheit der italienischen Agrarproduktion sind der Anbau von Hanf (in Kampanien), von Tabak (Kampanien, Venetien, Abruzzen und Apulien) und von Zitrusfrüchten wie Bergamotten (in Kalabrien), die als Grundstoff für Parfüm verwendet werden. Die Blumenzucht bleibt weiterhin eine Spezialität der Küste Liguriens. Um den Bedarf an Zucker im Land zu decken, werden in Venetien, Emilia-Romagna und Kalabrien immer größere Flächen mit Zuckerrüben bebaut.

Die Hauptgebiete der Viehzucht und deren Verteilung auf nationaler Ebene haben im Laufe der siebziger Jahre kaum Veränderungen erfahren. Für die Jahre 1973–76 zeigt die Statistik folgende Werte (Angaben in Tausend):[15]

	Rinder	*Schafe*	*Ziegen*	*Schweine*	*Pferde*	*Esel*	*Maultiere*
1973	8487	3847	948	8201	249	205	138
1974	8243	3699	958	8814	250	184	127
1975	8529	3626	940	8888	253	168	119
1976	8813	3659	948	9097	264	163	114

Hauptzentren der Rinderzucht sind weiterhin die Lombardei, Piemont und Emilia-Romagna und Venetien, dagegen sind Sardinien, Sizilien, Apulien und Kalabrien die Regionen mit dem größten Anteil von Schafen und Ziegen. Pferde werden in der Lombardei, Latium, Sizilien und Apulien gezüchtet. Im ganzen Süden setzt man in unverminderter Zahl Esel und Maultiere als Lasttiere ein. Die Toskana, Marken, Umbrien, Latium, Abruzzen und Kampanien weisen in jedem Bereich der Viehzucht Mittelwerte auf. Als Hauptprodukte der Viehwirtschaft findet man in Italien (Angaben in Tausend Doppelzentner, bei Wolle und Seidenkokons nur in Doppelzentner):

	1974	*1975*	*1976*
Fleisch	25 242	25 089	26 365
Milch	92 702	91 475	93 429
Butter	710	620	655
Käse	5 183	5 003	5 110
Eier	6 307	6 322	6 380
Wolle	113 822	115 768	119 272
Seidenkokons	5 767	3 986	1 751

Die Probleme der italienischen Landwirtschaft in den sechziger und siebziger Jahren waren primär nicht die der Produktivitätssicherung, sondern die der Eingliederung in die EG-Agrarproduktion sowie die veränderten Konsumgewohnheiten der Italiener. In den ersten 30 Jahren der Republik haben sich die Italiener in der Ernährung weitgehend von Teigwaren auf Fleisch umgestellt. Der Fleischkonsum ist um 300 % gestiegen. Die Tierzucht ist jedoch durch die Steigerung der Nachfrage und durch den Konkurrenzdruck europäischer Exportländer wie der Bundesrepublik und Holland in Schwierigkeiten geraten. Zusätzliche Schwierigkeiten für die italienische Agrarwirtschaft, vor allem in den südlichen Regionen, wurden vom Beitritt weiterer Mittelmeerländer wie Spaniens und Portugals zur EG sowie von der Mitgliedschaft Griechenlands erwartet, da diese Länder aufgrund niedrigerer Arbeitskosten konkurrenzfähiger sind.

Benachteiligt fühlen sich die Italiener auch durch die Subventionsprioritäten, wie sie in den siebziger Jahren von der EG festgesetzt wurden. 72 % der Subventionen aus dem EG-Haushalt werden zur Stützung der Preise von Weizen, Zucker, Rindfleisch, Milch und Butter verwendet, 25 % für die Förderung von Wein, Blumen, Eiern, Geflügel usw. und nur 2,5 % beträgt die zusätzliche Unterstützung, die den italienischen Landwirten bei der Erzeugung von Hartweizen und Olivenöl gewährt wird. Die Förderungssätze für Wein und Blumen liegen z.B. weit niedriger als die für Rindfleisch und Butter.

Wenn man von den Ausgaben für Ernährung ausgeht, die in Italien einen Durchschnitt von 34,5 % gegenüber 26 % im EG-Durchschnitt und 17,1 % in der Bundesrepublik betragen, kommt man zu dem Schluß, daß die Subventionen des *Fondo Europeo di Orientamento* und *Garanzia Agricola* (Europäischer Ausrichtungs- und Garantiefonds für die Landwirtschaft) zur Sicherung des Existenzminimums der Landwirte in der EG ungerecht verteilt sind. Durch die erwähnten Prioritäten bei der Gewährung von Subventionen ergibt sich ein Überschuß an Milch, Käse, Getreide, Fleisch, Zucker und Fetten, der weitere Subventionskosten verursacht, die für produktivere Vorhaben verwendet werden könnten.

Unter den Schutzmaßnahmen, die im Zuge der Eingliederung Italiens in die EG-Agrarpolitik von der italienischen Regierung getroffen wurden, sind Subventionen von 1000 Milliarden Lire zu erwähnen, die zur Stützung des Getreidepreises in zehn Jahren aufgewendet wurden. Das entspricht dem Wert von zwei Ernten.

Zur Förderung der Landwirtschaft wurden in Italien im Laufe der siebziger Jahre zwei wichtige Entscheidungen getroffen:

die Gründung des *Fondo Regionale* (Regionalfonds) im Jahre 1974 und das Gesetz *Quadrifoglio* von 1977. Aufgabe eines *Fondo Regionale* war die Koordinierung und Lenkung der Agrarproduktion innerhalb der einzelnen Regionen durch staatliche Subventionen. Nach dem Gesetz *Quadrifoglio* sollten den *Fondi Regionali* von 1978 bis 1988 7000 Milliarden Lire von der Zentralregierung zur Verfügung gestellt werden, um den Stand der übrigen europäischen Landwirtschaft zu erreichen sowie die Produktion im Hügelland, die Forstwirtschaft, insbesondere die Aufforstung, zu verbessern und die Bekämpfung der Arbeitslosigkeit in der Landwirtschaft zu ermöglichen.

Seit der zweiten Hälfte der siebziger Jahre hat die Sanierung der Landwirtschaft auch ein besonderes Sozialproblem mit sich gebracht, denn es ging um die Abschaffung rückständiger Arbeitsverhältnisse wie der *Mezzadria* (Halb- oder Teilpacht), um die Verbesserung verlassener Ländereien (im Jahre 1980 sind weitere 2000000 ha hinzugekommen) und um die Sicherung aller Sozialleistungen für die im Agrarsektor Beschäftigten. Jedoch konnte die Sanierung nicht nur durch ständige Subventionen erfolgen. Für die Landwirtschaft müssen vielmehr Voraussetzungen geschaffen werden, die sie zu einer lohnenden Tätigkeit für neue Generationen von Landwirten machen. Die Lösung dieser Probleme liegt keineswegs an italienischer Kompetenz, was z.B. an der Tatsache deutlich wird, daß in Kalabrien urtypisch kalabresische Käsesorten aus von Bayern importierter Käsemasse hergestellt werden.

G. R.

d) Die Bauindustrie

Durch die Landflucht der fünfziger und sechziger Jahre war in Italien die Nachfrage nach Wohnungen, besonders nach Sozialwohnungen, in den Industriezentren und deren Umland sehr rasch und stark gestiegen, nachdem sich dort die aus dem Osten und Süden abgewanderten Arbeitskräfte niedergelassen haben. Ebenso rasch erfolgte die Erneuerung des Stadtbildes in jenen Städten, die sich während des *Miracolo Economico* (Wirtschaftswunder) ein moderneres und funktionaleres Profil gaben. Um die Bauspekulation einzudämmen, legte der *Ministro dei Lavori Pubblici* (Minister für öffentliche Arbeiten) im Jahre 1962 dem Ministerrat einen Entwurf vor, wonach den Gemeinden das Recht eingeräumt werden sollte, im Rahmen ihrer Bauplanung Bauland zu erschließen und dieses an private Bauwillige abzugeben. Die Opposition aus der eigenen Partei, der DC, zwang jedoch Minister Fiorentino Sullo, den Entwurf zurückzunehmen und freiwillig aus der Regierung auszuscheiden.

In den späteren Jahren der *Centro-Sinistra*-Koalition unternahm ein PSI-Minister als erster den Versuch, die Entwicklung der Bauindustrie durch ein Rahmengesetz zu lenken. Mit der *Legge Ponte* (Brücken-Gesetz) aus dem Jahre 1967 wurden dem Wachsen der Städte jährlich Grenzen gesetzt und bestimmte Auflagen gemacht, gleichzeitig aber erlaubte das Gesetz der Bauindustrie, in dem Jahr vor Inkrafttreten des Gesetzes fünfmal soviel zu bauen, wie vom Gesetz geplant war.

Ein weiteres Gesetz, mit dem die Regierung versuchte, den Ausbau der Städte in den Griff zu bekommen, setzte den Gemeinden eine Frist von fünf Jahren zur Verabschiedung eines Bebauungsplanes durch den Stadtrat bzw. Gemeinderat. Das Fehlen entsprechender Subventionen für die Gemeinden ermöglichte es diesen jedoch nicht, das Bauland, das in den Bau- und Entwicklungsplan der betreffenden Gemeinde einbezogen war, zu enteignen, und somit konnte gegen die Bauspekulation nicht wirksam vorgegangen werden. Das Gesetz zur Regelung der Enteignung von Bauland konnte erst im Jahre 1971 verabschiedet werden, nachdem Gewerkschaften, Hausbesetzer und *Baraccati* (Bewohner von Barackensiedlungen) durch Demonstrationen, Hausbesetzungen und Zerstörung der eigenen Baracken die Öffentlichkeit dazu bewogen hatten, für eine soziale Wohnungspolitik einzutreten. Dem Grundbesitzer sollte nach dem Gesetz von der Gemeinde ein Enteignungspreis bezahlt werden, der aufgrund des Preises für landwirtschaftliche Grundstücke zu einem festgelegten Satz zu errechnen war. Das Gesetz wurde von der Opposition gegen den Widerstand eines

Drittels der DC-Mehrheit verabschiedet. Die Festlegung der Enteignungsmodalitäten wurde aber um fünf Jahre verschoben und erst im Jahre 1978 durch das Gesetz des *Equo Canone* (angemessene Miete) vervollständigt. Das Verfassungsgericht hat sie dann überprüft und als verfassungswidrig erklärt.

Das Wohnungsproblem ist für viele Italiener nach wie vor ungelöst (s. Abschnitt S. 320ff.); dies bedeutet aber nicht, daß es der Bauindustrie schlecht ginge. Nachdem die privaten Bauunternehmer und Großbaufirmen in den sechziger Jahren die Peripherie der Großstädte in sog. Schlafstädte verwandelten und ihre Bauten damit selbst entwerteten, interessieren sich nun zunehmend große Fremdenverkehrsanlagen für neue Bauvorhaben, für die Gestaltung von Erholungsgebieten und für die Sanierung alter Stadtkerne.

Trotz der gesetzlichen Bestimmungen zur Finanzierung privater Eigenheime und Eigentumswohnungen, die eine staatliche Krediterteilung an den Bauherrn bzw. Erwerber vorsehen, florieren die Immobilienfirmen und Baufinanzierungsinstitutionen seit Anfang der siebziger Jahre. Durch den Anstieg der Baupreise um durchschnittlich 25–30% pro Jahr, der angeblich nur durch die Inflation verursacht sein soll, erzielen sie zusätzlich große Gewinne.

G. R.

e) Die Confindustria (Dachorganisation der Arbeitgeber)

Der Wiederaufbau der *Confindustria* erfolgte in der Nachkriegszeit unter dem Schutz der Alliierten. Die Wirtschaftshilfe durch die Alliierten, die UNRRA und der Marshall-Plan, die Wiederaufnahme der Friedensproduktion, das Fehlen politischer Gegner wie der Gewerkschaften und linker Parteien in den Betrieben und die Risikofreudigkeit bei dem Neubeginn waren die Voraussetzungen für den Erfolg der *Confindustria*, als sie sich an die Aufgabe machte, die Produktion und die Gewinne aufzuteilen und die Wirtschaftspolitik für Italien festzulegen. Diese privilegierte Stellung konnte die *Confindustria* während der *Centro*-Politik halten, d.h. von 1945–1954, solange die Führung des Landes und der DC in den Händen De

Gasperis lag. Nach der Absage der *Confindustria* an die *Centro-Sinistra*-Politik, wie sie von Aldo Moro auf dem Parteitag der DC in Neapel angekündigt wurde, löste sich der Unternehmerverband Anfang der sechziger Jahre von der DC und ging eine enge Bindung mit dem PLI ein. Die Trennung von *Confindustria* und DC befreite die letztere als führende Partei im Lande von einem starken außerparlamentarischen Druck. Das so entstandene politische Vakuum in der Regierungssphäre schuf für das *Sottogoverno* weitere Ausbreitungsmöglichkeiten. Das Wort *Sottogoverno* besagt soviel wie „die Regierung unter der Regierung, also eine Regierung gegen das Volk, eine unsichtbare Regierung, eine Art von legalisierter Mafia, eine makabre Parodie auf den Staat, der nur das Vollzugsorgan von 16 Leuten ist, die sich im Halbdunkel halten".[16]

Nach dem harten Kampf um die Verstaatlichung der Stromproduktion und um die Gründung der *Partecipazioni Statali* leitete die *Confindustria* einen ständigen Widerstand gegen die Reformpolitik der *Centro-Sinistra*-Regierungen ein, da sie eine Verwirklichung der geplanten Reformen wie die Enteignung von Bauland, die Investitionslenkung, die Reform der Aktiengesellschaften und Börsengeschäfte und die Versteuerung von Dividenden fürchtete. Jede Ankündigung einer neuen *Programmazione Economica* (Wirtschaftsplanung) wurde bekämpft und von der *Confindustria* als Einmischung des Staates in die freie Marktwirtschaft abgelehnt, obwohl der Staat selbst der Industrie seine Unterstützung nie verweigert hat.

Als Beispiel für die damaligen Beziehungen zwischen der *Confindustria* und der Wirtschaftspolitik des Staates sei hier die Weiterentwicklung der Elektrizitätsgesellschaft *Edison* nach deren Verstaatlichung angeführt. Infolge der hohen Entschädigung, die sie erhielt, blieb die *Edison*-Gesellschaft eine der größten Wirtschafts- und Finanzgruppen Italiens. Im Jahre 1966 fusionierte sie mit den Chemie-Werken *Montecatini.* Aus der Fusion entstand *Montedison,* ein Chemiekonzern von europäischen Ausmaßen. Mit einem Kapital von 709 Milliarden Lire und einem Anteil von 80 % an der Chemieproduktion des Landes stellte sich der neue Konzern an die Spitze der italienischen Industriegesellschaften. Inzwischen war das ENI nach dem Tode seines Gründers, Enrico Mattei, in Finanzschwierigkeiten geraten. Der neue Präsident des ENI, Eugenio Cefis, begann im Jahre 1969 den Sturm auf die *Montedison*-Gesellschaft, um deren Konkurrenz zu den eigenen ENI-Werken unter Kontrolle zu bringen. Im Jahre 1971 gelang es ihm, Präsident der AG-*Montedison* zu werden. Nun begann der zweifache Präsident Cefis, die *Confindustria* und einen Teil der Presse unter seinen Einfluß zu bringen.

Die *Montedison*-Gesellschaft war durch ihren neuen Präsidenten von einem reinen Chemiekonzern in ein politisches Machtinstrument umgewandelt worden. Anstatt eine Politik der Gewinnmaximierung zu verfolgen, schlug Cefis den Weg zur politischen Macht ein. Der spätere Präsident der *Montedison*-Gesellschaft, Cesare Merzagora, gab zu, daß während der Amtszeit seines Vorgängers die *Montedison* „schwarze Kassen" zur Unterstützung politischer Parteien, von den Neo-Faschisten bis zu den Sozialisten, angelegt hatte. Diese Methode der politischen Einmischung und Kontrolle war aber kein Novum, da sie bereits von Mattei, dem Gründer des ENI, erfolgreich praktiziert worden war.

Das traditionsreiche bürgerliche Unternehmertum im Stil von Giovanni Agnelli (*Fiat*) und Leopoldo Pirelli (Kabel/Gummi) war von der neuen Taktik so überrascht, daß es nicht in der Lage war, gegen die Verflechtung von rein politischen und rein wirtschaftlichen Interessen Widerstand zu leisten. Es wurde zu einem Rückzug in die Betriebe gezwungen. Einige Privatunternehmen wie *Fiat-Citroën* und *Pirelli-Dunlop* hatten durch internationale Zusammenarbeit ihre Stellung auf dem Binnenmarkt jedoch festigen können.

In den Betrieben wuchs der Widerstand der Gewerkschaften, die, nachdem sie die schwierige Aufgabe, sich zu organisieren, hinter sich hatten, nunmehr eine gemeinsame Arbeitsstrategie anstrebten und sich strikt weigerten, die Produktivität um „täglich" neue Prozentsätze zu steigern. Die *Confindustria* ihrerseits tat sich schwer, angesichts der ersten Streikwelle am Anfang der sechziger Jahre eine gemeinsame Haltung einzunehmen. Erst mit dem *Documento Pirelli* von 1970[17] gelang es einem Teil von ihr, sich in einem fortschrittlichen Flügel zusammenzuschließen und den Gewerkschaften ein eigenes *Progetto '80* vorzuschlagen, um unter anderem die politische Macht der Bürokratie in Rom *(Sottogoverno)* einzudämmen. Es handelt sich hier um den Versuch eines Bündnisses zwischen Privatkapital und Arbeitnehmern gegen die unwirtschaftliche und parasitäre Führung des *Sottogoverno*. Obwohl es der *Confindustria* durch die beispielhafte Politik von *Fiat* und das erwähnte Pirelli-Abkommen gelungen war, sich von ihrer allzu konservativen Wirtschaftspolitik zu lösen, konnte sie an der Verringerung der Gewinne nicht viel ändern, da sie nach wie vor zur Selbstfinanzierung gezwungen war, um ihre Unabhängigkeit von den Banken und von jeglicher Form von Verschuldung zu wahren.

Die Kreditanstalten hatten inzwischen mit staatlichen Mitteln die Expansion der *Partecipazioni Statali* so weit finanziert, daß sie de facto neue Monopole, wie auf dem Chemie- und Stahlsektor, aufgebaut hatten und darüber hinaus begannen, sich an Privatunternehmen wie *Olivetti* (Schreibmaschinen- und Elektronikkonzern) zu beteiligen.

Produktivität und Gewinnsteigerung setzten eine gewisse politische Handlungsfreiheit bei der Arbeitsgestaltung in den Betrieben voraus. Die Sicherung der Reallöhne, die nicht durch zusätzliche steuerliche Lasten für den Arbeitnehmer geschwächt werden sollen, setzt eine Beteiligung an sozialen Leistungen voraus. An diesen für das Italien der sechziger Jahre sehr wichtigen und schwer zu vereinbarenden Forderungen scheiterte der Pirelli-Plan. Statt, wie vereinbart, den Weg der Zusammenarbeit zu gehen, kam es zu einer heftigen Konfrontation zwischen den Sozialpartnern. Hier lag die lähmende Schwäche der *Centro-Sinistra*-Politik. Sie hatte eine Erneuerung des Gebrauchs der politischen Macht eingeleitet, von der jedoch die Organe der Staatsmacht unberührt blieben. Die Sozialpartner, die zweifellos den Willen hatten, sinnvolle Beziehungen zueinander aufzubauen, wurden durch die rückständigen Formen der Machtausübung im Staat daran gehindert.[18]

Das Ergebnis dieser Schwäche des neuen politischen Kurses war der *Autunno Caldo* (heißer Herbst) von 1969 mit einem

Verlust von 38 Millionen Arbeitsstunden infolge der Streikwelle und der damit verbundenen Unruhen.

G. R.

f) Die italienischen Gewerkschaften: CGIL, CISL und UIL

Nach den ersten Erfahrungen mit Arbeitskämpfen aus den Jahren 1963/64 zeigten sich die italienischen Gewerkschaften bei den Konflikten am Ende der sechziger Jahre wesentlich selbstbewußter. Sie hatten an Handlungsautonomie gegenüber den politischen Parteien gewonnen. Diese hatten die Unvereinbarkeit der Arbeit in der Partei mit einer Tätigkeit in den Gewerkschaften anerkannt. Sie erfuhren aufgrund der Zunahme ihrer Mitgliederzahl, vor allem auf dem Metallsektor, eine Stärkung. Durch die Abschaffung der *Gabbie Salariali*, der regional bedingten Lohnunterschiede, wurde der Arbeitsmarkt zugunsten der Arbeitnehmer vereinheitlicht. Angesichts der Versuche der Arbeitgeber, die Produktionsquoten bei gleichbleibender Arbeitsqualität zu erhöhen, einerseits und des fast völligen Fehlens einer sinnvoll geplanten Sozialpolitik andererseits reagierten die Gewerkschaften bei den jährlichen Verhandlungen zur Erneuerung der Tarifverträge mit erhöhter Konfliktbereitschaft.

Unbekümmert darüber, daß sich eine viel schwerwiegendere Rezession als in den Jahren 1963/64 abzeichnete, beschäftigten sich die gescheiterten Mitte-Links-Regierungen mit *Leggine* (Mini-Gesetzen)[19] zur Verteilung der restlichen Gewinne des Wirtschaftswunders. Die Zahl der Beschäftigten, die im Jahr 1964 auf 20500000 angewachsen war, war 10 Jahre später auf 18500000 zurückgegangen bei einem Verlust von 2 Millionen Arbeitsplätzen. Trotzdem wurden die Anfänge der Unruhewelle des Jahres 1968 von Regierung, Gewerkschaften, Arbeitgebern und politischen Parteien als eine Angelegenheit der Studenten abgetan. Keiner von ihnen vermochte die Tragweite der Bewegung richtig einzuschätzen. Schon im Jahre 1969 kam es zum ständigen Eingreifen der Betriebsräte bei integrierenden Vermittlungsverhandlungen mit der Betriebsleitung. Die anfängliche Ablehnung der stagnierenden Lebensbedingungen und der Restrukturierung der Produktion auf der Basis von weiteren Schichten und Akkordarbeit führte schließlich dazu, daß keine Verhandlungsregeln mehr beachtet wurden.

Die Gewerkschaftsspitze sah sich gezwungen, jeder Forderung der Basis nachzugeben. Bis dahin war es die *Camera del Lavoro* (Arbeitsbüro) der Gewerkschaften gewesen, die die Arbeitskämpfe organisiert und geführt hatte. Die Linksparteien schenkten dieser wachsenden Kampfeslust der Basis keine Beachtung. Sie überließen sie sich selbst mit dem Ergebnis, daß die Spitze der Bewegung in unzählige Gruppierungen zerfiel.

Über die Daten des *Autunno Caldo* herrscht immer noch Unklarheit.[20] Viele Millionen Arbeitsstunden gingen verloren; an den Demonstrationszügen und Generalstreiks beteiligten sich bis zu 15 Millionen Arbeiter. Die Metallarbeiter, die an der Spitze der Bewegung standen, setzten in den Verhandlungen für die Erneuerung des Tarifvertrages für das Jahr 1969 die 40-Stunden-Woche mit einer Verteilung auf fünf Tage durch sowie eine Begrenzung der Akkordarbeit, ferner eine Angleichung der Sozialleistungen für Arbeiter und Angestellte bei Arbeitsunfällen und im Krankheitsfall. Diese ersten Erfolge wurden 1970 durch das Gesetz Nr. 300, das den Namen *Statuto dei Lavoratori* (Arbeiterstatut) trägt, sanktioniert. Es garantiert den Arbeitnehmern das Recht auf Versammlungsfreiheit in den Betrieben, bezahlte Freistellung für politische und gewerkschaftliche Tätigkeit, Meinungsfreiheit am Arbeitsplatz, Abschaffung der schwarzen Listen bzw. der Gesinnungsschnüffelei, wie sie bis dahin üblich gewesen war.

Die übermäßige Inanspruchnahme dieser Garantien während der siebziger Jahre hat die Arbeitgeber und andere Gruppen innerhalb der Arbeitswelt wiederholt dazu veranlaßt, eine Überprüfung des *Statuto dei Lavoratori* zu fordern. Einer solchen Forderung nachzugeben, hätte für die junge Generation von Arbeitnehmern aber eine Kriegserklärung bedeutet und zu schwer absehbaren Konsequenzen geführt. Gerade die jungen Arbeiter revoltierten gleichzeitig gegen die Arbeitsbedingungen und die gewerkschaftliche Disziplin, sie verlangten eine unmittelbare Beteiligung an der Betriebsführung in Form der *Comitati Unitari di Base* (einheitliche Basiskomitees), sie kämpften ferner gegen Fließbandarbeit und die Methoden der Arbeitsgestaltung und sahen oft in der Arbeit keine gesellschaftliche Notwendigkeit mehr.

Nach dem heißen Herbst von 1969 begannen die drei wichtigsten Gewerkschaften CGIL, CISL und UIL wieder von gewerkschaftlicher Einheit zu sprechen. Die *Confederazione Generale del Lavoro* (CGL) hatte sich im Jahre 1948 im Zusammenhang mit dem Mordanschlag auf den PCI-Führer Togliatti in drei Gruppen gespalten: CGIL (Kommunisten und Sozialisten), CISL (Katholiken) und UIL (Republikaner und rechter Flügel des PSI). Die CGIL zählte im Jahre 1949 knapp 5 Millionen Mitglieder, die aber zu Anfang der sechziger Jahre fast um die Hälfte zurückgegangen waren. Die CISL hat ihre Anhängerschaft vorwiegend in den Angestelltenverbänden ausgebaut, ohne jedoch eine klare Position innerhalb der Gewerkschaftsbewegung zu beziehen. Erst infolge des heißen Herbstes setzte sich die CISL gegen Akkordarbeit und Überstunden und für eine neue Arbeitsqualität in den Betrieben ein. Im Jahre 1972 unterzeichneten die drei Hauptgewerkschaften einen Einheitspakt und gründeten damit die *Federazione Unitaria* (Gewerkschaftsbund) der italienischen Gewerkschaften. Die Einigung der Gewerkschaften bedeutete zweifellos eine Stärkung der Arbeiterbewegung. Arbeitgeber und *Confindustria* hätten sie nur allzu gern zu einem Instrument der Beschwichtigung während der Arbeiterunruhen der siebziger Jahre gemacht. Die *Centro-Sinistra*-Politik unterstützte zwar den Aufbau der Einheitsgewerkschaft, konnte ihren Forderungen jedoch nicht stattgeben. Angesichts der großen Anzahl der notwendigen und von der Öffentlichkeit verlangten Reformen konnte die Koalition nicht einmal die dringendsten Projekte durchführen. So gelang es den Mitte-Links-Regierungen nicht, eine tiefgreifende Reform der Sozialversicherung und weiterer Sozialleistungen zu verwirklichen, weil sie gleichzeitig befürchteten, daß damit die Arbeitskosten durch steuerähnliche Belastungen bzw. zahlreiche Arbeitgeber- und Arbeitnehmerabgaben noch weiter steigen würden.

Die Arbeitskämpfe von 1969 und den folgenden Jahren wurden ein Jahrzehnt später für das Ende der positiven Entwicklung der italienischen Wirtschaft mitverantwortlich gemacht. In der Tat waren in diesem Zeitraum keine bedeutenden Investitionen mehr getätigt worden, und es war kein Zufall, daß die Zunahme der Investitionen von Auslandskapital mit dem Rückgang der italienischen Investitionen zusammenfiel. Ausländische Kapitalgeber hatten im Jahre 1961 für 100 Milliarden Lire italienische Wertpapiere erworben. Zwischen 1963 und 1970 wuchs das in Italien investierte Auslandskapital auf 2000 Milliarden Lire an. Davon wurden nur einige Hunderttausend Millionen in neue Industrieanlagen investiert. Das Auslandskapital entwickelte sich jedoch weiter in jenen Bereichen der Wirtschaft, wo ihm eine Übernahme der Marktlenkung möglich war. So gelang es in den Jahren 1965–68 einigen amerikanischen multinationalen Gesellschaften zusammen mit anderen ausländischen Finanzkonzernen, 45 % des Erdölmarktes, 74 % der Elektronik und 20 % der Chemie- und Stahlwerke unter ihre Kontrolle zu bringen. Zu weiteren Auslandsbeteiligungen, aber in wesentlich geringerem Maße, kam es in der Lebensmittel-, Glas- und Elektrogeräte-Produktion.[21]

Beim Export gab es einen spürbaren Rückgang, und zwar sowohl infolge veralteter Technologie als auch wegen der Begrenzung auf klassische Exportprodukte wie Textilien, Schuh- und Lederwaren, Möbel und Haushaltsgeräte. In den sechziger Jahren kam es in der Industrie zu keinen weiteren umfassenden Restrukturierungen wie in den Stahlwerken der fünfziger Jahre. Einige Unternehmen konnten jedoch durch Investitionen in Ostblockländern, z. B. die *Fiat*-Werke in Polen und in der UdSSR, auf dem Binnenmarkt gestärkt auftreten. Auf das Fehlen neuer Ziele für die Entwicklung der Industrie und der Landwirtschaft antworteten die Unternehmer mit einer spontanen Zentralisierung der Finanzen und der Industrie, mit der Automatisierung der zentralen Bereiche ihrer Produktion und mit der Verteilung der Arbeit auf kleine, mittlere und Familien-Betriebe. Damit wurde sicherlich eine Rationalisierung der Produktion bei gleichzeitiger Senkung der Arbeitskosten erreicht, doch führte dies zu keinem Zuwachs im produktiven Bereich. Die Schwierigkeiten, mit denen zahlreiche Betriebe im Laufe der sechziger Jahre zu kämpfen hatten, förderten den

Zustrom von Auslandskapital nach Italien und eine geradezu explosive Zunahme der *Partecipazioni Statali* (staatliche Beteiligungen).

Trotz der Neugestaltung der Beziehungen zwischen den Sozialpartnern war es nicht möglich, die Allmacht der staatlichen Verwaltung, insbesondere des *Sottogoverno*, in einigen Bereichen der Produktion zu brechen, wodurch unproduktive staatliche Ausgaben hätten verhindert werden können. Die rasche und starke Zunahme des Tertiärsektors von 30,5 % im Jahre 1961 auf 41,4 % im Jahre 1976 (für das Jahr 1982 wird sie auf 52,1 % festgelegt) bedeutete eine zusätzliche unkontrollierte Belastung der produktiven Bereiche der Landwirtschaft und der Industrie.

Die *Centro-Sinistra*-Koalition entschloß sich, mit einigen *Decretoni* (Verordnungen)[22] einzugreifen, um die Wirtschaft bei gleichzeitigem Rückgang der Nachfrage auf dem Binnenmarkt und der Investitionen zu stützen und den Export von Waren, Kapital und Arbeitskräften zu forcieren, und zwar zu einem Zeitpunkt (Anfang der siebziger Jahre), als die Dollarkrise gerade auf Europa übergriff und die sog. erste Erdölkrise Italien und ganz Europa vor neue Probleme stellte. Mit der Lira außerhalb des EG-Währungssystems konnte Italien zwar einen Gewinn- und Preisanstieg erreichen, eine Spekulationswelle aber leider nicht vermeiden. Die Inflation, die bis zum Anfang der siebziger Jahre gerade noch unter Kontrolle gehalten werden konnte, begann immer schneller um sich zu greifen. Mit dem Anstieg der Löhne und Gehälter, der in der Tat nur ein Ausgleich zwischen Arbeit und Gewinn in den Jahren 1969–73 gewesen war, mit dem Scheitern der Steuerreform von 1974 und der zunehmenden Staatsverschuldung verschlechterte sich die Lage der italienischen Finanzen und der Wirtschaft weiter. Die Rezession war durch die Inflation zu einer strukturellen Dauerkrise geworden.

Seit Mitte der siebziger Jahre begann Italien mit Hilfe von Auslandskrediten über seine Verhältnisse zu leben. Schon 1964 hatte es Kredite in Höhe von einer Milliarde Dollar von den USA erhalten. 1974 erhielt Italien weitere Kredite in Höhe von 2 Milliarden Dollar von der Bundesrepublik, fast zur selben

Zeit 1,4 Milliarden Dollar von der EG und 1 Milliarde an Sonderziehungsrechten (SZR) vom Internationalen Währungsfonds (IWF). 1977 kamen weitere 530 Millionen Dollar vom IWF zur Finanzierung einer antiinflationistischen Politik dazu, die Italien aus der Krise helfen sollten.[23] Deflationsrezepte aus den Jahren 1947 und 1964 sollten es Italien möglich machen, zum dritten Mal die Krise zu überwinden und die Wirtschaft unter Kontrolle zu bringen. Genau wie damals lag es jedoch mehr in der Hand der *Banca d'Italia* als der politischen Entscheidungszentren der Regierung, dies zu verwirklichen.

G. R.

g) Die Banca d'Italia und das italienische Bankensystem (1960 bis 1980)

Die *Banca d'Italia* ist für die Ausgabe von Banknoten, für die Festlegung der Leitzinsen und für die Regulierung der Vergabe von Krediten zuständig. Sie übt die Funktion der *Tesoreria dello Stato* (Staatliches Schatzamt) aus, indem sie jene Staatsobligationen, die auf dem Privatmarkt nicht placiert werden konnten, ankauft. Sie legt den Wert der Lira im Außenverhältnis fest, verwaltet die Gold- und Devisenbestände und verfolgt die Entwicklung des Kreditmarktes. Es handelt sich bei der *Banca d'Italia* um einen technokratischen Apparat mit einem ausgedehnten Machtbereich. Jedes wirtschaftlich wichtige Problem des Landes wird von der *Banca d'Italia* mitgetragen. Hierzu nimmt der *Governatore della Banca d'Italia* (Präsident der Bank von Italien) in seinem Jahresbericht Stellung. Seit 1960 hatte die *Banca d'Italia* nur sechs Präsidenten. Da sie erfahrungsgemäß länger im Amt bleiben als Minister, verfügen sie über einen größeren Einfluß als die Finanz- und Wirtschaftsminister. Guido Carli war als *Governatore della Banca d'Italia* von 1960 bis 1975 im Amt. Sein Beitrag zur wirtschaftlichen Führung des Landes war wesentlich wichtiger als der der zahlreichen Regierungschefs, die sich während dieser 15 Jahre an der Spitze des Landes abgelöst haben. Als strenger Verteidiger der freien Marktwirtschaft hatte Carli mit seiner politischen und wirtschaftlichen Macht in die Verstaatlichung der Stromproduktion und die Fusionierung und Entwicklung der *Montedison*-Werke eingegriffen. Ihm verdanken die italienischen Unternehmer die Subventionspolitik für den Autobahnbau und den Aufbau der Chemieproduktion bei den *Montedison*-Werken und die Gemeinden die Gewährung subventionierter Kredite zur Finanzierung ihrer laufenden Kosten und Entwicklungsprojekte.

Sein Nachfolger Angelo Baffi übernahm das Amt zu einem Zeitpunkt, als die *Banca d'Italia* über nicht mehr als eine Milliarde Dollar als Reserve für die laufenden Ausgaben verfügte. Es war Baffi, der die Regierung zur Vorsicht mahnte, als diese den bedingungslosen Beitritt Italiens zum europäischen Währungssystem beschloß. Es war wiederum Baffi, der durchsetzte, daß der italienischen Lira den anderen Währungen gegenüber ein Bewegungsspielraum von 6 % nach unten oder oben eingeräumt wurde.

Das Rahmengesetz zur Regelung des italienischen Bankensystems stammt aus dem Jahre 1933, als das IRI mit dem Ziel gegründet wurde, zahlreiche Banken für die Kredite zu entschädigen, die sie bei Firmenkonkursen verloren hatten. 1980 umfaßte das italienische Bankensystem etwa 1000 Banken. Zwei Drittel davon standen unter staatlicher Leitung. Die größte unter ihnen ist nach wie vor die *Poste Italiane* (italienische Post) mit Einlagen von mehr als 20000 Milliarden Lire. Seit dem Zweiten Weltkrieg nimmt die Zahl der Privatbanken ständig ab, wobei die reinen Privatbanken fast völlig verschwunden sind. Sie haben einen Anteil von 35 % am gesamten Bankgeschäft im Lande. Zu ihnen gehören die *Banca Nazionale dell'Agricoltura* (Nationale Landwirtschaftsbank), die *Banche Popolari* (Volksbanken), die *Casse di Risparmio* (Sparkassen) und die *Casse Rurali e Artigiane* (Landwirtschafts- und Handwerkskassen).[24] Gerät eine von diesen Kreditanstalten unter staatliche Leitung, so verliert sie zwangsläufig an Funktionalität, da sie dann ihre Kreditpolitik nach wirtschaftlichen Gesichtspunkten aufgeben und nach parteipolitischen Überlegungen handeln muß.

Zu den führenden italienischen Banken unter staatlicher Führung zählen: *Banca Commerciale Italiana* (COMIT), *Ban-*

co di Roma, Credito Italiano, Banca Nazionale del Lavoro (BNL: Nationale Arbeitsbank), *Istituto San Paolo di Torino, Monte de' Paschi di Siena, Banco di Napoli, Banco di Sicilia, Banco di Sardegna* und *Credito Industriale Sardo* (CIS: Sardische Kreditanstalt). Weitere Kreditanstalten sind: *Istituto Immobiliare Italiano* (IMI: Italienisches Bodenkreditinstitut), *Mediobanca, Mediocredito Centrale, Istituto Credito per le Imprese di Pubblica Utilità* (ICIPU: Kreditinstitut für gemeinnützige Unternehmen), *Consorzio di Credito per Opere Pubbliche* (CREDIOP: Kreditkonsortium für öffentliche Arbeiten). Das Bankensystem hat sich angesichts des Steigens der staatlichen Ausgaben und der öffentlichen Verschuldung sehr rasch vergrößern können, nur handelt es sich hier um kein organisches Wachstum. Viele der Kreditanstalten bleiben oft an den Kurs der Unternehmen gebunden, die sie aufgrund von Empfehlungen parteipolitischer Art finanziert haben. So z.B. hängt der *Banco di Roma* mit der *Società Immobiliare* zusammen, sowie der ICIPU mit der *Liquichimica* und die *Mediobanca* mit den *Montedison*-Werken.

An der Gestaltung des staatlichen Finanzmarktes durch Einkauf der *Buoni del Tesoro* (Schatzanweisungen) beteiligen sich die Banken nicht, obwohl sie staatliche Obligationen nach den Richtlinien der *Banca d'Italia* aufkaufen. Das Bankensystem finanziert sich grundsätzlich durch die *Rendita di Posizione* (Lagerendite)[25] auf Kosten der Sparer und durch Spekulationen mit dem *Costo del Denaro* (Geldkosten), zu dem sie selbst durch den Aufwand für ihre Hauptsitze, ihr Filialnetz und die privilegierten Gehälter ihrer Mitarbeiter kräftig beitragen.[26]

Die größten unter ihnen arbeiten in einem Oligopolsystem innerhalb der Städte, während Sparkassen und Volksbanken vor allem in der Provinz tätig sind. Einige von ihnen wie der *Monte de'Paschi di Siena* und der *Banco di San Paolo di Torino* haben einen abgegrenzten Zuständigkeitsbereich. Der *Banco di Napoli* und der *Banco di Sicilia* agieren de facto in einem Dipolsystem im gesamten Süden. Ihr Tätigkeitsbereich hat durch die Einrichtung neuer Zweigstellen in den Ländern, in denen große Gruppen von Italienern arbeiten, eine Ausweitung erfahren. Ihr Ziel ist es, die Ersparnisse der Gastarbeiter im Ausland an sich zu ziehen und damit die Kapitalakkumulation ins Ausland zu verlagern. Das kostenlose Einwechseln fremder Währungen und die relativ hohe Verzinsung der angelegten Gelder sind der einzige unmittelbare Gewinn der Gastarbeiter, denn bis jetzt gibt es noch keine Anzeichen dafür, daß diese Banken beabsichtigen, die Gastarbeiter bei Investitionen in ihrer Heimat zu unterstützen. Es fehlt ein Rahmengesetz zur Förderung und Lenkung der Ersparnisse der im Ausland arbeitenden Italiener, das z.B. das Geld an produktive Entwicklungsprojekte im Süden, vielleicht in Form von Genossenschaften, binden könnte.

In den siebziger und achtziger Jahren wurde das italienische Bankensystem in eine Unzahl von Skandalen verwickelt. Einst führende Bankiers wie Sindona und Calvi wurden wegen gesetzwidriger Handlungen unter Anklage gestellt, nachdem es der führenden Partei (der DC) nicht mehr möglich war, sie weiter zu decken. Anders zu bewerten ist dagegen die Anklage gegen den Präsidenten der *Banca d'Italia*, Baffi. Hier ging es um ein Strukturproblem, die Handlungsautonomie des Präsidenten dem Staate gegenüber. In der Tat betrifft diese Frage alle Banken, die nicht reine Privatbanken sind, die durch die Kreditpolitik des Staates an dessen politischen Kurs gebunden sind und somit der direkten Überprüfung durch die Gerichte unterliegen. Um sie aus dieser Sackgasse zu befreien, wäre ihre Reprivatisierung nötig, wogegen sich alle Parteien, die die Regierungskoalition bilden, sträuben. Durch ihre Politik der *Lottizzazione delle Banche* (Zersplitterung des Bankenwesens), des Kampfes um die *Poltrona* (Chefsessel) üben die Koalitionspartner einen großen Einfluß auf die staatlichen und halbstaatlichen Banken aus, was den Parteien wiederum eine Kontrolle der Wähler durch eine parteipolitische Kreditpolitik ermöglicht.

G. R

2. Das Italien der siebziger Jahre

a) Die italienische Industrielandschaft zu Beginn der siebziger Jahre

Drei Hauptelemente haben die *Ricostruzione* (Wiederaufbau) der Wirtschaft in Italien nach dem Zweiten Weltkrieg, den *Miracolo Economico* (Wirtschaftswunder) und die Entwicklung im Laufe der sechziger Jahre weitgehend bestimmt:

1. Der historische Vorsprung des Nordens vor dem Süden, das sogenannte Nord-Süd-Gefälle; noch in den sechziger Jahren war im Süden weder eine qualifizierte Industrie-Arbeiterschaft herangewachsen, noch gab es die für die Industrie notwendige Infrastruktur wie schnelle Transportwege (Autobahnen, Häfen, doppelgleisige Eisenbahn usw.). Beide mußten als Voraussetzungen für die spätere Industrialisierung noch geschaffen werden.

2. Die Eingliederungspolitik der italienischen Wirtschaft in die Wirtschaft der EG-Länder; sie betraf vor allem die Technologie in der Produktion und erforderte eine Neugestaltung des Absatzmarktes innerhalb der EG.

3. Das Fehlen ausreichender Rohstoffe für die Leicht- und Schwerindustrie. Im Jahr 1974 hatte Italien z.B. nur 2003010 Tonnen Braunkohle und Torf (Toskana, Friaul, Aostatal, Sardinien und Umbrien), 1025300 Tonnen Erdöl und 15228094 Kubikmeter Erdgas (Lombardei, Emilia-Romagna, Basilikata, Sizilien, Apulien und Molise – die beiden letzten haben nur Erdgasvorkommen –) produziert. Noch geringer war die Produktion von Eisenerz: 599601 Tonnen (Aostatal, Lombardei, Toskana, Elba und Sardinien); hinzu kamen 4006300 Tonnen *Salgemma* (Steinsalz) aus der Toskana und Kalabrien, 1943887 Tonnen Abraumsalz (Sizilien), Schwefel aus Sizilien, Emilia und Marken, Blei und Zinn aus dem Trentino, Friaul und Sardinien; Aluminium aus den Abruzzen, Apulien und Sardinien; Quecksilber und Marmor aus der Toskana.

Wegen der geringen Menge an Rohstoffen und ihrer Verteilung auf nationaler Ebene ergab sich eine gewisse Ortsungebundenheit in der Planung des Wiederaufbaus und der Fortentwicklung der Industrie. Sie wurde in einigen Bereichen und auch nur zu Anfang von den *Partecipazioni Statali* (Staatliche Beteiligungen) ausgenutzt. Das Privatkapital zog es vor, die Arbeitskräfte in Bewegung zu setzen. Angesichts der Umweltschäden um die großen norditalienischen Städte herum konnte man schon zu Beginn der siebziger Jahre feststellen, daß die Rechnung nicht aufgehen würde.

Raffinerien. Im Auftrag des ENI (siehe S. 199) entwickelte die AGIP eine Reihe von großen Raffineriezentren in Sizilien, Sardinien, der Lombardei, Ligurien, Piemont und Apulien sowie kleinere in all den Regionen, die über mittelgroße Häfen verfügten.

Stahl- und Eisenproduktion. Hier waren es wiederum die *Partecipazioni Statali*, die mit vier großen Stahlhütten in Ligurien, Kampanien, der Toskana und in Tarent die Stahlproduktion dezentralisiert hatten, während die privaten Unternehmer an ihren alten Plätzen blieben, darunter *Cogne* im Aostatal, *Terni* in Umbrien, Sesto S. Giovanni, Dalmine und Brescia als größtes Zentrum der eisenschaffenden Industrie Italiens und der Lombardei.

Chemie. Parallel zu der Dezentralisierung der Stahlproduktion bauten die *Partecipazioni Statali* – zuerst als ENI allein und später zusammen mit *Montedison* – von der Mailänder Zentrale aus zwei Hauptzentren für die Chemieindustrie auf: Porto Marghera bei Venedig und Ravenna. Im Laufe der sechziger und siebziger Jahre kamen mittelgroße Chemiewerke in Sizilien und Sardinien sowie kleinere Betriebe in allen südlichen Regionen zur Herstellung von Düngemitteln, Kunstfasern und Plastik hinzu.

Schiffbau. Keine bedeutenden Ortsveränderungen erlebte die Schiffbauindustrie in den auf den Wiederaufbau folgenden Jahren. Ihre Hauptzentren blieben Genua, Savona, La Spezia (Militärhafen), Monfalcone bei Triest, Ancona, Neapel, Livorno, Bari, Tarent und in den Häfen Siziliens und Sardiniens.

Auto- und Maschinenbauindustrie. Die Auto- und Maschinenbauindustrie blieb vorerst innerhalb des Industrie-Dreiecks mit den traditionsreichen Hauptpolen Turin (mit *Fiat*, *Iveco* und *Lancia*), Mailand (mit *Alfa-Romèo*) und Brescia (mit *Fiat*-Lkws, *Innocenti* und *Autobianchi*). Dann begann sie sich in der südöstlichen Po-Ebene auszudehnen, und zwar um Reggio-Emilia und Modena (*Maserati, Ferrari* und *Ducati*), später bis in die Marken hinein (*Benelli* aus Pesaro und andere Motorradhersteller). Im Laufe der sechziger Jahre begann *Fiat* mit der Dezentralisierung der Produktion und ihrer Verlagerung in den Süden; so entstanden die *Fiat*-Werke von Pomigliano d'Arco (bei Neapel), von Termoli (Molise), von Val di Sangro (Abruzzen), von Foggia und Termini Imerese (Sizilien) u. a.

Die Hauptzentren der anderen Industriezweige sind eindeutig nördlich von Rom geblieben, auch wenn inzwischen der eine oder andere Konzern kleine Produktionszentren in Mittel- und Süditalien aufgebaut hat.

Elektronische und pharmazeutische Produktion, Gummiproduktion und Verlagswesen haben ihren Standort nach wie vor in Mailand, der Messestadt Italiens; andererseits wird Mailand – was die Elektronik, die Herstellung von Schreibmaschinen und von Elektronik durch *Olivetti* in Ivrea (s. S. 250 ff.) und das Verlagswesen betrifft – die führende Rolle von Bologna streitig gemacht.

Weitere Industriezweige verteilen sich wie folgt:

Haushaltsgeräte in Friaul-Jul. Venetien (*Zanussi* bei Pordenone, s. S. 250) und in den Marken (*Ariston* Fabriano);

Zellulose und Papierproduktion in den Marken, den Abruzzen, Latium und Kalabrien;

Holz und Möbel in der Toskana, Venetien, in der Region Brianza um Mailand, Trentino und Marken;

Keramik und Fliesen. Ihr historisches Zentrum ist immer noch Sassuolo (Modena);

Textilien in Piemont mit Biella und Valsesia, der Lombardei mit Bergamo, Brescia und Brianza; des weiteren Carpi bei Modena und Prato (s. S. 240 f.);

Kunstfasern. Chatillon im Aostatal und die *Montedison*-Werke);

Bekleidungsindustrie. Die Hauptstadt der Bekleidungsmode für Herren und Kinder ist Florenz; in Konkurrenz stehen Rom und Mailand, insbesondere was die *Altamoda* für Damen betrifft;

Leder und Schuhe. Ihre Zentren liegen in der Toskana, den Marken, Venetien und Neapel.

Nahrungsmittelindustrie. Sie war immer dezentralisiert, und zwar in der Weise, daß jede Region über genügend kleine und mittlere Betriebe verfügt, die ihre Selbstversorgung sichern. Dennoch lassen sich einige Produktionszentren nennen, die von gesamtitalienischer Bedeutung sind, z.B. Alba (Piemont) für Schokolade und Wein, Mailand mit *Motta* und *Alemagna* für Süßigkeiten, Emilia-Romagna für Parmesan-Käse, Parma-Schinken, Teigwaren, Milch und Zucker, Umbrien mit *Buitoni* und *Perugina* für Teigwaren und Süßigkeiten.

Fischerei. Sowohl für den Inlandkonsum als auch für den Export von Meeresprodukten sorgen hauptsächlich Sizilien mit dem Fischereihafen Mazara del Vallo, die Emilia-Romagna, die Marken mit S. Benedetto del Tronto, Apulien, Kampanien und die Toskana, während Chioggia bei Venedig neben den erwähnten Häfen als dritter Fischereimarkt in Italien gilt.

Stromproduktion und Energieversorgung. Die Alpen- und Apenninentäler boten mit ihrem starken natürlichen Wassergefälle seit Beginn der Industrialisierung die Voraussetzung für die Entwicklung eines Netzes von Wasserkraftwerken in der Lombardei, im Trentino-Südtirol, in Piemont, in den Abruzzen, in Kalabrien und anderswo. Die ständige Steigerung des Energiebedarfs führte dazu, daß der Energieerzeugung durch Wärmekraftwerke Priorität eingeräumt wurde. Im Jahre 1975 z.B. wurden in Italien 147333 Millionen kWh produziert, davon 71 % aus Wärme, 27 % aus Wasser- und 2 % aus Atomkraftwerken. Die Erdölkrise in den Jahren 1973–74 veranlaßte Italien, einen Energieversorgungsplan zu entwickeln, der sowohl die Energieversorgung des Landes sichern als auch die Abhängigkeit vom Erdöl zugunsten der Kohle reduzieren sollte. Neben den Atomkraftwerken von Trino bei Vercelli, Caorso bei Piacenza und dem noch im Bau befindlichen von Montalto di Castro (Latium) wurden vom *Comitato Nazionale per l'Energia Nucleare* (CNEN: Staatlicher Ausschuß für

Atomenergie) weitere Atomkraftwerke in der Lombardei und Apulien geplant (s. S. 106). Weitere Wärmekraftwerke, die mit Kohle betrieben werden sollen, sind in Piemont, Lombardei, Venetien, Friaul, Emilia-Romagna, Umbrien, Abruzzen, Apulien, Kalabrien und Sardinien vorgesehen. Zu erwähnen sind noch das europäische Versuchsprojekt eines Sonnenkraftwerks auf Sizilien und ein Kraftwerk in der Toskana, das gasartige Erdwärme ausnutzen soll.

G. R.

b) Die Wirtschaft

Das Jahrzehnt von 1970–1980 war im wesentlichen durch Rezession und Inflation gekennzeichnet. Dennoch blieb die Wirtschaft weiterhin in Bewegung – in einer Bewegung, die aus „stop and go" bestand, aus scharfen und plötzlichen Restriktionen der Kreditpolitik, aus einer langsameren Steigerung der Produktivität, aus einem Produktionszuwachs Ende der siebziger Jahre mit Zahlen wie aus der Zeit des „Wirtschaftswunders", die sich zu Anfang der achtziger Jahre zum Teil noch behaupteten.[27]

Die italienische Wirtschaft der siebziger Jahre war mehr denn je mit der internationalen Wirtschaftsentwicklung verflochten. Durch die Dollarkrise und die ständigen Preissteigerungen bei Mineralölprodukten und anderen Rohstoffen, die von Italien integral eingeführt werden müssen, kam es zu einer ständigen Steigerung der Inflation. Die Krise wurde zu einer strukturellen. Als Gegenmaßnahme wurde die italienische Währung im Jahr 1973 kurzfristig aus dem europäischen Währungssystem herausgenommen. Trotzdem sank der Wert der Lira im Laufe der siebziger Jahre um die Hälfte im Vergleich zum Anfang der siebziger Jahre.

Die Rezession erreichte ihren Höhepunkt zwischen 1974 und 1975; die italienische Wirtschaft konnte nur durch Aufnahme von Auslandskrediten gerettet werden. Im Jahre 1976 führte eine weitere Entwertung der Lira zu einer kurzfristigen Schließung des *Mercato dei Cambi* (Devisenmarkt) und zu einer Verschärfung der Kreditpolitik. Im Jahre 1977 erhielt Italien 530 Millionen Dollar vom Internationalen Währungsfonds zur Finanzierung der geplanten antiinflationistischen Politik mit der Auflage, die öffentlichen Ausgaben unter Kontrolle zu bringen und den Staatshaushalt zu sanieren.

Im Jahre 1978 gelang es der italienischen Wirtschaft, sich von den Krisenzwängen zu befreien und die Inflation von 17 % auf 12,1 % zu senken. Dies war möglich geworden, weil Gewerkschaften und linke Opposition (PCI) der Regierung und den Unternehmern eine Atempause eingeräumt hatten. Mit dem Beitritt der Lira zum Europäischen Währungssystem EWS (*Sistema Monetario Europeo:* SME) brach dieser „Waffenstillstand" zusammen. Die politischen Regierungspartner und die Vertreter der Wirtschaft waren sich bezüglich des Anschlusses der Lira an das EWS uneinig. Dank der Verhandlungen der *Banca d'Italia* wurde der Lira gegenüber den anderen Währungen eine Fluktuationsmarge von 6 % nach oben oder unten eingeräumt. Dies trug zur Bekämpfung der Inflation in Italien bei, reichte jedoch nicht aus, um die Preissteigerungen mit jährlichen Raten von 12 % in den Griff zu bekommen. Bis 1977 blieb die Lira an den Dollar gebunden und war in dessen Kielwasser gezwungen, seine Entwertung mitzumachen. Dies brachte ihr zwar Vorteile bei der Rohstoffversorgung und beim Ausgleich der Export-Import-Bilanz. Mit der Aufwertung des Dollars seit 1980 sind diese Vorteile jedoch weggefallen, und der Export in die Bundesrepublik und die Länder, die unter dem Einfluß der Deutschen Mark stehen, ist unter Druck geraten.

Trotz der alternierenden Entwicklung der Inflation und der Entwertung der Lira, trotz der Natur der italienischen Wirtschaft, die ständig vom Staat subventioniert wird, und trotz der Lage des Staatshaushalts und der ungelösten Probleme des Südens erfuhr die italienische Wirtschaft gegen Ende der siebziger Jahre einen Aufschwung, der Anlaß gab, wiederum von einem „Wirtschaftswunder" zu sprechen. Dieser Aufschwung brachte eine starke Bewegung vor allem in die Arbeitswelt. Diese war infolge der Streikwellen der sechziger Jahre umstrukturiert worden; Produktivität und Produktion konnten nun nicht mehr durch Steigerung der Tagesproduktionsquoten und der Überstunden verbessert werden, so daß der Produktionsprozeß neu organisiert werden mußte. Der Hauptteil des Produktionsprozesses läuft jetzt zwar weiterhin in den Großbetrieben mit stärkerer Automatisierung ab; einzelne Stufen der Produktion werden jedoch aus den Fabriken herausgenommen und auf mittlere, kleinere und Familienbetriebe verteilt. Die Masse wird immer noch in den Fabriken produziert, jedoch übernehmen Betriebe außerhalb der Fabriken die Anfertigung von Einzelteilen. Ein beträchtlicher Teil davon wird von Hausfrauen und Kindern in Heimarbeit hergestellt.

Dieses neue Produktionsverfahren verleiht der Produktion jene größere Flexibilität, die in Krisenzeiten von den Großkonzernen zu ihrer Ankurbelung oder Drosselung verlangt wird. Nach der Ära der Fusionierungen und der Integrationsprozesse der sechziger Jahre neigen die Konzerne dazu, sich eine flexible und funktionsfähige Struktur zu geben. *Fiat* z. B., der in den sechziger Jahren seinen Pkw-Lkw-Bereich mit der Integration von OM (Lkw-Werke in Brescia) und von Pkw-Firmen wie *Lancia, Autobianchi* und *Ferrari* ständig vergrößert hatte, tendierte in der zweiten Hälfte der sechziger Jahre immer mehr zur Bildung eines Finanz- und Wirtschaftskonzerns, dem zahlreiche voneinander unabhängige Gesellschaften, die von *Fiat* kontrolliert werden, angehören.

G. R.

c) Tre Italie und eine Economia Sommersa (Untergrundwirtschaft)

Ihren Namen verdankt die *Economia Sommersa* der Tatsache, daß sie ihren Anfang in aller Stille genommen hat und seit der zweiten Hälfte der siebziger Jahre durch ihre neuartige Produktionsweise zur Ankurbelung der italienischen Wirtschaft beigetragen hat, ohne an die Öffentlichkeit zu treten. Erst durch eine Untersuchung des *Centro Studi Investimenti Sociali* (CENSIS: Studienzentrum für Sozialinvestitionen) konnte man ihre Existenz nachweisen. Ein Indiz war der erhöhte Stromverbrauch in einigen Regionen Italiens gewesen. Nach den Untersuchungsergebnissen des CENSIS bestand die *Economia Sommersa* am Anfang der achtziger Jahre aus kleinen Betrieben, die vorwiegend in Mittel- und Nordost-Italien angesiedelt sind. Ihre Produktionsweise bzw. ihre Entwicklung ist kein absolutes Novum in der Wirtschaftswelt Italiens. Sie ist vielmehr eine organische Weiterentwicklung der vorhandenen, nicht automatisierten Leichtindustrie, in der die Handarbeit billiger Arbeitskräfte immer noch eine entscheidende Rolle spielt.

Sie hatte sich in den Regionen entwickeln können, in denen es zwischen der Industriegesellschaft und der Welt der Landwirtschaft zu keiner völligen Trennung gekommen war, in denen die raschen Fortschritte der fünfziger und sechziger Jahre keine größeren sozialen Veränderungen mit sich gebracht hatten und die Dienstleistung nicht unter Druck geraten war. Auch hier spricht man von reichen Regionen wie der Toskana und Emilia-Romagna und armen Regionen wie Umbrien und die Marken, obwohl in beiden Gruppen Vollbeschäftigung herrscht und sichere Einkommen gewährleistet sind.[28]

In der Produktionswelt der *Economia Sommersa* gibt es ein Nebeneinander von *Doppio Impiego* (Doppelarbeit) und *Lavoro Nero* (Schwarzarbeit). Als *Doppio Impiego* bezeichnet man die Ausübung einer zusätzlichen Arbeit neben dem Hauptberuf, wenn z.B. Gemeindeangestellte für wirtschaftliche Fragen als Buchhalter oder Steuerberater nach Dienstschluß tätig sind. Die Arbeit wird als Schwarzarbeit betrachtet, nicht nur, wenn der Arbeitnehmer keine Steuer bezahlt, sondern auch, wenn vom Arbeitgeber keine Sozialabgaben für die Arbeitskräfte bezahlt werden, die in der Regel als Hausfrauen und Minderjährige keine andere Arbeit haben und deswegen keine persönlichen Sozialleistungen in Anspruch nehmen können. Ihnen stehen jedoch durch die Arbeit des Familienoberhauptes als Stammversichertem Sozialleistungen zu.

Ihrer Struktur nach ist die *Economia Sommersa* eher an den vorhandenen Technologien orientiert als an der Suche nach neuen Produktionsmethoden. Sie betreibt keine Forschung, die ihr zu einer gesicherten Entwicklung verhelfen könnte. Sie bezieht ihren Produktionsschwung aus der Flexibilität der Arbeitskräfte und aus der (Not-)Lage der Großindustrie. Sie hat sich vorwiegend an den Nahtstellen der Industrieproduktionen eingenistet und jene Sphäre der Produktion übernommen, die aufgrund der Arbeitskosten in den Großunternehmen zu teuer geworden ist. Jedoch gehören zur *Economia Sommersa* auch einige Industriebereiche in der Lombardei und in der Emilia, die besonders im Bereich des Maschinenbaus mit ihrem vollständigen Produktionsprozeß und dank des hohen Standes ihrer Technologie mit einem sicheren Absatzmarkt, sogar im Ausland, rechnen können.[29]

Die Bezeichnung „marginale Arbeit", die für diesen Teil der Arbeitswelt verwendet wurde, trifft seit der Mitte der siebziger Jahre nicht mehr zu. Zwar war diese Form von Arbeit als marginale in der Landwirtschaft und Bauindustrie entstanden, mit einem Übergang zu jenen Bereichen der Dienstleistungen und der Industrie, wo Handarbeit überwog. Im Laufe der siebziger Jahre hat diese Art der Arbeit aber eine solche Entwicklung durchgemacht, daß man sie heute nicht mehr als marginal bezeichnen kann. In den Regionen Mittel- und Nordost-Italien, die *Terza Italia* genannt werden, zum peripheren Bereich der Arbeitswelt gehören und außerdem das Zentrum der *Economia Sommersa* bilden, ist eine Abnahme der Beschäftigten in der Landwirtschaft zu verzeichnen, ohne daß die landwirtschaftliche Produktion deswegen zurückgegangen wäre.

31% der Betriebe mit Handarbeit beschäftigen weniger als 10 Arbeitskräfte, 55% zwischen 10 und 250 Arbeitnehmern und nur die restlichen 14% haben mehr als 250 Beschäftigte. Neben dieser Gruppe von Betrieben spielt der *Lavoro a Domicilio* (Heimarbeit), der auf Bestellung oder nach Verteilung durch Firmen von Hausfrauen oder auch ganzen Familien verrichtet wird, eine wichtige Rolle, vor allem bei der Herstellung von Handschuhen, Socken, Strümpfen und Schuhen.

Zu der bereits erwähnten Flexibilität im Betrieb und in der Produktion kommen niedrige Arbeitskosten hinzu. Diese ergeben sich aus der Hinterziehung von Steuern und Sozialbeiträgen sowie der „schwarzen" Auszahlung von Akkord- und Überstunden.

Am Beispiel von Prato (Toskana) läßt sich ein hypothetischer Entwicklungsweg für diesen peripheren Teil der Arbeitswelt aufzeichnen; hier ist ein Produktionssystem aufgebaut worden, das viele Probleme der peripheren Arbeit positiv gelöst hat. Prato galt in Italien bis vor kurzem als die *Capitale degli Stracci* (Lumpenhauptstadt). Natürlich trifft diese Benennung aus einer Zeit, als Recycling noch kein Modewort war, auf das heutige Prato nicht mehr zu; dennoch ist die Textilproduktion mit den 20% des *Cardato Mondiale* (Weltkrempel) weiterhin die wichtigste Beschäftigungsquelle der Stadt und stellt zwei Drittel der EG-Produktion her. Die Produktion verteilt sich auf ein Netz von kleinen handwerklichen Betrieben, von denen jeder auf einen Teil des Produktionsverfahrens spezialisiert ist. Die Handwerksbetriebe sind privat und arbeiten für relativ wenige Auftraggeber. In der Regel ist der Unternehmer ein ehemaliger Handwerker. Dieser neue Typ des Unternehmers ist besonders durch zwei Züge charakterisiert: sein tiefes Mißtrauen gegenüber der öffentlichen Verwaltung, die für die Kreditpolitik zuständig ist, und seine ständige Bereitschaft und seinen unermüdlichen Einsatz, um seinen Absatzmarkt im In- und Ausland unter Kontrolle zu halten. Die zukünftige Entwicklung dieser Betriebe hängt davon ab, wie sie mit der Konkurrenz aus Spanien, Griechenland, Korea und Taiwan fertig werden und wie sie ihre Produktionsweise, die an den Grenzen der vorhandenen Produktionsstrukturen angelangt ist, weiterhin produktiv gestalten können. In Prato wird seit den achtziger Jahren ein neues Produktionsmodell erprobt. Man will nicht nur die Flexibilität der peripheren Arbeit, d.h. die Verteilung der Produktion auf private Handwerksbetriebe, beibehalten, sondern sogar in den zentralen Bereich der Produktion vordringen. Nur so kann die *Economia Sommersa* aus ihrer untergeordneten Lage ausbrechen. Ein Weg zu dieser Emanzipation und zur Verwirklichung des Prato-Modells ist die Bildung von Produktionsgesellschaften, die den Export sichern und neue Investitionen für moderne Technologie ermöglichen; sie könnten ihnen zur Unabhängigkeit von den Großunternehmen verhelfen.

Neben der Tätigkeit der Großunternehmen im zentralen Produktionsbereich und der mechanisierten und industrialisierten Landwirtschaft sowie neben der meist peripheren Tätigkeit der *Economia Sommersa* mit ihrer Verbindung zur Industrieproduktion, Landwirtschaft und zum Fremdenverkehr bleibt noch der Bereich der marginalen Arbeit näher zu erläutern. Im Laufe der siebziger Jahre hatte sich im Bereich der marginalen Arbeit und in den von ihr betroffenen Regionen Italiens *(Seconda Italia)* zwar keine sichere Wende abgezeichnet, doch wuchs die Erkenntnis, daß es unmöglich sei, mit den Versuchen und Modellen aus den fünfziger und sechziger Jahren weiterzumachen. Sowohl der Verlust von Arbeitsplätzen in den bestehenden Handwerks- und Landwirtschaftsbetrieben als auch die Einrichtungen unproduktiver Arbeitsstellen im öffentlichen Dienst hatten Ausmaße erreicht, die nicht mehr finanzierbar waren. Wenn auch Ende der siebziger Jahre das Gesamtbild der Finanz- und Arbeitswelt im Süden nicht wesentlich anders aussah als Ende der sechziger Jahre, lassen sich doch einige Voraussetzungen für eine Wende deutlich herausarbeiten. Das bekannte, fast klischeehafte Bild des Südens als Reservoir billiger Arbeitskräfte für die Industrie und Landwirtschaft des Nordens und für das Ausland, als Absatzmarkt für die Produktion des Nordens und die Einfuhr aus den EG-Ländern, als Gebiet staatlicher Investitionen und Subventionen für unwirtschaftliche Projekte mag weiterhin Gültigkeit haben. Die industrielle Entwicklung der *Seconda Italia* ist ohnehin unbedeutend geblieben. Selbst die Zentralregierung ist von der Politik der Schaffung einzelner Industrieanlagen als Zentren einer zu entwickelnden Industrielandschaft abgekommen, nachdem von den Industrieprojekten Melilli Marina (Sizilien) und Gioia Tauro (Kalabrien) nur Umweltschäden übriggeblieben sind.[30]

Abgesehen von Spitzensätzen (39,4 % in der Basilikata) zeigt die Beschäftigung in der Landwirtschaft der südlichen Regionen mit einem Durchschnitt von 17,3 % in den siebziger Jahren weiterhin deutliche Tendenzen zur Landflucht. Obwohl die Beschäftigungsrate des Südens inzwischen deutlich über dem nationalen Durchschnitt von 15,3 % aus dem Jahr 1976 liegt, kann man aufgrund der fortschreitenden Mechanisierung der Landwirtschaft vermuten, daß sich dieser Prozentsatz eher nach unten als nach oben bewegen wird.

Die vorhandenen Ansätze zur Industrialisierung in Kampanien, Abruzzen, Apulien und in der Basilikata sind stets von staatlichen Subventionen in Form von Aufträgen und Steuerbefreiung abhängig. Die Arbeitnehmerschaft setzt sich aus einer großen Zahl von Unterbeschäftigten der marginalen Arbeit und aus einem kleinen Prozentsatz von Angehörigen des peripheren und zentralen Bereichs zusammen. Die Unternehmerschicht besteht aus Inhabern von kleinen Baufirmen, von Handarbeits- und Landwirtschaftsbetrieben. Ihre Entstehung und Ansiedlung hängt oft von parteipolitischen Gesichtspunkten ab, denn die Erteilung der Kredite und Subventionen erfolgt durch die *Cassa per il Mezzogiorno*, durch die zahlreichen *Enti per la Riforma Agraria* (Ämter für Agrarreform) oder im Rahmen lokaler Reformprojekte wie der *Opera Sila* in Kalabrien. Sie alle handeln nach parteipolitischen Überlegungen, die allzu oft mit den realen Notwendigkeiten der Vorhaben in Konflikt geraten.

Die Arbeitslosenquote liegt mit einem Durchschnitt von 11 % wesentlich höher als in ganz Italien, wo sie 7,5 % beträgt, wobei für Kalabrien und Sardinien Werte zwischen 13 und 15 % ermittelt worden sind. Wegen des Fehlens erfolgversprechender Entwicklungspläne können die südlichen Regionen die Subventionen der EG nicht in Anspruch nehmen.

Neue Entwicklungsmöglichkeiten liegen nun dort, wo versucht wird, die Gegebenheiten richtig auszuschöpfen. Der Fremdenverkehr als tragendes Element der süditalienischen Wirtschaft wird schrittweise vorangetrieben. Man will, soweit möglich, Bauspekulationen und eine Zerstörung der Landschaft verhindern. Es wird versucht, die erforderlichen Kapazitäten eher durch Kleinunternehmen und Familienbetriebe bereitzustellen und nicht in Abhängigkeit von den großen Touristikunternehmen zu geraten, die zwar eine rasche Entwicklung sichern, jedoch eine Kapitalakkumulation, die im Süden reinvestiert werden könnte, verhindern würden.

Das Fehlen eines Rahmengesetzes zum Schutz und zur Steuerung der Geldüberweisungen aus dem Ausland, vor allem der Ersparnisse der Gastarbeiter, hat dazu geführt, daß die Ersparnisse bei der Post und bei Banken eingelegt werden, anstatt für Investitionen in der Landwirtschaft oder in kleinen Betrieben verwendet zu werden. Die Unmöglichkeit, die Ersparnisse durch entsprechende Zinsen vor der Inflation zu retten, zwingt viele Sparer dazu, sie anzulegen; im Regelfall werden sie für den Bau eines Hauses mit mehreren Wohnungen für alle Familienangehörigen verwendet. Dies hat zur Folge, daß die Nachfrage nach Fertigprodukten aus den Zuliefererindustrien wie Holz, Glas, Eisen, Steine, Zement usw. und nach Fachkräften, die im Süden ohnehin sehr begehrt sind, gestiegen ist. Diese Entwicklung führt zu einer Wiederbelebung der Beschäftigung in zahlreichen kleinen Handwerksbetrieben, die im Zuge der Landflucht der späten fünfziger bis Ende der sechziger Jahre stillgelegt worden waren. Hier bieten sich auch Möglichkeiten für die Wiedereingliederung von ehemals Ausgewanderten, die die erlernten Fähigkeiten zusammen mit ihren Ersparnissen produktiv investieren möchten. Wenn zwischen Auswandererund Rückwandererzahlen gegen Ende der siebziger Jahre eine Tendenz zum Ausgleich zu verzeichnen war, so ergab sich dieser sowohl aus der anhaltenden Krise im Norden und im Ausland als auch aus der Nachfrage nach Fachkräften in alten und neuen Berufen im Süden.

Eine verstärkte Nachfrage nach Lebensmitteln aus den traditionellen Handwerksbetrieben, nach Milchprodukten, Wurstwaren, Wein, Öl und Fleisch hat ehemaligen Bauern und ehemaligen Auswanderern eine Wiedereingliederung in ihre alten Berufe ermöglicht. Dieser Neuanfang ist zwar vielen Gefährdungen ausgesetzt, vor allem gilt dies für die jüngeren landwirtschaftlichen Genossenschaften; dennoch ist es ein Neuanfang, allen Thesen über die chronische Rückständigkeit des Südens und seine angebliche Unfähigkeit, die eigenen Probleme zu lösen, zum Trotz.

G. R.

d) Die italienische Industrie der siebziger Jahre

Die italienische Industrie der siebziger Jahre war durch eine Verstärkung der schon vorhandenen Produktionskonzentration in Wirtschafts- und Finanzkonzernen gekennzeichnet; doch schien diese Entwicklung bereits gegen Ende des Jahrzehnts sehr in Frage gestellt.

Die 25 größten Industrieunternehmen stellten zusammen 40% des Jahresumsatzes im ganzen Lande. Hierzu gehörten acht Unternehmen der *Partecipazioni Statali* und 13 Unternehmen in reinem Privatbesitz sowie vier Unternehmen, bei denen eine Verflechtung zwischen Privat- und Staatskapital bestand. Mit einem jährlichen Umsatz von durchschnittlich 5810 Milliarden Lire und mit 140000 Beschäftigten war *Fiat* nach wie vor der größte Arbeitgeber in Italien. Ihm folgten AGIP, ENI, die *Montedison*-Chemie-Werke mit staatlicher Beteiligung, schließlich die Stahlwerke *Italsider* der Gruppen IRI, SNAM und ENI.

Am Beispiel von *Fiat* läßt sich nicht nur die Entwicklung der italienischen Industrie in den ersten vier Jahrzehnten der Republik verfolgen, sondern dank der führenden Rolle, die *Fiat* in dieser Zeit spielte, lassen sich die Grundtendenzen der italienischen Gesellschaft schlechthin erkennen. Die *Fiat*-Werke haben die wirtschaftliche Entwicklung der fünfziger und sechziger Jahre in einem solchen Ausmaß mitgetragen und geprägt, daß das Kleinwagenmodell Fiat 600 zum Symbol des Wiederaufbaus geworden ist. Der Staat hat seinerseits mit dem Ausbau eines weitverzweigten Autobahnnetzes zur Einführung von Arbeitszeiten beigetragen, die bis dahin für Italien unbekannt waren.

Die *Fiat*-Werke sind jedoch nach Meinung vieler Autoren in jenen Zeiten auch das Symbol eines reaktionären Kapitalismus geworden – zu jener Zeit, als über progressive Arbeiter und Gewerkschaftler schwarze Listen angelegt wurden, als Fiat nach den USA blickte und mit den Ostblockländern über technisch-wirtschaftliche Zusammenarbeit verhandelte. *Fiat* wurde außerdem zum Symbol der aggressiven Expansionspolitik des Nordens auf Kosten des Südens, als die Süditaliener zur Abwanderung in den Norden gezwungen wurden und widerwillig

Kapital in Projekte des Südens investiert wurde, in jene *Fiat*-Werke, die seit dem Anfang der achtziger Jahre mit ihrer positiven Jahresbilanz unter den besten des gesamten Konzerns rangieren. Im Jahre 1973 hatte sich *Fiat* als Wirtschafts- und Finanzkonzern endgültig etabliert, wurde jedoch bald darauf von der weltweiten Krise betroffen. Bei den ständigen Preissteigerungen der Erdölprodukte und Rohstoffe konnte die Leitung der *Fiat*-Werke das Auto nicht länger als Basis der Wirtschaft betrachten. Zur Überwindung der Krise erstrebt *Fiat* eine Rationalisierung seiner Finanzen, die Sicherung der Produktivität und staatliche Subventionen. Bekanntlich ist dies die letzte Karte, die vom Privatkapital ausgespielt wird. Inzwischen hat *Fiat* einen Teil seines Absatzmarktes in Italien und im Ausland eingebüßt, obwohl durch das SOFIM-Abkommen mit *Alfa Romèo* und Saviem Renault und die Schaffung des *Iveco* für die Produktion von Nutzfahrzeugen eine Wiederbelebung der Produktion erreicht werden konnte. In Italien selbst muß *Fiat* auf einen Teil der staatlichen Aufträge, die dem Unternehmen bisher sicher waren, verzichten.

Die anhaltende Krise veranlaßte *Fiat* Ende der sechziger Jahre, ein Abkommen mit dem französischen Autokonzern Peugeot zur Entwicklung eines Motors mit geringerem Kraftstoffverbrauch zu schließen und eine Neugestaltung der Fabrikarbeit in Angriff zu nehmen. Diese sieht eine völlige Automatisierung der empfindlichen Phasen der Produktion (Schweißen, Lackieren usw.) vor und die Umorganisierung des Produktionsprozesses durch die Schaffung kleinerer Arbeitseinheiten.

Durch die neue Technologie wird die Arbeit immer monotoner, da von den Arbeitern immer stärker vereinfachte Tätigkeiten verlangt werden. So ist es nicht verwunderlich, daß die Arbeiter eine Rückkehr zur Konzentration des Produktionsprozesses befürworten, noch zu einem Zeitpunkt, wo diese Konzentration für gesundheitliche Schäden, Arbeitsunfälle, Umweltverschmutzung, Abneigung gegen die Arbeit und Feierschichten verantwortlich gemacht wird.

Mit der Zeit wurde Mirafiori, der Hauptsitz der *Fiat*-Werke mit einer Fläche von 30000 m^2, umgeben von einer 7 km langen Mauer, mit seinen 32 Fabriktoren und seinen 60000 Beschäftigten als Käfig und auch als Schlachtfeld angesehen. Fast alle Beschäftigten fühlen sich dem Zwang des Produktionsmechanismus ausgeliefert, der durch den streng hierarchischen Aufbau der Belegschaft noch verstärkt wird. Die gestauten Aggressionen wurden in Arbeitskonflikten abreagiert. In der zweiten Hälfte der siebziger Jahre brachte jeder dieser Konflikte eine Eskalation der Gewaltanwendung gegen Personen und Sachen mit sich und richtete sich gegen jeden, der eine übergeordnete Funktion ausübte. So kam es zur Ermordung des Fiatmanagers Carlo Ghiglieno am 21.4.79. *Fiat* reagierte darauf mit der Entlassung von 61 Arbeitern, die der Gewaltanwendung beschuldigt wurden. Die Gewerkschaften widersetzten sich aufgrund des *Statuto dei Lavoratori* (Arbeiterstatut), obwohl die Mehrheit der 61 Entlassenen die Gewerkschaften als „reaktionär" ablehnte und die Gewerkschaften ihrerseits in den Verdacht gerieten, Gewaltanwendung in den Betrieben zu dulden.

Im Jahre 1980 erfolgte die endgültige Antwort der *Fiat*-Werke auf das Problem der Überwindung der Produktionskrise und einer Entspannung der Lage in den Betrieben. Fiat forderte die Entlassung von 15600 Arbeitnehmern und die Abwertung der Lira zur Unterstützung der Ausfuhr. Die Gewerkschaften lehnten jedoch ab. Der Kampf mit Streikposten und die Lahmlegung der Warentransporte dauerten 35 Tage. Zum ersten Mal in der Geschichte der Industriestadt Turin bildete sich dann aber ein Protestzug von 40000 Menschen gegen den Streik, mit dem ein beträchtlicher Teil der Belegschaft sein Recht auf Arbeit geltend machte. Im Oktober 1980 unterzeichneten die drei wichtigsten Gewerkschaften CGIL, CISL und UIL eine Kompromißlösung *(Patto di Roma)*, wonach *Fiat* die Kündigung der 15600 rückgängig machte und die Gewerkschaften bereit waren, zuzulassen, daß sich in den darauffolgenden Monaten 24000 Arbeitnehmer bei der *Cassa Integrazione* (s. S. 331 ff.) meldeten. Seit der Wiederaufnahme der Arbeit in Mirafiori zeigen die *Fiat*-Werke von Turin das gleiche Bild wie die übrigen europäischen Fabriken: keine Streikposten, keine ständigen Betriebsversammlungen, kein *Assenteismo* (Fernbleiben von der Arbeit).[31] Die Produktion ist um 5 % gesunken, die Belegschaft wurde um ein Drittel[32] reduziert. Das Arbeitsklima hat sich politisch verändert. 30 % der Belegschaft haben kein Interesse an gewerkschaftlicher Betätigung mehr, 30 % sind für eine gerechte, d.h. eine gemäßigte Gewerkschaft, 25 % konnten sich nicht eindeutig entscheiden, und nur 15 % sprachen sich für eine radikale Lösung aus. Dieses Ergebnis überraschte sogar den PCI, der darin eine sozialdemokratische Tendenzwende in der Arbeiterbewegung vermutete. Man mag *Fiat* als Symbol, als Beispiel, als Seismograph für die Zukunft der italienischen Industrie ansehen, *Fiat* ist und bleibt ein wesentlicher Teil der italienischen Arbeits- und Wirtschafts-Welt.

Hier ein kurzer Überblick über die allgemeine Entwicklung des Arbeitsmarktes in Italien zwischen 1959–78 (Angaben in Tausend):

	Bevölkerung	*Arbeitskräfte*	*Beschäftigte*	*Arbeitslose*	*Arbeitslosigkeit*
1959	48604	21880	20350	1530	7,0 %
1960	48967	21544	20329	1215	5,6 %
1961	49156	21536	20428	1108	5,1 %
1962	49563	21306	20337	969	4,5 %
1963	49936	20852	20045	807	3,9 %
1964	50439	20870	19966	904	4,3 %
1965	50840	20611	19501	1110	5,4 %
1966	51227	20369	19176	1193	5,9 %
1967	51664	20506	19401	1105	5,4 %
1968	52042	20556	19384	1172	5,7 %
1969	52376	20369	19209	1160	5,7 %
1970	52771	20436	19325	1111	5,4 %
1971	53124	20405	19296	1109	5,4 %
1972	53548	20293	18996	1297	6,4 %
1973	53981	20491	19186	1305	6,4 %
1974	54541	20714	19601	1113	5,4 %
1975	54967	20946	19716	1230	5,9 %
1976	55325	21284	19858	1426	6,7 %
1977	55573	21607	20062	1545	7,2 %
1978	55806	21730	20159	1571	7,2 %

Quelle: V. Valli, *L'economia e la politica economica italiana (1945–1979)*, 3. Aufl., Mailand 1979, S. 173.

Zu den wichtigen Arbeitsbereichen, die Italien zu einem Industriestaat gemacht haben, gehören die Chemie- und Stahlindustrie. Beide sind unter der Leitung des Staates bzw. einer Partei, der DC, aufgebaut worden. Beide sind aber auch nach der erfolgreichen Expansion der fünfziger und sechziger Jahre in eine politische und wirtschaftliche Strukturkrise geraten, für deren baldige Überwindung wenig Aussicht besteht.

Zu den steigenden Verlusten der *Partecipazioni Statali* tragen seit Mitte der siebziger Jahre vor allem die Unternehmen *Montedison* und *Finsider* bei. Während der Präsident des IRI, zu dem *Finsider* gehört, von der Regierung 10000 Milliarden Lire zur Erhaltung der Arbeitsplätze forderte, antwortete die linke Opposition mit dem Vorschlag, alle staatlichen Werke – mit Montedison an der Spitze – deren Sanierung für den Staat zu teuer und parteipolitisch nicht durchführbar wäre, zu verkaufen.

Man darf die Tragweite der Krise der italienischen Wirtschaft in den siebziger Jahren zwar nicht unterschätzen, dennoch wäre es falsch, daraus zu schließen, die gesamte Produktion sei von ihr betroffen worden. Unter den führenden Unternehmen, die durch die Krise keinen nennenswerten Schaden erlitten haben, seien hier nur einige aus den verschiedensten Sektoren als Beispiele angeführt: *Ferrero* (Schokoladenfabrik), *Nuova Innocenti* und *Guzzi* (Motorwerke), *Officine Romanazzi* (Lastwagen-Hersteller), *Buffetti* (Büromöbel und technische Einrichtungen), *Gruppo Ziche, Fila* und *Ricci* (Bekleidungs- und Schuhbranche), *Chimica Bulcigo* und *Neo Farmed* (chemische und pharmazeutische Industrie) und DEA (Elektronik).[33]

Weiterhin gehören zu den krisenfesten Bereichen der italienischen Wirtschaft die Unternehmen mit ausländischer Beteiligung wie *IBI-Italia* und *Renault-Italia.* Produktionszweige wie Elektronik und Haushaltsgeräte haben die Krisenzeit überwunden und sorgen für eine Steigerung der Produktivität. Hierzu gehören zwei Konzerne, die wiederum Symbolcharakter haben: *Olivetti* und *Zanussi.*

Führend in der Schreibmaschinen- und Elektronikproduktion bleibt für Italien nach wie vor *Olivetti* in Ivrea (Piemont). Die

Preissteigerungen sowohl bei Rohstoffen als auch bei den Arbeitskosten im Laufe der siebziger Jahre sind auch an *Olivetti* nicht spurlos vorübergegangen. Unter der Führung von Carlo De Benedetti hat sich am Anfang der achtziger Jahre herausgestellt, daß es sich bei den aufgetretenen Produktionsschwierigkeiten um eine organische Wachstumskrise gehandelt hatte. *Olivetti* hat sich als multinationale Gesellschaft mit knapp 30 Tochtergesellschaften bzw. Geschäftspartnern im Ausland etabliert.

Obwohl der Elektronikbereich nicht direkt in die Wirtschaftsplanung der Regierung einbezogen worden war und deswegen weder staatliche Subventionen gewährt noch öffentliche Aufträge erteilt wurden, profitierte die Elektronik von der Steuerreform und von dem Programm, durch welches das italienische Steuersystem völlig auf elektronische Datenverarbeitung umgestellt werden soll. Als Elektronikunternehmen war es für *Olivetti* naheliegend, auch die eigene Produktion stark zu automatisieren; jedoch trug zur Verbesserung der Produktionsbedingungen vor allem die Dezentralisierung durch Schaffung kleinerer Arbeitseinheiten bei, die sogenannten *Boite,* die einzelne Arbeiter in die Lage versetzten, verschiedene Funktionen zu übernehmen.

Die *Zanussi*-Werke in Friaul gelten für den italienischen Verbraucher als der Hersteller von Haushaltsgeräten schlechthin. Durch die Übernahme und Sanierung kleinerer Betriebe aus der Branche und durch die hierzu notwendigen staatlichen Investitionen bzw. Subventionen konnten sich die *Zanussi*-Werke im Laufe der sechziger Jahre zu einem italienischen Großunternehmen mit einem beträchtlichen Absatzmarkt im Ausland entwickeln.

Zur Sicherung der Produktion in den Krisenjahren (1973 bis 75) hatten sie ein Abkommen über Zusammenarbeit mit AEG-Telefunken geschlossen, das im Jahre 1975 von AEG-Telefunken infolge interner Schwierigkeiten gekündigt wurde. Inzwischen hatten die *Zanussi*-Werke nicht nur die Krise überwunden und waren auf den internationalen Markt zurückgekehrt, sondern konnten auch ihre Ausfuhren von 48 % der gesamten Produktion im Jahr 1972 auf 57,8 % im Jahr 1976 erhöhen.

Die Krise wirkte also auch als Kraft der Erneuerung, und dies nicht nur innerhalb eines Unternehmens. So erlebte man im Italien der siebziger Jahre, daß neben Betrieben, die in eine Krise geraten waren, andere durch neue Technologien oder Finanzstrategien, die vor der Krise nicht genügend berücksichtigt worden waren, mehr und mehr zu führenden Unternehmen wurden.

G. R.

e) Die Gewerkschaften CGIL, CISL und UIL und die Sindacati Autonomi

Im Laufe der siebziger Jahre haben die italienischen Gewerkschaften lernen müssen, daß ihre Kampfstrategie, die Regierungen durch Generalstreiks zu Reformen oder zum Rücktritt zu zwingen, zu keinen weiteren Erfolgen in der Arbeitspolitik führen konnte.

Angesichts des Ernstes der politischen Gesamtlage Italiens waren sie sich – zusammen mit anderen politischen und fortschrittlichen Kräften – bewußt, daß es zu keiner zusätzlichen Schwächung der Regierung, die ohnehin keine politische Macht mehr besaß, kommen durfte.

Diese Macht war im Laufe der siebziger Jahre immer mehr von den zentralen Organen der Parteien übernommen worden. Hier wurde über Regierungsvorschläge, Programme und Ämterbesetzungen entschieden. Die Tatsache, daß Regierungen wiederholt durch außerparlamentarische Krisen und nicht durch ein Mißtrauensvotum des Parlaments zum Rücktritt gezwungen wurden, ist der Beweis für die Verlagerung der politischen Führung vom Parlament in die Schaltzentralen der Parteien.

Trotz der veränderten politischen Lage organisierten die drei wichtigsten Gewerkschaften CGIL, CISL und UIL weiterhin genauso viele Streiks wie vorher, und die Zahl ihrer Mitglieder stieg ständig. Ende der siebziger Jahre hatten alle drei Gewerkschaften zusammen knapp 9 Millionen Mitglieder, davon 1 Million Metallarbeiter in der FLM (Gewerkschaft der Metallarbeiter) und 10000 Gewerkschaftsfunktionäre.

Seit der Gründung der *Federazione Unitaria* (Gewerkschaftsbund), die bis heute noch zu keiner einheitlichen Dachorganisation der drei Gewerkschaften geworden ist, wie dies bei der Gründung (1972) geplant worden war, sind CGIL, CISL und UIL auf der Suche nach einer gemeinsamen Strategie für eine innere Demokratisierung der Gewerkschaften und für die Überwindung der wirtschaftlichen und politischen Schwierigkeiten in Italien. Das Übergewicht der Funktionäre gegenüber der Basis beunruhigt die *Federazione Unitaria* ebenso wie die individuelle Führung einiger ihr angeschlossener Einzelgewerkschaften. Die *Federazione Unitaria* strebte eine Öffnung nach unten an, insbesondere eine Einbeziehung jener Bereiche der Arbeitswelt, die gewerkschaftlich nicht genügend vertreten waren (Jugendliche, Arbeitslose und Süditalien). Mit der Basis und dem Sozialpartner suchten die Gewerkschaften den Dialog über eine Neugestaltung der Löhne und Gehälter als wichtigsten Schritt zur Überwindung der Inflation und der Arbeitslosigkeit. Das Andauern der Krise hatte die Gewerkschaften zu der Überlegung veranlaßt, daß deren Überwindung keine Angelegenheit der Unternehmer allein sei, bei der sich die Gewerkschaften auf die Verteidigung der Löhne, Gehälter und Arbeitsplätze beschränken mußten, während die Regierung mit der Ausarbeitung von Wirtschaftsprogrammen Zeit verlor. Angesichts der Gefahr einer völligen Lähmung der italienischen Wirtschaft sahen sich die Gewerkschaften sogar zu Formen der Zusammenarbeit gezwungen, die von der Basis nicht immer verstanden und gebilligt wurden, wie dies z.B. bei dem *Fiat*-Abkommen vom Oktober 1980 der Fall war.

Die Revolution wurde vertagt, das Produktionssystem sollte weiter und besser funktionieren, die Arbeitskämpfe mußten von der täglichen Gewaltanwendung der Extremisten getrennt werden. Das *Statuto dei Lavoratori* sollte weiterhin als Errungenschaft der Arbeiter verteidigt, aber nicht zu einem Instrument der extremistischen Minderheit gegen die Mehrheit der Belegschaft, die sich mit dem Gewerkschaftsprogramm solidarisch erklärte, umfunktioniert werden. Die Gewerkschaften wurden deswegen von den Arbeitgebern aufgefordert, bei der Neuaufnahme von Mitgliedern vorsichtig vorzugehen und keine automatische Verlängerung der Mitgliedschaft zuzulassen. Die Mehrheit der Mitglieder sollte im Rahmen der Vollversammlungen gegen die stets straff organisierten Minderheiten in Schutz genommen werden und sich von der Kampfparole *Lotta dura senza paura* (harter Kampf ohne Furcht) lossagen.

Ausgehend von diesen Überlegungen und von den Forderungen, die den Gewerkschaften von ihren Mitgliedern und Gesprächspartnern gestellt wurden, entstand Anfang 1978 die EUR-Strategie[34], die eine Phase der Erneuerung und der Weiterentwicklung der Wirtschaft und Finanzen in Italien einleitete. Die Arbeiterklasse zeigte sich bereit, Opfer auf sich zu nehmen, indem sie auf gewisse Forderungen verzichtete; als Diskussionsthemen für eine Politik der Investitionen und der Vollbeschäftigung wurden die Neugestaltung der Löhne und Gehälter sowie die Flexibilität in den Betrieben und außerhalb akzeptiert. Abgesehen vom Wirtschaftsaufschwung Ende der siebziger Jahre sind die von der EUR-Strategie angestrebten Ziele nicht erreicht worden. Hierzu mag auch die Tatsache beigetragen haben, daß die Einbeziehung der größten Arbeiterpartei, des PCI, in die Regierungskoalition mißlang. So konnte das Programm der EUR-Strategie nicht ohne politische Garantien verwirklicht werden, d.h. daß sich die Kommunisten nach wie vor in der Opposition befanden. Die Basis, die nur unter der Bedingung der Einbeziehung des PCI der EUR-Strategie zugestimmt hatte, fühlte sich nicht mehr an sie gebunden. Der vereinbarte Waffenstillstand wurde aufgekündigt; die Arbeitskonflikte wurden mit Parolen und Zielsetzungen, die zur Radikalisierung der Auseinandersetzungen führten, weiter ausgetragen. Der Verzicht auf Verhandlungen mit den Arbeitgebern und der Regierung sowie das Beharren auf den Garantien des Arbeiterstatuts führten im Jahre 1980 bei der Auseinandersetzung mit der Produktionspolitik von *Fiat* zu der schwersten Niederlage der italienischen Arbeiterbewegung seit 1969.

Angesichts dieser Niederlage mit ihren politischen und psychologischen Konsequenzen wäre es jedoch naiv gewesen zu glauben, daß allein die Wiederherstellung der Disziplin in den Betrieben eine Überwindung der Wirtschaftskrise bewirken würde. Weder politische noch wirtschaftliche Kräfte konnten Ende der siebziger Jahre davon ausgehen, daß durch die Bekämpfung der Gewerkschaften und der linken Opposition die Regierbarkeit Italiens gewährleistet werden könne. Das Problem lag nicht in der Stärke dieser beiden Vertreter der Arbeitnehmer, sondern in der Schwäche der politischen Mehrheit im Parlament und der wirtschaftlichen Führung Italiens. Nach den Erfahrungen bei *Fiat* konzentrierten sich die Gewerkschaften auf den zweiten Teil ihres Programms, nämlich die Politik der sechziger Jahre auf eine erweiterte Demokratisierung der Basis zu stützen.

Die Diskussion sollte nun wieder mehr an der Basis geführt werden, indem Gewerkschaftsfunktionäre und Fabrikräte einem Entbürokratisierungsprozeß unterworfen wurden. Es sollte keine Kampfparolen mehr geben, die von oben zum Generalstreik aufriefen. Die Kampfziele sollten auf Reformen abgestimmt werden, ohne daß dadurch jedoch auf einen gemäßigten Kurs zurückgegangen würde. Damit sollte die Verbesserung der Wirtschaftslage gefördert, die Arbeit wieder produktiv gestaltet und der Krise energisch entgegengetreten werden. Während die Gewerkschaften von der Schaffung eines Solidaritätsfonds durch einen Beitrag von 0,5 % der Löhne und Gehälter abkamen und damit auf eine Politik der Akkumulation und der Verteilung des Solidaritätsfonds verzichteten, forderten sie weiterhin die 35-Stunden-Woche, die Einführung von Halbtagsarbeit, die Neugestaltung der Löhne und Gehälter und die Umwandlung der *Scala Mobile* (gleitende Lohnskala), die bisher nie zur Diskussion gestanden hatte.

Mit der Einführung der gleitenden Lohnskala im Jahre 1945 hatten die Gewerkschaften erreicht, daß die Löhne und Gehälter alle drei Monate automatisch an die gesteigerten Lebenskosten angepaßt wurden. Der Anpassungssatz wurde vom Statistischen Staatsinstitut (ISTAT) auf der Basis der Preissteigerung einer bestimmten Anzahl von Konsumgütern und Dienstleistungen ermittelt. Zu diesen Konsumgütern, die den sog. *Paniere* (Warenkorb) bilden, zählen Zeitungen, Zigaretten, Fahrpreise usw. Seit der zweiten Hälfte der siebziger Jahre, als die gleitende Lohnskala sowohl von der Regierung als auch von den Arbeitgebern scharf angegriffen wurde, hat man damit begonnen, sie systematisch zu analysieren. So kam man z. B. darauf, daß nicht alle Arbeiter aus verschiedenen Bereichen davon begünstigt werden, daß zwar ein Ausgleich der Vergütungen ermöglicht wird, daß damit aber oft eine Nivellierung der beruflichen Qualifikationen und Unterschiede verbunden ist. Außerdem erwies sich die *Scala Mobile* als ein Inflationsfaktor. Der erste Schritt zu einer Änderung der *Scala Mobile* wurde im Einvernehmen mit den Gewerkschaften und der linken Opposition unternommen. Zur Senkung der Arbeitskosten wurde gleichzeitig die Abfindung, die jedem Arbeitnehmer beim Ausscheiden aus seinem Arbeitsplatz ausbezahlt werden soll, ab 1979 stark reduziert und anders zusammengestellt, um diese Kosten für die gesamte Wirtschaft tragbarer zu machen. Dies wurde von den CGIL, CISL und UIL gegen den Widerstand der *Sindacati Autonomi* (Autonome Gewerkschaften) beschlossen, die eine Urabstimmung über die Rückgängigmachung der Reform durchführen wollten.

Zu den *Sindacati Autonomi* zählen 160 Einzelgewerkschaften. Sie treten besonders stark in den Bereichen wie Krankenhäuser, Luft- und Seetransport und Schulwesen auf. Ihre Mitglieder rekrutieren sich aus den unteren Schichten des Bürgertums. Daraus erklärt sich, daß sie im Schulwesen stark vertreten sind und auf Klassenprivilegien beharren, die in einem Italien, das mit der Zeit gehen muß, keine Rechtfertigung mehr finden können. Sie bedienen sich des Instruments wilder Streiks zur Durchsetzung ihrer Forderungen, oft zu einem Zeitpunkt, wo ihre Dienstleistungen in Krankenhäusern, im Verkehrswesen oder in den Schulen am dringendsten gebraucht werden. Diese zusätzliche Belastung der Öffentlichkeit durch Ansprüche kleiner privilegierter Minderheiten, wie im Fall der Piloten der nationalen Fluggesellschaft *Alitalia*, wurde von der Regierung und dem Arbeitgeberverband ausgenutzt, um die Gewerkschaften CGIL, CISL und UIL zu einer sofortigen gesetzlichen Festlegung der Streikmodalitäten nach Art. 40 der Verfassung aufzufordern. Beide verlangten von den Gewerkschaften, daß sie ihre Politik der achtziger Jahre auf die Grundlage einer *Autodisciplina* (Selbstkontrolle), einer Bekämpfung des *Assenteismo* (Fernbleiben vom Arbeitsplatz) und einer Bereitschaft zur Flexibilität innerhalb und außerhalb der Betriebe stellten.

Den Gewerkschaften CGIL, CISL und UIL wurde inzwischen deutlich, daß die ungleichmäßige Verteilung ihrer Mitglieder innerhalb der Arbeitswelt für ihre Politik belastend werden konnte. Sie waren stark vertreten in Betrieben, wo die Krise am stärksten spürbar wurde, schwach in mittleren Betrieben und de facto gar nicht vertreten in Kleinbetrieben und in der *Economia Sommersa* (s. S. 238ff.), wo Konflikte oft durch individuelle Abfindungen bei der Entlohnung beigelegt werden konnten.

Um eine Einschränkung der Macht der Gewerkschaften zu erreichen, bräuchte Italien aber eine politische Führung; gerade das Fehlen einer sinnvollen politischen Machtausübung hatte die Gewerkschaften dazu veranlaßt, politische Funktionen zu übernehmen, die ihnen eigentlich nicht zustehen. Die von den Gewerkschaften angekündigte und teilweise seit Ende des Jahrzehnts praktizierte *Autodisciplina* und ihr Bekenntnis zu einer Politik der *Politica dell'Austerità* (Konsumverzicht) trugen bald dazu bei, das Wirtschaftssystem funktionsfähig zu erhalten. Offen blieb die Frage, ob und wie es den Unternehmen gelingen könnte, das politische System eines Landes in Gang zu halten, in dem es keine Mitbestimmung gab, in dem keine Zusammenarbeit innerhalb der Betriebe möglich war und in dem die Gesellschaft eine soziale Entwicklung durchmachte, die immer mehr zur Permissivität führte.

Auf der Suche nach Modellen, die die Funktionsfähigkeit des Staates in allen Bereichen gewährleisten sollten, wurden Projekte diskutiert, die in anderen Ländern bereits durchgeführt wurden. So hatte der ehemalige Leiter der *Programmazione Economica* der *Centro-Sinistra*-Zeit Giorgio Ruffolo in der deutschen Mitbestimmung eine Möglichkeit entdeckt, die Arbeitswelt Italiens durch ihre Funktionalisierung von Konfliktzwängen zu befreien. Die Einführung der Mitbestimmung allein hätte vielleicht geholfen, die Konflikte abzubauen; da sich aber in Italien die Arbeitskosten anders zusammensetzen als in der Bundesrepublik, hätte die Mitbestimmung allein nicht ausgereicht, um die notwendigen Reformen in Gang zu setzen.

Neben den gewöhnlichen Belastungen, die sich in den Arbeitskosten niederschlagen, bestand in Italien der Zwang, den unproduktiven Überschuß an Arbeitskräften weiterzubeschäftigen, was nur durch staatliche Subventionen möglich war. Dagegen sollte, laut Ruffolo, eine Neuregelung geschaffen werden, bei der die Arbeitgeber vom Zwang der Weiterbeschäftigung und der Staat von der Verpflichtung, sie zu unterstützen, befreit wurden. Die Arbeit sollte durch eine Zentralbehörde, einen *Servizio Nazionale del Lavoro* (Zentrale Arbeitsanstalt), gesteuert werden. Diese sollte vor allem für die notwendige Flexibilität der Arbeitskräfte sorgen, ihnen aber innerhalb der Flexibilität eine kontinuierliche Beschäftigung garantieren, wenn auch durch zeitlich begrenzte Arbeit im Sozialbereich oder durch eine andere Tätigkeit im öffentlichen Interesse.

Es handelte sich hierbei also um einen „technischen" Vorschlag, der Anfang der achtziger Jahre dazu beitragen sollte, Arbeitslosigkeit und Inflation als Hauptträger der Krise zu bekämpfen, eine neue Ordnung in der Arbeitswelt einzuführen und den Weg zur Rückgewinnung einer politischen Führung im Lande zu ebnen.[35]

G. R.

f) Die Inflation

Durch die ständige Verschiebung der politischen Kräfteverhältnisse nach links und eine für sie günstige Arbeitsmarktlage gelang es den Arbeitnehmern in Italien während der fünfziger und sechziger Jahre, eine Kürzung der wöchentlichen Arbeitszeit und eine Verminderung und Festlegung von Überstunden zu erreichen. Später aber, in den schwierigen Jahren, entstanden durch einen Mißbrauch der *Cassa Integrazione* seitens der Arbeitgeber und eine lasche gewerkschaftliche Kontrolle des *Assenteismo* in den Betrieben erhebliche Nachteile für die gesamte Wirtschaft, und es kam zu einer ständigen Steigerung der Arbeitskosten. Außerdem wurden die Produktionskapazitäten, vor allem in den Großbetrieben, infolge des Verbots, Arbeitskräfte flexibel einzusetzen, oft nicht ausgelastet. So geschah es u.a., daß in den siebziger Jahren die Löhne und Gehälter schneller stiegen als die Produktivität. Angesichts der starken ausländischen Konkurrenz und infolge der Unmöglichkeit, die Preise zu erhöhen, wurden die Gewinne zusätzlich verringert. Um aus dieser Sackgasse herauszukommen, mußten viele Unternehmer bei Banken hohe Kredite aufnehmen. Diese Tendenz verstärkte sich in den späten siebziger Jahren so sehr, daß von den Banken u.a. der Vorschlag gemacht wurde, die Kredite in Aktien umzuwandeln und damit die Betriebsfinanzen zu sanieren. Die Gewerkschaften ihrerseits unterzeichneten mit der *Confindustria* im Jahr 1975 das *Lama-Agnelli*-Abkommen als Beitrag zur Bekämpfung der Inflation. Nach diesem Abkommen sollten Löhne und Gehälter nicht mehr nach einem Prozentsatz angehoben werden, sondern nach einem jährlichen Fixum steigen.

Zwar waren die Gewerkschaften allein nicht in der Lage, die Inflation und Arbeitslosigkeit zu bekämpfen; dennoch mußte man ihnen die kritische Frage stellen, wozu ihre Stärke denn nützte, wenn sie die gesamte Lage der Arbeitswelt nicht verbessern konnte. Man warf ihnen vor, die Kredit- und Subventionspolitik der Regierung als gefährlich und unzweckmäßig zu kritisieren, während sie selbst schon bei der Gründung eines Solidaritätsfonds scheiterten und sich damit eine direkte Teilnahme an der Akkumulations- und Investitionspolitik verbauten.

Neben diesen ungelösten Problemen aus der Arbeitswelt trugen folgende Faktoren zur Steigerung der Inflation bei:

1) die Kluft zwischen öffentlichen Ausgaben und Steuereinnahmen. Trotz der Steuerreform von 1974 und der konsequent straffen Steuerpolitik des Ministers Reviglio war es der Regierung noch nicht gelungen, die Steuerhinterziehung auf ein erträgliches Maß zu reduzieren (s. S. 264);

2) die Aufbaukosten sowie die laufenden Kosten für ein Sozialnetz, an dem in Italien erst seit Ende der sechziger Jahre ernsthaft gearbeitet wurde;

3) die Kredit- und Subventionspolitik des Staates. Die Summe hierfür wuchs von 2000 Milliarden Lire im Jahr 1970 auf

über 7500 Milliarden im Jahr 1975 und auf 18000 Milliarden für das Jahr 1980 an;

4) die Abhängigkeit von Rohstoffen. Italien ist im Bereich der Energieversorgung bis zu 87% vom Ausland abhängig. Neben den 10600 Milliarden Lire, die im Jahr 1979 für die Einfuhr von Erdöl ausgegeben wurden, mußten z.B. noch 5000 Milliarden Lire für Fleisch, Getreide, Öl, Zucker und Kaffee ausgegeben werden, die nicht durch die Ausfuhr von Obst, Gemüse und Wein ausgeglichen werden konnten.

Angesichts der Komplexität der Faktoren, die zur Steigerung der Inflation beitrugen, wurde von seiten der Gewerkschaften und linken Parteien behauptet, daß die Arbeitskonflikte nicht als einzige Ursache der Inflation betrachtet werden konnten, auch wenn das Fehlen von Arbeitskonflikten in anderen Ländern, wie z.B. in Frankreich, dazu beigetragen hatte, daß nach 1968 ein „zweites Wirtschaftswunder" eintrat.

Die Inflation, die sich in den Jahren 1969–72 auf einem sehr niedrigen Niveau bewegte, machte sich im Jahr 1973, also nach dem Ende der Investitionsära, wieder durch ein rasches Ansteigen der Preise und der Löhne und Gehälter deutlich bemerkbar. Die Arbeitnehmer verteidigten ihr Realeinkommen, die Produktivität stieg aber nicht schnell genug, um die Renditen der Unternehmen sichern zu können. Die Inflationsrate wurde zusätzlich durch das Haushaltsdefizit, die Auslandsverschuldung und die Finanzierung von Energie und Rohstoffen in die Höhe getrieben. Während in der Bundesrepublik die Inflation z.T. durch einen Rückgang der Beschäftigtenzahl unterlaufen wurde, was dazu beigetragen hat, Arbeitskonflikte und Preissteigerungen zu verhindern, setzte man in Italien vor allem auf eine Bremsung der Löhne und Gehälter, um die Arbeitskosten zu senken und weiterhin Kapitalansammlung und Investitionen zu ermöglichen. Die alte Strategie der Kreditverknappung, der Reduzierung der im Umlauf befindlichen Geldmenge und der Steuererhöhung wurde neu erprobt, ohne jedoch die politischen Hindernisse bei der Verwirklichung dieser Strategie aus dem Weg zu räumen und ihr einen breiten Konsens zu sichern. Zwangsläufig konnte es aber dort keinen Konsens geben, wo die Kosten der Anti-Inflationsstrategie von den Betrieben erwirtschaftet werden sollten, ohne daß denjenigen eine politische Beteiligung zugestanden wurde, die Opfer bringen mußten.

Ohne neue Formen demokratischer Führung in den Betrieben und im staatlichen Bereich mußte die Bekämpfung der Inflation ein Versuch von oben bleiben, den die kurzlebigen Regierungen nicht imstande waren durchzuführen. Die wirtschaftliche Lage Italiens, einer Nation, deren Demokratie nicht völlig verwirklicht war und deren Wirtschaft von außen her mitbestimmt wurde, konnte nur durch eine politische Entscheidung geklärt werden, die die politische Kontinuität des Landes zwar nicht in Frage stellte, aber doch tiefgreifende Änderungen bringen mußte.

G. R.

g) Die Genossenschaften

Die Genossenschaften bilden ein Wirtschaftssystem innerhalb der italienischen Produktion, das wenig bekannt ist. Man kommt auf sie zu sprechen, wenn es darum geht, einen gesunden und produktiven Bereich der italienischen Wirtschaft oder ein Modell vorzuzeigen, das eine antiinflationäre Entwicklung möglich machen könnte. Die Genossenschaften sind im 19. Jahrhundert in der Landwirtschaft entstanden, heute aber in allen Bereichen der Arbeitswelt und des öffentlichen Lebens vertreten: Weinbau, Milchwirtschaft, Fischerei, Obst- und Gemüsebau, Lebensmittelverteilung, Handwerk, Wohnungsbau, Kreditwesen, Verkehrswesen, Kultur, Fremdenverkehr, Versicherungswesen und andere Dienstleistungen.

Im Jahre 1986 gab es in Italien mehr als 40000 eingetragene Genossenschaften mit knapp 8 Millionen Mitgliedern (die hier Beschäftigten machen 25% der Beschäftigten des ganzen Landes aus) und einem Jahresumsatz von 45000 Milliarden Lire. Die Mehrheit von ihnen gehört einer der drei nationalen Dachorganisationen der Genossenschaften an:

1) Die *Lega Nazionale delle Cooperative e Mutue* (LNCM: Nationaler Verband der Genossenschaften und der gegenseitigen Hilfsorganisationen, gegr. 1886) unter der Führung der Kommunisten und Sozialisten zählte im Jahr 1986 16000 ange-

schlossene Genossenschaften mit einem Jahresumsatz von 24 000 Milliarden Lire.

2) Der katholischen *Confederazione Cooperative Italiane* (CCI: Italienischer Genossenschaftsbund, gegr. 1919) gehörten im Jahr 1986 22 000 Genossenschaften an mit einem Jahresumsatz von 18 000 Milliarden Lire.

3) Die *Associazione Generale Cooperative Italiane* (AGCI: Italienischer Generalverband der Genossenschaften, gegr. 1952) steht unter dem Einfluß von Republikanern und Sozialdemokraten. Im Jahr 1986 belief sich die Zahl ihrer Mitglieder auf 6000 mit einem Jahresumsatz von 3000 Milliarden Lire.

Während die Genossenschaften ursprünglich mehr aus gemeinsamer Not oder gemeinsamen Interessen entstanden waren und sich als Selbstorganisation zum Schutz der unteren Schichten der Arbeitswelt verstanden, gehörten sie im Italien der siebziger Jahre zu den tragenden Säulen der Wirtschafts-, Kultur- und Sozialstrukturen. Sie stellten eine neuartige und eigenständige soziale Kraft aus den unteren und mittleren Schichten der italienischen Gesellschaft dar. Sie verfügten aufgrund ihrer inneren Struktur über starke Entwicklungsmöglichkeiten, so daß sie auf die Nachfrage nach Sozialgütern wie Wohnungen oder primären Konsumgütern immer mit niedrigen und stabilen Preisen positiv reagieren konnten. Sie strebten einen Markt an, der frei von Renditen, Monopolen und anderen wirtschaftlichen Zwängen sein sollte. Ferner stellten sie innerhalb der italienischen Wirtschaft der siebziger Jahre die Verbindung zwischen der zentralen Wirtschaft und den Randbereichen her. Durch ihre gemeinsamen Ziele, unter denen Gewinnstreben nicht an erster Stelle rangierte, sondern gegenseitige Hilfe und Solidarität weiterhin positiv wirkten, beweisen sie, daß sie Krisenzeiten besser zu meistern verstehen als andere Unternehmen.[36]

G. R.

h) Staatliche Ausgaben, Einnahmen und Staatsverschuldung

Um die staatlichen Finanzen mit den Verwaltungsausgaben und -kosten zu koordinieren, wird jedes Jahr eine *Legge Finanziaria* (Haushaltsgesetz) ausgearbeitet, Kernpunkt des Haushaltsgesetzes aus dem Jahr 1978 ist die Erweiterung der Kompetenz für die *Ragioneria Generale dello Stato* (Allgemeines Staatliches Rechnungsamt). Damit wurden die gesetzlichen Voraussetzungen geschaffen, um eine umfassende und systematische Planung und Kontrolle der öffentlichen Ausgaben der knapp 60000 öffentlichen Ämter durchzuführen. Hierzu gehören in erster Linie die Verwaltungen der 20 Regionen, 95 Provinzen und 8073 Gemeinden. Obwohl das Rahmengesetz über die Gründung der Regionen diesen ihre Selbstfinanzierung zugestanden hat, ist sie bisher noch nicht verwirklicht worden, und die Regionen sind weiterhin auf die Staatsfinanzen angewiesen. Von der Zentralregierung erhalten die Regionen Mittel, die aber zweckgebunden sind, z.B. an bestimmte Vorhaben im Bereich der Wohnungspolitik, des Schul- und Gesundheitswesens oder im sozialen Bereich.

Da die Dienststellen oft aus verwaltungstechnischen Gründen nicht in der Lage sind, die zugewiesenen Mittel sofort zu investieren, bleiben diese im Haushalt als *Residui Passivi* (nichtverbrauchte Restmittel) stehen und werden bei einer der betreffenden Verwaltung unterstehenden Bank aufbewahrt, bis die gesetzlichen Voraussetzungen für ihre Verwendung erfüllt sind.

Hier muß betont werden, daß die 60000 öffentlichen Dienststellen bzw. ihre politische Führung im Laufe der ersten vier Jahrzehnte der Ersten Republik, eine immer größere finanzielle Handlungsautonomie bekommen haben. Diese vielen Ämter spiegeln zwar die politischen Verhältnisse im Lande wider, bilden aber gegenüber der Zentralregierung eine Art von Ober- oder Unterregierung. Aufgrund der Finanzpolitik der Regierung, die sich in einer Verteilung der Staatseinnahmen an Ämter mit und ohne Aufgabenbereich erschöpft, üben die öffentlichen Ämter oft eine parteipolitische Finanzmacht aus, wofür es wiederum keine verfassungsmäßigen Voraussetzungen gibt.

Der Streit um die *Poltrona* (Chefsessel) unter den Koalitionspartnern der Zentralregierung führt nicht selten zur Lähmung der Amtsführung selbst. Beispiel dieses *Malgoverno* (Mißregierung) ist der ständige Kampf um den Vorsitz bei den staatlichen und halbstaatlichen Banken, der manchmal zur Folge hat, daß diese Stellen jahrelang nicht besetzt sind. Die Tatsache, daß 75 von 80 Sparkassen einen Christdemokraten als Präsidenten haben und daß ihre Zentrale, die *Italcasse*, seit 1979 wegen Finanzierung von politischen Parteien und Bauspekulanten unter Anklage steht, sei hier erwähnt, um zu verdeutlichen, in welch starkem Ausmaß eine Identifizierung zwischen dem Staat und jener Partei stattgefunden hat, die im Staat seit der Gründung der Republik – allein oder als stärkste Koalitionspartei – regiert.

Seit Anfang der siebziger Jahre befindet sich der Staat in einer unproduktiven Symbiose mit einigen Bereichen der staatlichen Industrie, Finanzen und Verwaltung. Er tritt als Unternehmer auf bei IRI, ENI und EFIM, bei der *Cassa per il Mezzogiorno*, beim *Centro Nazionale Ricerche* (CNR: Staatliches Forschungszentrum), bei dem *Istituto Nazionale Assistenza* (INA: Staatliche Krankenversicherungsanstalt) usw.; andererseits ist der Staat wiederum der Retter, der durch Subventionen den Haushalt seiner Unternehmen ausgleichen muß, um sie und ihre Arbeitsplätze zu erhalten. Verantwortlich für den guten Ablauf dieser Symbiose ist die *Gestione Partecipazioni Industriali* (GEPI: Führung der staatlichen Industriebeteiligungen), eine Gesellschaft, die sogar bei den Japanern Interesse geweckt hat und deren Funktion darin besteht, die jährlichen Verluste von knapp 140 Firmen mit 50000 Arbeitsplätzen zu übernehmen. Infolge dieser Symbiose kommt der Staatshaushalt seit 1971 einer Verteilung des Volkseinkommens gleich, wobei für das Jahr 1974/75 die Belastung im staatlichen Bereich 15–20% des *Prodotto Nazionale* (Sozialprodukt) erreichte.

Da von der öffentlichen Hand keine echte Investitionspolitik betrieben wird – sie beschränkt sich lediglich auf eine Zuweisung der Finanzmittel an Unternehmer (Kreditpolitik), an Familien (Einkommenspolitik) und an Sozialämter (Sozialpolitik) – drängt sich die Frage auf, wie lange und auf welche Weise der

Staat angesichts dieser Symbiose mit sich selbst noch am Leben bleiben kann. Nur eine Kürzung der *Spesa Pubblica* (Staatsausgaben) und Investitionen in produktiven Bereichen der Wirtschaft könnten aus der hohen Staatsverschuldung helfen. Inzwischen ist die Ausschöpfung der Steuerquellen dadurch verbessert worden, daß es im Jahre 1985 dem PRI-Finanzminister Visentini gelungen ist, die Durchführung der Steuerreform, die 1974 in Gang gesetzt worden war, abzuschließen. 1974 gab es in Italien 4,5 Millionen Bürger, die jährlich eine Steuererklärung abgaben. Nach der Steuerreform von 1975 mußten 22 Millionen Bürger Steuererklärungen ausfüllen. Davon hatten 8 Millionen nur eine Einnahmequelle und die restlichen 14 Millionen Einkünfte aus verschiedenen Quellen.

Im gleichen Jahr entsprachen die staatlichen Steuereinnahmen 32,4 % des *Prodotto Interno Lordo* (PIL: Bruttoinlandsprodukt) und setzten sich folgendermaßen zusammen: 7,5 % aus direkten Steuern, 9,7 % aus indirekten Steuern und 15,2 % aus Beiträgen für Sozialleistungen. Im Jahre 1976 waren die Steuereinnahmen auf 34,4 % des BIP gestiegen, sie rangierten jedoch weiterhin an letzter Stelle innerhalb der EG. Im Jahre 1977 erreichten sie den europäischen Durchschnitt von 37,2 % des BIP, allerdings bei einem niedrigen Volkseinkommen. Es muß hier betont werden, daß natürlich auch die Inflation zu einer ständigen Steigerung der Steuereinnahmen beiträgt, da durch sie immer breitere Schichten von Lohn- und Gehaltsempfängern in eine höhere Steuerprogression geraten.

1980 erlebte Italien seinen sog. *Boom delle Entrate Tributarie* (Steuerwunder): Die Einnahmen waren von 39066 Mrd. Lire in der Zeit von Januar bis Oktober 1979 auf 52373 Mrd. Lire für die Monate Januar bis Oktober 1980 gestiegen.[37] Dies verdankte Italien Minister Reviglio, einem unabhängigen Sozialisten, der als Finanzexperte die Italiener innerhalb von zwei Jahren die Furcht vor dem Finanzamt lehrte und für eine ordnungsgemäße Durchführung der Steuerreform sorgte. Die Tatsache, daß Reviglio nach dem Rücktritt der Regierung Forlani bei der Bildung der folgenden Regierung unter Spadolini nicht als „Steuerminister“ im Amt blieb, beweist wieder einmal, wo die eigentlichen Ursachen der finanziellen Schwäche Italiens zu suchen sind.

Im Jahre 1971 hatte dagegen der PRI mit Ugo La Malfa die Regierungskoalition verlassen, da sich die DC als Hauptträger der Koalition nicht dazu entscheiden konnte, die öffentlichen Ausgaben zu drosseln. Diese waren unter dem Druck der öffentlichen Ämter, der Lokalverwaltungen und der Arbeitspolitik der Gewerkschaften ständig gestiegen. Die kurz darauf folgende Entscheidung des PRI, der Regierungskoalition beizutreten, bedeutete für die Italiener keine Hoffnung auf die Kürzung der öffentlichen Ausgaben, sondern eher den Beweis dafür, daß die Republikaner selbst keine Alternative anbieten konnten.

Die öffentlichen Ausgaben unterstehen der Aufsicht des *Ministero del Tesoro* (Schatzministerium), das die Art der Ausgaben überprüft, und der *Corte dei Conti* (Rechnungshof), die deren Zweckmäßigkeit bestätigen soll. Zuständig für die öffentlichen Ausgaben sind alle Organe der staatlichen Verwaltung wie Ministerien, Sozialämter, Gesundheitsbehörden, Lokalämter usw., aber auch Industrieunternehmen wie ENEL, SIP sowie die *Partecipazioni Statali.* Sie begründen ihren Anspruch auf öffentliche Gelder mit dem Argument, sie seien Erbringer von Dienstleistungen und als solche an eine Preispolitik gebunden, die eher durch politische Überlegungen als durch die Grundsätze einer freien Marktwirtschaft bestimmt wird.

Die Steuereinnahmen sowie die Einnahmen aus Sozialversicherungsbeiträgen reichen nicht aus, um die öffentlichen Ausgaben zu decken, obwohl staatliche Investitionen in primären Bereichen wie der Landwirtschaft und dem Wohnungsbau sehr niedrig gehalten werden. Die öffentlichen Ausgaben verteilten sich zwischen 1969–78 wie folgt (Angaben in Milliarden Lire):[38]

	1969	*1972*	*1975*	*1978*
Staatsverwaltung	880	923	1191	2453
Landesverteidigung	1261	1763	2250	3518
Gerichtsbarkeit	165	264	407	722
Öffentliche Sicherheit	507	766	1080	1901
Internat. Beziehungen	91	590	951	2268
Bildung und Kultur	2514	3327	5366	9673
Wohnungsbaupolitik	155	246	391	1073
Sozialbereich	2229	2998	7404	15124
Handel und Verkehr	894	1844	2438	5529
Wirtschaftsbereich	2510	3225	5415	11977
Lokal- und Regionalwirtschaft	859	1628	4618	17350
Verschiedenes	1200	1105	5956	10033
Insgesamt	13267	18468	38468	81621

Steuereinnahmen und öffentliche Ausgaben verhielten sich in den Jahren 1969–78 wie folgt (Angaben in Milliarden):[39]

	1969	*1972*	*1975*	*1978*
Einnahmen	9777	13182	23790	54712
Ausgaben	10376	16671	32423	87766
Defizit	–599	–3486	–8633	–33054

Das Haushaltsdefizit ist hoch, ebenso bleiben die laufenden Ausgaben zu hoch; andererseits gelingt es den Lokalverwaltungen nicht, die *Residui Passivi* (nicht verbrauchte Restmittel) von Jahr zu Jahr abzubauen.

Die Staatsverschuldung belief sich im Jahr 1969 auf 11817 Milliarden Lire, 1972 auf 21726 Milliarden Lire, 1975 auf 54162 Milliarden Lire, 1978 auf 109097 Milliarden Lire.[40] Als Voraussetzungen für die Sanierung der Staatsfinanzen werden eine höhere Versteuerung der Dienstleistungen etwa im Nahverkehr und im Sozialversicherungsbereich angestrebt sowie ein *Politica dell'Austerità* (allgemeiner Konsumverzicht), da die Einfuhr von Konsumgütern die Zahlungsbilanz außerordentlich belastet. Ferner wird von den für die Finanzen und die Wirtschaft maßgeblichen Stellen eine Subventions- und Kreditpolitik zugunsten der Produktion und der Produktivität erwartet und schließlich eine Verlagerung von Arbeitsplätzen vom Staatsapparat in die produktiven Bereiche der Wirtschaft.

Für die Rationalisierung der Lokalverwaltung ist das *Ministero per la Riforma Burocratica* (Ministerium für die Verwaltungsreform) zuständig, das inzwischen die wohlklingendere Bezeichnung *Ministero della Funzione Pubblica* (Ministerium für den öffentlichen Dienst) erhalten hat. Unter seiner Führung wird seit Ende der siebziger Jahre an einer Verwaltungsreform gearbeitet. Sie soll dem Land funktionsfähigere Strukturen geben mit dem Ziel einer Kostensenkung und der schnelleren Durchführung von Investitionsvorhaben.

G. R.

3. Das Italien der achtziger und neunziger Jahre

a) Zur allgemeinen Lage

Während die siebziger Jahre durch wiederholte Abwertungen der Lira gekennzeichnet waren, hat der Beitritt zum Europäischen Währungssystem EWS im Jahr 1979 für stabile Wechselkurse gesorgt. In den achtziger Jahren ist das Bruttoinlandprodukt beträchtlich angewachsen, und die Inflationsrate, die über 20% betragen hatte, ist zurückgegangen. Mitte der neunziger Jahre liegt sie unter 4%. Aber die öffentlichen Ausgaben, die durch die Ersparnisse im Inland und das Kapital im Ausland gefördert werden, sind schwindelerregend angewachsen, 1990 haben sie den Wert des Bruttoinlandproduktes überstiegen. Die derart angewachsene Verschuldung beträgt 120% (1994) des Bruttoinlandproduktes, und dies zu einer Zeit, wo der Vertrag von Maastricht den für die Europäische Union notwendigen Wert von 60% fordert. Zu der starken Abwertung der Lira im September 1992 kam es durch die negative Zahlungsbilanz mit dem Ausland, die ab Mitte der achtziger Jahre immer ungünstiger wurde und die 1994 11,5% des Bruttoinlandprodukts, das sind 173 000 Mrd. Lire, beträgt.

Öffentliche Schulden und Schulden gegenüber dem Ausland bilden die sogenannten „Zwillingsschulden" und sind das Hindernis für jede weitere wirtschaftliche Entwicklung. Die Gelder wären für eine umfassende Modernisierung der Gesellschaft nötig, um die Ungleichgewichte, die diese entscheidend beeinflussen, auszubalancieren. Die Abwertung der Lira hat inzwischen zu einem Aufschwung des Exports geführt und läßt auf ein durchschlagendes Plus hoffen. Aber dies ist nur ein kleiner Schritt in Richtung Sanierung der Wirtschaft, der keineswegs ausreichend ist, um Italien unter die starken Wirtschaftsmächte zurückzuführen. Insofern sieht sich die italienische Wirtschaft der neunziger Jahre gezwungen, internationale Marktanteile zu erobern, die man nicht traditionsgemäß unter Made in Italy versteht, wie Textil, Kleidung, Schuhe und Haushaltsgeräte. Letztere gelten als ausgereifte Bereiche, da sie sehr arbeitsintensiv sind und ein niedriges technologisches Know-how erfordern. Sie fallen nicht unter die Spezialisierungen der hochindustrialisierten Länder und sind der harten Konkurrenz aus Ländern mit niedrigeren Arbeitskosten ausgesetzt.

Die Großindustrie hat sich dezentralisiert. Dabei hat sie ihre Anlagen erneuert und Arbeitskräfte entlassen, bis hin zu den drastischen Entlassungen der letzten Rezession, als repräsentative italienische Firmen wie *Fiat, Pirelli* und *Olivetti* erhebliche Marktanteile im Ausland verloren hatten.

Die Expansion im Dienstleistungsbereich (einschließlich Handel und Tourismus) ist zum Stehen gekommen. Während in den achtziger Jahren der tertiäre Bereich weiterhin die Arbeitskräfte aufnahm, die aus der Industrie kamen, gibt es inzwischen einen Überschuß an Personal, vor allem im öffentlichen Dienst (Schulen, Post, Eisenbahn). Zugleich wird bedauert, daß man nicht die gute wirtschaftliche Entwicklung der achtziger Jahre genutzt hat; paradoxerweise sind es dieselben Jahre, in denen sich die niederdrückenden „Zwillingsschulden“ gebildet haben. Italien hat sich in einem System sozialer und politischer Kompromisse zwischen selbständiger, jedoch parasitärer Arbeit und öffentlichen Institutionen eingerichtet. Letztere sind wenig produktiv und arbeiten ohne Konkurrenz im Inland und sicher vor der Konkurrenz aus dem Ausland, die die italienische Industrie zu spüren bekommen hat.

Die Wende der Jahre 1992/93 mit den Notregierungen von Giuliano Amato und Carlo Azeglio Ciampi und deren Anstrengungen, den Fall des Systems Italien aufzuhalten, sind der Versuch, sich in Europa als „tugendhaftes“ Land mit einer gesunden Wirtschaft zu behaupten. Wenn man einerseits wegen der zahlreichen Übernahmen durch ausländische Firmen vom Ausverkauf Italiens spricht (z.B. in der Pharmabranche oder im Nahrungsmittelbereich wie *Martini* & *Rossi, Cinzano* oder *Galbani),* so wendet sich mancher Unternehmer den neuen Märkten des Ostens zu, während andere bei den traditionellen Märkten der europäischen Partner bleiben.

In diesem Kontext gilt als erster Schritt in Richtung Neugestaltung der gesamten Wirtschaft die Umwandlung der Staatsbetriebe in Aktiengesellschaften und ihre Privatisierung, die zum Teil durchgeführt worden ist. Andere Schritte wären eine Schulausbildung, die sich näher an Europa orientiert, ein Eingliedern der italienischen Industrie in höhere Technologien und in die Strategien, die im Weißbuch von J. Delors zur Bekämpfung der Arbeitslosigkeit in der EU ausgearbeitet wurden. Im Gespräch ist auch ein „Projekt Erde" mit dem Ziel, die Naturschätze und die Kulturgüter touristisch besser auszunutzen, vor allem aber die Landwirtschaft (und den *Mezzogiorno)* verstärkt zu fördern und somit die Agrarbilanz, die immer im Defizit steckt, wieder in Ordnung zu bringen.

b) Landwirtschaft

Ihre Bedeutung ist in den siebziger und achtziger Jahren auf die Hälfte zurückgegangen. Sie ist isoliert, und es wäre besser, sie würde sich in den Dienstleistungsbereich und die Industrie integrieren. Als Primärbereich trägt sie heute zusammen mit dem Fischfang und der Forstwirtschaft mit 3,6 % Mehrwert sowie 8,5 % der Beschäftigten zum Bruttoinlandprodukt bei, während der Anteil kurz nach dem Krieg 25 % bzw. 44 % der Beschäftigten betrug.

Es scheint, als ob Italien seine bäuerlichen Wurzeln leugnet. Die Kluft zwischen Stadt und Land ist tief. Der Wettkampf zwischen Stadt und Industrie um die ebenen Gebiete ist zu groß. Heute arbeiten weniger als zwei Millionen Italiener auf 17 Millionen Hektar genutzter Fläche in der Landwirtschaft, und die Zahl wird sich wegen des irreversiblen Rückgangs dieses Bereichs noch verringern.

Tausende von Landarbeitern fahren regelmäßig nach Rom, um die Regierung darauf aufmerksam zu machen, wie wichtig ihr Beitrag zur gesamten Wirtschaft ist. Aber einen Landwirtschaftsminister gibt es nicht mehr. Da nach dem Referendum vom April 1993 das Landwirtschaftsministerium aufzulösen ist, wird die Verantwortung zum Teil den Regionen und zum Teil der EU übertragen. Daher werden die Vertreter der landwirtschaftlichen Gewerkschaften *(ConfAgricoltura, ConfCooperative, ConfColtivatori-Coldiretti)* nach Brüssel ziehen. Im grünen Europa nehmen die Schwierigkeiten kein Ende; mit den Vereinbarungen der Uruguay-Runde tauchen sogar neue auf. Der sich daraus ergebende Abbau der Subventionen und Preise, die sich stärker an den internationalen, d.h. niedrigeren Preisen zu orientieren haben, bedeutet insgesamt einen geringeren Schutz der EU-Erzeugnisse, d.h. einen härteren Wettbewerb.

Die italienischen Landwirtschaftsbetriebe sind im allgemeinen zu klein, also wenig leistungs- und wettbewerbsfähig: weniger als 7 Hektar pro Betrieb. Ein durchschnittlicher europäischer Betrieb ist doppelt so groß. Die europäische Agrarpolitik hat bis jetzt die großen Produzenten und die großen Überschußproduktionen unterstützt, zum Nachteil der speziell „mediterranen“ Produktionen Italiens (Öl, Wein, Obst und Gemüse). Derzeit läuft eine Initiative zum Set-aside: Eine pro Hektar festgelegte Prämie soll dazu dienen, landwirtschaftliche Flächen zu regenerieren, die durch intensive Bewirtschaftung ausgelaugt sind. Es gibt noch andere für Italien wichtige Initiativen, etwa zur Einschränkung des Einsatzes von Pestiziden oder zur Wiederaufforstung von Brachland.

Italien hat sich zusätzlich „schuldig“ gemacht, die Gelder der Gemeinschaft nicht rechtzeitig investiert zu haben. Tausende von Milliarden Lire aus den Strukturfonds der EU werden aus dem Fenster geworfen. Hierzu gehören die Subventionsgelder aus dem FERS (Europäischer Fonds zur regionalen Entwicklung), dessen Gelder für Randgebiete vorgesehen sind, aus dem Sozialfonds für Beschäftigungshilfen sowie dem FEOGA (Fonds zur Unterstützung der Agrarproduktion). Es fehlt nicht an städtischen Gebieten und deren Umland, die Hilfe nötig haben. Die zentrale oder die Stadtrandverwaltung ist aber nicht imstande, die diesbezüglichen Verfahren in der erforderlichen Zeit durchzuführen. Man ist gewohnt, Ausgabenkapital zu planen, nicht aber Projekte, wie z.B. die von der Europäischen Union geförderten integrierten mediterranen Projekte (PIM).

Das Defizit auf dem Agrarsektor, das 1991 18000 Mrd. Lire betrug und damit an zweiter Stelle hinter dem Energiebereich steht, bedarf besonderer Maßnahmen. Ein großer Teil des Bereichs wird heute von multinationalen ausländischen Firmen kontrolliert, wie z.B. Unilever, BSN-Danone, Nestlé usw., die nach und nach traditionelle italienische Marken aufkaufen. Nur wenige widerstehen wie Parmalat, der Marktführer im Milchbereich, der die Angebote von Kraft ausgeschlagen und sich auf den Markt geworfen hat, wo er kürzlich Giglio, den früheren Nationalen Verband der Genossenschaften, erworben hat. Auch die Genossenschaften müssen sich neu organisieren, eventuell durch eine Umwandlung in eine Aktiengesellschaft.

Die Verlagerung der von der SME-Holding (*Società Meridionale Elettrica*) kontrollierten Tätigkeiten im Nahrungsmittelbereich von IRI auf die *Fisvi* (Finanzierungsgesellschaft für Entwicklung mit 20000 Gesellschaftern, süditalienische Genossenschaften) sollte ein Beispiel für eine Privatisierung mit gestreutem Kapital sein; aber anstatt einer *Public Company* kam – obwohl gegenüber der aggressiven europäischen Konkurrenz recht klein – eine der wenigen privaten Gruppen heraus, die überhaupt auf dem Markt konkurrieren können.

45% des gesamten Frischmilchbedarfs werden nach wie vor eingeführt, vor allem aus Deutschland und anderen Ländern, die von Italien die Einhaltung der festgesetzten Quoten fordern – neben der Eisenindustrie eine weitere Kraftprobe mit den EU-Kommissionen, um ihnen eine Konzession abzuringen, die die Abhängigkeit verringern könnte. Leider hilft es dem Süden wenig, denn 60% der Betriebe sind in der Emilia und in der Lombardei konzentriert.

c) Der Mezzogiorno

Man hat sich daran gewöhnt, den Süden als ein Agrarland und somit ein Gegenstück zum Norden mit seinem Handel und seiner Industrie zu sehen, sozusagen eine Erbschaft des Mittelalters. Das Ungleichgewicht erreichte seinen Höhepunkt mit dem Aufschwung der Industrialisierung des Dreiecks Mailand, Turin und Genua in den sechziger Jahren. Im Süden hat sich niemals eine richtige Industriegesellschaft entwickelt. Das Wirtschaftsleben ist in den letzten zwanzig Jahren gravierender denn je durch expandierende Mafia-Familien beeinträchtigt worden. Und die politische Klientel der zentralen Regierung ist schändlicherweise dabei behilflich gewesen. Im nachhinein stellt sich die Frage, ob es nicht besser gewesen wäre, anstelle massiver Industrialisierungsprojekte, die zu „Kathedralen in der Wüste" entartet sind, eine ähnliche Entwicklung zu fördern, wie sie in der sog. *Terza Italia* stattgefunden hat. Es handelt sich dabei um ein sehr fein gegliedertes und flexibles Wirtschaftssystem, das aus spezialisierten Gebieten, aus kleinen und mittleren Unternehmen besteht, die aus dem traditionellen Handwerk gewachsen sind.

Auch in den guten Wirtschaftsjahren war der Süden der Prüfstein des Parteienstaates, der zwar großzügig Gelder verteilte, aber keinen wirklich effizienten Plan hatte, das Bild jenes Teils Italiens zu ändern, der dazu verurteilt ist, als *Questione Meridionale* (süditalienische Frage) immer wieder in Erscheinung zu treten.

Der Süden präsentiert sich heute mit einer unechten Modernisierung, einer unausgewogenen Modernität, einer Entwicklung ohne Autonomie, in einer Haltung von passiver Subalternität, ohne Wachstum der bürgerlichen Gesellschaft, ohne ein haltbares wirtschaftliches Geflecht – ein Zustand, zu dem er durch das Subventionssystem heruntergekommen ist. Die Auswanderung ist gestoppt, das Einkommen ist gestiegen, womit eine ganze Reihe von Finanztransaktionen verbunden sind, aber die Dienstleistungen bleiben ineffizient, und es gibt eine brisante Tendenz zur Kriminalität. Da neben den Stützungsmaßnahmen jeder substantielle innovative Schub fehlt, haben die öffentlichen Ausgaben den Verbrauch angeheizt, anstatt produktive Prozesse zu fördern.

Nachdem die *Cassa per il Mezzogiorno* in eine *Agenzia per la promozione e lo sviluppo del Mezzogiorno* (Agentur zur Förderung und Entwicklung des Südens) umgewandelt worden ist, tritt der Süden wieder unter die europäische Verwaltung von Krisengebieten im nationalen Territorium zurück, auch weil der Norden die Einkommensanteile, die für den Süden bestimmt sind, in Frage gestellt hat. Der Süden der achtziger Jahre ist weniger arm, aber auseinandergefallen, unfähig, auf eigenen Füßen zu stehen, explosiven Spannungen ausgesetzt; die Arbeitslosigkeit ist dreimal so hoch wie im Norden. Dabei gibt es unterschiedliche Gebiete, moderne Gebiete mit einem gewissen Wohlstand und andere, in denen es bergab geht, wo es keine Entwicklung gibt.

Auch die Verteilung der staatlichen Gelder geschieht nicht selten in übelster Weise, da die staatlichen Instanzen unfähig oder korrupt und eng verflochten mit der Mafia sind.

Trotz der jüngsten Erfolge im Kampf gegen die sizilianische *Mafia*, die *Camorra* in Neapel, die kalabrische *'Ndrangheta* und die *Sacra Corona Unita*, die in letzter Zeit in Apulien entstanden ist und die wie auch die anderen Organisationen am Schmuggel, am Drogenhandel, an Erpressungsgeldern und am Betrug zum Schaden der Europäischen Union interessiert ist, stellt die organisierte Kriminalität das größte Hindernis für die wirtschaftliche und soziale Modernisierung nicht nur im Süden, sondern in ganz Italien dar.

Die Geldwäsche aus der sog. Parallelwirtschaft ist eine Bremse, die auch die im kapitalistischen Sinn gute Entwicklung des italienischen Marktes gefährdet, der immer mehr an den europäischen und internationalen Markt gebunden ist. Denn gerade die Börse oder der anonyme Markt der Staatsanleihen könnten das Endziel für all das schmutzige Geld aus illegalen Geschäften sein.

„Wir brauchen um so mehr Legalität, ja Normalität", fordert der Bürgermeister von Neapel, der Hauptstadt des Südens, die auf dem G7-Gipfeltreffen (Juli 1994) die Staatsmänner der wichtigsten industrialisierten Länder der Welt zu Gast hatte. Aber in einer Stadt, die Italien darstellen soll, ist einiges mehr nötig als Restaurierung zwecks Repräsentation. Das geht von der Einhaltung der Schulpflicht und des städtischen Entwicklungsplans bis zur Annahme eines urbanen Verhaltens, wie es in einem fortschrittlichen Italien zu erwarten ist. Mit ihren 20000 Beschäftigten ist die Stadtverwaltung Neapel der größte Betrieb Süditaliens.

Die modernste Automobilfabrik Europas ist das *Fiat*-Werk in Melfi, im Herzen Lukaniens, der ärmsten Region Italiens, die – ebenso wie Kalabrien – das niedrigste Pro-Kopf-Einkommen hat. In einem fruchtbaren Tal sind in zwei Jahren aus Bauernsöhnen Robotertechniker geworden. Es ist das einzige Gebiet, wo in Krisenzeiten Beschäftigung geschaffen wird. Es wird keine „Kathedrale in der Wüste" geben, denn es sind Zubringerbetriebe und Dienstleistungen vorgesehen, und ein großer Teil der *Fiat*-Produktion ist bereits nach Süden verlagert worden, um neue Arbeitskräfte, ein neues Klima im Verhältnis mit den Gewerkschaften und somit eine für dieses Gebiet völlig neue Unternehmenskultur zu schaffen. Die Gesamtinvestition wird mehr als 8000 Mrd. Lire betragen. Der Staat beteiligt sich mit mehr als 3000 Mrd., nach Meinung der EU ein großer Betrag in einer Branche mit starker Konkurrenz.

Nach diesem Modell werden in Zukunft zweckgebundene Investitionen direkt den Betrieben zur Verfügung gestellt, ohne wie bisher über die meist ineffizienten örtlichen Verwaltungen zu laufen.

Die Mißerfolge der Industrialisierung des Südens, vom ersten Chemie-Pool der ENI bei Gela bis hin zu den verschiedenen Anlagen der *Montedison* und der aufgelösten SIR und *Liquichimica,* haben das Land fest an die Landwirtschaft und den Tourismus gebunden. Bei diesen Branchen ist eine baldige Modernisierung ebenso notwendig, um der Konkurrenz der Mittelmeerländer innerhalb und außerhalb der EU standhalten zu können. Von Beton umgebene griechische Baudenkmäler, schmutzige Strände, Wohnviertel, wo früher einmal Felder waren: all dies macht keinen guten Eindruck. Und ein gutes Image ist für den Tourismus wichtig, der schon immer einer der einträglichsten Wirtschaftszweige gewesen ist: 4 % des Bruttoinlandproduktes, 1343000 Beschäftigte, bei einem Ertrag von 24380 Mrd. Lire im September 1993 (ein Beitrag, der freilich durch die Abwertung der Lira aufgebläht ist).

Nach Frankreich, den USA und Spanien steht Italien an vierter Stelle der am meisten besuchten Länder, sicher auch dank der günstigen geographischen Lage. Der Tourismus, u. a. im *Mezzogiorno*, braucht jedoch ein besseres Management. Dabei ist besonders auf das Verhältnis zwischen Preis und Leistung zu achten, damit die Ausländer, die z.Z. lieber in andere Länder reisen, wieder zurückkommen. Dagegen sind Deutsche, Amerikaner und Japaner dem Land treu geblieben. Nachdem das Ministerium für den Tourismus durch das Referendum vom 18./19. April 1993 abgeschafft wurde, sind seine Kompetenzen an die Regionen übergegangen. Inzwischen ist beim Ministerpräsidenten eine eigene Abteilung eingerichtet worden, da dieser bis zur geplanten Reform des ENIT, des Nationalen Fremdenverkehrsamtes, die Zuständigkeit übernommen hat.

d) Der Arbeitsmarkt

Mit der ersten Regierung der Zweiten Republik ist ein neues Ministerium geschaffen worden, das Ministerium für die Italiener in der Welt. Die Entscheidung ist problematisch, da Italien de facto ein Einwanderungsland ist und für die Mehrheit der Bevölkerung die eigene Auswanderung einer beschämenden, ja verdrängten Vergangenheit gleichkommt. Neben dem Unbehagen über dieses Kapitel der Geschichte Italiens ergeben sich auch ungeklärte Rechtsfragen. Das Wahlrecht der Italiener im Ausland z.B. läßt auf sich warten. Zugleich wird die Einwanderung nach Italien als ein Widerspruch am Arbeitsmarkt dargestellt, weil trotz hoher wirtschaftlicher Wachstumsraten die Arbeitslosigkeit unter den Jugendlichen weit verbreitet ist und Hochschulabsolventen keinen Arbeitsplatz finden. Die höhere Flexibilitat der Einwanderer wird als Konkurrenz erlebt, da die Arbeitgeber im Namen der Flexibilität das Arbeiterschutzgesetz abzuschwächen versuchen.

Durch die Vermittlung der Übergangsregierungen Amato und Ciampi (1992–1994) haben die Verhandlungen zwischen Gewerkschaften und Industrieverband bereits einen erfreulichen Prozeß ausgelöst, eine Art Sozialpakt, der eine wirkliche Einkommenspolitik denkbar macht, auch wenn dabei heftige Spannungen innerhalb der Gewerkschaften entstanden sind, vor allem bei den Kommunisten, die sich dem Protest der Arbeiter stellen mußten. Seit der Wende in Rom EUR 1978 (s. S. 402, Anm. 34) akzeptiert der CGIL (Allgemeiner italienischer Gewerkschaftsbund) langsam, daß die Löhne zugunsten einer Politik der Beschäftigung und des Südens zu begrenzen sind. In der Folge ist die *Scala Mobile* (gleitende Lohnanpassung) zunächst eingefroren und schließlich mit den Abkommen vom Juli 1992 und 1993 aufgehoben worden. Diese Abkommen – sie haben sogar die Idee einer Partei der Arbeit angeregt – gelten als notwendige Voraussetzung zur Sanierung der Wirtschaft und zur Wiederherstellung der Wettbewerbsfähigkeit durch vertretbare Arbeitskosten.

Der Pakt kommt in einem Augenblick zustande, in dem sich der Anstieg der Arbeitslosigkeit mit seinen ganzen Folgen zeigt, besonders in den Regionen Süditaliens. Der Dialog zwischen Gewerkschaften und Regierung, der zur Annahme eines Selbstregelungskodex geführt hat, um die Bürger vor „wilden" Streiks im Bereich der Dienstleistungen zu schützen, hat sogar bei umstrittenen Gewerkschaftsführern Kritik erweckt. Der Druck der *Cobas (comitati di base*, Basiskomitee bei Gesundheitswesen, Schulen, Eisenbahn, Flugverkehr und Banken) hat das Vertretungsmonopol der Gewerkschaften in Frage gestellt. In Erwartung einer Neugestaltung des Artikels 39 der Verfassung, wobei das Augenmerk auf eine eventuelle europäische Sozialcharta gerichtet ist, denken die Gewerkschaften über autonome Vertretungsformen in den Betrieben nach. Es wird ihnen jedoch nicht zugestanden, in besonderen Krisenfällen Ansprechpartner zu sein. Angesichts einer möglichen Schließung des *Alfa-Roméo*-Werks in Arese durch den *Fiat*-Konzern (der bereits das *Lancia*-Werk in Chivasso, das *Innocenti*-Werk in Lambrate und *Autobianchi* in Desio geschlossen hat), organisieren die Vertreter der Belegschaft den Widerstand für den Erhalt der Arbeitsplätze. Bei den Verhandlungen im Arbeitsministerium werden die Gewerkschaftsvertreter mit der landesweiten Politik der Umstrukturierung konfrontiert: „Überflüssige" Arbeitskräfte werden entlassen, d. h. für sie werden Auffangmaßnahmen aktiviert, darunter Solidaritätsverträge, Lohnausgleichskasse, vorzeitige Pensionierung oder die *Mobi-*

lità Lunga, ein Überbrückungsgeld für die Jahre, die noch bis zur Pensionierung fehlen. Das Volkswagen-Modell „weniger Arbeit, dafür Arbeit für alle" scheint für den italienischen Arbeitsmarkt wenig praktikabel zu sein; angenommen wird, daß die bereits jetzt hohen Arbeitskosten weiter steigen und den Weg in die Inflation frei machen würden.

Mittlerweile erweist es sich als schwierig, die Verpflichtungen gegenüber den Arbeitern einzuhalten, die in bedrohten Betrieben auf die Barrikaden gehen. Aus der jüngsten Vergangenheit sei auf die Brandnacht in Crotone (Kalabrien) verwiesen, wo das im Werk lagernde Phosphor angezündet wurde, oder auf die sardischen Bergleute von Sulcis, die sich in den Bergwerken verbarrikadieren, weil Arbeitsplätze, die einmal eingespart sind, kaum wiederkehren. So warten in Porto Marghera (Venedig) fast tausend Beschäftigte aus der Düngemittelproduktion auf einen Arbeitsplatz in einem geplanten Forschungszentrum oder auf eine nützliche Arbeit im Sozialbereich, die zuerst erdacht werden muß – hier ebenso wie in Genua oder in weiteren Krisengebieten.

Die Gewerkschaften vertrauen auf die Vermittlung des Arbeitsministers und spielen ihre besten Karten bei den Tarifverhandlungen zugunsten der Metall- und Chemiearbeiter aus, fast als Erinnerung an die „Arbeiter-Avantgarde" jener Zeiten, als die Gewerkschaften an der Basis und in den Verhandlungen noch mächtig waren.

Die Zurückhaltung der Gewerkschaften hat von 1980 bis 1990 einen Rückgang der Inflation und eine Abschwächung des Wettlaufs von Preisen und Gehältern ermöglicht; aber der Verlust von Arbeitsplätzen hat die Gewerkschaften an der Basis geschwächt. Sie zeigen mehr Bereitschaft, mit den Industrieverbänden zu verhandeln, die Flexibilität fordern, um die Produktionsprozesse abzusichern. Wenn diese ohne Erfolg bleiben, dann droht das Gespenst einer rückläufigen Industrialisierung – eine große Gefahr für die Arbeitnehmer. Hinzu kommt die schwerwiegende Erbschaft des *Autunno Caldo* (heißer Herbst 1968) mit blutigen Einschüchterungen und tödlicher Gewalt. *Brigate Rosse* (Rote Brigaden), Terrorismus und der darauffolgende Rückzug in den Privatbereich haben sicherlich nicht dazu beigetragen, das kollektive Ziel eines geplanten Fortschritts zu verfolgen.

Anstelle eines Gesamtkonzepts für die wirtschaftliche Entwicklung und die Sicherung des Arbeitsmarktes herrschte in den siebziger Jahren sozio-ökonomische Unklarheit vor. Diese hat die zuständigen Zentralbereiche davon abgehalten, Entwicklungspläne vorzulegen und an weiterführende Reformen heranzugehen.

In den achtziger Jahren haben die Regierungen, die als *Allegra Brigata* (muntere Schar) galten, die günstige Konjunkturlage nicht genutzt. Dafür haben sie das Staatsdefizit ins Unermeßliche wachsen lassen. Mit der Komplizenschaft von Finanz- und Industrielobbies ist das Kabinett in eine „Kleptokratie" umgewandelt worden. Das verhängnisvolle Zusammenwirken von staatlichen Organen und Privatunternehmern ist inzwischen durch die Ermittlungsrichter von *Mani pulite* aufgedeckt worden, und nicht wenige Politiker, Beamte und Manager denken in Vorbeugehaft darüber nach.

e) Die Industrie

Zum Ende der siebziger Jahre war die gesamte Lage der Industrie schwierig. Besser hielten sich die kleinen Betriebe. Die großen Betriebe nahmen Umstrukturierungen vor; dabei verlagerte sich die Aktivität im Sinn einer Dezentralisierung mehr zu den kleineren, flexibleren Industrien, die im Norden angesiedelt bleiben. Im Laufe der achtziger Jahre ist es zu einem bemerkenswerten Aufschwung gekommen, aber die Zahl der Beschäftigten hat abgenommen. Die Gewinne steigen durch Kostenreduzierung, Innovation und Erhöhung der Produktivität, aber auch durch große Finanzhilfen seitens des Staates, der auf diese Weise den Einspruch der EU-Kommissare hervorruft.

Ende der achtziger Jahre fielen fast 30% des gesamten Umsatzes der italienischen Industrie auf die drei großen Staatsbetriebe IRI, ENI und EFIM sowie die GEPI (*Gestione Partecipazioni Industriali*, Führung der Industriebeteiligungen). Sie führten 50% der Investitionen durch. Zur Zeit befindet sich die EFIM in Auflösung, die IRI wird durch die laufende Privatisierung umgewandelt, da sie im Jahre 1993 bei 70000 Mrd. Lire Schulden nur noch 83000 Mrd. Lire Umsatz (5% des Bruttoinlandproduktes) erwirtschaftet hat.

Der wichtigste Bereich, in dem das staatliche Industriekonglomerat tätig ist, bleibt weiterhin die Eisenindustrie. Die Stahlkrise, die EU-Quotenregelung und das EU-Subventionsverbot haben staatliche Betriebe und alteingesessene private Firmengruppen wie z. B. Falck in Schwierigkeiten gebracht. Im Wettbewerb bleiben private Betriebe, die sich von Ministahlwerken mit handwerklicher Tradition in der Art von „Familienbetrieben" zu Industrien eines neuen produktiven Mittelstands entwickelt haben. Als Paradebeispiel dient Luigi Lucchini, ein Selfmademan, der in Brescia, dem drittgrößten Industriezentrum Italiens, ein kleines Imperium des *Tondino*, des Betonrundeisens, aufgebaut hat. Der ehemalige Präsident des Industrieverbandes hat die staatlichen Betriebe in Piombino aufgekauft und in Polen investiert.

Der größte Stahlbetrieb Europas mit 8 Mio. Stahltonnen pro Jahr, d. h. einem Drittel der italienischen Produktion, ist in Taranto angesiedelt und steht kurz vor der Privatisierung. Auch der größte private Stahlhersteller Europas, Emilio Riva, ist Italiener, er besitzt 10 Gesellschaften und 14 Werke in ganz Europa. Sein Vorhaben, das wichtigste Stahlwerk der ehemaligen DDR zu übernehmen, ist jedoch an seinem Führungsstil gescheitert.

Nach der Abtretung des Eisenwerks ILVA (der früheren *Italsider-Finsider*), des Nahrungsmittelbetriebs SME und der staatlich kontrollierten Nationalbanken *Credit* und *Comit* versucht die IRI-Gruppe, weitere Branchen zu verkaufen oder neu zu bilden. Darunter befinden sich die Eisenbahnwerke *Ansaldo* und *Breda* sowie die Telekom-Gruppe STET (SIP, *Italcable, Iritel, Telespazio* und SIRM). Man ist dabei, die *Telecom Italia* AG mit 100000 Beschäftigten nach dem Modell der France, British oder Deutsche Telekom entstehen zu lassen. Es gibt bereits Iritecna, die die Aktivitäten der *Italstat* und *Italimpianti* zusammenfaßt, dann *Alenia* aus *Aeritalia* und *Selenia* für den Bereich Aeronautik, Raumfahrt und Verteidigungselektronik. Um sich auf dem internationalen Markt zu behaupten, ist neben diesen Firmenzusammenschlüssen die Suche nach wichtigen Partnern unerläßlich. Die öffentlich-private Interaktion hat zu positiven Ergebnissen geführt, weil sie über das gesamte Gebiet Italiens verteilt ist. Dadurch sind diese Wirtschaftsgruppen allerdings der verhängnisvollen Logik der *Classe Politica* verfallen. Lange Zeit galt die unangefochtene Regel: der IRI-Präsident muß Christdemokrat sein, der ENI-Präsident Sozialist. Auch als die Firmenmanager längst begriffen hatten, daß das System einen Teil der erarbeiteten Mittel zunichte machte, wurde es nie angetastet.

Der zweite öffentliche Konzern ENI mit 50 000 Mrd. Lire Umsatz und 35 000 Mrd. Defizit hat im Bereich der Energieversorgung durch Erdöl (SNAM, *Enichem*, AGIP) den staatlichen Auftrag erfüllt, wie zuvor der IRI im Bereich der Eisenindustrie. Nach dem Aufsehen, das die *Enimont*-Affäre erregt hat, wird der Konzern saniert, und danach soll privatisiert werden. *Enimont* wurde 1988 gebildet, um die gesamte italienische Chemie zu kontrollieren. Die beiden Partnergesellschaften ENI und *Montedison* kamen überein, ihre Aktivitäten auf diesem Bereich zusammenzulegen. Dies hatte eine Erhöhung des Kapitals und den Gang zur Börse zur Folge. Aber 1990 gehörten bereits 70 % der Aktien der *Montedison*. Dies verletzte das Abkommen mit den Gewerkschaften, und zwischen den beiden Präsidenten Gabriele Cagliari und Raul Gardini gab es offenen Streit. Beide nahmen sich das Leben, als die Ermittlungsrichter von *Mani pulite* entdeckt hatten, daß es beim Übergang der *Montedison*-Anteile an ENI, die wiederum den Bereich Chemie an sich riß, große Unregelmäßigkeiten gegeben hatte. Aus den Überresten der *Enimont* entstand *Enichem*, die noch immer die wichtigste italienische Gesellschaft dieser Branche ist. Sie stellt Ätylen und Propylen her, gehört zu den wichtigsten Herstellern von Acryl- und Polyesterfasern, und bei den Elastomeren kommt sie hinter Bayer, Exxon und Goodyear. Zur Zeit läuft eine vollständige Umorganisation der Gruppe.

Nachdem es keine Möglichkeit mehr gibt, wenigstens in diesen klassischen Bereichen eine nationale Galionsfigur aufzubauen, kehrt man zur Politik der Seilschaften zurück, um sich im Wettbewerb auf dem Markt einen Platz zu behaupten. Das

Joint Venture zwischen *Himont (Montedison)* und Shell, die gemeinsam 18 % des Weltmarktes von Polypropylen kontrollieren, ist gemeinsam mit der *Eridania*-Beghin Say und dem Nahrungs- und Futtermittelbereich mit Ölen, Proteinen und Futtermitteln eine der besten Chancen für eine Sanierung, nachdem bereits die Liquidation der Gruppe, zu der auch der Energie- und Chemiesektor sowie Versicherungen gehören, gedroht hatte. Der Sanierungsplan mit den Gläubigerbanken läuft erfolgreich. Es würde sich um die zweite private Gruppe Italiens handeln, die in dem ureigenen Bereich, der Nahrungs- und Futtermittelherstellung, auf den sich der Erfolg der Familie Ferruzzi in Ravenna gründet, auch eine internationale Rolle spielen könnte. Mit dem Erwerb der französischen Beghin Say 1968 war die *Eridania* zur Nr. 1 auf dem europäischen Zuckermarkt geworden, aber dieses Expansionsabenteuer endete 1993 mit einer Last von fast 30 000 Mrd. Lire Schulden und dem Selbstmord von Gardini.

In der zweiten Hälfte der achtziger Jahre haben weitere italienische Unternehmer ihr Glück außerhalb Italiens versucht, aber auch sie nur mit mäßigem Erfolg. Die Agnellis versuchten; in Frankreich Perrier (Mineralwasser) zu kaufen und mußten sich finanziell mit Nestlé messen, die in BSN-Danone einen Verbündeten gefunden hatte. CIR von Carlo De Benedetti hatte versucht, sich die belgische Societé Generale (SGB) zu erobern, mußte aber einen Rückzieher machen, ebenso wie Leopoldo Pirelli bei seinem Versuch, die Kontrolle über die deutsche Continental zu erwerben, um mit seiner traditionsreichen Firma die führende Stellung auf dem europäischen Gummimarkt einzunehmen. Der Mißerfolg blieb nicht ohne Folgen in der Organisation der Gruppe, so daß *Pirelli* die Firmenleitung verlassen mußte. Mehr Glück hatte die *Marzotto*-Gruppe, die 1991 die Kontrolle über die Hugo-Boss-Gruppe in Metzingen übernommen hat. Ein anderes deutsches Unternehmen, Rational, wird von *Snaidero* kontrolliert.

Dagegen hat Thomson, der größte französische Haushaltsgerätehersteller, das Unternehmen *Ocean* der Brüder Nocivelli übernommen. In diesem Bereich geben die italienischen Firmen weiterhin ein sehr gutes Bild ab, sie halten 44 % des europäischen Marktes und 10 % des Weltmarktes und stehen hinter den USA im Exportgeschäft an zweiter Stelle. Diese Branche spielt in der Entwicklung der italienischen Industrie traditionell eine wichtige Rolle, aber *Ignis* ist an Philips übergegangen (und gehört heute zur amerikanischen Whirlpool), und *Zanussi* wird von der schwedischen Elektrolux kontrolliert. Die Marken *Ariston* (Familie Merloni in Fabriano, die auch *Indesit* aufgekauft hat und an *Philco* und *Smeg* beteiligt ist) und *Candy* (Familie Fumagalli in Bologna) halten sich gut auf dem Markt. Merloni ist ein gutes Beispiel für ein mittelgroßes Unternehmen in einer überschaubaren Größe, das aber international tätig sein kann, wie es die Öffnung der Märkte erfordert – es ist in Rußland tätig –, und das mit dem Gang zur Börse Selbstbewußtsein zeigt. Es handelt sich dabei um jene Bereiche mit differenzierter Herstellung von Produkten, die als ausgereift bezeichnet werden, eine hohe Arbeitsintensität und ein niedriges technologisches Niveau haben, und die trotz der internationalen Konkurrenz Gewinn erzielen.

Auch im Bereich Textil-Bekleidung-Schuhe stand eine Verbesserung der Produktqualität im Vordergrund, hochwertige Ware ist das Ziel, die Produktion geringerwertiger Ware wurde eingestellt. Im internationalen Vergleich liegt die italienische Industrie eingekeilt zwischen den europäischen hochtechnisierten Ländern und den aufstrebenden Ländern, die auf dem Kostensektor unschlagbar sind. Zu der Konkurrenz der EU-Staaten Griechenland und Portugal muß man die Konkurrenz der südostasiatischen Staaten hinzurechnen. Der unausweichliche Abbau weiterer europäischer Schutzmaßnahmen wird die italienischen Unternehmen immer schwerer treffen, und da sie die Lohnkosten nicht relevant senken können, ist der einzige Weg wettbewerbsfähig zu bleiben, der Sprung nach vorne auf dem Gebiet der Technologie.

Parmalat, Barilla und *Ferrero* sind keine Kolosse, aber sie behaupten sich gut auf dem Markt; sie machen wie auch andere Unternehmen, z.B. *Benetton,* Gewinne und erobern sich Anteile auf dem internationalen Markt. Es sind italienische Familienunternehmen, die eine stärkere Dynamik entwickeln als die sogenannten Großen in der Tradition des italienischen Kapitalismus, die Privatunternehmer, Agnelli, Pirelli, De Benedetti, Orlando oder Pesenti.

Fiat ist die Familie Agnelli und schließt 116 Gesellschaften in 63 Ländern und Aktivitäten auf 16 verschiedenen Gebieten (60000 Mrd. Umsatz bei 30000 Beschäftigten) zusammen. Nach dem Jahr 1993, in dem der Absatz von Fahrzeugen besorgniserregend zurückgegangen ist, hat sich Fiat wieder gefangen und sieht hoffnungsvoller in die Zukunft, obwohl die Japaner immer noch vor der Tür stehen und die USA sich auf einem beispielhaften industriellen und wirtschaftlichen Rückeroberungskurs befinden. Bei der letzten Auseinandersetzung mit den Gewerkschaften hat *Fiat* mit der Regierung erfolgreich Verhandlungen über die Übernahme einiger tausend Arbeiter durch die *Cassa Integrazione* (staatlicher Arbeitslosigkeitsfonds) und weitere soziale Auffangmaßnahmen geführt. Zum ersten Mal sind auch Angestellte entlassen worden, die sich gemeinsam mit den Arbeitern vor den gleichen Fabriktoren, wo die Gewerkschaften 1980 eine so schwere Niederlage erlitten hatten, im Streik wiederfanden. Diese Genugtuung nach zehn Jahren ersetzt den entlassenen Arbeitskräften jedoch nicht ihren Arbeitsplatz. In der Tat geht es nicht mehr allein um Umstrukturierungsmaßnahmen, sondern Technologie und Automatisierung spielen beim Arbeitsplatz eine immer größere Rolle. Dies zeichnet sich in Cassino, einem der neuen *Fiat*-Werke im Süden, besonders deutlich ab.

Auch für *Pirelli*, das italienische Unternehmen, das am meisten international tätig ist und weltweit an fünfter Stelle auf dem Gebiet Gummi-Kabel steht, sind die Zukunftsaussichten nicht mehr so düster. Um sich nach dem Scheitern der Continental-Operation wieder zu erholen, hat es einige Marken verkauft und die Beschäftigtenzahl drastisch reduziert.

Die Gruppe *Cir-Cofide* kämpft mit der Krise im Elektronikbereich, die das größte Unternehmen der Branche, *Olivetti*, zu spüren bekommen hat. Nach 13 Jahren seit dem Eintritt Carlo De Benedettis, in denen *Olivetti* Gewinne gemacht hat, zeigt die Bilanz 1993 zum ersten Mal rote Zahlen. Vom Maschinenbau hat sich das Unternehmen dem Elektronikbereich zugewandt, dann der Informatik, es steht heute in Europa an der

Spitze des Computer-Marktes; aber der Bereich hat sich nicht in dem erwarteten Maße weiterentwickelt, und daher werden neue Wege wie z. B. die Telekommunikation beschritten, wobei offensichtlich die Schließung einiger Werke und die Reduzierung der Beschäftigtenzahl ansteht.

f) Mediobanca und die Privatisierung im Bankwesen

Alle finanziellen Geschäfte der größten italienischen Gruppen (Agnelli, Pirelli, De Benedetti, Orlando, Pesenti usw.) laufen über den „guten Salon“ der *Mediobanca,* einer Merchant-Bank, die von einem Bankenkonsortium kontrolliert wird (*Banca Commerciale Italiana, Credito Italiano, Banca di Roma* und 16 private Partner im In- und Ausland, *Assicurazioni Generali,* Deutsche Bank und Commerzbank, Banque Lazard und Paribas usw.). Nach der Privatisierung von *Credit* und *Comit,* bei der die *Mediobanca* eine vorherrschende Rolle gespielt hat, erwartet sie nun die Privatisierung von *Stet* (IRI) und *SuperAgip* (ENI), wo die Franzosen, die mit Alcatel anwesend sind, und die Deutschen mit Siemens an *Italtel* Interesse zeigen.

Auch die Geschäfte der Gruppe *Fininvest* von Silvio Berlusconi, *homo novus* der Unternehmerschaft, der vor kurzem in die Politik gegangen ist, besorgt die *Mediobanca.* Seine Karriere begann 1974, als er ins Immobiliengeschäft trat und den ersten Kabelfernsehsender, *Telemilano*, kaufte. Zu diesem kamen in der Folgezeit *Il Giornale Nuovo*, der Fernsehsender *Retequattro* von Mondadori (einschließlich des Verlages und dessen Zeitungen und Zeitschriften) sowie der Fernsehsender *Italia Uno* des Verlegers Rusconi. Ferner gehören zu seinem Imperium *Rete Italia*, das Werbenetz *Publitalia*, eine Investmentfondsverwaltung, Versicherungen und die Warenhauskette Standa, die *Casa degli Italiani* (Das Haus der Italiener), wie die Werbung sagt. Bei einem Umsatz von rund 1000 Mrd. Lire ist die Gruppe jetzt an vierter Stelle der italienischen Privatindustrie, aber sie ist mit einem erheblichen Defizit belastet, dem sie nur mit dem Verkauf einiger Aktivitäten beikommen kann. Hinzu kommt die sich abzeichnende Unvereinbarkeit der Interessen des Unternehmers Berlusconi mit denen des Regierungschefs Berlusconi sowie die beachtliche Konzentrierung von Massenkommunikationsmitteln in seiner Hand: die drei wichtigsten privaten Fernsehsender und dazu die institutionelle Kontrolle der staatlichen Sender *(RAI Uno, RAI Due* und *RAI Tre)*. Diese Monopolstellung hat den *Garante per la radiodiffusione e l'editoria* (Beauftragter für Sender- und Verlagswesen, s. S. 364) auf den Plan gerufen, der die Funktion hat, den Informationsmarkt zu überwachen, der heute auch im politischen Kampf maßgebend ist.

Die *Mediobanca* betreut noch eine andere Immobiliengruppe, die Salvatore Ligresti gehört, der nach einer Zeit in Vorbeugehaft nach Monte Carlo „ins Exil" gegangen ist und darauf wartet, daß sein Imperium aus Hotels, Kliniken und Versicherungen mit einer Finanzholding, die mehr als 2000 Mrd. Lire Schulden aufweist, neugestaltet wird.

Die strategische Stellung der Mediobanca gewinnt immer mehr Gewicht, und diese Tatsache beunruhigt diejenigen, die vorhaben, in Italien mit der Privatisierung des IRI und weiterer Staatsunternehmen wirkliche *Public Companies* zu schaffen. Aber der Prozeß führt unvermeidlich durch eine Reihe von kontrollierten Beteiligungen, um eine transparente Plazierung der Wertpapiere auf dem Markt zu sichern. Dies ist die erfolgreiche Strategie der *Mediobanca,* die somit eine Börse ersetzt hat, die es nicht gab. Als Gegengewicht zu dieser Konzentration von Wirtschafts- und Finanzmacht wird eine Börse mit zahlreichen *Public Companies* angestrebt, um den staatlichen und privaten Kapitalismus zu „überwinden", sowie eine zielspezifische Vermittlung der Banken, um die Gestaltung der Wirtschaft in den neunziger Jahren von unnötigem Ballast zu befreien.

Comit und *Credit,* die zu den zehn größten italienischen Banken zählen, sind mit der Absicht privatisiert worden, den Aktienbesitz zu streuen, aber in Wirklichkeit unterstehen sie jetzt der Kontrolle der *Mediobanca.* Ähnlich interessant scheint ein anderer Pool zu sein, der IMI (*Istituto Mobiliare Italiano,* eine Immobiliengruppe), der zwar privatisiert worden ist, aber wahrscheinlich mit der *Cariplo (Cassa di Risparmio delle Province Lombarde)* assoziiert wird. Neue Partner werden auch für die BNA *(Banca Nazionale dell'Agricoltura)* gesucht, z. B. die *Banca di Roma*, die bereits eine Vereinigung von *Banco di Roma*, *Cassa di Risparmio di Roma* und *Banco di Santo Spirito* ist. An der Spitze der Banken stehen *Banco San Paolo di Torino* und die *Banca Nazionale del Lavoro.* Im Grunde suchen alle Banken einen Zusammenschluß, um ihre Kapazität so zu erweitern, daß sie sich auf dem Markt behaupten können. Die Beteiligung der politischen Macht an der Führung der Banken mit der Vergabe von Vergünstigungen an die Parteien und an die mit diesen verbundenen Gesellschaften ist eine der Hauptquellen der Korruption des gesamten Systems gewesen. Von einer breiteren Streuung der Aktien wird ein Bruch mit dem alten Führungsstil bei kleinen und großen Banken erwartet. Die italienische Familie, die sehr viel von Ersparnissen hält, kann Gefallen daran finden, anstelle von Staatsanleihen und Investitionsfonds Aktien zu erwerben, und damit eine neue Art von Kapitalismus schaffen, der gegenüber anderen europäischen Ländern nicht so rückständig ist.

g) Börse und Konsumtendenz

So groß in Italien der Markt der Staatspapiere ist, so unbedeutend ist die Börse, die sich jetzt aber einer neuen Dimension eines offenen Finanzmarkts zuwendet, während sie in der Vergangenheit von einigen wenigen großen Familien und ein paar Großbanken beherrscht wurde.

Die jüngsten Neuerungen an der Börse, wo der Bildschirm das traditionelle Geschäft durch Zurufe abgelöst hat, wurden in einer Zeit des großen Aufschwungs eingeführt, der durch den Zinsrückgang der Staatspapiere (Normale Schatzbriefe, Schatzkreditzertifikate, mehrjährige Schatzbriefe) begünstigt wurde.

Die Liste der an der Börse zugelassenen Unternehmen müßte freilich länger werden, denn sonst beschränkt sich das Spiel nur auf einen Austausch der sog. *blue chips*, der Aktien, die schon immer an der Börse vertreten waren. In Erwartung der *Public Companies*, die die staatlichen Holdings wie IRI und ENI ablösen müßten – zusätzlich zum System der großen Unternehmen –, sind die einzige Neuerung die Industriebezirke, die in bestimmten Gegenden, vor allem im Nordzentrum, entstehen. Sie sollen die Wirtschaft und die sie gestaltende Gesellschaft fördern und einen positiven Prozeß in Gang setzen.

Durch die Umwandlung der gemischten Wirtschaft, der staatlichen und der privaten, durch die Europäische Union in einen liberalistischen und antimonopolistischen, einheitlichen Markt mit internationaler Konkurrenz könnte das Modell der Zukunft der multinationale Betrieb „im Taschenformat" sein, klein, aber auf dem internationalen Markt vertreten. Ein Beispiel ist die Firma *Merloni* in Fabriano (Marken), die Haushaltsgeräte herstellt und in einem traditionellen Bereich von einem kleinen Betrieb in einem Randgebiet zu einer Exportfirma, die in Europa und darüber hinaus tätig ist, gewachsen ist.

Einige wenige große Unternehmen und eine große Anzahl von kleinen und mittleren Betrieben: mit diesem Szenarium kann die italienische Industrie verlorene Positionen wiedergewinnen. Sie kann wieder in die obere Kategorie kommen, auf einen Platz, von dem sie als schwaches System deklassiert worden ist. Es handelte sich um ein System, das zu sehr an die Konjunktur und an die sich wiederholenden Krisen gebunden ist und das durch eine wenig effiziente Verwaltung blockiert wird, die Gelder verschwendet, die in die Forschung gesteckt werden müßten. Unerläßliche Voraussetzung sind innovative Technologien. Innovation nicht als einfaches Styling, sondern als ganzheitliche Qualität mit erfolgreichen Produkten, die zu einem Symbol werden könnten, wie es in der Vergangenheit die Vespa, der Fiat 500 oder das Polypropylen waren.

In der Tat darf man für die zweite Hälfte der achtziger Jahre von einer Innovation im Konsumverhalten der Italiener sprechen. Es gab eine starke Tendenz, einen guten Teil des Einkommens für Konsumgüter auszugeben. Symbolgegenstände für dieses Wohlstandsverhalten sind nach wie vor der Computer, das Telefax-Gerät und das Mobiltelefon. Und in dem statistischen Warenkorb, der als „Preisindex für den Konsum von Arbeiter- und Angestelltenfamilien" gilt, finden sich zwei neue Gegenstände: das Video-Gerät und der CD-Spieler. ISTAT, das Zentralamt für Statistik, nimmt offiziell von den neuen kulturellen Gewohnheiten der Italiener Kenntnis und legt auch größeres Gewicht auf kulturelle Ausgaben wie Bücher, Theater und vor allem Reisen.

Der jetzt erreichte Lebensstandard gehört zu den höchsten des Westens; aber bei den fortlaufenden Maßnahmen zum Abbau des Staatsdefizits, der Steuerverschärfung und der Reduzierung der staatlichen Ausgaben für Sozialaufgaben wird es nicht einfach sein, ihn zu halten.

Da die Familien einen Teil der Dienstleistungen selbst zahlen müssen, die bisher der Staat vollständig übernahm, überlegen sie sich genau ihre Ausgaben für Konsum und Dienstleistungen. Dies ist ein Schritt nach rückwärts, aber nicht, wie man vor einiger Zeit sagte, Austerität. Nach den Jahren des Hedonismus, der Yuppies und der Aufsteiger ist es eine Rückkehr zu den wesentlichen Konsumgütern. Leichte Jahre waren es vor allem für eine gehobene Mittelschicht von Kaufleuten, Freiberuflern, kleinen und mittleren Unternehmern und Handwerkern, die jene Dienstleistungen in Anspruch nahmen, die vor allem von abhängigen Arbeitskräften und einer gewissen Rendite, die in den Zeiten hoher Zinsen aus Finanzinvestitionen kam, finanziert wurden. Dies ist die Ursache einer steigenden sozialen Ungleichheit zugunsten einer breiten Bevölkerungsschicht, deren Einkommen und Konsumverhalten steigen, während der Bereich der Armut immer größer wird, wobei es sich um neue Arten von Armut handelt.

Um das Sozialgefüge in ein Gleichgewicht zu bringen, um die „Neuzentrierung" zu bewirken, von der das CENSIS *(Centro Studi Investimenti Sociali,* Studienzentrum für Sozialinvestitionen) redet, sollen zuerst soziale Formen durch Privatinitiativen mit gemeinschaftlicher Haftung entstehen, um die Auswüchse eines Landes auszugleichen, das zu schnellem Wohlstand gekommen ist.

Es ist also keineswegs sicher, daß der Wohlstand den kommenden Generationen erhalten bleibt; denn auf ihnen lastet die Hypothek einer gigantischen Staatsverschuldung und die drohende Gefahr eines Zusammenbruchs der Altersversorgung, weil normale und außerordentliche Leistungen beständig wachsen und die Beitragszahlungen geringer werden. Man wird in den persönlichen familiären Haushaltsplan einige Risikoposten aufnehmen müssen, da der Staat es sich nicht mehr leisten kann, die steigenden Kosten der sozialen Solidarität (Altersvorsorge, Gesundheitsdienst, Unterstützungen) zu übernehmen. Der Staat hat fortlaufend und in großem Umfang Gelder verteilt, an die Unternehmen und an die Familien, ohne für sich selbst einen modernen Verwaltungsapparat zu schaffen und ohne Prozesse von kollektivem Interesse in Bewegung zu setzen. Was nicht geschehen ist, sind also Eingriffe ins System. Erfolgreich ist dagegen die *Famiglia Lunga,* die Familie, deren Kinder lange im Haus bleiben, die Einkommen von mehreren Familienmitgliedern bezieht und Finanzgeschäfte vom Sparbuch bis zur Investition tätigt.

Trotz des erreichten Wohlstandes breitet sich seit Ende der achtziger Jahre eine gewisse Besorgnis über die wirtschaftliche und soziale Lage aus; es gelingt nicht mehr, vorwärts zu kommen. Das Titelbild des CENSIS-Jahresberichts für 1990 heißt „Ein Land am Fenster". Man wartet auf neue Zukunftsvisionen. Man spürt, daß die Entwicklung nicht mehr „mit ausgebreiteten Armen" alle teilhaben läßt, sondern nur die Privilegierten mit ihrer Rendite, mit dem sicheren und garantierten Einkommen.

Vielleicht wächst in diesem Kontext das Verlangen, die konservativen Ordnungsfaktoren wie Parteien, Gewerkschaften und Regionen zu demontieren, ein neues Kapitel aufzuschlagen, die führende Schicht auszuwechseln und die Spielregeln der Zweiten Republik neu festzulegen.

G. R

Teil V
Politik, Gesellschaft und Kultur

1. Die Parteienlandschaft der neunziger Jahre

Nach wie vor legen die politischen Parteien Wert darauf, Italien als das Land darzustellen, das durch die *Resistenza* (Widerstand) vom Faschismus befreit wurde und dessen Wiederaufbau von den Parteien des *Comitato di Liberazione Nazionale* (CLN: Nationales Befreiungskomitee) eingeleitet wurde. Der Widerstand gegen den Faschismus und die deutsche Besatzungsmacht wurde – ähnlich wie in Frankreich – für viele Italiener zum Mythos, aber auch zur Rechtfertigung und Entschuldigung für die eigenen oder fremden Sünden der Vergangenheit. Nach der Zeit des Kampfes kam jedoch der politische Alltag. Italien wurde ohne Revolution zur Republik. Ohne ein zweites *Risorgimento* sicherten hinübergerettete Strukturen dem Staat jene Kontinuität, die den Geist der Erneuerung in kurzer Zeit zum Stillstand brachte. *Il Vento del Nord* (Wind aus dem Norden), wie die CLNs genannt wurden, wehte bis 1947, als Ministerpräsident De Gasperi (DC) die linken Parteien PCI und PSI aus seinem Kabinett entließ.

Im Laufe der Jahre wurde die Erste Republik zu einer Republik mit einer „Demokratie besonderer Art" (Moro). Die Besonderheit der italienischen Demokratie bestand in der geopolitischen Lage des Landes und in der historischen Entwicklung seiner Parteien. Sie ist durch fünf Merkmale zu beschreiben: 1) Italien hat zahlreiche Bindungen an die westliche Welt, es ist u.a. Mitglied der NATO, der Westeuropäischen Union, des Europarates, der Europäischen Union, der OECD und stand bei Spannungen oder Konflikten mit dem Ostblock vor der Frage, ob und inwieweit es sich mit dem Westen oder einem Teil davon, z.B. den USA, solidarisch verhalten sollte; 2) der Vatikan liegt in Rom; 3) in Italien ist es den Sozialisten (PSI) nicht gelungen, sich wie in anderen westeuropäischen Ländern als zweitstärkste Partei zu etablieren, und deswegen konnten sie nicht für einen Wechsel in der Kontinuität sorgen; 4) die Kommunisten (PCI) konnten mit einem Drittel der Wählerstimmen weder allein an die Regierung kommen noch gegen sich regieren lassen; 5) die Tatsache, daß die DC seit der Gründung der Ersten Republik (1946) die Regierung fast immer gestellt und den Staat so stark geprägt und durchdrungen hat, trug dazu bei, daß die Mehrheit der italienischen Wähler in einer eventuellen Ablösung der DC durch eine Linkskoalition *(Alternativa di Sinistra)* ein Gefahr für die Republik selbst sah.

Hier ein Überblick über die Verteilung der Stimmen bei den letzten drei Wahlen vor der Wahlreform, die Entwicklung der italienischen Parteien seit der Gründung der Ersten Republik, ein Rückblick über die Zusammensetzung der italienischen Regierungen von 1944 bis 1994 sowie die Zusammensetzung des ersten Parlaments der Zweiten Republik.

Die letzten drei Wahlen vor der Wahlreform 1993

	Europawahl 1989 Wahlbetlg. 82,4 %	*Regionalwahl 1990* Wahlbetlg. 87,1 %	*Parlamentswahl 1992* Wahlbetlg. 87,3 %	
	%	%	%	Sitze
DC	32,6	34,1	29,7	206
PDS/PCI	28,6	22,8	16,1	107
DP	1,3	0,9	–	–
PRC	–	–	5,6	35
PSI	14,9	15,0	13,6	92
MSI	5,4	4,0	5,4	34
PRI	} 4,4	3,4	4,4	27
PLI		2,0	2,8	17
PSDI	2,6	3,0	2,7	16
Lega	2,1	4,6	8,7	55
PR/Pannella	1,2	0,9	1,2	7
I Verdi	6,4	4,6	2,8	16
La Rete	–	0,6	1,9	12
Weitere Listen*	0,7	4,1	5,1	6

* Darunter befinden sich folgende Regionalparteien: *Union Valdôtaine, Südtiroler Volkspartei, Lista per Trieste, Partito Sardo d'Azione.*

Entwicklung der italienischen Parteien von 1946–1992:

	1946	*1948*	*1953*	*1958*	*1963*	*1968*	*1972*	*1976*	*1979*	*1983*	*1987*	*1992*
DC	35,2	48,5	40,1	42,4	38,3	39,1	38,8	38,7	38,1	32,9	34,3	29,7
PRC	–	–	–	–	–	–	–	–	–	–	–	5,6
PDS/PCI	19	31	22,6	22,7	25,3	26,9	27,2	34,4	31,8	29,9	26,6	16,1
PSI	20,7		12,7	14,2	13,8	14,5	9,6	9,6	9,9	11,4	14,3	13,6
PSDI	–	7,1	4,5	4,6	6,1		5,1	3,4	3,7	4,1	3,0	2,7
PSIUP	–	–	–	–	–	4,5	1,9	–	–	–	–	–
PRI	4,4	2,5	1,6	1,4	1,4	2,0	2,9	3,1	3,0	5,1	3,7	4,4
PLI	–	3,8	3,0	3,5	7,0	5,8	3,9	1,3	2,0	2,9	2,1	2,8
MSI-DN	–	2,0	5,9	4,8	5,1	4,5	8,7	6,1	5,7	6,8	5,9	5,4
PDIUM	–	2,8	6,9	4,8	1,7	1,3						
Pd'UP	–	–	–	–	–	4,5	1,9	1,5	1,4	2,2	2,6	–
PR	–	–	–	–	–	–	–	1,1	3,5	2,2	2,6	–
DP	–	–	–	–	–	–	–	1,5	–	1,5	1,7	–
Verdi	–	–	–	–	–	–	–	–	–	–	2,5	2,8
Lega lombarda	–	–	–	–	–	–	–	–	–	–	–	8,7
La Rete	–	–	–	–	–	–	–	–	–	–	–	1,9
Pannella	–	–	–	–	–	–	–	–	–	–	–	1,2

Die italienischen Regierungen (1944–1994)

Die Regierungen des Nationalen Befreiungskomitees CLN (1944–1946):

Bonomi I (18. 6.–12. 12. 1944): PDdL, DC, PCI PSIUP, Pd'A, PLI
Bonomi II (12. 12. 1944–21. 6. 1945): PDdL, DC, PCI, Pd'A, PLI, PSIUP
Parri (21. 6. 1945–10. 12. 1945): Pd'A, DC, PCI, PSIUP, PLI, DL
De Gasperi I (10. 12. 1945–13. 7. 1946): DC, PCI, PSIUP, Pd'A, PLI, DL

Die Regierungen der Ersten Republik (1946–1994):

Präsident	Koalition	Amtszeit	Tage	Krisendauer
De Gasperi II	DC – PCI – PSI – PRI	13. 7. 46 – 28. 1. 47	191	13
De Gasperi III	DC – PCI – PSI	2. 2. 47 – 13. 5. 47	100	18
De Gasperi IV	DC – PLI – PSLI – PRI	31. 5. 47 – 12. 5. 48	347	11
De Gasperi V	DC – PLI – PSLI – PRI	23. 5. 48 – 12. 1. 50	599	15
De Gasperi VI	DC – PSLI – PRI	27. 1. 50 – 16. 7. 51	535	18
De Gasperi VII	DC – PRI	26. 7. 51 – 29. 6. 53	704	17
De Gasperi VIII	DC	16. 7. 53 – 28. 7. 53	12	28
Pella	DC	17. 8. 53 – 5. 1. 54	141	18
Fanfani I	DC	18. 1. 54 – 30. 1. 54	12	11
Scelba	DC – PSDI – PLI	10. 2. 54 – 22. 6. 55	437	14
Segni I	DC – PSDI – PLI	6. 7. 55 – 6. 5. 57	670	13
Zoli	DC	19. 5. 57 – 19. 6. 58	396	12

Fanfani II	DC – PSDI	1. 7. 58 – 26. 1. 59	209	20
Segni II	DC	15. 2. 59 – 24. 2. 60	374	30
Tambroni	DC	25. 3. 60 – 19. 7. 60	116	7
Fanfani III	DC	26. 7. 60 – 2. 2. 62	556	19
Fanfani IV	DC – PSDI – PRI	21. 2. 62 – 16. 5. 63	449	36
Leone I	DC	21. 6. 63 – 5. 11. 63	137	28
Moro I	DC – PSI – PSDI – PRI	4. 12. 63 – 26. 6. 64	205	26
Moro II	DC – PSI – PSDI – PRI	22. 7. 64 – 21. 1. 66	548	33
Moro III	DC – PSI – PSDI – PRI	23. 2. 66 – 5. 6. 68	833	19
Leone II	DC	24. 6. 68 – 19. 11. 68	148	23
Rumor I	DC – PSU – PRI	12. 12. 68 – 5. 7. 69	205	31
Rumor II	DC	5. 8. 69 – 7. 2. 70	186	48
Rumor III	DC – PSI – PSDI – PRI	27. 3. 70 – 6. 7. 70	181	31
Colombo	DC – PSI – PSDI – PRI	6. 8. 70 – 15. 1. 72	527	33
Andreotti I	DC	17. 2. 72 – 26. 2. 72	9	121
Andreotti II	DC – PSDI – PLI	26. 6. 72 – 12. 6. 73	351	38
Rumor IV	DC – PSI – PSDI – PRI	7. 7. 73 – 2. 3. 74	238	12
Rumor V	DC – PSI – PSDI	14. 3. 74 – 3. 8. 74	283	51
Moro IV	DC – PRI	23. 11. 74 – 7. 1. 76	418	36
Moro V	DC	12. 2. 76 – 30. 4. 76	72	90
Andreotti III	DC	29. 7. 76 – 16. 1. 78	536	55
Andreotti IV	DC	11. 3. 78 – 31. 1. 79	326	48
Andreotti V	DC – PRI – PSDI	20. 2. 79 – 3. 3. 79	11	126
Cossiga I	DC – PSDI – PLI	4. 8. 79 – 19. 3. 80	228	16
Cossiga II	DC – PSI – PRI	4. 4. 80 – 28. 9. 80	179	28
Forlani	DC – PSI – PRI – PSDI	18. 10. 80 – 26. 5. 81	220	33
Spadolini I	PRI – DC – PSI – PSDI – PLI	28. 6. 81 – 7. 8. 82	405	16
Spadolini II	PRI – DC – PSI – PSDI – PLI	23. 8. 82 – 13. 11. 82	82	18
Fanfani V	DC – PSI – PSDI – PLI	1. 12. 82 – 24. 4. 83	149	101
Craxi I	PSI – DC – PSDI – PLI – PRI	4. 8. 83 – 27. 6. 86	1048	34
Craxi II	PSI – DC – PSDI – PLI – PRI	1. 8. 86 – 3. 3. 87	215	45
Fanfani VI	DC	17. 4. 87 – 28. 4. 87	11	90
Goria I	DC – PSI – PSDI – PLI – PRI	28. 7. 87 – 11. 3. 88	227	33
De Mita I	DC – PSI – PSDI – PLI – PRI	13. 4. 88 – 19. 5. 89	384	84
Andreotti VI	DC – PSI – PSDI – PLI – PRI	23. 7. 89 – 29. 3. 91	615	16
Andreotti VII	DC – PSI – PSDI – PLI	13. 4. 91 – 29. 3. 92	946	90
Amato	PSI – DC – PSDI – PLI	28. 6. 92 – 19. 4. 93	296	10
Ciampi	Parteilos	29. 4. 93 – 13. 1. 94	259	149

Die Regierungen der Zweiten Republik (ab 1994):

Berlusconi	Polo della libertà – Polo del buon governo	11. 5. 94 – 21. 12. 94	225	34
Dini	Parteilos	seit 25. 1. 95		

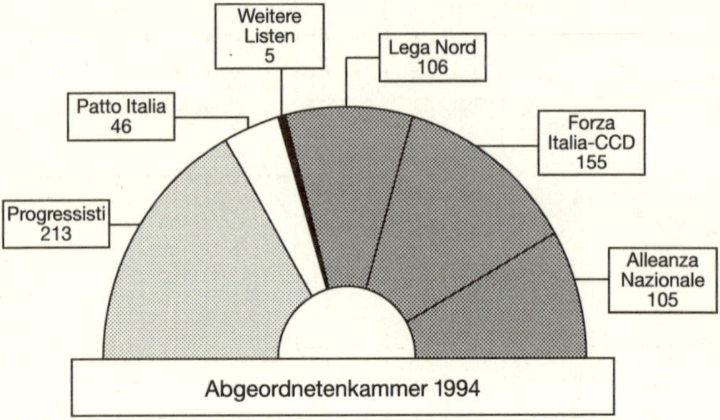

Abgeordnetenkammer: 630 Sitze

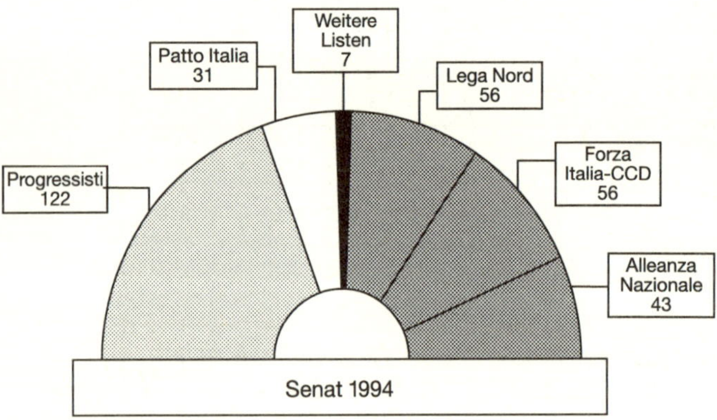

Senat: 315 Sitze

Die erste Parlamentswahl nach der Reform (27./28. März 1994)

Abgeordnetenkammer, Wahlbeteiligung 86,1 %					
Einmannwahlkreis		*Proporzsystem*			
Wahlkartell, Partei	*Sitze*	*Listen*	*Stimmen*	*%*	*Sitze*
Progressisti	164	PDS	7 855 610	20.4	38
		PRC	2 334 029	6,0	11
		PSI	841 739	2,2	–
		Verdi	1 042 496	2,7	–
		AD	452 396	1,2	–
		Rete	718 403	1,9	–
Patto per l'Italia	4	PPI	4 268 940	11,1	29
		Patto Segni	1 795 270	4,6	13
Polo della libertà	164	Forza Italia	8 119 287	21,0	30
		Lega nord	3 237 026	8,4	11
Polo del buon governo	137	Alleanza nazionale	5 202 698	13,5	23
		CCD	2 646	–	–
Alleanza nazionale	1				
Lista Pannella		Lista Pannella	1 355 739	3,5	–
Weitere Listen	4	Weitere Listen	1 368 198	3,5	–

Senat, Wahlbeteiligung 85,5 %					
			Einmannwahlkreis	*Proporzsystem*	
Wahlkartell, Partei	*Stimmen*	*%*	*Sitze*	*Sitze*	*Insg.*
Progressisti	10 883 507	32,9	96	26	122
PSI	103 384	0,3	–	–	–
Rete	12 516	–	–	–	–
Patto per l'Italia	5 518 615	16,7	3	28	31
Polo della libertà	6 570 544	19,9	74	8	82
Polo del buon governo	4 544 671	13,7	54	10	64
Forza Italia – CCD	150 326	0,5	–	1	1
Alleanza nazionale	2 079 593	6,3	–	8	8
Pannella Riformatori	767 400	2,3	–	1	1
Psd'Az	88 351	0,3	–	–	–
SVP	217 250	0,7	–	–	–
Socialdemocrazia	66 467	0,2	3	–	3
Verdi federalisti	100 340	0,3	–	–	–
Verdi-Verdi	68 068	0,2	–	–	–
Lega alpina lumbarda	246 476	0,7	–	1	1
Altre leghe	341 220	1,0	–	–	–
Liste autonomiste	203 177	0,6	1	–	1
Partito pensionati	250 543	0,8	–	–	–
Weitere Listen	865 954	2,6	1	–	1

a) Die 4%-Hürde. Wahlkartelle, Wahlbündnis und Wahlbewegung

Die jüngste Wahlreform sieht eine 4%-Hürde vor, die jedoch nur auf die Parlamentswahl beschränkt ist. Sie gilt weder für die Europawahl noch für die Regional- und Gemeindewahl (s. S. 145ff.). Neben der 4%-Hürde zwingt die Einführung des Einmannwahlkreissystems für die Abgeordnetenkammer kleine und große Parteien zur Bildung von Wahlkartellen oder Wahlbündnissen. Dadurch werden Stimmen aus verschiedenen Parteien auf gemeinsam festgelegte Kandidaten geleitet, die auf die einfache Mehrheit angewiesen sind, um ein direktes Mandat zu erreichen. Die Wahlkartelle für die Parlamentswahl vom März 1994 lauten: *Polo della Libertà* aus *Forza Italia* und *Lega Lombarda* in Norditalien und *Polo del buon governo* aus *Forza Italia* und *Alleanza Nazionale* im Zentrum und Süditalien; *Patto per l'Italia* aus *Partito Popolare Italiano* und *Patto Segni; Polo dei Progressisti* aus *Partito per la Rifondazione Comunista, Partito Democratico della Sinistra, Partito Socialista Italiano, Alleanza Democratica, Verdi* und *La Rete.*

Ein Wahlbündnis kommt dann zustande, wenn eine kleine Partei oder eine Wahlbewegung mit Hilfe einer sicheren Partei die Hürde von 4% umgehen will, wie beim Wahlbündnis *Forza Italia-Centro Cristiano Democratico* und *Partito Socialista Italiano-Alleanza Democratica.* Eine weitere Möglichkeit, die 4%-Hürde zu „überlisten", ist von den Radikalen um Marco Pannella erprobt worden. Angesichts der Tatsache, daß die *Lista Pannella* an der 4%-Hürde scheitern könnte, haben die führenden Kandidaten sich ein direktes Mandat auf der Liste von *Forza Italia* gesichert.

Unter Wahlbewegung ist z.B. *Alleanza Democratica* zu verstehen. Es handelt sich dabei um eine überparteiliche Bewegung. Ihr Ziel ist, demokratische und linke Kräfte als Verfechter der *Riforme Istituzionali* zu verbinden. Sie hat sich am 17. Oktober 1992 in Rom offiziell der Öffentlichkeit vorgestellt. Nach der Wahlreform ist die *Alleanza Democratica* dem Wahlkartell der *Progressisti* unter der Leitung von Ferdinando Adornato beigetreten. Da sie trotz ihrer Wahlkoalition mit der

Restpartei PSI an der 4%-Hürde gescheitert ist, wird über ihre Funktion als überparteiliche meinungsbildende Bewegung oder als Kern einer neuen Partei diskutiert. Zum Teil läßt sich auch *Alleanza Nazionale* als Wahlbewegung verstehen, doch ist sie womöglich die Vorstufe zur Umwandlung des *Movimento Sociale Italiano* in eine konservative rechte Partei.

b) Movimento Sociale Italiano-Destra Nazionale (MSI-DN)/ Movimento Sociale Italiano-Alleanza Nazionale (MSI-AN, 1994)

Der MSI (seine Mitglieder heißen *Missini*) wurde von Arturo Michelini im Jahre 1946 als Fortsetzung des *Partito Nazionale Fascista* (PNF) und Erbe des späten Faschismus der *Repubblica di Salò* gegründet, obwohl der Wiederaufbau des PNF in der italienischen Verfassung ausdrücklich verboten ist: „Die Reorganisation der aufgelösten faschistischen Partei ist in jeglicher Form verboten" (XII. Übergangsbestimmung). Als *Partito Anticostituzionale*, der sich weigerte, die Verfassung der italienischen Republik anzuerkennen, strebte der MSI einen *Stato Corporativo* (Ständestaat) an, wie er unter dem Faschismus bestanden hatte. Statt eines Parlaments sollte eine Kammer mit den Vertretern aller Berufsstände das Land regieren.

Die Funktion des MSI bestand bis zur *Apertura a Sinistra* (Öffnung nach links) in der Stärkung des rechten Flügels der DC gegenüber dem Kommunismus. Diese Politik des Kalten Krieges ermöglichte es dem Christdemokraten Fernando Tambroni, mit Hilfe des MSI die Bewilligung des Parlaments für seine Minderheitsregierung zu erreichen. Nach der Hinwendung zur *Centro-Sinistra*-Politik wurde die Stimme des MSI stets als nicht verfassungskonform abgelehnt, jedoch wurde der DC-Kandidat Leone mit Hilfe des MSI zum 6. Präsidenten der Republik gewählt.

Angesichts der Unmöglichkeit, die Verfassung der Republik nach rechts hin zu modifizieren, und angesichts des Kurses des MSI während der zweiten Amtszeit (1969–1987) seines Sekretärs Giorgio Almirante, der aus dem MSI eine konservative Partei machen wollte, haben sich im Umfeld der neofaschistischen Partei verschiedene Terrorgruppen organisiert. Ziel der *Nuclei Armati Rivoluzionari* (NAR: Bewaffnete revolutionäre Gruppen), der Anhänger des *Ordine Nuovo* (Neue Ordnung) sowie der *Terza Posizione* (Dritte Position), deren Mitglieder für die Bombenanschläge von Piazza Fontana in Mailand (1969), Piazza della Loggia in Brescia (1974) und auf dem Bahnhof von Bologna (1980) verantwortlich waren, ist es, jede demokratische und fortschrittliche Erneuerung des Landes durch Terror, d. h. durch Bombenanschläge, unmöglich zu machen. Dennoch ist die Präsenz des MSI im italienischen Parlament ein Ausdruck des Pluralismus, der politischen Aufklärung und des Bekenntnisses zur Realität der italienischen Gesellschaft. Dem italienischen Bürger ist so die Möglichkeit gegeben, sich zu informieren und in jeder Richtung politisch zu äußern.

Aus der Fusion des MSI mit den Resten des *Partito Democratico Italiano di Unità Monarchica* (PDIUM: Demokratisch-Monarchistische Einigungspartei Italiens) im Jahr 1972 entstand die Partei MSI-DN.

Mit der Wahl von Gianfranco Fini zum Parteisekretär bahnt sich ein Generationswechsel an. Die neue Führung des MSI-DN hat sich inzwischen zu den Spielregeln einer westlichen Demokratie bekannt, ohne das historische Erbe des Faschismus in Frage zu stellen. Das Ziel, d. h. der Aufbau einer *Alleanza Nazionale* (Allianz der gesamten Rechten), die mit den Parteien des Zentrums die Führung des Landes übernimmt, hat der MSI-DN 1994 zum Teil erreicht. Nach dem Erfolg des Wahlkartells *Polo del buon governo* stellte die Wahlbewegung *Alleanza Nazionale* aufgrund ihrer 85 Mandate fünf Minister in der ersten Regierung der Zweiten Republik. Bei der Europawahl im Juni 1994 hat die *Alleanza Nazionale* 1 % verloren und ist somit auf 12,5 % zurückgegangen. Sie ist mit 11 Parlamentariern in Straßburg vertreten. Trotz jüngster Abspaltungen auf dem rechten Flügel steht eine offizielle Ablösung des MSI-DN durch die *Alleanza Nazionale* noch aus.

c) Forza Italia (1993)

Von Anfang an sahen die Gegner in *Forza Italia* ein Zwitterding: zum Teil Betriebspartei des Konzerns *Fininvest* (s. S. 285) und zum Teil Ergebnis gelungenen Marketings im Zeitalter der Massenmedien. *Forza Italia* ist gewiß ein Projekt von Silvio Berlusconi und seinen engsten Mitarbeitern Caligaris, Martino, Tajani und Valducci. Am 10. 9. 1993 wurde das Projekt weiteren 25 Konzernmanagern vorgestellt. Der Auftrag an die Manager war der Aufbau einer Bewegung, für die Name und Symbol schon feststanden: *Forza Italia* und die italienische Fahne auf einem blauen Hintergrund, das Blau der italienischen Fußballmannschaft und der Schrei seiner Fans *Forza Italia!* (Italien vorwärts!). Kurz danach und unmittelbar vor der Stichwahl für die Wahl des Bürgermeisters von Rom (November 1993) forderte Silvio Berlusconi die Wähler auf, für G. Fini, den Parteisekretär des MSI, und damit gegen Francesco Rutelli, den Kandidaten der linken *Progressisti*, zu stimmen. Der landesweite Erfolg der *Progressisti* im November 1993 und der anhaltende Zerfall der DC und des PSI haben es *Forza Italia* ermöglicht, sich mit den Wahlkartellen *Polo della libertà* und *Polo del buon governo* bei der Parlamentswahl (März 1994) sowie mit dem Wahlbündnis *Forza Italia*-CCD als Kern einer konservativen Alternative rechts von der Mitte zu definieren. Kernpunkte ihres Programms sind: freie Marktwirtschaft, Privatisierung der staatlichen Konzerne, Banken und Vorsorgeinstitute, Straffung des Steuersystems, Bekenntnis zur christlichen Tradition Italiens, Partnerschaft in EU und NATO sowie Übernahme der territorialen Nachkriegsverträge.

Inzwischen wird *Forza Italia* von einem elfköpfigen Vorstandskomitee geführt und von 14000 Forza-Italia-Klubs landesweit unterstützt. Neben den fünf Gründungsmitgliedern, die inzwischen Regierungsämter bekleiden, gehören zum Vorstandskomitee: die zwei Vorsitzenden der *Forza Italia*-Fraktionen (Kammer und Senat), der Verantwortliche für die Klubs, der Beauftragte für Ämter, Verbände und Gewerkschaften, der Leiter des eigenen Studienzentrums und der Verantwortliche für auditive und visuelle Kommunikation. Noch unklar ist, welche innere Struktur sich *Forza Italia* bei ihrem ersten Kongreß geben wird, um das nationale Programm des Vorstandskomitees mit den örtlichen Erwartungen der Klubs in Einklang zu bringen. Sicher ist, daß *Forza Italia* bei der Europawahl im Juni 1994 mit 30,6 % der Stimmen gegenüber 21 % bei der Parlamentswahl ihre Position landesweit ausgebaut hat. Jenseits der Legitimität der Bewegung *Forza Italia* als politischer Ausdruck eines konservativen Italien bleibt zu klären, ob das Fast-Monopol eines Unternehmers im Bereich der Massenmedien sich mit dem Amt eines Regierungspräsidenten vereinbaren läßt, das nach der Verfassung nicht durch wirtschaftliche Interessen des Amtsinhabers gefährdet werden darf. Um zu einer institutionellen Klärung dieser brisanten Frage zu kommen, hat die *Lega Nord* Ministerpräsident Berlusconi die parlamentarische Unterstützung entzogen. Dadurch ist der Weg frei, um eine „Regierung des Präsidenten" zu bilden, die die ausstehende institutionelle Reform durchführen sollte, bevor Neuwahlen ausgeschrieben werden.

d) Lega Lombarda (1982/83)/Lega Nord (ab 1992)

Der Protestbewegung der Leghe (*Lega Lombarda, Liga Veneta, Union Ligure, Piemont Autonomista, Lega Emiliano-Romagnola* und *Alleanza Toscana*) ist zu verdanken, daß seit der ersten Hälfte der achtziger Jahre drei Grundursachen nationalen Unbehagens in den Mittelpunkt des politischen Alltags gerückt sind: zentralistischer Fiskalismus und Staatskorruption auf der einen Seite, die Frage nach einer föderativen Umgestaltung der Republik Italien auf der anderen Seite. Sieht man von den ethno-rassistischen Geburtsschreien ab, mit der die *Lega Lombarda* um Umberto Bossi ihr Protestprogramm vorstellte (1982/83), ist zu erkennen, daß sie mit ihrer Kernkritik ins Schwarze getroffen hat. Die Bewegung hat jene Sensibilität in der Öffentlichkeit erweckt, die es den Mailänder Richtern (*Mani Pulite*) ermöglicht hat, den Kampf gegen die Korruption des staatlichen Apparats durch die Parteien erfolgreich aufzunehmen. Ferner haben die *Leghe* es gewagt, die Frage nach der mißglückten sozio-kulturellen und wirtschaftlichen Integration des

Landes zu stellen, die sogar die Linke im Namen einer Republik, die aus dem Widerstand gegen den Faschismus hervorgegangen ist, stets verdrängt hat. Der Vorschlag, die Republik Italien in drei administrativ gleichgestellte Republiken *Repubblica del Nord (Padania), Repubblica del Centro (Etruria)* und *Repubblica del Sud* zu unterteilen, läßt sich gewiß nicht umsetzen. Inzwischen ist jedoch die Notwendigkeit eines föderalistischen Steuer- und Finanzsystems als Ausgleich zwischen den produktiven und wenig produktiven Regionen Bestandteil der angestrebten *Riforma delle Istituzione* (Reform der Institutionen) geworden.

Die beständigen Wahlerfolge der Protestbewegung (Länderwahl 1986: 0,6 %; Parlamentswahl 1987: 1,4 %; Europawahl 1989: 2,1 %; Parlamentswahl 1992: 8,6 %; Parlamentswahl 1992: 8,4 % und Europawahl 1994: 6,6 %) weisen darauf hin, daß aus ihr eine politische Kraft hervorgegangen ist. Wie jede Protestbewegung entzieht sich die *Lega Nord* dem alten Links-Rechts-Mitte-Schema. Ihre Beteiligung an dem Wahlkartell *Polo della libertà*, d. h. an der ersten Regierung des *Polo della libertà*, entsprach eher dem Wunsch, als Kontrollinstanz über die rechts-konservativen Partner aufzutreten, denn eine programmatische Zusammenarbeit mit ihnen voranzutreiben. Am Stimmenverlust der *Lega Nord* bei der Europawahl gegenüber der Parlamentswahl ist abzulesen, daß sie wie jede Protestbewegung gefährdet ist, sobald Bestandteile ihres Protests durch den politischen Alltag absorbiert werden. Symbol der *Lega Nord*, in der sich seit der Parlamentswahl (1992) die führenden *Leghe* eingefunden haben, ist die historische Fahne der Lombardei (rotes Kreuz auf weißen Grund) mit dem Bildnis von Alberto di Giussano, dem sagenumwobenen Anführer der *Lega di Pontida* gegen Kaiser Friedrich Barbarossa.

e) Partito Liberale Italiano (PLI, 1922–1994)

Als Hüter liberaler Tradition des 19. Jahrhunderts hatte sich der PLI 1944 durch seinen bekanntesten Vertreter, den Philosophen Benedetto Croce, für die Beibehaltung der Monarchie ausgesprochen. Nach der Entlassung der Linken aus der Regierung De Gasperi (1947) hat der PLI die DC stets bei der Bildung ihrer Regierungen direkt oder indirekt bis zur Öffnung nach links unterstützt. Kernpunkt des politischen Programms des PLI war die Förderung des Privateigentums und der freien Initiative der einzelnen Bürger, daher sein Widerstand gegen die Regierug bei allen Verstaatlichungsvorhaben und seine Zusammenarbeit mit der *Confindustria* (Dachorganisation der Arbeitgeber) bis in die siebziger Jahre hinein.

Seine Bindung an einen aufgeklärten Nationalismus bekundete der PLI in seinem Symbol: der italienischen Fahne mit den Initialen PLI.

Zu weiteren führenden Persönlichkeiten der liberalen Tradition, die das Leben der jungen Republik mitgestaltet haben, gehören die beiden ersten Präsidenten der Republik Enrico De Nicola und Luigi Einaudi. Dem letzteren verdankt die DC eine konsequente Haltung beim finanziellen und wirtschaftlichen Aufbau des Landes in den Nachkriegsjahren.

Nach den Jahren der Isolierung, der Nichtbeteiligung an der Regierung, gelang es dem PLI unter der Führung seines Parteisekretärs Valerio Zanone (1976–1985), ein neues Profil zu gewinnen und mit Vorschlägen zur Führung des Staates und zur Verteidigung traditioneller Werte der DC einige Wählergruppen streitig zu machen.

Die kontinuierliche Beteiligung an Regierungskoalitionen der achtziger Jahre hat den PLI keineswegs vor dem Zerfall gerettet. Die Korruptionsaffären des Parteisekretärs Renato Altissimo und des liberalen Gesundheitsministers Francesco De Lorenzo haben den Untergang beschleunigt, obwohl der PLI bei der Parlamentswahl (April 1992) die 2,9 % von 1983 knapp verfehlt hat. Da es aus finanziellen und wahltechnischen Gründen nicht möglich war, eine Nachfolgepartei aufzubauen, sind die liberalen Kandidaten bei der Parlamentswahl (März 1994) zum Teil dem Wahlkartell *Polo della libertà* um *Forza Italia* (Alfredo Biondi, Raffaele Costa) und zum Teil dem Wahlkartell *Patto per l'Italia* (Valerio Zanone) beigetreten. In der Regierung von Silvio Berlusconi leiteten Alfredo Biondi und Raffaele Costa, zwei Liberale aus der *Unione Democratica di Centro* (UDC), jeweils ein Ministerium. Bei der Europawahl (Juni 1994) haben die Liberalen, die 1989 mit der Liste PRI-PLI vier Mandate erzielt hatten, kein Mandat erhalten.

f) Partito Socialista Democratico Italiano (PSDI)

Auf seinem Symbol erstrahlte eine aus dem Meer aufgehende Sonne, und an der Spitze ihrer Strahlen stand das Wort *Socialismo* (Sozialismus). Der PSDI wurde im Jahre 1947 von Giuseppe Saragat, der später Präsident der Republik wurde (1964 bis 1971), gegründet. Er spaltete sich vom rechten Flügel des PSI ab, als dieser beschlossen hatte, ein Wahlbündnis mit dem PCI *(Fronte Popolare:* Volksfront) für die allgemeinen Wahlen im Jahre 1948 einzugehen. Allerdings ist es dem Gründer der Partei und dem PSDI selbst nicht gelungen, über seinen Antikommunismus und seine Pro-USA-Haltung hinaus eine politische Identität zu finden. Die Zusammenarbeit mit der DC hat dem PSDI eine Beteiligung an der politischen Macht ermöglicht, ihn jedoch nicht vor einem ständigen Stimmenverlust bewahrt.

Der Stimmenzuwachs, den der PSDI bei den Regionalwahlen im Juli 1981 verzeichnen konnte, wurde mit Recht als Verschiebung der Wählerstimmen vom MSI-DN zum PSDI gedeutet. Die *Missini* wollten hierdurch eine direkte Stärkung der konservativen Strömung innerhalb der DC bewirken, nachdem der MSI-DN aus dem politischen Handlungsspielraum bzw. dem *Arco Costituzionale* (Verfassungsbogen) endgültig verdrängt worden war.

Zum schlechten Image und Zerfall der Glaubwürdigkeit des PSDI haben die Verurteilung von Mario Tanassi, dem ehemaligen Verteidigungsminister, im Zusammenhang mit der Lockheed-Affäre sowie die Mitgliedschaft des ehemaligen Parteisekretärs Pietro Longo (1978–1985) bei der verfassungswidrigen Geheimloge P2 von Licio Gelli[1] beigetragen.

Angesichts der 4%-Hürde hat sich der PSDI bei der Parlamentswahl (März 1994) weder mit einer eigenen Liste noch als Mitglied eines Wahlkartells beteiligt. Seine Stammwähler sind zu *Forza Italia* übergegangen. Bei der Europawahl (Juni 1994) dagegen hat der PSDI eines der zwei Mandate aus dem Jahr

1989 erhalten. Für den PSDI hat sich vorerst keine Nachfolgepartei gebildet.

g) Partito Popolare Italiano (PPI, 1919) / Democrazia Cristiana (DC, 1942) / Partito Popolare Italiano (PPI, 1993)

Als *Partito Popolare Italiano* (PPI: Italienische Volkspartei) war die Partei der Katholiken im Jahre 1919 als Massenpartei und als politischer Gegner des PSI entstanden. Im Jahr 1943, als das Ende des Faschismus abzusehen war, kam es zur Neugründung zahlreicher Organisationen der Katholiken unter der Führung von Alcide De Gasperi in der *Democrazia Cristiana* (1942), und diese beteiligten sich an den CLNs (nationale Befreiungskomitees). Als Symbol hatte die *Democrazia Cristiana* das Kreuzritterschild des PPI mit der Inschrift *Libertas* (Freiheit) übernommen. Durch die Wahl vom 18. April 1948, bei der sie 12712560 Stimmen erhielt, wurde sie zur stärksten Partei im Lande. Zwei Jahre vorher hatte sie bei der Wahl zur *Costituente* (Verfassunggebende Versammlung) nur knapp 8 Millionen Stimmen erhalten. Die Übernahme der Regierung im Jahr 1945 und ihr Erfolg bei allen Wahlen der Nachkriegszeit gaben der DC die Möglichkeit, sich als Kern des politischen Lebens in Italien zu etablieren. Die DC bezog sich auf die katholische Lehre, ohne aber die Partei der katholischen Kirche sein zu wollen. Sie verstand sich als Partei der Mitte. Zwischen dem absoluten, traditionellen Liberalismus und dem Gleichheitsstreben der Sozialisten, das den einzelnen Bürgern weniger Spielraum zugunsten der Mehrheit einräumt. Sie strebte eine Gesellschaft an, die auf Privateigentum und Privatinitative aufgebaut ist, in der die sozialen Schichten, nicht die Klassen, eher durch Zusammenarbeit als durch Konfrontation die Zukunft des Landes gestalten sollten.

Die innere Struktur der Partei, die auf einer christlichen Identität und auf der Fortsetzung der bürgerlichen Tradition des Landes beruhte, ermöglichte es der DC, sich als Bindeglied aller sozialen Schichten des Landes darzustellen und deren Interessen wahrzunehmen. Die Unterteilung der Partei in *Correnti* (Strömungen) sicherte ihr die Möglichkeit, der Basis und dem Land immer jene Kandidaten anzubieten, die gerade verlangt wurden. Die Entwicklung der DC in der Zeit der Ersten Republik war durch zwei langwierige Prozesse gekennzeichnet: 1) die Trennung von ihrer ursprünglich katholischen Grundhaltung, ohne jedoch mit der Tradition zu brechen; ab Mitte der sechziger Jahre wurde ein Prozeß der Loslösung von Kirche und Religion eingeleitet, der eine Zusammenarbeit mit den politischen Gegnern wie den Sozialisten und Republikanern ermöglichte; 2) die Auflösung ihrer engen Beziehung zur *Confindustria* (Dachorganisation der Arbeitgeber) und der Aufbau der *Partecipazioni Statali* (staatliche Industrien) unter der Leitung der DC selbst.

Von den Führern der zahlreichen großen und kleineren Strömungen, die es innerhalb der DC gibt, sollen hier die *Cavalli di Razza* (Vollblutpferde) erwähnt werden: Aldo Moro, der versucht hat, die DC auf das Niveau von De Gasperi zurückzuführen, obwohl gerade er es gewesen ist, der die DC von De Gasperis Zentrismus-Stategie gelöst hat. Die Ermordung Moros durch die Roten Brigaden hat seiner Politik der „Änderung in der Kontinuität", der Annäherung an die linke Opposition durch eine Art von historischem Kompromiß, ein Ende gesetzt.

Andere prominente Politiker der DC waren: Amintore Fanfani, Führer des rechten Flügels und Hauptgegner einer Beteiligung der Kommunisten an der Regierung; Benigno Zaccagnini, der erfolglos versucht hat, nach der Ermordnung von Moro die DC als Volkspartei zu erneuern; Giulio Andreotti, der seit Ende des Zweiten Weltkrieges ständig an der Regierung beteiligt gewesen ist.

Die DC als stärkste Partei des Landes stellte sich dem Wähler als die Partei dar, deren Aufgabe es war, Italiens Regierung zu stellen. Somit hatte sich die DC als Partei der politischen Ordnung entwickelt, die jede Änderung verhindern mußte, da ihre Ablösung durch ein Bündnis der linken Parteien (PCI, PSI, PR, DP) mit den laizistischen Parteien (PRI, PSDI, PLI) die Ablösung der Republik bedeutet hätte.

Von den zahlreichen politischen, kulturellen und sozialen Organisationen, die der DC seit ihrer Gründung nahestanden, sind die *Associazioni Cristiane Lavoratori Italiani* (ACLI: Katholische Arbeitervereine Italiens) erwähnenswert. Innerhalb der ACLI hat sich die *Lega dei Cattolici Democratici* (Liga der demokratischen Katholiken) als Avantgarde der katholischen Welt gebildet. Die *Lega* unterstützte z. B. die laizistischen Kräfte beim Kampf um die Ehescheidung, das neue Familienrecht und die Legalisierung der Abtreibung. Sie verzichtete auf das Veto gegen eine Beteiligung der Kommunisten an der Regierung, und einige ihrer Mitglieder sind als unabhängige Kandidaten über die Liste des PCI gewählt worden.

Als Neuauflage der *Azione Cattolica* (Katholische Aktion), dem Bindeglied zwischen Kirche und Partei in der Nachkriegszeit, ist in der ersten Hälfte der siebziger Jahre innerhalb der *Università Cattolica del Sacro Cuore* von Mailand die Bewegung *Comunione e Liberazione* (CL: Kommunion und Befreiung) entstanden. Als erklärte Antimarxisten sind die Anhänger der CL gegen jede radikale Lösung der Probleme im Lande und setzen sich für eine Erneuerung der Moral und der politischen Werte auf der Basis eines integralistischen Katholizismus ein, der in der Lage sein soll, auf jede Erscheinung des öffentlichen Lebens die richtige Antwort zu geben. Mit dem *Movimento per la Vita* (Bewegung für das Leben) rief die CL zu einem Referendum für das Verbot der Abtreibung auf und erlebte dabei ihre erste politische Niederlage.

Die ersten zaghaften Schritte zur inneren Reform wagte die DC damit, daß sie die Mitglieder, die sich wegen Korruption und Verstößen gegen das Finanzierungsgesetz der Parteien zu verantworten haben, aus den Parteiämtern, jedoch nicht aus der Partei entfernt hatte. Mit der Wahl von Mino Martinazzoli als Parteisekretär und von Rosa Russo Jervolino als Parteivorsitzender am 12. Oktober 1992 wurde die Reform der Partei offiziell eingeleitet. Die neue Führung der Partei sollte den Schaden begrenzen und ein Konzept für die Reform ausarbeiten. Die Niederlage der DC bei der Gemeindewahl vom 13./14. 1992 zeigt, daß der neuen Führung nicht genügend Zeit zur Verfügung stand. Am 29. März 1993 folgte die erste Abspaltung durch Mario Segni, der inzwischen eine eigene Gruppe zur Förderung der Wahlreform gebildet hatte (s. u.). Dennoch wurde die „verfassunggebende Versammlung" erst in der Zeit vom 23. bis 26. Juli 1993 abgehalten. Die Delegierten stimmten dem Vorschlag des Parteisekretärs zu, wonach die Regeneration der Partei als Umsetzung der politischen Kultur historischer Vorbilder wie Don Luigi Sturzo, Alcide De Gasperi, Giorgio La Pira und Aldo Moro möglich sei. Insofern bot sich an, den Namen des historischen *Partito Popolare Italiano* anzunehmen.

Bei der Vorstellung des Programms des neuen PPI im Januar 1994 ist es zur Abspaltung von ca. 23 PPI-Abgeordneten gekommen, die ihrer parlamentarischen Fraktion den Namen *Centro Cristiano Democratico* (s. u.) gegeben haben. Eine weitere Abspaltung hat sich bei der Parlamentswahl 1994 ergeben, als die *Cristiano Sociali* (CS) um den Gewerkschaftsführer Pierre Carniti und um den Historiker Pietro Scoppola dem Wahlkartell der *Progressisti* beigetreten sind. Eine kleine Gruppe um Publio Fiori ist zur *Alleanza Nazionale* übergegangen. Dadurch ist es Fiori gelungen, Verkehrsminister in der Regierung Berlusconi zu werden.

Weder die Ablösung der Parteiführung noch die offizielle Umbenennung der Partei hat dem neuen PPI ein stabilisierendes Profil gebracht. Nach wie vor stehen sich die zwei Grundtendenzen der ehemaligen DC unversöhnt gegenüber. Während die Gruppe um Beniamino Andreatta, Rosy Bindi und Nicola Mancino die Zusammenarbeit mit den *Progressisti* fordert, postulierten Rocco Buttiglione und Roberto Formigoni den PPI als Regierungspartei, um MSI-*Alleanza Nazionale* aus der Regierungskoalition *Polo della Libertà* zu verdrängen und das politische Zentrum der Ersten Republik zu stärken.

In der Parlamentswahl im März 1994 haben PPI und *Patto Segni* das Wahlkartell *Patto per l'Italia* gegründet und dabei 16,7 % (11,1 % + 4,6 %) der Stimmen erhalten. Bei der Europawahl im Juni 1994 hat *Patto per l'Italia* nur 13,3 % (10 % + 3,3 %) erreicht.

Beim ersten Parteitag des PPI (Ende Juli 1994) ist Rocco Buttiglione zum Parteisekretär gewählt worden, der sich für eine Politik der Mitte ausgesprochen hat. Somit ist eine sachbezogene Zusammenarbeit mit den *Progressisti* zur Absicherung des institutionellen Übergangs zur Zweiten Republik nicht ausgeschlossen.

h) Centro Cristiano Democratico (CCD, 1994)

Unter der Führung von Clemente Mastella und Pierferdinando Casini hat sich der *Centro Cristiano Democratico* (CCD) als christliche Fraktion der Mitte gegen den neuen PPI konstituiert, der vom CCD als linksoriertiert definiert wird. Bei der Parlamentswahl 1994 ging der CCD ein Wahlbündnis mit *Forza Italia* ein, wodurch CCD-Kandidaten trotz der 4%-Hürde den Sprung ins erste Parlament der Zweiten Republik schafften. Dort bildete sich der CCD als autonome Fraktion unter der Führung von Clemente Mastella, der zugleich als Minister in der Regierung Berlusconi tätig war.

i) Patto Segni (1993)

Als erfolgreicher Verfechter eines reformierten Wahlsystems hat der CD-Abgeordnete Mario Segni zuerst einen *Movimento dei popolari per la Riforma* (Volksbewegung für die Reform, Oktober 1992) ins Leben gerufen, um die gesamte DC auf Reformkurs zu führen. Die Haltung der DC-Leitung bei der *Commissione bicamerale per le riforme istituzionali* (Gesamtausschuß für die Reformen der Institutionen) zwang Segni dazu, im März 1993 die DC zu verlassen, die er für reformunwillig hält. Trotz der breiten Zustimmung zu Segnis Reformbewegung erhielt sein Wählerbündnis *Patto Segni* als Bestandteil von *Patto per l'Italia* (Wahlpakt für Italien) nur 4,6% der Stimmen bei der Parlamentswahl, ein Ergebnis, das bei der darauffolgenden Europawahl im Juni auf 3,3% (3 Mandate) fallen sollte.

j) La Rete (1991)

La Rete (Das Netz) ist am 24. Januar 1991 offiziell ins Leben gerufen worden. Es handelt sich dabei um eine Erneuerungsbewegung, die unter der Führung des ehemaligen DC-Bürgermeisters von Palermo, Leoluca Orlando, der Mafia und der staatlichen Korruption den Kampf angesagt hat. Die Bewegung wird von dem Jesuitenpater Ennio Pintacuda aus dem Studienzentrum Arrupe (Palermo) unterstützt. Anläßlich der Parlamentswahl von 1992 hat *La Rete* ihre regionale Herkunft überwunden und ist auf nationaler Ebene tätig geworden. Zu den führenden Mitgliedern gehören Diego Novelli, ehemaliger PCI-Bürgermeister von Turin, und der Soziologe Nando Dalla Chiesa aus Mailand. Für die Parlamentswahl vom März 1994 ist *La Rete* dem Wahlkartell der *Progressisti* beigetreten. Mit ihren 1,9% der Stimmen ist sie an der 4%-Hürde gescheitert. Dank ihrer 1,1% bei der Europawahl (Juni 1994) hat sie einen Sitz im Europaparlament.

k) Partito Repubblicano Italiano (PRI)

Der PRI gehörte zu jenen politischen Parteien Italiens (1895), die auf einer langen historischen Identität aufbauen konnten und dieser bis in die Gegenwart treu blieben. Sein Symbol: ein grünes Efeublatt mit der Inschrift *Partito Repubblicano Italiano.* Innenpolitisch verfolgte der PRI die Idee einer Republik mit deutlicherem Handlungsspielraum für den Präsidenten. Obwohl der PRI von Giorgio La Malfa die Auflösung der Ersten Republik mit relativ geringem Schaden überstanden hat, ist sein Fortbestehen ungewiß. Das Vorgehen anläßlich der Parlamentswahl vom März 1994 hat gezeigt, daß die Partei über keine gemeinsame Linie mehr verfügt. Führende Republikaner um Bruno Visentini haben zum Teil bei *Alleanza Democratica* im Wahlkartell der *Progressisti* und zum Teil als PRI mit Giorgio La Malfa beim Wahlkartell *Patto per l'Italia* kandidiert und dabei kein Mandat erhalten. Dennoch hat die Liste des PRI bei der Europawahl 1994 mit 0,7% den Wiedereinzug in das Europaparlament (1 Sitz) erreicht; zuvor war der PRI mit vier Abgeordneten vertreten. Als *Partito d'Azione* während des Widerstandes gegen den Faschismus tätig, berief er sich später als *Partito Repubblicano Italiano* auf die republikanische Doktrin von Giuseppe Mazzini. In den Jahren 1943–46 war er mit dem PSI einer der entschiedensten Befürworter der sofortigen Abschaffung der Monarchie, während die DC damals keine klare

Position bezog und der PCI sich dafür aussprach, eine Entscheidung über die zukünftige Staatsform erst nach Beendigung des Krieges zu treffen.

Aus den Reihen des PRI kam der Widerstandskämpfer Ferruccio Parri, dessen kurzlebige Regierung (21. Juni–10. Dezember 1945) noch unmittelbarer Ausdruck des Widerstandes war. Der PRI vertrat mit seinem politischen Programm die großen Ideen des aufgeklärten Bürgertums. Er setzte sich für mehr Demokratie, eine gerechtere Verteilung der Gewinne und eine laizistische Kultur ein. Während seiner ständigen Zusammenarbeit mit den Regierungen der DC hat der PRI unter Führung von Ugo La Malfa eine klare Politik der Begrenzung der Staatsausgaben verfolgt, jedoch mit wenig Erfolg. Von La Malfa stammte auch die theoretische Ausarbeitung der *Programmazione Economica* (Wirtschaftsplanung, s. S. 204ff.), die Kernpunkt der Wirtschaftspolitik der *Centro-Sinistra*-Regierungen war.

Trotz seines geringen Stimmenanteils bei den Wahlen (um 3,0%) stellte der PRI weiterhin einen wichtigen Bestandteil der italienischen Geschichte und Kultur dar. Sein größter Erfolg, die Übernahme der Regierungsführung durch seinen Sekretär Giovanni Spadolini (1981–1982), ist eher als eine gemeinsame Strategie der Mitte-Links-Parteien zur Ablösung der DC denn als Ausdruck der politischen Stärke des PRI zu verstehen.

Wichtigstes Ziel der Außenpolitik des PRI war das Ideal einer vollständigen europäischen Integration bis hin zur Auflösung der Nationalstaaten.

l) Partito Socialista Italiano (PSI)

Der historische PSI wurde 1891 in Genua gegründet. Bei den Wahlen von 1919 gelang es ihm, die einfache Mehrheit zu erreichen und sich als stärkste Partei im Lande zu behaupten. Zwei Jahre später spaltete sich der linke Flügel ab und bildete den *Partito Comunista d'Italia* (Kommunistische Partei Italiens, heute PCI). Diese Abspaltung nach links ist bis heute nicht überwunden worden. In der Tat ist es das einzige Beispiel innerhalb der westeuropäischen Parteien, daß eine kommunistische Partei, die aus einer sozialistischen hervorgegangen ist, stärker wurde als die ehemalige Mutterpartei.

Zwischen PSI und PCI entwickelte sich im Laufe der Zeit eine Tradition von Abkommen und Wahlbündnissen, aber auch von Aufkündigungen der Zusammenarbeit, von gegenseitigen Angriffen und Beschuldigungen, die die Sozialisten dazu bewog, lieber mit dem Zentrum zusammenzuarbeiten als mit der restlichen Linken konsequent auf eine *Alternanza* (Machtwechsel) hinzuwirken. Nach dem Machtwechsel in Frankreich (1981) konnte der PSI in Italien eine Änderung à la Mitterrand mit seinem Parteisekretär Bettino Craxi als Ministerpräsident (4. 8. 1983–3. 3. 1987) nicht erreichen.

Eine zweite Spaltung, dieses Mal von rechts, erlebte der PSI 1947, als Giuseppe Saragat den PSDI gründete. Aus Ablehnung der *Centro-Sinistra*-Politik verließ Tullio Vecchietti im Jahr 1964 den PSI und bildete mit seinen Freunden und Anhängern den *Partito Socialista Italiano di Unità Proletaria* (PSIUP: Italienische Sozialistische Partei der proletarischen Einheit). Mit dem PSDI bildete dann der PSI unter der Führung von Pietro Nenni in den Jahren 1966–69 den *Partito Socialista Unificato* (PSU: Vereinigte Sozialistische Partei), um die *Centro-Sinistra*-Koalition zu stärken. Nach der Wahlniederlage von 1968 trennten sie sich wieder, waren jedoch weiterhin als Partner der DC an der Regierung beteiligt. Um dieser Zerrissenheit ein Ende zu setzen, d. h., um die beiden Strömungen der Partei zu verschmelzen und die Reformisten und Maximalisten enger an die Partei zu binden, hat sich der PSI unter Führung von Craxi selbst reformiert. Nach der Zeit von Nenni, Riccardo Lombardi und Francesco De Martino hat sich die Partei eine neue Identität gegeben. Sie hat sich auf Craxis Druck von Marx losgesagt; auf ihrem Symbol ist keine strahlende Sonne mehr zu sehen, sondern eine rote Nelke und in ihrem Schatten Hammer und Sichel auf einem Buch – alles in Kleinformat.

Nach der neuen Strategie von Craxi sollte der PSI weiterhin für Reformen innerhalb des parlamentarischen Systems eintreten. Die Partei sollte sich für die Gleichheit der Bürger einsetzen und sie gegen jede Form von staatlichem Autoritarismus, sei es im Namen des Kapitals, sei es im Namen des real existierenden Sozialismus, schützen. Ein weiterer Kernpunkt des Programms war die Verwirklichung einer fortschrittlichen Demokratie im Zeitalter der industriellen Massengesellschaft. Dies wollte der PSI durch Mitbestimmung in den Betrieben, Selbstverwaltung, Sozialisierung der politischen Macht, Schutz der Löhne und Gehälter durch die Gewerkschaften und Reformen in allen Bereichen des staatlichen Lebens erreichen, angefangen vom Parlament, aus dem Craxi eine dynamische und schneller arbeitende Institution machen wollte.

Der Niedergang des PSI ist exemplarisch für den Auflösungsprozeß der Ersten Republik (1987–1994). Der Gewinner der Parlamentswahl von 1987 geriet sofort nach der Wahl mit seinem Koalitionspartner DC in eine Zerreißprobe um die politische Führung des Landes. Die Kurzlebigkeit der Kompromisse widersprach dem Wunsch nach politischer Stabilität und Regierbarkeit. Bei der nachfolgenden Wahl (1992) mußten PSI und DC erhebliche Verlust hinnehmen. Nach dem die Richter von *Mani Pulite* die Troika Bettino Craxi, Claudio Martelli und Gianni De Michelis wegen Korruption und Verstößen gegen das Gesetz zur Finanzierung der Parteien unter Anklage stellten, war der Zerfallsprozeß innerhalb des PSI nicht einmal durch integre Parteisekretäre wie Luigi Giugno und Ottaviano Del Turco zu verlangsamen. Die Öffentlichkeit reagiert um so erbitterter, weil der PSI für die *Riforma delle Istituzioni* (Reform der Institutionen) der Ersten Republik eingetreten war, um einen Neuanfang zu ermöglichen. Bei der Parlamentswahl im März 1994 haben führende Politiker des PSI zum Teil weiterhin als PSI-*Alleanza Democratica*, jedoch innerhalb des Wahlkartells der *Progressisti* kandidiert. Eine Splittergruppe mit Giuliano Amato ist dem Wahlkartell *Patto per l'Italia* beigetreten. Weitere ehemalige PSI-Abgeordnete sind zu *Forza Italia* übergegangen. Mit seinen 2,2% ist der PSI an der 4%-Hürde gescheitert. Nach dem Ergebnis der Europawahl, das der Partei zwei anstelle der bisherigen 12 Sitze eingebracht hat, ist ihr Sekretär Ottaviano Del Turco zurückgetreten.

m) Partito Radicale (PR)/Lista Pannella (ab 1987)

Der *Partito Radicale* war schon im Jahre 1956 durch eine Spaltung des PLI entstanden; sein Programm fand damals kaum Anhänger. Erst Anfang der siebziger Jahre konnten die Radikalen mit der Bildung von Bürgerinitiativen zur Durchsetzung politischer Bürgerrechte wie Kriegsdienstverweigerung in der Öffentlichkeit ein gewisses Echo finden. Nach ihrem Erfolg bei der Volksabstimmung über die Einführung der Ehescheidung wandten sich die Radikalen unter Führung von Marco Pannella weiteren aktuellen Problemen zu: der Emanzipation der Frau und der sexuellen Minderheiten, der Abtreibung, Atomenergie, Abrüstung und neuerdings dem Hunger in der Welt.

Da die Bewegung immer mehr wuchs, mußten sich die Radikalen als Partei ein Minimum an Organisation geben. Nach dem Wahlerfolg von 1979 zogen sie mit 20 Abgeordneten in das italienische Parlament ein, unter ihnen der Schriftsteller Leonardo Sciascia. Den Radikalen gelang es, den politischen Alltag zu beleben, nicht zuletzt wegen ihrer unkonventionellen Methoden zur Klärung und Durchsetzung ihrer Ziele: Hungerstreiks, friedliche Protestzüge, Straßentheater usw. Der Grund, warum sie überhaupt an allgemeinen Wahlen teilnahmen und ins Parlament einzogen, lag eher in einer taktischen Notwendigkeit als in der Hoffnung, von dort aus mehr als zuvor durch die Stärke ihrer Bewegung erreichen zu können.

Als *Gruppo Parlamentare* (Fraktion) hatten sie das Recht, an jedem parlamentarischen Ausschuß teilzunehmen. Dies bedeutete mehr Information über das politische Geschehen und gleichzeitig die Möglichkeit, sich der staatlichen Medien in beschränktem Umfang bedienen zu können. Als Symbol ihrer pazifistischen Einstellung zum Leben und zur Politik haben die Radikalen eine Faust mit einer roten Rose gewählt.

Nach der Parlamentswahl von 1987 ist die Liste des *Partito Radicale* durch die *Lista Pannella* ersetzt worden. Sie hat bei der Parlamentswahl im März 1994 mit 3,5 % Stimmen hinzugewonnen, zugleich ist sie an der 4%-Hürde gescheitert, und trotzdem haben Marco Pannella und seine engsten Mitarbeiter über die Listen von *Forza Italia* ein direktes Mandat erhalten. Bei der Europawahl im Juni 1994 hat die *Lista Pannella* mit 2,1 % der Stimmen zwei Sitze im Europaparlament gewonnen.

n) I Verdi (Die Grünen)

Die erste direkte Beteiligung der *Verdi* an einer Regionalwahl fand im Jahr 1983 in der Provinz Trient statt, bei der sie mit 8378 Stimmen ihr erstes Mandat erhielt. Bei weiteren Regionalwahlen im Jahr 1985 erhielten sie zusätzlich 11 Mandate und erreichten einen Anteil von 1,8 % der gesamten Stimmen. Mit 2,5 % der Stimmen zogen sie bei der allgemeinen Wahl im Juni 1987 ins Parlament ein.

Für die Parlamentswahl im März 1994 sind die *Verdi* dem Wahlkartell der *Progressisti* beigetreten, jedoch haben sie kein Mandat erhalten. Bei der Europawahl 1994 haben sie sich von 2,7 % auf 3,2 % verbessert und dabei drei Mandate gewonnen.

Schwerpunkte ihrer politischen Arbeit werden weiterhin Umweltschutz und Friedenspolitik sein. Als Symbol haben die *Verdi* eine lachende gelbe Sonne gewählt.

o) Partito Comunista Italiano (PCI, 1921)/Partito Democratico della Sinistra (PDS, 1991)

Außerhalb der ehemaligen Ostblockländer war der PCI neben den französischen Kommunisten die einzige kommunistische Partei, der es gelungen ist, eine führende Funktion in Teilbereichen des öffentlichen Lebens auszuüben, vor allem in den Gemeinden und in den Regionen. Der Kampf gegen den Faschismus, die Beteiligung an der Widerstandsbewegung, die Mitarbeit bei der Gestaltung der Verfassung der Republik und das Bekenntnis zum *Concordato* (Staatsvertrag mit der katholischen Kirche, 1929) begründeten seinen politischen und moralischen Anspruch, an der Führung des Landes beteiligt zu sein. Die Besonderheit der italienischen Demokratie ließ aber eine direkte Beteiligung des PCI an der politischen Machtausübung nicht zu. Zwar verurteilte der PCI seit 1968 jede Einmischung der Sowjetunion in fremde Länder, trat für den Verbleib Italiens in der NATO ein, bekannte sich fast zum NATO-Doppelbeschluß, dennoch wurden diese für den PCI nicht einfachen politischen Entscheidungen von den regierenden Parteien, von den anderen NATO-Mitgliedern und von den antikommunistischen Kräften im Land (PLI, PSDI, MSI-DN) sowie von der katholischen Kirche als bloße Täuschungsmanöver hingestellt.

All dies hat aus dem PCI einen „Sonderling" innerhalb der westeuropäischen Parteienlandschaft gemacht, der zu zahlreichen Analysen und Untersuchungen Anlaß gegeben hat, auch in der Bundesrepublik. Das Problem des PCI lag in der Schaffung einer überzeugenden und funktionierenden Verbindung von Sozialismus und Demokratie in einer industrialisierten Gesellschaft, in der die Bürger die Möglichkeit erhalten sollten, sich mit dem Staat zu identifizieren, und in der die Partei nicht erstarrte, sondern sich als Bewegung entwickeln konnte. Auf der Suche nach einem dritten Weg zwischen Sozialismus und Sozialdemokratie, bei gleichzeitiger Beibehaltung der historischen Identität der Partei, d.h. ohne die revolutionären Komponenten der eigenen Geschichte preisgeben zu müssen, entwarf Parteisekretär Enrico Berlinguer (1972–1984) das eurokommunistische Modell. Grundlage des Eurokommunismus war nach Berlinguer die Beibehaltung des Pluralismus in den westeuropäischen Ländern, der Machtwechsel nach den Regeln der parlamentarischen Demokratie durch Wahlen und die Gewährleistung der bürgerlichen Freiheiten. Das vieldiskutierte eurokommunistische Modell brachte dem PCI die scharfe Kritik der Sowjetunion ein, die den Eurokommunismus als reaktionäres Vorhaben des ZK gegen die Basis der Partei abstempelte.

Eine weitere Gefährdung durch den PCI wurde in der inneren Struktur der Partei gesehen. Der *Centralismo Democratico* (demokratischer Zentralismus) als tragendes Element des Parteiaufbaus wurde von den Gegnern des PCI als Keimzelle für eine autoritäre Umwandlung des Staates angesehen. Dagegen praktizierte der PCI genauso wie andere politische Parteien in Italien eine Führung der Partei durch die leitenden Organe, ließ keine zusätzliche Bildung von inneren Strömungen und keine offizielle Bildung von Minderheiten oder Mehrheiten zu. Dem demokratischen Zentralismus verdankte der PCI die Sicherung der Parteieinheit; gerade hier aber sahen die Kritiker ein für die Demokratie gefährliches Grundprinzip, da ihrer Meinung nach der demokratische Zentralismus auch im Staat keine Opposition zulassen würde.

Auf der Suche nach einem dritten Weg, dem „italienischen Weg" zum Sozialismus, wie er vom Ersten Parteisekretär Palmiro Togliatti postuliert wurde, veränderte der PCI seinen ursprünglichen Charakter als Partei einer Klasse. Seit Anfang der siebziger Jahre war der PCI nicht mehr als „reine" Arbeiterpartei zu definieren. Er bemühte sich, durch die Integrierung neuer und weiterer Schichten der italienischen Gesellschaft mehrheitsfähig bzw. regierungswürdig zu werden. Nach dem Scheitern des Angebots an die katholischen Kräfte im Lande, mit dem PCI einen historischen Kompromiß einzugehen, um Italien durch einen *Governo d'Emergenza* (Notstandsregierung) aus der Krise herauszuführen, konzentrierte sich der PCI nun verstärkt auf die Bekämpfung der Korruption im Staatsapparat und in der Gesellschaft. Die Überwindung der Krise der italienischen Gesellschaft sollte nach Aussage der Führung des PCI keineswegs allein durch eine erfolgreiche Bekämpfung der Inflation und der Arbeitslosigkeit sowie durch eine Steigerung der Produktion erreicht werden. Vielmehr sollte dies nur auf der Grundlage neuer ethischer, politischer und gesellschaftlicher Werte geschehen, die den Bürgern einen Weg in eine Zukunft frei von Korruption, Terrorismus, Existenzangst, Drogenabhängigkeit und Minderheitenproblemen weisen können. Unter den zahlreichen kulturellen, politischen und gewerkschaftlichen Organisationen, die dem PCI nahestanden, ist vor allem die *Federazione Giovanile Comunista Italiana* (FGCI: Jugendorganisation der kommunistischen Partei Italiens) zu erwähnen. Mit ihr gelang es dem PCI, die Beziehungen zur Jugend auch in sehr kritischen Zeiten aufrechtzuerhalten.

Hammer, Sichel und der kleine Stern Italiens auf der roten Fahne bildete das Symbol des PCI; später kamen die Farben der italienischen Nationalflagge hinzu.

Nach dem Tod Berlinguers, der die Partei stets auf größerer

Distanz vom real existierenden Sozialismus führte, geriet der PCI in eine Identitätskrise, die durch die Ereignisse in Osteuropa zusätzlich verschärft wurde. Die endgültige Preisgabe des historischen Kompromisses trug kaum dazu bei, der Partei ein klares Oppositionsprofil zu verschaffen. Unter der Führung des Parteisekretärs Achille Occhetto (Juni 1988–Mai 1994) wurde ab November 1989 ein langwieriger Prozeß der Erneuerung (sog. *Costituente*) eingeleitet, der zur Gründung des *Partito Democratico della Sinistra* (PDS) im Oktober 1990 führte. Kernpunkte des PDS sind die Orientierung an den westeuropäischen Demokratien und eine erneute Absage an jeden Ausdruck totalitärer Machtausübung. Der PDS, der sich eine Eiche als Symbol gegeben hat, bekennt sich, wie zuvor Berlinguers PCI, zu sämtlichen internationalen Verpflichtungen und Bündnissen der Republik Italien. Der PDS strebt die Reform sämtlicher legislativen Institutionen an, um Regierbarkeit und politische Stabilität durch demokratische Ablösung der Führung des Landes zu sichern. Als erste Antwort auf die Wahlreform hat der PDS am 19.9.1993 das Wahlkartell der *Progressisti* vorgeschlagen. Somit definiert sich der PDS als Kern einer überparteilichen Bewegung, die bis in die Mitte des politischen Spektrums hinein greifen soll, um rechten und konservativen Kräften die Führung der Zweiten Republik streitig zu machen. Nach dem leichten Stimmenverlust bei der Europawahl (1994) ist Achille Occhetto zurückgetreten. Zum Nachfolger ist sein Widersacher Massimo D'Alema bestellt worden, und zwar gegen den Wunsch der Mehrheit der Parteimitglieder, die sich für Walter Veltroni ausgesprochen haben.

p) Partito per la Rifondazione Comunista (PRC, 1991)

Nach der offiziellen Bestätigung der Umwandlung des PCI in den PDS beim Rimini-Kongreß Ende Januar 1991 sah sich der linke Flügel des PCI um Armando Cossutta, Sergio Garavini und Lucio Libertini gezwungen, seine Position durch die Gründung eines *Partito per la Rifondazione Comunista* (PRC, Dezember 1991) zu sichern. Der PRC bekennt sich zur republikanischen Verfassung von 1948 als Voraussetzung für den

Aufbau einer Zweiten Republik. Durch die Übernahme des klassischen Partei-Symbols des PCI demonstriert der PRC sein Eintreten für die Kontinuität einer linken Politik, die im Bereich der Arbeitswelt, der sozialen Gerechtigkeit, des Umweltschutzes und der Zusammenarbeit zwischen den Völkern ihre Hauptaufgaben sieht. Bei der ersten Parlamentswahl (1992) nach seiner Gründung erhielt der PRC mit 35 Mandaten für die Abgeordnetenkammer und 20 für den Senat eine breite Unterstützung durch die Wählerschaft. Infolge der jüngsten Wahlreform ist der PRC unter der Führung von Fausto Bertinotti dem Wahlkartell der *Progressisti* beigetreten und hat damit bei der Parlamentswahl (März 1994) und später bei der Europawahl (Juni 1994) gute Ergebnisse erzielt. Sein Anschluß an die *Progressisti* wird nicht nur innerhalb des PDS kontrovers diskutiert, weil dadurch die Gruppen aus dem Zentrum dem Wahlkartell der *Progressisti* ferngeblieben sind.

q) Die extreme Linke und regionale Parteien

Zur extremen Linken gehörte der *Partito d'Unità Proletaria* (Pd'UP: Partei der proletarischen Einheit) als Bündnis des linken Flügels der ehemaligen sozialistischen Partei proletarischer Einheit (PSIUP) und der Gruppe des *Manifesto*. Neben ihnen fand man eine Reihe von Gruppen wie *Lotta Continua* (Ständiger Kampf), *Potere Operaio* (Arbeitermacht) usw., die von Wahl zu Wahl Bündnisse miteinander eingingen. Sie trugen Namen wie *Democrazia Proletaria* (Proletarische Demokratie) oder *Unità Proletaria per il Comunismo* (UPC: Proletarische Einheit für den Kommunismus).

Eine gewisse Bedeutung kommt nach wie vor den drei größten regionalen Parteien zu: der *Südtiroler Volkspartei* (SVP), der *Union Valdôtaine* (Aostatal-Einigungspartei) und dem *Partito Sardo d'Azione* (PSd'A: Sardische Aktionspartei). Sie vertreten ethnische Minderheiten, die ihre kulturellen und wirtschaftlichen Interessen politisch wahrnehmen wollen. Während die SVP ihre antikommunistische Haltung pflegt und der PSd'A eher mit der Linken zusammenarbeitet, versteht sich die *Union Valdôtaine* als Partei einer ethnischen Minderheit, die für die gemeinsamen Probleme der regionalen Minderheiten im Lande eintritt.

C. C.

2. Sozialpolitik

a) Wohnungsbaupolitik und Equo Canone (angemessene Miete).

Schon bei der Volkszählung von 1981 sollte es in Italien eigentlich keine Wohnungsnot geben, da für die 56556911 Italiener angeblich 86570148 Einzelräume (Zimmer usw.) zur Verfügung standen. Mit mehr als einem Raum pro Einwohner müßte das Wohnungsproblem fast gelöst sein. Die Realität sah freilich anders aus. Obwohl die Wohnungszahl von 17433699 (1971) auf 21852717 (1981) gestiegen war, gab es immer noch 2,1 Millionen Familien, die zu einem Zusammenleben mit anderen Familienangehörigen gezwungen waren.[2] Anders ausgedrückt, stellten sich Wohnungsmarkt und Wohnungspolitik folgendermaßen dar: Während im Bereich des Zweithauses am Meer oder in den Bergen (für Wochenende und Ferien) und im Bereich der Luxuswohnungen die Bauindustrie florierte, reichten die staatlichen Investitionen auf dem sozialen Wohnungsmarkt nicht aus, um der Mehrheit der Italiener zu einem Einfamilienhaus, einer Eigentumswohnung oder einer Sozialwohnung zu verhelfen.

Landflucht und Auswanderungswelle hatten in zwanzig Jahren (1955–1975) dazu geführt, daß es in den Großstädten kaum möglich war, eine passende Wohnung zu finden, während im Süden und in den Bergdörfern der Apenninen und der Voralpen viele Häuser leer standen.[3] Nicht selten wurden solche Häuser von Ausländern als billige Ferienhäuser erworben, oder ausländische Unternehmen verwandelten ganze Dörfer in Feriendörfer.

Freilich trug dies nicht dazu bei, der Landflucht Einhalt zu gebieten oder die Landwirtschaft zu sanieren.

Diese Daten zeigen, daß die zahlreichen Regierungen der Ersten Republik keine kontinuierliche staatliche Wohnungspolitik betrieben haben. Sie haben die Wohnungspolitik gänzlich privaten Unternehmern überlassen, ohne eine Politik der Finanzierung von Sozialwohnungen durchzuführen, die eine Preiskontrolle auf dem Wohnungsmarkt ermöglicht hätte.

Obwohl seit 1945 die Legislative dafür gesorgt hat, daß die Wohnungspolitik gesetzlich geregelt ist, haben Rahmengesetze zur Entwicklung der Wohnungspolitik stets den Schutz der Renditen berücksichtigt und damit die Bildung einer Unternehmerklasse gefördert, die in Italien wegen ihres Profitstrebens unter dem Spottnamen *Palazzinari* (Hersteller von billigen Mietshäusern) bekannt geworden ist. Es handelt sich um jene Bauunternehmer, die dank billiger staatlicher Subventionen, billiger Baumaterialien und einer billigen Bauweise in kurzer Zeit um die italienischen Großstädte neue Stadtteile entstehen ließen und dabei sehr große Gewinne erzielten.

Die direkte Beteiligung des Staates an der Bauindustrie ist zwischen 1951 und 1975 von 25 % auf 3 % zusammengeschrumpft.[4] Während z. B. in Großbritannien in der Zeit von 1945 bis 1978 von der Gesamtzahl der fertiggestellten Wohnungen 63 % von staatlicher Seite finanziert worden sind, betrug in Italien die staatliche Beteiligung nur 9,2 %. Die Begründung für diese fast völlige Abwesenheit des Staates in einem so wichtigen Bereich der italienischen Wirtschaft liegt in der politischen Entscheidung, die private Bauindustrie zum tragenden Faktor für den Wiederaufbau des Landes und dessen weitere Entwicklung zu machen. Die Bauindustrie zeigte sich für diese Aufgaben besonders geeignet, da sie in der Lage war und ist, viele billige und ungelernte Arbeitskräfte zu absorbieren und gleichzeitig als Großabnehmer der lokalen Industrieproduktion (Glas, Beton, Eisenprodukte, Baumaschinen etc.) von kleinen und mittleren Betrieben aufzutreten. Infolge dieser Praxis, die lokale Industrieproduktion mit Hilfe der Bauindustrie anzukurbeln und die Wohnungnot rasch zu beheben, wurde die Bauspekulation von politischer Seite aus nicht genügend bekämpft.

Zu den geringen Investitionen in der Sozialwohnungspolitik kommt als weiteres Hindernis bei der Durchführung der zahlreichen angelaufenen *Piani per la Casa* (Wohnungsbauförderungspläne) hinzu, daß die Kompetenzen auf zahlreiche Ämter, die extra dafür geschaffen wurden oder sich dafür zuständig fühlen, verteilt sind. Man schätzt sie auf ca. hundert. Neben vier Ministerien betätigten bzw. betätigen sich im Bereich der Investitionen im Sozialbauwesen zahlreiche Ämter, ferner Banken und Kreditanstalten wie die *Cassa per il Mezzogiorno* (die 1985 aufgelöste Kasse für Süditalien), die *Istituti Autonomi Case Popolari* (Unabhängige Institute für Sozialwohnungen), *Enti dell' Edilizia Rurale* (Ämter für ländliches Bauwesen), *Cooperative di Credito* (Kreditgenossenschaften).[5]

Während die öffentliche Hand in den genannten Schwierigkeiten steckenblieb, florierten die privaten Bauunternehmen. Allein in den Jahren 1966–69 wurden von ihnen mehr Wohnungen fertiggestellt, als der Bauplan der Regierung vorgesehen hatte, mit dem Ergebnis, daß viele nicht an der richtigen Stelle gebaut worden sind und daß 18 % der italienischen Familien weiterhin auf eine für sie passende Wohnung warteten. In Rom lebten im Jahr 1975 noch 50 000 Menschen als *Baraccati* in Slums und 500 000 in Wohnungen, die ohne Baugenehmigung errichtet worden sind. Ferner schätzt man, daß in den fünf größten Städten Italiens, Turin, Mailand, Rom, Neapel und Genua, 200 000 Wohnungen leerstanden, während in den gleichen Städten mindestens 80 000 Familien auf eine billige oder sozial geförderte Wohnung warteten.[6]

Nach der Schaffung der Regionen (1970) und der Übertragung der Kompetenzen und Aufgaben für die Wohnungspolitik auf die Lokalverwaltungen haben einige Städte wie Bologna, Mailand, Modena, Ferrara, Brescia, Pavia usw. eine Beschränkung des Wachstums der Städte bzw. eine konrollierte Entwicklung neuer Stadtteile durchgesetzt, verbunden mit einer Sanierung der alten Stadtkerne. Wichtigste Voraussetzung für die Sanierung war die Erhaltung der sozialen Zusammenhänge: allen Altbaumietern ist die Möglichkeit gegeben worden, renovierte Wohnungen mit einer sozial gerechten Miete wieder zu beziehen. Abgesehen von den Beispielen, wo die Lokalverwaltung mit einem eigenen Sanierungs- und Entwicklungsprogramm in die städtische Bauplanung direkt eingegriffen hat, wird in Italien beim Wohnungsbau eine Kredit- und Subventionspolitik der Steuervergünstigungen betrieben, und zwar sowohl für den Unternehmer, der Sozialwohnungen fertigstellt, als auch für die einzelnen Bürger, die sich durch Genossenschaften an der Schaffung von Wohnungen direkt beteiligen.

Während aber in der Bundesrepublik dank der hohen Staatszuschüsse und der Einfachheit der Gesetzgebung zur Absicherung der Kredite oder Steuervergünstigungen diese Wohnungsbaupolitik vom Bürger erfolgreich in Anspruch genommen wird, ist in Italien aufgrund der geringen staatlichen Subventionen und der genannten Bürokratisierung der Kompetenzen eine nur zögernde und begrenzte Anwendung der gesetzlichen Bestimmungen möglich. Die Kreditpolitik fördert erst seit jüngster Zeit das Sparen für den Bau eines Hauses oder den Erwerb einer Eigentumswohnung, insbesondere wenn nicht einzelne, sondern eine Gruppe von Bürgern, etwa eine Genossenschaft, einen Antrag auf Bauspardarlehen stellt. Der größte Teil der Wohnung wird weiterhin vom Privatkapital und hoch verzinsten Krediten finanziert. Ende der siebziger Jahre betrug der Zinssatz 25–30%. Unter diesen Voraussetzungen war es in städtischen Gebieten nur Angehörigen der mittleren und oberen Schichten möglich, eine Eigentumswohnung oder ein Haus zu erwerben. Anders verhält es sich seit jeher auf dem Lande, wo der Prozentsatz der Hausbesitzer und Besitzer von Eigentumswohnungen höher liegt.

Das Fehlen staatlichen Eingreifens auf dem Wohnungsmarkt und die unzureichende Zahl von Sozialwohnungen hatte in Italien eine undurchschaubare Lage bei den Mieten entstehen lassen. Zur Regelung der Mietpreise war von den Nachkriegsregierungen das Gesetz vom *Blocco dei Fitti* (Mietstopp) aus dem Jahr 1934 wieder angewendet worden. Für alle Mietverträge, die vor dem Wiederinkrafttreten des Gesetzes abgeschlossen worden waren, durfte es nach dem Erlaß zum Mietsatz keine Steigerung mehr geben. Für den Abschluß neuer Mieten jedoch sah der Erlaß keine Festlegung der Miete nach irgendwelchen gesetzlichen Kriterien vor. So geriet die Situation auf dem Wohnungsmarkt völlig außer Kontrolle. Immer weniger Bürger konnten sich die neuen Mieten leisten; die alten Mieten waren durch die Inflation so niedrig geworden, daß dies zwangsläufig zu einem frühzeitigen Verfall der Mietobjekte führte. Die Hausbesitzer waren finanziell nicht mehr in der Lage, die notwendigen Renovierungsarbeiten durchzuführen, und der Mieter fühlte sich dazu nicht verpflichtet.

Mit dem Gesetz für den *Equo Canone* (angemessene Miete, 1978) wollten die demokratischen Parteien im Parlament diese unerträgliche Lage beseitigen und für eine allgemeine Mietpreisregelung sorgen. Nach diesem Gesetz sind Häuser und Wohnungen aufgrund gesetzlich festgelegter Kriterien einzustufen, die dann als Grundlage für die Berechnung der Mieten dienen. Zu den Kriterien zählen: Baujahr, Wohnfläche, die Einstufung des Objektes als wirtschaftlich-soziales oder als Luxuswohnung (ab 120 m^2), die Lage des Objekts: im Zentrum oder an der Peripherie, in einer Stadt oder einer Gemeinde mit mehr als 5000 Einwohnern; im Norden oder Süden des Landes usw. Die gesetzlich festgelegte Miete wird jährlich an die Lebenshaltungskosten angepaßt, die vom ISTAT ermittelt werden.

Das neue Gesetz hat sicherlich dazu beigetragen, den Wohnungsmarkt gerechter zu gestalten, auch wenn 64 % der Wohnungen zwangsläufig teurer, 14 % etwas billiger wurden und 22 % unverändert blieben. Trotz der leichten Erhöhung der Mieten ist die Mehrheit der Vermieter gegen das Gesetz. Die erste Reaktion auf das Inkrafttreten des *Equo Canone* war der Trend, die Wohnungen so lange leerstehen zu lassen, bis sie verkauft werden können, anstatt sie nach den neuen gesetzlichen Vorschriften zu vermieten. Außerdem gingen die privaten Investitionen in diesem Bereich zurück, da die jährliche Rendite von 3,7 % für einen Vermieter keinen Investitionsanreiz bot; zum gleichen Zeitpunkt wurde dasselbe Kapital von den Banken mit 10 % jährlicher Rendite verzinst.

Als Korrektiv gegen einen solchen Trend ist im August 1992 das Gesetz 359 verabschiedet worden. Kernpunkt des Gesetzes ist die „Freigabe der Mieten innerhalb von festgelegten Schutzfristen“ *(Patti in deroga)*. Künftig soll die Wohnungsmiete zwischen Vermieter und Mieter ausgehandelt werden. Als Reaktion auf die Freigabe der Mieten haben sich einerseits ein größeres Wohnungsangebot, andererseits Mieterhöhungen um bis zu 100 % ergeben.

F. M.

b) Das Gesundheitswesen

Die grundlegende Schwäche des italienischen Gesundheitswesens lag bis zur Reform von 1977 in der Beziehung zwischen Staat und Gesundheitsämtern und in der Zielsetzung der Gesundheitspolitik. Der Staat übernahm durch seinen bürokratischen Apparat (Gesundheitsämter) die Kosten für die ihm von privaten Ärzten, autonomen Krankenhäusern und pharmazeutischen Firmen vorgelegten Belege, ohne jedoch eine Gesundheitspolitik zu verfolgen, die einerseits die Kostensteigerung im Gesundheitswesen unter Kontrolle gehalten und andererseits die Verbesserung seiner Qualität erstrebt hätte. Die Ämter haben immer nur eine Politik der Bekämpfung der Krankheit betrieben, anstatt ernsthaft den Versuch zu unternehmen, die Bevölkerung durch Gesundheitsaufklärung und prophylaktische Maßnahmen vor Krankheiten zu schützen.

Erst unter dem Druck öffentlicher Diskussionen und gewerkschaftlicher Demonstrationen sind in der zweiten Hälfte der siebziger Jahre in Italien zwei Rahmengesetze verabschiedet worden, mit denen die verlangte Reform zum Schutz der Gesundheit der Bürger entsprechend dem Gebot des Grundgesetzes eingeleitet wurde[7]. Als erstes wurde mit dem Gesetz 345 aus dem Jahr 1977 dafür gesorgt, daß viele Ämter im Gesundheitswesen abgeschafft und die Regionen mit der Restrukturierung und dem Aufbau des Gesundheitssystems auf regionaler Basis beauftragt wurden. Des weiteren wurde mit dem Gesetz 833 von 1978 zum *Servizio Sanitario Nazionale* (SSN: Nationaler Gesundheitsdienst) die eigentliche Reform in Gang gesetzt. Zielsetzung des SSN war ein umfassender Schutz der Gesundheit der Bürger, der in drei Punkten zusammengefaßt werden kann: 1) Vorbeugung durch medizinische und gesundheitliche Aufklärung; 2) bessere ärztliche Betreuung; 3) Wiedereingliederung der Patienten; und zwar soll dies alles gewährleistet sein ohne jegliche Diskriminierung der Bürger in Klassen oder Kategorien. Die Finanzierung des SSN erfolgt getrennt vom PLN (Bruttoinlandprodukt), und die Investitionen erfolgen aufgrund eines Drei-Jahres-Gesundheitsplans. Die Durchführung der Reform wurde auf nationaler, regionaler und lokaler Ebene geplant.

In enger Zusammenarbeit mit den Provinzen und den Gemeinden hat jede Region die festgelegte Anzahl ihrer *Unità Sanitarie Locali* (USL: lokale Gesundheitseinheiten) als regionalen Teil des neuen SSN aufgebaut. Eine USL umfaßt ein Einzugsgebiet von mindestens 20000 bis höchstens 200000 Einwohnern.

Die Erneuerung, die während der achtziger Jahre in Italien überall zu spüren war, hat zu einer beachtlichen Verbesserung der Lebensqualität geführt. Allerdings hat der Staat für die teure Finanzierung der Reform sorgen müssen, die letztendlich gescheitert ist, weil die USL in den Einflußbereich der Parteien geraten sind.

Erst mit dem Gesetz 111 vom April 1991 ist Abhilfe dadurch geschaffen worden, daß die Zahl der USL drastisch reduziert und ihre Führung umstrukturiert worden ist. Die USL bleiben eine soziale Einrichtung, die aber nach marktwirtschaftlichen Koordinaten zu führen sind. Daher werden sie nicht mehr durch eine parteipolitische Versammlung und deren Präsidenten verwaltet. Die Führung wird von einem Manager übernommen, der aufgrund seiner fachspezifischen Kompetenzen ausgesucht und an die Spitze eines Referentengremiums gestellt wird. Das Verdrängen der Parteien kann zur finanziellen Erholung der USL führen, weil dadurch eine Quelle unmittelbarer Korruption beseitigt wird, die u.a. zu einer unzulässigen Aufblähung der Personalkosten geführt hat.

Für das Jahr 1991 sind von staatlicher Seite 91000 Milliarden Lire zum Schutz der Gesundheit der Bürger ausgegeben worden. Das macht 11,8 % der öffentlichen Ausgaben aus. Damit belegt das Gesundheitswesen nach den Ausgaben für Renten und Sozialversicherungen (31,1 %) die zweite Stelle in der Skala der öffentlichen Ausgaben.

Trotz seines gleichförmigen Aufbaus weist der SSN einige regionale Diskrepanzen auf. Am Beispiel der Ausgaben für das Jahr 1991 ist abzulesen, daß für die planmäßigen Aufwendungen die Anzahl der Einwohner und der Wohlstand der Region maßgeblich sind. So befindet sich die Lombardei an der Spitze mit einen Summe von 13510 Milliarden Lire. An letzter Stelle liegt die Valle d'Aosta mit 197 Milliarden Lire.

Um so schärfer wird das Bild anhand der strukturellen Lage der Krankenhäuser, Kliniken und ähnlicher Einrichtungen. In Italien gibt es zur Zeit 1 148 öffentliche und 738 private Anstalten, das sind im Durchschnitt 5,3 bzw. 1,4 Betten pro Tausend. Während Friuli-Venezia Giulia über 7,4 Betten pro Tausend Einwohner in den öffentlichen Anstalten verfügt, muß Kampanien mit 3,5 Betten pro Tausend Einwohner auskommen. Unterhalb des nationalen Durchschnittes befinden sich allerdings sowohl nördliche Regionen wie Piemont (4,5) als auch südliche wie die Basilikata. Bei den privaten Einrichtungen befindet sich die Region Latium mit 3,4 Betten pro Tausend Einwohner allein an der Spitze, da die restlichen Regionen zwischen 0,5 in Molise und 1,7 in Abruzzen liegen. Zu der Tatsache, daß die vorhandenen Kapazitäten im Süden zu 63,7 % und im Zentrum-Norden zu 72,3 % in Anspruch genommen werden, trägt bei, daß zwischen den südlichen Regionen und den mittleren und nördlichen immer noch eine Binnenwanderung von Kranken stattfindet.

Für das Jahr 1992 liegen die gesamten Ausgaben etwas höher und erreichen damit 6,36 % des Bruttoinlandprodukts. Die USL-Ausgaben beliefen sich auf durchschnittlich 1,6 Millionen Lire pro Einwohner, mit einem Maximum von 2 Millionen Lire in Emilia Romagna und einem Minimum von 1,4 Millionen Lire in der Basilicata. Das zahlenmäßige Verhältnis Arzt-Patienten zeichnet sich als gleichmäßig für das ganze Land ab. Die Provinz Trentino und die Region Veneto, Molise und Aostatal weichen mit einem Verhältnis von ca. 1000 Patienten pro Arzt ab, während der Landesdurchschnitt bei 888 Patienten pro Arzt (Allgemeinmedizin) liegt.[8] Nach dem *Rapporto 1993* des *Comitato italiano per la mortalità* (Italienisches Komitee zur Erforschung von Todesursachen) liegt Italien mit seinen insgesamt 271 000 praktizierenden Ärzten aller Fachrichtungen an der Spitze der europäischen Länder, und zwar mit einem Arzt pro 214 Einwohner.

Nachdem sich etliche Anläufe zur finanziellen Regelung der Verschreibung von Arzneimitteln als untauglich erwiesen haben, ist das Gesundheitsministerium bei seiner jüngsten Verordnung zur Finanzierung der Arzneimittel sehr drastisch vorgegangen. Die anfängliche Vorstellung einer gerechten Gesundheitsversorgung für alle Bürger, die der Grundgedanke des neuen SSN darstellte, wird damit als nicht realisierbar zurückgewiesen. Anstelle der alten Verschreibungsliste liegt nun eine dreiteilige Einstufung der Arzneimittel vor, die auf der Basis ihrer therapeutischen Tauglichkeit getroffen worden ist. Seit 1. Januar 1994 werden in Italien Arzneimittel als therapie-notwendig oder als therapie-relevant eingestuft. Für die erste und die zweite Gruppe ist eine Beteiligung des Patienten in Höhe von 3000 bzw. 6000 Lire vorgeschrieben. Bei Arzneimitteln, die weder als therapie-notwendig noch als -relevant gelten, muß der Patient für den vollen Preis aufkommen. Ferner ist eine Beteiligung in Höhe von 70000 Lire für jede ärztliche Untersuchung festgelegt, die nicht zur Grundversorgung gehört und die von einem Facharzt vorgenommen wird. Von derartigen Gebühren sind lediglich die sog. 100%-Invaliden ausgenommen.

Angesichts der jüngsten Entwicklung im italienischen Gesundheitswesen stellen sich Parallelen zu anderen europäischen Ländern zwangsläufig ein. Dennoch darf nicht übersehen werden, daß der italienische SSN einen Teil jener Reformpolitik darstellt, um die in den siebziger Jahren hart gekämpft wurde. Daß nun deren positive Ergebnisse aufgrund von Korruption und Mißständen in den staatlichen Beteiligungen verlorengehen, ist ein bemerkenswerter Beleg dafür, daß die Hegemonie der Parteien über die Gesellschaft zum Verlust der Erfolge aus früherem politischen Engagement führt.

– *Psychiatrie.* Im Bereich der Psychiatrie ist in Italien seit 1978 eine Reform im Gange, die noch nicht abgeschlossen ist, aber zweifellos einen deutlichen Fortschritt für die italienische Gesellschaft der achtziger Jahre bedeutet. Diese Reform, die von einer Gruppe jüngerer Psychiater um Franco Basaglia seit 1968 angestrebt wurde, nahm unter dem Druck eines Referendums ihren Anfang mit dem Gesetz 180 (1978), durch welches der *Manicomio* (traditionelle Nervenklinik) abgeschafft wurde. Kernpunkt der Reform ist die These, daß der *Matto,* der psychisch Kranke, nicht zu verwalten, sondern zu reintegrieren sei, und daß sich daher die Notwendigkeit ergebe, die Behandlungsstrukturen selbst zu überprüfen. Nach der Abschaffung der geschlossenen Anstalten sieht das Gesetz die Einrichtung kleiner Abteilungen innerhalb der normalen Krankenhäuser für jene Patienten vor, deren Reintegration nach jahrzehntelangem Anstaltsaufenthalt nicht mehr möglich ist. Die Mehrheit der ehemaligen Anstaltsinsassen ist im Rahmen der gegebenen Möglichkeiten nach Hause zurückgekehrt. Für die Patienten, die kein Zuhause mehr haben, sollen von den zuständigen Gemeinden Wohngemeinschaften unter der Betreuung von Psychologen, Sozialarbeitern und Pflegepersonal eingerichtet werden, wo mehrere von ihnen zusammenleben können. Als Geginstitution zu den psychiatrischen Krankenhäusern ist der Aufbau eines nationalen Netzes von *Centri di Salute Mentale* (Zentren für geistige Gesundheit) vorgesehen; sie setzen sich aus Teams von ortsansässigen Ärzten, Psychologen, Sozialarbeitern und Pflegepersonal zusammen, die den ehemaligen Anstaltsinsassen bei der Reintegrierung helfen und neue Patienten innerhalb der Familie bzw. der gewohnten Umgebung behandeln sollen. Die Reform hat eine Diskussion über ihre Ziele und Tragweite und die Bewegung *Psichiatria Democratica*, die ihr Träger ist, in Gang gesetzt, eine Diskussion, die auch in der Bundesrepublik rezipiert worden ist.

c) Sozialversicherungen: Rente, Cassa Integrazione und Arbeitslosigkeit, Mutterschutz, Assegno Nucleo Familiare

– *Renten. Previdenza* und *Pensioni* (Sozialversicherungen und Renten) sind seit Ende der sechziger Jahre zu einem Bereich im wirtschaftlichen und gesellschaftlichen Alltag der Italiener geworden, der höchst komplex ist. Die erste Ursache seiner Komplexität liegt in der verwaltungstechnischen Zusammenlegung der Sozialversicherungen mit der Rente, obwohl sie aus verschiedenen Sozialbeiträgen bzw. staatlichen Zuschüssen finanziert werden. Der zweite Grund seiner Komplexität liegt in der Zahl der Anstalten, die für beide zuständig sind. Neben dem hauptverantwortlichen *Istituto Nazionale Previdenza Sociale* (INPS: Nationale Sozialversicherungsanstalt) sind zu erwähnen INAIL, ENPAS und INPDAP, die allerdings nur weitere drei der ca. 70 Anstalten sind, die begrenzte Bereiche der

Arbeitswelt vertreten. Die Zersplitterung hat dazu geführt, daß es weder für Beiträge noch für Leistungen einheitliche Eckwerte gibt.

Der letzte umfassende Reformvorschlag, um Renten und Sozialversicherungen gerechter zu gestalten, geht auf Arbeitsminister Enzo Scotti zurück *(Riforma Scotti* von 1980). Dort waren folgende Leitlinien enthalten: Das Rentenalter sollte uneinheitlich bleiben. Für *Lavoratori Autonomi* (Selbständige) wie Landwirte, Handwerker u.a. betrug es 65 Jahre für Männer und 60 Jahre für Frauen oder ein Maximum von 40 Arbeits- oder Dienstjahren. Für die Mehrheit der *Lavoratori Dipendenti* (Arbeitnehmer) aus der Industrie, der Landwirtschaft oder aus dem Dienstleistungssektor betrug es 60 Jahre für Männer und 55 Jahre für Frauen. Scottis Vorschlag zufolge sollten die nichtselbständigen Arbeitnehmer die Möglichkeit erhalten, vorzeitig mit einer geringeren Rente in den Ruhestand zu gehen. Die Rente eines Arbeitnehmers sollte weiterhin 80 % des Durchschnittsverdienstes seiner letzten fünf Arbeits- oder Dienstjahre entsprechen, und zwar nach dem Rentengesetz aus dem Jahr 1969. Dies sollte unverändert bleiben – allerdings durfte das gesamte Volumen nicht 18,5 Millionen Lire jährlich überschreiten – unabhängig von der jährlichen Anpassung der Rente (dynamische Rente) aufgrund der *Scala Mobile* (gleitende Lohnskala). Diese Anpassung sollte alle sechs Monate stattfinden, wobei sie nicht unter 75 % der Steigerung der Lebensmittelkosten bleiben durfte. Scottis Vorschlag sah zusätzlich vor, daß die *Lavoratori Autonomi* differenzierte und entsprechend höhere Beiträge zu zahlen hätten, die ihnen wiederum höhere und gestaffelte Renten sichern sollten. Zur Vereinheitlichung des Rentensystems war vorgesehen, künftig die sektoriellen Renten- und Sozialversicherungsanstalten abzuschaffen und alle Kompetenzen auf den INPS zu übertragen. Obwohl dies bis zum Anfang der neunziger Jahre nicht stattgefunden hat, werden Renten und Sozialversicherungen immer enger an die Wirtschaftslage und an die veränderte Bevölkerungspyramide angepaßt. Auch hier wird Abschied von dem Reformgeist der siebziger Jahre genommen, indem man die unstete Wirtschaftslage mühsam zur Kenntnis nimmt.

Infolge einer weiteren Umgestaltung durch die Regierung Amato waren Beitragszahler in zwei Bereichen zusammengefaßt: öffentlicher Dienst und freie Marktwirtschaft. Für die erste Kategorie lag das Rentenalter bei 65 für Männer und 60 für Frauen. Für die zweite Kategorie lag das Rentenalter bei 61 bzw. 56, was stufenweise auf 65 bzw. 60 bis zum Jahr 2000 angehoben werden sollte. Zusätzlich waren im Falle einer Frühpensionierung mindestens 16 Beitragsjahre oder 30 Beitragsjahre vorgesehen. Dagegen konnten die Beitragszahler aus dem öffentlichen Sektor nach 20–25 Dienstjahren für Männer und 15–20 Dienstjahren für Frauen mit Kindern eine *Pensione Baby* (die kleine Rente) in Anspruch nehmen, die ihnen sofort ausgezahlt wurde. Für das Jahr 1994, in einer Zeit von besonderer wirtschaftlicher und sozialer Unsicherheit, hat INPS 230000 neue Frührentner angekündigt, davon 120000 aus dem öffentlichen Sektor.[9] Mit Berlusconis umstrittener Reform ist nun das Rentenalter vereinheitlicht worden (60/65), so wie es Amatos Plan vorsah. Vorläufig darf man nur mit 35 bzw. 40 Beitragsjahren in Frührente gehen. Die *Pensione Baby* soll bis 2013 auslaufen. Die Rentabilität ist auf 2% festgesetzt worden. Rentner erhalten einen jährlichen Inflationsausgleich.

Die veränderte Struktur in der Arbeitswelt im Hinblick auf die finanzielle Absicherung der Rente läßt sich am besten mit Hilfe folgender Daten (1993) zum Verhältnis von Erwerbstätigen gegenüber Rentnern verdeutlichen:

– 11,4 Millionen Lohn-/Gehaltsempfänger gegenüber 10 Millionen Rentnern, mit einer Durchschnittsrente von 11,6 Millionen Lire jährlich;

– 1,1 Millionen Landwirte gegenüber 1,9 Millionen Rentnern, mit einer Durchschnittsrente von 7 Millionen Lire jährlich;

– 1,86 Millionen Handwerker gegenüber 585500 Rentnern, mit einer Durchschnittsrente von 7 Millionen Lire jährlich.

– Sondergruppe: 360600 Lohn-/Gehaltsempfänger gegenüber 212300 Rentnern, mit einer Durchschnittsrente von 24,8 Millionen Lire jährlich. Zur selben Zeit beträgt die Sozialrente im Durchschnitt 313335 Lire monatlich.

Größere Schwankungen ergeben sich auch bei der Gestaltung der Beiträge für den INPS. Hier läßt sich feststellen, daß, während die Arbeiter und Angestellten aus dem Transportwesen 35,27 % des Monatslohnes an den INPS abführen, bei Handwerkern und Beschäftigten im Handel 15 % ihres Monatslohnes als INPS-Beitrag zurückgehalten werden.[10]

Als noch schwer einzuschätzende Größe bei der Finanzierung der Renten und Sozialversicherungen ist die Tatsache anzusehen, daß die Lebenserwartung der Italiener auf 73,4 Jahre bei Männern und 80 Jahre bei Frauen gestiegen ist.

Hauptverwalter sämtlicher Beiträge von Renten und Sozialversicherungen ist wie erwähnt der INPS, der gleichzeitig die Mittel für Arbeitslosigkeit, *Cassa Integrazione, Assegno Nucleo Familiare* und für weitere soziale Hilfsmaßnahmen aufbringen muß. Sein ständiges Defizit ist nicht auf das Verhältnis zwischen Rentnern und aktiver Bevölkerung zurückzuführen, da er Leistungen erbringt, für deren Finanzierung zusätzliche Steuereinnahmen notwendig sind.

– *Cassa Integrazione Guadagni.* Mit der Gründung der *Cassa Integrazione* (1970) wurde ein Instrument zur Bekämpfung der Arbeitslosigkeit und zum Schutz der Arbeitsplätze geschaffen. Wenn ein Betrieb in Schwierigkeiten gerät, übernimmt die *Cassa Integrazione* des INPS mit Zustimmung der Gewerkschaften bis zu 80 % des Lohnausfalls für einen Lohn von maximal 500 000 Lire monatlich. Die Leistungen der *Cassa Integrazione* sind auf drei Monate beschränkt, nur in Extremfällen ist eine Verlängerung auf weitere drei Monate zulässig. Dies darf auf keinen Fall einen Zeitraum von neun Monaten innerhalb von zwei Jahren überschreiten. In Fällen, in denen sich ein Betrieb in einem Umstrukturierungs- oder Umstellungsprozeß befindet, sind längere Zeiten vorgesehen: jeweils sechs Monate, aber nicht mehr als 18 Monate in zwei Jahren. Falls nach Ausschöpfung der *Cassa Integrazione* der Betrieb doch einige Mitarbeiter entlassen muß, werden diesen in Form von Arbeitslosengeld 80 % des letzten Lohns oder Gehalts für weitere 12 Monate ausbezahlt. Danach gibt es keine weitere Arbeitslosenhilfe mehr.

Die arbeitspolitische Funktion der *Cassa Integrazione* besteht darin, daß eine Senkung der Produktion so aufgefangen wird, daß nicht einzelne Arbeitnehmer davon betroffen werden, sondern tageweise alle, wobei aber doch jeder seinen Arbeitsplatz vorerst behalten kann. Dies wird dadurch erreicht, daß die Firma, anstatt einzelnen zu kündigen, in Zusammenarbeit mit den Gewerkschaften die Leistungen der *Cassa Integrazione* für die Krisenbereiche beantragt. Mit der *Cassa Integrazione* wird dann eine Verkürzung der Arbeitswoche festgesetzt, selten auf *Zero Ore* (Nullstand), wo die Arbeitnehmer für einige Wochen entlassen werden. So bleibt die Belegschaft für die Zeit der Krise im Betrieb integriert; abgewendet werden alle Belastungen, die mit einer Periode von Arbeitslosigkeit verbunden sind.

– *Mutterschutz.* Der Mutterschutz beginnt zwei Monate vor der Entbindung und endet drei Monate danach. Für diese Zeit erhält die Frau vollen Lohn oder volles Gehalt und ist unkündbar. Nach Ablauf des Mutterschutzes ist es ihr freigestellt, an ihren Arbeitsplatz zurückzukehren oder nicht.

Während des ersten Lebensjahres des Neugeborenen erhält entweder die Mutter oder der Vater eine weitere staatliche Unterstützung, und zwar für weitere sechs Monate. Einem von beiden wird die Möglichkeit zugestanden, sich von der Arbeit freistellen zu lassen, wobei ihr oder ihm folgende Bezahlung zugesichert wird: für den ersten Monat das volle Gehalt oder der volle Lohn, für den zweiten Monat 80 % und für die restlichen vier Monate 30 %.

– *Assegni Nucleo Familiare* (Familienzulagen) werden dem Familienoberhaupt vom INPS ausbezahlt und bestehen aus dem Kindergeld und einem Betrag für jedes Mitglied der Familie (Frau, Mutter, Tante usw.), das nicht arbeitet, aber vom Familienoberhaupt unterstützt wird. Nach der letzten Novellierung wird die Höhe des Betrages aufgrund des gesamten Einkommens und anhand der Mitgliederzahl des *Nucleo Familiare* errechnet. Für eine vierköpfige Familie mit einem Nettojahreseinkommen unterhalb von 16 Millionen Lire ist ein *Assegno Familiare* in Höhe von 230 000 Lire monatlich vorgesehen.

3. Glanzzeit der Frauenbewegung in Italien

Die Anfänge der Frauenbewegung gehen in Italien bis in die zweite Hälfte des 19. Jahrhunderts zurück. Angesichts der damals einsetzenden Industrialisierung und der Festigung der parlamentarischen Tradition setzten sich die Vertreterinnen der Frauenbewegung vor allem für zwei Ziele ein: den Schutz der arbeitenden Mutter und ihrer Familie sowie die Teilnahme am politischen Leben durch das Stimmrecht für die Frauen. Letzteres blieb auch nach der Wahlreform von 1882 den Männern vorbehalten. Erst bei dem Referendum zur Abschaffung der Monarchie am 2. Juni 1946 durften die Frauen ihr neu erworbenes Wahlrecht zum ersten Mal ausüben.

Am Anfang des 20. Jahrhunderts gab es in der italienischen Frauenbewegung vor allem drei Richtungen:

1) eine feministische, unter dem Einfluß von Impulsen aus England und Amerika;

2) eine katholische, mit ihren Organisationen und Aufgabenbereichen innerhalb der katholischen Welt;

3) eine Richtung, die sich mit den Zielen der Arbeiterbewegung identifizierte und die Frauenprobleme als Teil der Arbeiteremanzipation ansah.

Der Faschismus löste im Jahr 1926 alle unmittelbar und mittelbar politischen Organisationen endgültig auf, darunter die ersten Versuche einer Selbstverwaltung der Frauenbewegung. Die Frau wurde nun von der Kultur- und Rassenpolitik des Regimes als „Engel und Hüterin des Hauses", als Gebärende und Garantin einer faschistischen „Rasse" hochstilisiert, und ihre Aufgabe sollte nun darin bestehen, die italienische „Rasse" zu schützen und zahlenmäßig zu stärken. Im Widerstand gegen den Faschismus organisierten sich auch *Gruppi di Difesa della Donna* (Gruppen zur Verteidigung der Frau). Mehr als 30000 Frauen nahmen als Partisaninnen am bewaffneten Kampf gegen den Faschismus teil. Kurz vor Ende des Faschismus und des Krieges kam es zur offiziellen Neugründung von zwei der genannten Richtungen der Frauenbewegung. Im Jahr 1944 wurde die *Unione Donne Italiane* (UDI: Italienischer Frauenbund) gegründet und ein Jahr später der *Centro Italiano Femminile* (CIF: Allgemeiner italienischer Frauenverein). Die UDI, die dem PSI nahesteht, hat sich in den ersten 40 Jahren der Republik als Sammelbecken politisch linksstehender Frauen etabliert und sich stets für die Verbesserung der politischen und sozialen Lage der Frauen eingesetzt. Zu erwähnen ist ihr Kampf für die Einführung der Ehescheidung, die Legalisierung der Abtreibung und die Reform des Familienrechts. Auch der CIF hat sich, obwohl er sich in seinem Programm auf die christlichen Grundwerte bezieht, für die genannten Ziele der UDI: Reform des Familienrechts, Ehescheidung und Abschaffung des Gesetzes zur Kriminalisierung der Frau, die aus Not abgetrieben hat, eingesetzt – allerdings mit anderen Argumenten.

Unter dem Einfluß der internationalen politischen Lage Ende der sechziger Jahre traten in der Frauenbewegung Änderungen ein, die zu ihrer Erweiterung führten. Innerhalb der Studentenbewegung bildete sich eine feministische Richtung, die eine ausgesprochen intellektuelle Gruppe darstellte. Ihre Mitglieder verstanden sich als Anhängerinnen des Marxismus, mit der Strategie und den Zielsetzungen der amerikanischen und englischen Frauenbewegung. Die Tatsache, daß sie sich innerhalb politisierter Studenten bewegten, zwang sie dazu, politische Positionen zu beziehen, und sie erklärten sich als antikapitalistisch, was damals, zur Zeit des Vietnamkrieges, soviel wie antiamerikanisch bedeutete, aber auch als Vertreterinnen des Antiautoritarismus in jedem Bereich des privaten und öffentlichen Lebens, in Familie, Schule, im sexuellen Bereich u. a. m.

Die Enttäuschungen, die einige dieser politisch engagierten Frauen innerhalb der verschiedenen Studentengruppen erlebten, wo sie nur als „Frau des Genossen XY“ oder als „Engel am Kopiergerät“ betrachtet wurden, bewogen sie dazu, für sich einen politischen Freiraum zu schaffen: Sie gründeten die ersten Frauenkollektive an den Universitäten. Von hier aus konnten sie zum ersten Mal Kritik an den Strukturen der Studentengruppen üben und sich verstärkt auf spezifische Aspekte der Situation der Frau in der italienischen Gesellschaft konzentrieren.

Obwohl die feministische Richtung der italienischen Frauenbewegung eine stärkere Politisierung als die amerikanische oder englische aufweist, wird ihr vorgeworfen, sie sei nicht in der Lage gewesen, Analysen und Zielsetzungen vorzulegen, die es ermöglicht hätten, allmählich auch zu den nichtintellektuellen Frauen Beziehungen aufzunehmen. Hauptthemen ihrer Auseinandersetzung bleiben weiterhin: 1) die Befreiung der Frau, darunter ihre sexuelle Gleichberechtigung als Prozeß der eigenen Bewußtwerdung; 2) die Kritik an den bisherigen Werten und Modellen der italienischen Gesellschaft und die Suche nach einer Frauenkultur. Damit erweisen sich die Zielsetzungen eher als kulturelle denn als realpolitische. In kleinen Gruppen erhalten die einzelnen Mitglieder die Möglichkeit, über ihre Erfahrungen als Frau Informationen auszutauschen, gemeinsam darüber zu diskutieren und gemeinsame Strategien für die einzelnen Probleme auszuarbeiten, wie Durchführung von Abtreibungen, Schutz von mißhandelten Frauen, Anerkennung der Homosexualität.

Seit 1970 wurden in Italien zahlreiche feministische Kollektive und Frauengruppen gegründet. Aus *Rivolta Femminile* (Frauenrevolte) entwickelte sich das Kollektiv *Lotta Femminile* (Frauenkampf). Mit dem *Partito Radicale* wurden auch der *Movimento di Liberazione della Donna* (Bewegung zur Befreiung der Frau) und der *Fronte Italiano di Liberazione Femminile* (Italienische Front für die Befreiung der Frau) gegründet. Im Jahre 1972 erlebte Trient eine starke Entwicklung von Frauengruppen. Im selben Jahr entstand in Rom der führende *Circolo della Maddalena* (Kreis von Maddalena), und die ersten Frauenzeitschriften *Compagna, Quarto Mondo, Effe* wurden veröffentlicht.

Sowohl der CIF als auch die UDI haben dem Feminismus gegenüber Stellung beziehen müssen. Während sich der CIF von den feministischen Gruppierungen durch grundlegend unterschiedliche Auffassungen über die Rolle der Frau in einer industrialisierten Gesellschaft getrennt sieht, fühlt sich die UDI aufgrund der Gleichheit einiger Zielsetzungen in der Lage, mit ihnen zusammenzuarbeiten; dennoch übt auch sie Kritik an der Strategie ihrer nur partikularen politischen Auseinandersetzung. Die UDI wirft den feministischen Kollektiven und Gruppen vor, sie verzichteten auf eine umfassende Analyse der Gesellschaft zugunsten der Zielsetzungen einzelner Gruppierungen. Die UDI will nicht nur den Frauen allein persönliche Freiheiten innerhalb einer „repressiven Gesellschaft“ sichern und eine feministische Kultur als Gegenpol zum existierenden männlichen Kulturmonopol schaffen; vielmehr soll das Problem der Emanzipation der Frauen nicht losgelöst von der politischen Emanzipation der Arbeiterbewegung gesehen werden, auch wenn die Besonderheit der Frauenprobleme zu berücksichtigen sei.

Trotz dieser Unstimmigkeiten ist es der Frauenbewegung bis jetzt immer wieder gelungen, bei der Durchsetzung sozialer Forderungen gemeinsam aufzutreten. Ihr erster Erfolg war die Teilnahme am Referendum zur Abschaffung der Monarchie und zur Einführung der Republik und die Definition der Wahlberechtigung, wie sie in die italienische Verfassung eingegangen ist: „Wahlberechtigt sind alle volljährigen männlichen und weiblichen Staatsbürger" (Art. 48). Im Laufe der fünfziger und sechziger Jahre setzte die Frauenbewegung durch: das Recht der Frauen auf Mutterschaftsschutz, das Kündigungsverbot anläßlich der Eheschließung, die Anwendung des Art. 51 der Verfassung bezüglich der Gleichberechtigung aller Bürger beiderlei Geschlechts beim Zugang zu öffentlichen Ämtern und Wahlämtern, die Anerkennung der *Donna Mezzadra* als vollwertige Arbeitskraft (d. i. die Frau, die mit ihrem Mann auf einem Bauernhof arbeitet, der nach dem Teilpachtsystem bewirtschaftet wird).

Kernpunkt dieses Kampfes war die Durchsetzung der Mutterschaft als gesellschaftlicher Wert und nicht als Angelegenheit der werdenden Mutter allein, um so den Staat zur Unterstützung von Mutter und Kind zu verpflichten. Der verstärkte Einsatz des Staates im Sozialbereich sollte nach den Vorstellungen der Frauenbewegung auch dazu dienen, Nachteile für die Frauen zu beseitigen und ihre Anerkennung als Staatsbürger ohne Minderung der Bürgerrechte und ohne Nachteile am Arbeitsplatz zu sichern.

Weitere Erfolge kamen im Laufe der siebziger Jahre hinzu mit der Einführung der Ehescheidung, des neuen Familienrechts und der Legalisierung der Abtreibung. Die feministischen Organisationen hatten hierzu durch ihre neuartige Öffentlichkeitsarbeit wesentlich beigetragen. Zur Forderung der Liberalisierung der Abtreibung waren am 3. April 1975 zu einer nationalen Demonstration 50000 Frauen aus allen Teilen Italiens nach Rom gekommen.

Das Ehescheidungsgesetz war im Jahr 1970 von einer DC-Regierung unter dem Druck der Öffentlichkeit und der linken und laizistischen Parteien (PRI, PLI, PSDI) verabschiedet worden. Es sieht vor, daß die Ehescheidung nur dann zulässig ist, wenn das Eheleben unerträglich geworden ist, wobei die Ehescheidung erst nach fünfjähriger Trennung der Eheleute ausgesprochen werden kann. Das Gesetz regelt ferner die Lage der Kinder und sichert ihnen moralischen und materiellen Schutz zu. Die scharfe Reaktion der Kirche, die hierin u. a. einen Bruch der Lateranverträge von 1929 sah, wonach die kirchliche Ehe rechtlich der Zivilehe gleichgestellt worden war, die ebenfalls ablehnende Reaktion eines Teils der DC und des MSI-DN, die im Gesetz das Ende der Familie und der italienischen Gesellschaft sahen – dies alles hatte ein Referendum zur Aufhebung des Gesetzes zur Folge. Im Jahr 1974 stimmten jedoch 59,26 % der Wähler für die Beibehaltung der Ehescheidung.

Nach den ersten Jahren, in denen die Zahl der Scheidungsklagen relativ hoch lag, da sich viele Fälle angesammelt hatten, entwickelte sich im Laufe der achtziger Jahre folgendes Bild:[11]

Jahr	*Trennungsklagen*	*Trennungen*	*Ehescheidungen*
1981	45174	30899	15953
1982	48991	33807	16877
1983	43953	30355	17212
1984	46961	34239	17593
1985	51027	33869	19609

Eine weitere Reform, die dazu beitrug, die Rolle der Frau in der Rechtsordnung und der Gesellschaft neu zu regeln, wurde im Jahre 1975 mit dem *Nuovo Diritto die Famiglia* (neues Familienrecht, Gesetz 151) durchgeführt. Obwohl die Diskussion über das neue Familienrecht im Parlament bereits im Jahr 1966 begonnen hatte, wurde das Gesetzt durch die Ablehnung der DC, die dabei vom MSI-DN unterstützt wurde, fast zehn Jahre lang hinausgeschoben. Bis dahin unterstand das öffentliche und private Leben einer italienischen Familie dem Bürgerlichen Gesetzbuch, dessen Bestimmungen bezüglich der Familie noch aus der Zeit des Faschismus stammten. Abgesehen vom repressiven Charakter dieser Gesetzgebung erwies sich das alte Familienrecht als unzureichend und ungeeignet, um eine zeitgemäße Antwort auf die bestehenden Konflikte zu geben. Von dem neuen Gesetz erwartete man, daß zeitgenössische Sozialwerte wie Konsensus und Mitverantwortung der Familienangehörigen an die Stelle des Autoritätsprinzips und der Hierarchie der Familienmitglieder treten sollten.

Kernpunkte des neuen Familienrechts, kurz Gesetz 151 genannt, sind 1) der Art. 4: „Minderjährige dürfen keine Ehe eingehen", um sie vor Zwangsehen durch die Eltern zu schützen. Bis dahin war ein Mindestalter von 16 Jahren für Männer und 14 Jahren für Frauen für die Eheschließung vorgesehen. 2) Die Abschaffung der übergeordneten Autoritätsrolle des Ehemannes durch Art. 24: „Durch die Ehe erhalten Mann und Frau gleiche Rechte und gleiche Pflichten. Aus der Ehe entsteht die Pflicht für beide Eheleute zur Treue, zur moralischen und materiellen Unterstützung, zur Zusammenarbeit und zum Zusammenwohnen im Interesse der Familie." 3) Art. 25: „Die Ehefrau setzt neben ihren Namen den Namen des Ehemannes." 4) Art. 138 ersetzt das Recht des Vaters auf Vormundschaft *(Patria Potestà)* durch das Recht beider Eheleute auf eine gemeinsame Vormundschaft.

In der Tat handelt es sich bei den 240 Artikeln des neuen Familienrechts eher um eine Anpassung der Gesetzgebung an das gestiegene Selbstbewußtsein der italienischen Frauen und an die sozialen Änderungen der letzten Jahre als um neue Impulse der Gesetzgebung zur zukunftsgerechten Gestaltung des privaten und öffentlichen Zusammenlebens der Italiener.

Nach Durchsetzung der erwähnten Reformen bemühte sich die Frauenbewegung in der Mitte der siebziger Jahre um die Lösung eines heiklen und schwerwiegenden Konfliktes. Sie setzte sich für die Abschaffung jener Artikel des Strafgesetzbuches ein, die die Abtreibung als Straftat definierten und mittellose schwangere Frauen oft zu lebensgefährlichen Notlösungen zwangen. Damals bildeten sich zwei Fronten, zwischen denen kein Dialog mehr möglich war: auf der einen Seite die Kirche, die DC und die Rechte, auf der anderen Seite die Linke, die Liberalen, Republikaner, Radikalen und die Frauenbewegung, ohne CIF, der eher für eine aufgeklärte Verhinderung der Mutterschaft als für eine Liberalisierung der Abtreibung eintrat. Während die Kirche und die Parteien und Organisationen, die sich auf die christliche Lehre beziehen, das Recht des Ungeborenen auf Leben verteidigten, setzten sich die anderen für eine *Maternità Cosciente* (bewußte Mutterschaft) ein.

Als Zwischenlösung wurden Beratungsstellen für die *Prevenzione delle Nascite* (Geburtenverhütung) als Zentren der sexuellen Aufklärung eingerichtet. Nach einer Unzahl von *Slittamenti* (Verschiebungen) wurde das „Gesetz 194 zum sozialen Schutz der Mutterschaft und zur freiwilligen Unterbrechung der Schwangerschaft" am 18. Mai 1978 mit einer Mehrheit von 12 Stimmen vom Senat als letzter Instanz angenommen. Nach dem Gesetz 194 ist die freiwillige Unterbrechung der Schwangerschaft keine strafbare Handlung mehr, und sie soll in öffentlichen Institutionen innerhalb der ersten drei Monate der Schwangerschaft durchgeführt werden. Die Entscheidung liegt allein bei der betroffenen Frau, aber Fachärzte und Berater können ihr zur Seite stehen.

Obwohl das Gesetz seit 1978 in Kraft ist, bleibt das Problem der illegalen Abtreibungen ungelöst. Hierzu trägt das Gesetz selbst bei, da in Art. 9 die Möglichkeit einer Verweigerung der Mitwirkung von Ärzten und Pflegepersonal aus religiösen und ethischen Gründen vorgesehen ist, die nicht korrekt angewendet wird. Im ersten Jahr wurde dieser Artikel von 75% der Ärzte und 70% des Pflegepersonals in Anspruch genommen. Es wäre verfehlt anzunehmen, daß sich hinter diesem hohen Prozentsatz derer, die sich weigern, eine Abtreibung durchzuführen, eine christliche oder ethische Überzeugung verbirgt. Nicht selten handelt es sich um Opportunisten, die weiterhin das Geschäft mit der illegalen Abtreibung betreiben wollen. Vor allem aber ist es die öffentliche Meinung über die Abtreibung bzw. über die Frau, die abgetrieben hat, die viele Betroffene dazu zwingt, öffentliche Institutionen zu meiden und sich illegalen Abtreibungspraxen anzuvertrauen.

Auch wegen der neuen Abtreibungsregelung, wie bereits

beim Ehescheidungsgesetz, haben die Gegner des Gesetzes 194 zu einem Referendum aufgerufen. Dieses fand im Mai 1981 statt, wo es trotz „massiver Einmischung" des Papstes der Frauenbewegung gemeinsam mit den laizistischen Kräften Italiens gelungen ist, das Gesetz mit 67,9% gegen 32,1% der Wählerstimmen aufrechtzuerhalten.

F. M.

4. Der Terrorismus und sein Ende

Als im Jahre 1971 die ersten Flugblätter mit der Unterschrift *Brigate Rosse* (Rote Brigaden) gefunden wurden, auf denen sich diese zum Bombenanschlag auf die Mailänder Pirelli-Werke bekannten, ahnte man nicht, daß gerade diese bis dahin unbekannte Erscheinung des italienischen Terrorismus Italien innerhalb der folgenden zehn Jahre in einen bürgerkriegsähnlichen Zustand versetzen würde.

Die *Strategia della Tensione* (Strategie der Spannung) war zu diesem Zeitpunkt bereits von faschistischen Terrorgruppen um die *Avanguardia Nazionale* (nationale Vorhut) und von den *Nuclei Armati Rivoluzionari* (NAR: Revolutionäre Bewaffnete Gruppen) mit täglichen Gewalttaten praktiziert worden. Sie verfolgten das Ziel, durch Bombenanschläge, wie in Mailand *(Piazza Fontana,* 1969) Brescia *(Piazza della Loggia,* 1974) und auf den Zug *Italicus* 1974, Bologna 1980, das Land in Angst zu versetzen und so das psychologische Klima für einen Staatsstreich vorzubereiten.

Aus der Terrorstrategie der Roten Brigaden wurde sofort deutlich, daß sie anders als der rechtsradikale Terror vorgehen würden. Mit gezielten Gewalttaten auf „Feinde der Arbeiter" und „Ausbeutungsinstitutionen" (wie etwa Banken) versuchten die Roten Brigaden, als Basis für eine revolutionäre Zusammenarbeit bis 1974 eine gewisse Sympathie bei den Arbeitern zu erwecken. Die sofort einsetzende Polemik um die politischen Urheber des roten Terrors hinderte die Parteien und die Regierung daran, nach einer wirksamen politischen Methode zur Vorbeugung und Bekämpfung des Terrors zu suchen. Dem PCI und den Gewerkschaften wurde zur Last gelegt, sie hätten immer den Kampf gewollt. Sie seien daran schuld, wenn jetzt Leute aus ihren Reihen zum Terror übergegangen seien. Gewerkschaften und PCI antworteten, daß Führer und Anhänger der ersten Terroristengeneration aus gutbürgerlichen, teilweise christlichen Familien stammten und als solche mit der Tradition der Arbeiterkämpfe nichts zu tun haben könnten. Die Ursache des Terrors der Roten Brigaden liege in der Unfähigkeit der Regierung, die sozialen, wirtschaftlichen und moralischen Probleme des Landes zu lösen. Den *Brigate Rosse* war es gelungen, die Öffentlichkeit zu spalten, eine Diskussion vorbei an der Sache zu führen und als politisches Ereignis der Nation betrachtet zu werden.

Im Jahre 1975 wurde das erste Anti-Terror-Gesetz, das Gesetz *Reale*, verabschiedet, zu einem Zeitpunkt, wo die erste Generation der Mitglieder der Roten Brigaden bereits verhaftet war und die Hauptführer Renato Curcio und Alberto Franceschini im Gefängnis saßen. Dennoch konnte eine Ausbreitung des Terrorismus nicht verhindert werden. Namen wie *Prima Linea* (Vorderste Linie), *Azione Rivoluzionaria* (Revolutionäre Aktion), *Ronde Comuniste* (Kommunistische Streife), *Comitati Comunisti* (Kommunistische Komitees) tauchten zum ersten Mal auf. Der Terrorismus war dabei, sich auf regionaler Ebene zu organisieren. Turin, Mailand, Genua, Padua und Neapel wurden mit der Zeit zu seinen Hauptzentren.

Auch die Opfer der neuen Terroranschläge wurden in anderen Bereichen des öffentlichen und politischen Lebens gesucht. Um Richter daran zu hindern, Prozesse gegen Terroristen zu führen, und den Staat an einer empfindlichen Stelle zu treffen, wurde im Jahr 1976 zum ersten Mal ein Richter, Francesco Coco aus Genua, ermordet. Nach ihm wurden in der zweiten Hälfte der siebziger Jahre mindestens acht weitere höhere Richter auf offener Straße ermordet. Im Jahre 1977 begannen die *Brigate Rosse*, mit den Journalisten „abzurechnen". Der Vizedirektor der Turiner Tageszeitung *La Stampa* wurde Opfer eines Terroranschlags. In einem Artikel über Ursachen und Strategie des Terrorismus in Italien hatte er auf die Zusammenarbeit zwischen Terroristen im Untergrund und den extremen außerparlamentarischen politischen Organisationen sowie auf die Gemeinsamkeit der Ziele der roten und schwarzen Terrorgruppen hingewiesen. Diese beabsichtigten, so hieß es, die demokratischen Institutionen und die Grundlagen des Zusammenlebens in einer demokratischen Republik zu zerstören. Der Terrorismus im Untergrund sei nichts anderes als ein komplementäres Element von roten und schwarzen Extremisten, die die Terroristen durch Klubs und Zeitschriften in der Öffentlichkeit legal vertreten. Mehr als um das Sympathisantenproblem ging es in Italien darum, dem Terrorismus vorzubeugen; es ging um die Gefährdung einer Generation von Jugendlichen, die ohne verbindliches Wertesystem leben mußten, ohne an dessen Zerfall teilgenommen zu haben. Es ging um die Generation aus den Jahren der Auflösung der Studentenbewegung. Das völlige Fehlen einer glaubwürdigen Politik der Integration in Gesellschaft und Arbeitsleben bei allen Parteien hatte einen Großteil der gesellschaftlich engagierten Jugendlichen zur Ablehnung der Politik, zu extremistischen Positionen, zum Drogenkonsum und zu phantasievollen Alternativen geführt, die aber keine dauerhafte Antwort auf ihre Frage nach dem Recht auf Selbstgestaltung ihrer Zukunft sein konnten.

Aus ihrer alltäglichen Frustration und Aggression, aus ihrer verlorenen Hoffnung auf Arbeit war die Studentenbewegung 77 entstanden. Mit Parolen wie *„Dopo Marx, Aprile"* (nach Marx – anstatt nach *Marzo* (März) – April) oder *„Falce e Mirtillo"* (Sichel und Preiselbeere – anstatt *Martello* (Hammer) *Mirtillo* –) kündigten sich die *Indiani Metropolitani* (Stadtindianer) als Alternative mit phantasievollen Gewändern und Bemalungen an. Mit der Relegierung des kommunistischen Gewerkschaftsführers Luciano Lama aus der Universität Rom, wo er die Studenten zur Besinnung und zur Arbeit aufrufen wollte, wurde die Glaubwürdigkeit der Linken und ihrer Oppositionsstrategie verspielt. Mit den ersten Schüssen von minderjährigen Gymnasiasten (Mailand 1977), mit den gewalttätigen Auseinandersetzungen mit der Polizei in Rom, mit den ersten Toten auf der Seite der Demonstranten in Bologna und in Rom war der *Movimento 77* aus der Sphäre der *Autonomia* (Autonomie) in den *Partito Armato* (bewaffnete Partei), d.h. in den Terrorismus einbezogen. Inzwischen hatten die inhaftierten Terroristen wiederholt versucht, durch Kommuniqués aus dem Gefängnis und aus dem Untergrund der Öffentlichkeit ihre Kampfstrategie und Zielsetzungen zu erklären, aber nur Eingeweihte ahnten, was unter der revolutionären Zukunft der *Brigate Rosse* und paralleler Organisationen zu verstehen war. Aus dem zunehmenden Druck der Inhaftierten auf die Kolonnen im Untergrund wurde dem Staat der totale Krieg angesagt: *Portare la lotta al cuore dello stato* (den Krieg ins Herz des Staates tragen).

Am 16. März 1978 wurde Aldo Moro, der Vorsitzende der DC, entführt. Seine fünf Begleiter wurden auf offener Straße erschossen. Zu diesem Zeitpunkt bekleidete Moro kein öffentliches Amt. An jenem Morgen befand er sich auf dem Wege zum Parlament, wo er eine Grundsatzrede zur Lage der Nation halten wollte und darin eine indirekte Beteiligung der Kommunisten an einer zu verteidigenden Notstandsregierung unter der Führung von Andreotti vorschlagen und durchsetzen wollte. Als erste nationale Antwort auf die Entführung erhielt die neue Regierung 569 Ja-Stimmen gegen 61 Nein-Stimmen. Das Land war fast in einen Ausnahmezustand versetzt worden. Der Staat lehnte jede Verhandlung mit den Terroristen ab. Nur einige führende Politiker, darunter der Sozialist Craxi, schlugen eine humanitäre Lösung des Konflikts zur Rettung von Moro vor. Am 9. Mai wurde Moro in einem geparkten Wagen mitten in Rom tot aufgefunden. Als Demonstration der Stärke und des Hohns war das Auto einige Schritte entfernt vom Zentralsitz der DC und des PCI abgestellt worden.

Das Land reagierte bestürzt. Um die Schwäche des Staates zu vertuschen, beschworen alle Parteien die nationale Solidarität. Es schien, als ob mit der Ermordung von Moro der *Punto del non Ritorno* (Punkt, von dem es kein Zurück mehr gibt) erreicht worden war, nicht nur für die Terroristen, sondern auch für die Politiker. Es schien, als ob die alten Machtspiele keine Gültigkeit mehr hätten. Aber dem war nicht so. Terror und Regierende setzten nach kurzer Zeit ihren gewohnten Weg fort. Eine tragische Übereinstimmung spiegelte die Ohnmacht beider Teile wider. Da ein demokratischer Staat kein „Herz" hat, das man zerstören kann, wurde seitdem willkürlich, meistens als Racheakt, als Zeichen einer tragischen Dynamik nach jeder neuen Verhaftung von Terroristen auf Vertreter staatlicher Institutionen wie Polizisten, *Carabinieri* und Vollzugsbeamte geschossen. Zur selben Zeit konnte die Sondereinheit des Generals Carlo Alberto Dalla Chiesa beachtliche Fahndungserfolge erzielen, da verhaftete Terroristen die diesbezüglich eingeführte Kronzeugenregelung für sich in Anspruch nahmen. Aufgrund ihrer Aussagen wurde 1981 Mario Moretti verhaftet, der die *Brigate Rosse* mitbegründet und bis zu seiner Verhaftung angeführt hatte. Die darauffolgenden Anschläge zeigen, daß der italienische Terrorismus eine gefährliche Bedrohung für das Land bis in die späten achtziger Jahre war. Mit einer Anzahl von langwierigen Prozessen sind vorerst die strafrechtlichen Konsequenzen geklärt worden. Erwartet wird dennoch, daß der Staat durch eine Versöhnungsamnestie den Schlußstrich zieht. Dies wird jedoch kaum möglich sein, weil letztendlich nicht der Staat, sondern einzelne Bürger Opfer des Terrorismus geworden sind.

C. C.

5. Das Bildungswesen

Um ein umfassenderes Bild der Entwicklung der Schule und deren integrierender Rolle in Italien zu vermitteln, soll hier zuerst auf die Reform, die nach der Einigung Italiens (1861) durchgeführt wurde und von der das heutige Schulsystem immer noch geprägt ist, eingegangen werden.

Die erste Schulreform, die für ganz Italien verbindlich war, erfolgte durch die *Legge Casati* des Turiner Parlaments im Jahr 1859. Damit wurde die Schulpflicht für die ersten drei Jahre der Volksschule offiziell angekündigt. Aufgrund des Mangels an schulischen Infrastrukturen und ausgebildeten Lehrern war sie jedoch für längere Zeit mehr ein Akt des politischen guten Willens als eine Realität. Der Grundgedanke der Reform *Casati* wirkte aber bis zur *Riforma Gentile* (1923) weiter. Entsprechend der *Riforma Casati* wurden die weiterführenden Schulen in einen humanistischen und einen technischen Zweig unterteilt. Hauptmerkmale des humanistischen Zweiges waren der

Lateinunterricht und nach dessen Abschluß der Zugang zu allen *Scuole Superiori*, also Universitätsfakultäten und Hochschulen. Für den technischen Zweig war kein Latein vorgesehen, und dessen Absolventen hatten nur begrenzten Zugang zu technischen Fakultäten oder Hochschulen. Diese Einschränkung wurde erst im Jahre 1969 mit der Liberalisierung der Studiengänge aufgehoben.

Das Schulsystem des jungen italienischen Staates war stark zentralisiert, wenn auch nicht besonders selektiv, denn seine Hauptziele waren die Bekämpfung des Analphabetentums und die Heranbildung einer breiteren Führungsschicht für die Staatsverwaltung und Wirtschaft. Infolge der italienischen Kulturtradition wie auch aufgrund der verspäteten Industrialisierung des Landes erhielt das italienische Schulsystem mit der Reform *Casati* einen spezifisch humanistischen Charakter. Die wesentlichen Arbeitgeber für die Absolventen eines solchen Schulsystems waren die Schule selbst, die sich im ganzen Land im Aufbau befand, die staatliche Verwaltung, die von Turin aus auf das geeinigte Italien ausgedehnt wurde, die freien Berufe, vor allem im Bereich des Rechts und der Politik, besonders im Zusammenhang mit dem Aufkommen der politischen Parteien und der Entstehung der Arbeiterbewegungen.

Das Übergewicht der humanistischen Tradition führte zu einer Bevorzugung der *Borghesia di Toga* (Beamtenbürgertum mit Professoren, Rechtsanwälten, Staatsbeamten usw.) gegenüber dem gewerblichen Bürgertum. Dieses sollte in der politischen, sozialen und wirtschaftlichen Entwicklung Italiens eine entscheidende Rolle spielen, jedesmal wenn es darum ging, die technologische Zukunft des Landes zu fördern.

Mit der *Legge Coppino* von Juli 1877 wurde die Schulpflicht für die ersten drei Jahre der Volksschule (6.–9. Lebensjahr) auf ganz Italien ausgedehnt. Um der Akademikerarbeitslosigkeit vorzubeugen, wurde bereits im Jahre 1923 von dem Philosophen Giovanni Gentile, der als Unterrichtsminister dem ersten Mussolini-Kabinett angehörte, eine Schulreform vorgeschlagen, die eine strenge Selektion vorsah und sehr differenziert aufgebaut war. Die Schulpflicht wurde bis zum vierzehnten Lebensjahr verlängert. Die *Scuole Medie Superiori* (Gymnasien) und Universitäten blieben nur *ai pochi e ai migliori, per intelletto e per censo,*[12] den wenigen nach Intellekt und Vermögen Begabten, vorbehalten. Die *Riforma Gentile* führte eine Aufnahmeprüfung zwischen dem Volksschulabschluß und dem Beginn der *Scuola Media* (Mittelschule) sowie den Lateinunterricht in der Mittelschule ein und bewirkte eine indirekte Abwertung des technischen Zweiges, der nur noch als Vorbereitung auf die Arbeitswelt diente, ohne Anschluß an die oberen Klassen der weiterführenden Schulen zu haben und zwangsläufig auch nicht an die Universität. Während des Faschismus wurden zwar noch zwei weitere Schulreformen, *De Vecchi* (1933) und *Bottai* (1939), durchgeführt; sie waren aber lediglich als Anpassung der *Riforma Gentile* an die neuen Bedürfnisse des faschistischen Italien gedacht und wollten keine Änderung des selektiven und klassenbezogenen Schulsystems bewirken.

Schon im Jahr 1944, als Italien erst bis Rom von den Alliierten besetzt war, begann unter der Leitung des amerikanischen Pädagogen Carleton W. Washburne, dem Vorsitzenden des alliierten Ausschusses für die öffentliche Bildung, die Beseitigung faschistischer Einflüsse in der Schule durch die Abschaffung der faschistischen Lehrmittel. Obwohl in der Verfassung der Republik in Art. 33 und 34 ausdrücklich die Freiheit der Kunst, Wissenschaft und Lehre, die Autonomie der Universität und das Recht auf Bildung festgestellt werden, sind diese Ziele – vor allem in der „Oberen Mittelschule" und der Universität – nur begrenzt erreicht worden. Die beiden Reformen, die als einzige einen Angriff auf das alte Schulsystem gewagt haben, sind die Reformen aus den Jahren 1962 und 1968. Im Jahre 1962 wurde die *Scuola Media* als *Scuola Media Unica* vereinheitlicht. Latein wurde als Pflichtfach abgeschafft, blieb jedoch Wahlfach. Da mit der Einführung der *Scuola Media Unica* die Schulpflicht de facto von fünf auf acht Jahre verlängert wurde, sollte den Schülern mindestens das Recht auf Lehrmittelfreiheit eingeräumt werden, was für bedürftige Schüler teilweise auch geschehen ist. Mit der *Riforma Sullo* aus dem Jahr 1968 wurden der Anschluß an alle Universitätsfakultäten für alle Arten von *Scuole Medie Superiori* (Oberschulen) und die Liberalisierung der Studiengänge beschlossen. Neben diesen zwei Hauptreformen wurden seit 1945 zahlreiche *Riforme Striscianti* (lautlose Reformen) durchgeführt, die in Form von Ministerialerlassen die Schule sehr stark geprägt haben, ohne daß sie in der Öffentlichkeit bekannt wurden. Besonders kompliziert ist die Lage der Privatschulen, die zwar verfassungsgemäß sind, jedoch entgegen dem Verfassungsgebot immer noch vom Staat finanziert werden.[13]

Das Schulsystem heute. Wenn man von den Vorschulen (*Asilo nido:* Kinderkrippe, *Asilo:* Kindergarten, *Scuola Materna:* Vorschule) absieht, umfaßt das italienische Schulsystem drei Stufen:

– *Scuola Elementare* (Grundschule); sie beginnt mit dem 6. Lebensjahr und umfaßt fünf Jahre, jeweils von Mitte September bis Ende Juni ohne Winterferien;

– *Scuola Media Unica* (einheitliche Mittelschule) für drei Jahre, vergleichbar der Gesamtschule in der BRD und der Enseñanza General Básica (E.G.B.) in Spanien, und *Scuola Media Superiore* (Oberschule) für weitere fünf Jahre (Sekundarstufe II);

– *Scuola Superiore* (Universität und Hochschule) mit 4–5 Studienjahren.

Die Schulpflicht beträgt 8 Jahre, sie beginnt mit dem 6. Lebensjahr und hört mit der Vollendung des 14. Jahres auf, in der Regel mit dem Abschluß der Mittelschule. Danach differenziert sich das Schulsystem in folgende Zweige:

– *Scuola Professionale* (Berufsschule) 2–3 Schuljahre;

– *Istituto Tecnico* (Technische Schule) für Landwirtschaft, Fremdenverkehr, Landvermessung, Industrie, Seefahrt, ferner für „weibliche Berufe" *(Istituto Tecnico Femminile)* mit 5 Schuljahren;

Istituto Magistrale (Lehrerausbildungsinstitut) zur Ausbildung von Volksschullehrern: 4 Jahre mit Anschluß an die Pädagogische Hochschule *(Magistero)* oder 5 Jahre mit Anschluß an jede Universität;

– *Liceo Classico* (Humanistisches Gymnasium) 5 Jahre;

– *Liceo Scientifico* (Mathematisch-naturwissenschaftliches Gymnasium) 5 Jahre;

– *Liceo Artistico* (Musisches Gymnasium) für Malerei, Bildhauerei, Architektur, Tanz usw.; 4 Jahre mit Anschluß an die *Accademia delle Belle Arti* (Akademie für Schöne Künste).

Die dritte und letzte Stufe des Bildungssystems ist das Hochschulstudium. Dieses wird von der Universität im Rahmen ihrer Autonomie organisiert. Nach der Liberalisierung der Studiengänge gibt es in den italienischen Universitäten 700 *Corsi di Laurea* (Studiengänge) und 140 *Diplomi* (Diplome). Sie haben einen so starken Zulauf von Studierenden zu verzeichnen, daß einige Professoren die Einführung des Numerus clausus verlangen. Universitäten gibt es in fast allen mittleren und großen Städten Italiens. Wenn eine mittlere Stadt keine Volluniversität errichten kann, werden Zwischenlösungen gefunden wie z.B. in Kalabrien, wo Cosenza Sitz der staatlichen *Università delle Calabrie* ist, Catanzaro eine private medizinische Fakultät unterhält und in Reggio Calabria einzelne Fakultäten der *Università di Messina* errichtet wurden. Die Explosion der Universitäten in Italien läßt sich unter verschiedenen Gesichtspunkten betrachten. Sie ist eine direkte Folge des Fehlens eines Numerus clausus. Sie ist aber auch ein notwendiges Angebot an die Schulabgänger, die keinen Arbeitsplatz finden. Angesichts der hohen Zahl der arbeitslosen Akademiker wird sie zu einem ehrgeizigen Projekt: Wenn es keine Arbeit gibt, dann Bildung! Eine Volluniversität verfügt in der Regel über ungefähr 20 Fakultäten, darunter Medizin, Architektur, Ingenieurwissenschaften, Chemie, Mathematik und Physik, Pharmazie, Agrarwissenschaften, Tiermedizin, Politische Wissenschaft, Statistik, Wirtschaft und Handel, Nautik, Jura, Literatur und Philosophie, Fremdsprachen und Literaturwissenschaft, Soziologie und Psychologie.

– *Sonderschule.* In Italien existieren keine *Classi Differenziali* (Sonderschulen) mehr. Statt dessen bemüht man sich um eine schulische und gesellschaftliche Integration der lernbehinderten Kinder, indem man sie in normale Klassen aufnimmt.[14]

Die Ausdehnung der Schulpflicht bis zum 14. Lebensjahr hat Anfang der siebziger Jahre die vollständige Erfassung der Schulpflichtigen für die ersten fünf Jahre der Volksschule ermöglicht, während für die Einheitsmittelschule laut Angaben des ISTAT für das Jahr 1974 noch eine Abwesenheitsrate von

7 % registriert wurden. Ebenfalls nach Angaben des ISTAT gab es in Italien im Schuljahr 1991/92 über 11 Millionen Kindergartenbesucher, Schüler und Studenten, die sich folgendermaßen aufteilen:

Vorschule	1538778
Grundschule	2985398
Mittelschule	2154711
Oberschule	2864885
Universität	1022260

Diese Angaben werden aufschlußreich, wenn man sie mit entsprechenden Daten aus anderen Schuljahren vergleicht.[15]

	Grundschule	*Einheitsmittelschule*	*Oberschule*	*Universität*
1961–62	4421000	1539000	838000	288000
1965–66	4520000	1795000	1250000	405000
1970–71	4857000	2168000	1656000	682000
1975–76	4742000	2868000	2183000	972000
1980–81	4435000	2893000	2415000	1036000
1984–85	3909000	2798000	2547000	1088000

Um die Angaben des ISTAT für das Schuljahr 1991/92 zu vervollständigen, muß berücksichtigt werden, daß zusätzlich ca. 650000 bis 800000 Schüler und Studenten Privatschulen und Privatuniversitäten besuchen.

Im Bereich der *Scuola Materna* (Vorschule) decken jedoch die privaten Institutionen immer noch ca. 50 % des Bedarfs, denn die staatliche Vorschule hat noch keine lange Tradition. Sie wurde zwischen 1962 und 1968 auf der Basis eines Koalitionskompromisses zwischen DC und PSI errichtet, ohne jedoch die Existenz der privaten Vorschulen bzw. Kindergärten in Frage zu stellen.

– *Berufsschule.* Aufgrund des Gesetzes 845 aus dem Jahr 1978 sind für die berufliche Ausbildung der Mittelschulabgänger zuständig: die *Istituti Professionali di Stato*, die auf nationaler Ebene vorhanden sind und dem *Ministero delle Pubblica Istruzione* (Ministerium für den öffentlichen Unterricht) unterliegen, und regionale Berufsschulen, die dem *Ministero del Lavoro* (Arbeitsministerium) obliegen. Hinzu kommen jene Berufsschulen, die den Betrieben angeschlossen sind, so daß die Absolventen zwischen Schule und Arbeit pendeln.

Das dreifache System verfolgt eine fachspezifische und territoriale Differenzierung der Berufsausbildung im Dienst des nationalen Bedarfs und der regionalen Arbeitsmärkte. Die regionale Ausbildung erweist sich als nachteilig im Hinblick auf die Suche nach Arbeit außerhalb der Region. Von den 630 000 Absolventen im Jahre 1989/90 besuchten 16,6 % eine regionale Berufsschule, 27,0 % einen *Istituto Professionale di Stato* (Staatliche Berufsschule), 56,4 % einen der vielen *Istituti Tecnici* (Technische Oberschule), die als die Oberschule der Berufsschule gelten. Gleichzeitig befanden sich weitere 1 200 000 Jugendliche in der Ausbildung. Von ihnen waren 46,5 % als Lehrling beschäftigt, 32,1 % mit einem Arbeitsvertrag versehen, der mit einer Ausbildung gekoppelt ist, 13,4 % wurden durch das eigene Land gefördert, und die restlichen 8 % absolvierten Berufsgänge, die aufgrund besonderer Maßnahmen eingerichtet werden können.[16]

– *Scuola delle 150 Ore* (150-Stunden-Schule). Aufgrund der Nachfrage nach einer ausreichenden schulischen Bildung entstand die 150-Stunden-Schule, eine staatliche Abendschule für Arbeitnehmer, die den Abschluß der Einheitsmittelschule anstreben. Der Name 150-Stunden-Schule deutet auf die Zahl der Arbeitsstunden hin, die der Arbeitnehmer in Anspruch nehmen kann, wenn er die Schule besuchen will. Das Neuartige an ihr besteht in der Kontrollfunktion der Arbeitnehmer über ihre eigene Ausbildung. Unter didaktischen Gesichtspunkten betrachtet, bietet diese Schule Erfahrungen an, die für die Entwicklung neuer Ansätze im gesamten Schulsystem sicherlich wertvoll sind.

Was hat sich im Schulsystem während der letzten Zeit geändert? Obwohl die großen Reformen für die Oberschule und für die Universität noch ausstehen, sind eine Reihe von Mini-Reformen durchgeführt worden, die dem Schulsystem neue und demokratische Verwaltungsmechanismen gebracht haben. Die Reformpolitik der *Centro-Sinistra*-Koalition im Bereich der Schule hatte mit der Einführung der *Decreti Delegati* (1975) für eine demokratische Verwaltung der Schulen einen nachhaltigen Erfolg gehabt. Bei den *Decreti Delegati* handelt es sich um fünf Erlasse, die auf der Basis der *Legge Delega* Nr. 477 vom Juli 1973 zur Schulreform in ihrer endgültigen Fassung am 13. November 1974 in der *Gazzetta Ufficiale* (Gesetzblatt) veröffentlicht wurden und somit in Kraft treten konnten. Dadurch wurde folgendes geregelt: 1) die kollegiale Führung der Schulen, 2) die Rechtsstellung der Lehrkräfte, 3) eine Erneuerung der Didaktik in den Schulen und die Lehrerfortbildung, 4) die Rechtsstellung der nichtwissenschaftlichen Mitarbeiter und 5) die Vergütung von Überstunden für leitende Angestellte im Schulwesen. Ein sechster, bereits vorgesehener Erlaß über die Lage der italienischen Schulen und der schulischen Betreuung der Italiener im Ausland blieb aus finanziellen Gründen auf der Strecke. Mit den *Decreti Delegati* sind die Voraussetzungen für eine direkte Beteiligung der Schüler, Studenten, Eltern, nichtwissenschaftlichen Mitarbeiter und Vertreter der Lokalverwaltung, der Arbeitgeber und Arbeitnehmer an der Verwaltung der Schulen geschaffen worden. Auf der Basis der *Decreti Delegati* bestehen in Italien seit dem Schuljahr 1975/76 folgende Schulgremien:

1) der *Consiglio di Classe* (Klassenrat): Ihm gehören der Schuldirektor, alle Lehrer der betreffenden Klasse und vier Eltern an. Sie alle haben ein Mitspracherecht bei didaktischen und organisatorischen Fragen. Schuldirektor und Lehrer sind jedoch für die Beurteilung der Leistungen der Schüler allein verantwortlich.

2) Der *Consiglio d'Istituto* (Schulrat): Er besteht aus dem Schuldirektor, 6–8 Lehrern, 6–8 Eltern und 1–2 Mitgliedern des ständigen Schulpersonals. Der Schulrat entscheidet über alle schulischen Angelegenheiten, berät über didaktische und organisatorische Fragen und schlägt dem zuständigen Minister Änderungen im Schulsystem vor.

3) Der *Consiglio Scolastico Distrettuale* (Schulbezirksrat): Er besteht aus folgenden 48 Mitgliedern: 4 Schuldirektoren, 2 Vertretern der nicht als Lehrer tätigen Mitarbeiter, 6 Lehrern, 7 Eltern, 7 Schülern, 3 Vertretern der Provinz, 11 Vertretern der Gemeinden, 3 Arbeitnehmern, 2 Selbständigen, 1 Vertreter der Handelskammer, 2 Vertretern kultureller Institutionen.

4) Der *Consiglio Nazionale della Pubblica Istruzione* (Nationalrat für den öffentlichen Unterricht) besteht aus folgenden 70 Mitgliedern: 50 Lehrern, 9 Schuldirektoren, 5 Vertretern der nicht als Lehrer beschäftigten Mitarbeiter und 6 Vertretern der Arbeitgeber und Arbeitnehmer. Der Nationalrat tagt unter der Leitung des Unterrichtsministers und berät über nationale Angelegenheiten im Bereich der Bildungspolitik.

Eine zusätzliche wichtige Mini-Reform ist mit der Abschaffung des alten Zensurensystems innerhalb der Einheitsmittelschule in Gang gesetzt worden. An Stelle der ehemaligen *Pagella* (Schulzeugnis) mit Noten in Zahlen[17] erhält jeder Schüler eine *Scheda* (Dossier), in der vom Lehrer begründete Beurteilungen für jedes einzelne Fach eingetragen werden, mit einer zusätzlichen Gesamtbeurteilung der Reife des Schülers. Diese neuartige Leistungsbeurteilung und Einschätzung der Schüler hat jene Lehrer am meisten getroffen, die im Zuge der Neuerung gezwungen waren, ihre oft veralteten Lehrmethoden aufzugeben und den Erneuerungsprozeß mitzumachen.

Mit der Abschaffung von Latein als Pflichtfach und der Einführung einer Fremdsprache an seiner Stelle und der Musikerziehung wurden einige inhaltliche Korrekturen vorgenommen, die die Schule stärker an die unmittelbaren Bedürfnisse der zeitgenössischen Gesellschaft heranführen sollen. So werden die Schüler der Einheitsmittelschule 30 Stunden pro Woche in folgenden Fächern unterrichtet: Italienisch, Geschichte, Geographie, Fremdsprache, technische Erziehung, Sport, Musikerziehung, Mathematik, Religionslehre (wahlweise, ohne Ersatzstunde), Kunsterziehung und naturwissenschaftliche Beobachtungen.

Die Lehrer der Mittelschule, die Absolventen einer Pädagogischen Hochschule sind, müssen 18 Stunden Unterricht pro Woche erteilen, dazu kommen 80 Stunden jährlich für Klassen- und Schulratssitzungen, für Elternsprechstunden und die Teilnahme an Fortbildungskursen. Ein Grundschullehrer, der ein Lehrerausbildungsinstitut, also keine Hochschule besucht hat, hat ein Lehrdeputat von 24 Stunden pro Woche und steht ebenfalls weitere 80 Stunden im Jahr für die sonstigen Aufgaben zur Verfügung.

Nach der jüngsten Grundschulreform (Gesetz Nr. 148, 1990), wonach die Klassenlehrerin durch ein Team von drei bis vier Lehrern ersetzt worden ist, erhalten Grundschüler 27–30 Unterrichtsstunden pro Woche in: Religion (wahlweise, ohne Ersatzstunde), *Educazione Morale e Civile* (Gemeinschaftskunde), Sport, Sprache und Ausdruckserziehung, Musikerziehung, *Educazione Logicomatematica* (Logik und Mathematik), und ab dem 3. Jahr kommen eine Fremdsprache sowie *Educazione Storica, Geografica e Scientifica* (historische, geographische und naturwissenschaftliche Erziehung) dazu. Ein Lehrer der Oberschule braucht aufgrund seines Vollstudiums nur 18 Stunden pro Woche zu unterrichten und steht 80 Stunden jährlich für sonstige Aufgaben zur Verfügung. Die Schüler erhalten je nach Schultyp durchschnittlich 24–32 Stunden Unterricht pro Woche.

Obwohl die staatliche Finanzierung des gesamten Bildungs- und Kultursystems seit Ende der achtziger Jahre im Durchschnitt 10 % der jährlichen Ausgaben ausmacht, was 1991 knapp 60000 Milliarden Lire entsprach, sind nach wie vor nicht alle strukturellen Schwierigkeiten im Bildungswesen überwunden. So haben 16,1 von 1000 Grundschülern und 5,7 von 1000 Mittelschülern Nachmittagsunterricht, da immer noch Schulräume fehlen. Zugleich ist jedoch laut ISTAT festzustellen, daß die staatlichen Schulen und Universitäten mit einem beachtlichen Kontingent von Lehrkräften ausgestattet sind (1990/91): 268138 an Grundschulen, 273138 an Mittelschulen, 258492 an Oberschulen und 42677 an den Universitäten. Im Durchschnitt kamen im Schuljahr 1990/91 31,2 Studenten auf einen Hochschullehrer, 11,0 Schüler auf einen Oberschullehrer, 8,0 Schüler auf einen Mittelschullehrer und 11,3 Schüler auf einen Grundschullehrer. Die Klassenstärke betrug 15,4 Schüler für die Grundschule, 19,9 für die Mittelschule und 21,8 für eine Oberschule. Trotz dieses zahlenmäßig immer noch sehr guten Lehrer-Schüler-Verhältnisses konnte man die allgemeinen Leistungen im italienischen Schulwesen am Anfang der neunziger Jahre nicht als befriedigend bezeichnen: Von 100 Schulanfängern erreichen rund 43 einen Abschluß der Oberschule, dies bedeutet einen Gesamtverlust von 56, und nur 31,3 % kommen zu einem Hochschulabschluß.[18]

Ungelöst bleibt das Problem der Eingliederung der Schulabgänger und der Universitätsabsolventen in die Arbeitswelt. Angesichts der hohen Arbeitslosenziffern bei Jugendlichen und Akademikern ist eine Anpassung der Studiengänge an den Hochschulen dadurch versucht worden, daß aufgrund des Gesetzes Nr. 341 aus dem Jahre 1990 die sog. *Laurea Breve* (Universitätsdiplom) eingeführt worden ist. Es handelt sich dabei um fachspezifische Studiengänge, deren Absolventen nach einem zwei- bis dreijährigen Studium der Einstieg in die Arbeitswelt ermöglicht werden sollte. Inzwischen hat jede Hochschule die Möglichkeit so weit ausgenutzt, daß knapp 70 Studiengänge für eine *Laurea Breve* eingerichtet worden sind.

Abschließend sei auf eine nationale Umfrage aus dem Jahre 1985 verwiesen, nach der von den Italienern, die zwischen 1920 und 1976 geboren worden sind, 5,3 % einen Hochschulabschluß, 23,8 % einen Oberschulabschluß, 31,0 % einen Mittelschulabschluß und 39,9 % einen Volksschulabschluß haben.[19]

6. Die Massenmedien

a) Die Presse

Das Grundproblem der italienischen Presse liegt in ihrer Struktur. Sie war stets und ist weiterhin eine Elite-Angelegenheit. Sie hat nie die breiten Schichten der Bevölkerung angesprochen, sondern ist ein Arbeitsmittel für Eingeweihte, für Politiker und diejenigen, die sich für Politik interessieren. Vergleicht man die Entwicklung der Tageszeitungen unter dem Faschismus und nach der Gründung der Republik, so ergibt sich folgendes Bild: a) In der Zeit zwischen 1925–30 gab es 120 Tageszeitungen. Ihre Zahl sank Anfang der vierziger Jahre auf 70, mit einer Gesamtauflage von 4,5 Millionen. In der Euphorie der wiedererlangten Pressefreiheit Mitte der vierziger Jahre stieg sie erneut auf 136.[20] b) Im Jahre 1970 sank die Zahl der Tageszeitungen wieder ab. Es gab 84 Zeitungen mit einer verkauften Auflage von 4,9 Millionen Exemplaren gegenüber 23,3 Millionen in der Bundesrepublik.[21] Mit einer Zeitung für 13 Einwohner, im Süden sogar nur für 29 Einwohner, stand Italien fast an letzter Stelle innerhalb der EG.

Neben den 85 Tageszeitungen gab es Ende der siebziger Jahre in Italien 350 Wochenzeitungen und 1445 weitere *Periodici* (d.h. Zeitschriften, die regelmäßig erscheinen). Hierfür waren 18700 Arbeitnehmer beschäftigt, davon ca. 4000 Journalisten, deren Gehälter 56,6 % der Herstellungskosten ausmachten. Zu diesem ständigen Übergewicht der Gehälter der Journalisten bei den Herstellungskosten trug wesentlich eine kleine Gruppe von hochbezahlten Starjournalisten bei, deren Produkte bei den Lesern aber oft kein „Star-Echo" hervorrufen. Hinzu kamen weitere Faktoren, die die Herstellungskosten der Zeitungen in die Höhe trieben und die Zeitungsunternehmen unrentabel machten. Auch in Italien bemühte man sich um die Erhaltung der Arbeitsplätze und war zurückhaltend gegenüber der sofortigen Einführung hochentwickelter neuer Druckverfahren, die eine geringere Zahl von Beschäftigten erforderten. Die Papierkosten allein machten 17,5 % des Ladenpreises der Zeitungen aus, und dies, weil sich in Italien die Papierherstellung in einer Monopolsituation befand, wo ein Konzern im Familienbesitz 96 % der Produktion kontrollierte. Die Werbung als Einnahmequelle zur Finanzierung der Zeitungen war nicht optimal ausgeschöpft. Sie machte 33 % der Einnahmen aus, gegenüber 50 % in anderen westeuropäischen Ländern. Das Verkaufsnetz mit seinen 24000 Verkaufsstellen gegenüber 100000 in der Bundesrepublik erwies sich als unzureichend.[22] Ein weiterer aktueller Grund ist das Fehlen eines festen Abonnementsystems mit Zustellung ins Haus.

Unter den Zeitungsverlegern befand sich im Juni 1980 an erster Stelle das Verlagshaus Rizzoli aus Mailand, das die Mehrheit der Aktien von folgenden Zeitungen und Zeitschriften besaß: *Corriere della Sera*, *Corriere d'Informazione*, *Bella*, *Amica*, *Annabella*, *Novella 2000*, *Domenica del Corriere*, *Sorrisi e Canzoni*, *Oggi*, *Playboy*, *Europeo*, *Il Mondo* und *Capital.*[23] Ihm folgen Fiat-Agnelli mit *La Stampa* u.a., das ENI mit *Il Giorno*, dann Montedison und die Finanzgruppe Caracciolo-Mondadori mit *L'Espresso* und *Panorama*. Rückläufig sind die Beteiligungen der Erdölkonzerne wie Monti und Rovelli sowie des Betonkonzerns Pesenti, die infolge ihrer wirtschaftlichen Abenteuer ihre Kontrolle über einige Tageszeitungen aufgeben mußten. 1984 gab es in Italien 110 Tageszeitungen, 583 Wochenzeitungen und Zeitschriften, 540 Zeitungen und Zeitschriften mit 14tägigem Erscheinen, 2683 Monatszeitschriften, 3763 mehrmonatige Zeitschriften und 1155 Zeitschriften mit jährlichem oder unregelmäßigem Erscheinen. Die Gesamtauflage betrug 3,6 Mrd. Exemplare, darunter eine Tagespresse mit einer Jahresauflage von 2,1 Mrd. Exemplaren. Im Jahre 1991 gab es in Italien 123 Tageszeitungen, davon 106 in Mittel- und Norditalien und 17 im Süden, mit einer täglich verkauften Auflage von 6,5 Millionen Exemplaren. Hinzu kamen 614 Wochenzeitungen und Zeitschriften sowie 9015 weitere regelmäßige Veröffentlichungen. Für das Jahr 1993 läßt sich die Tagespresse ihrer Verbreitung nach folgendermaßen aufgliedern:

1) *Tageszeitungen*, die in ganz Italien verbreitet sind (tägliche Auflage II/1993)[24]

Avvenire (Mailand)	80377
Il Corriere della Sera (Mailand)	667589
Il Giornale Nuovo (Mailand)	156386
Il Giorno (Mailand)	159048
Il Messaggero (Rom)	305027
La Repubblica (Rom)	639489
La Stampa (Turin)	435356
La Voce (Mailand)	150000

2) *Überregionale Zeitungen*

La Gazzetta del Mezzogiorno (Bari)	79977
La Gazzetta del Sud (Messina)	73864
Il Gazzettino (Venedig)	145169
Il Mattino (Neapel)	158727
La Nazione (Florenz)	208861
Il Resto del Carlino (Bologna)	228261
Il Tempo (Rom)	80472

3) *Regionale Zeitungen*

L'Adige (Trient)	20572
Alto Adige (Bozen)	42862
Corriere Adriatico (Ancona)	24341
Corriere dell'Umbria (Perugia)	22887
La Nuova Sardegna (Sassari)	66100

Il Piccolo (Triest)	53148
Il Secolo XIX (Genua)	149755
La Sicilia (Catania)	66019
Il Tirreno (Livorno)	96131
L'Unione Sarda (Cagliari)	82866

4) *Auf Provinzebene*

L'Arena (Verona)	55015
Il Centro (Pescara)	29997
L'Eco di Bergamo (Bergamo)	58422
Gazzetta di Mantova (Mantua)	58422
Gazzetta di Parma (Parma)	48838
Gazzetta di Reggio (Reggio Emilia)	15735
Giornale di Brescia (Brescia)	59083
Il Giornale di Vicenza (Vicenza)	46620
Libertà (Piacenza)	32988
Il Mattino di Padova (Padua)	33765
Messagero Veneto (Udine)	52719
Nuova Gazzetta di Modena (Modena)	11484
La Nuova Venezia (Venedig)	12976
La Provincia di Como (Como)	40463
La Provincia di Cremona (Cremona)	22296
La Provincia Pavese (Pavia)	28059
Il Quotidiano (Brindisi/Lecce/Tarent)	22288
La Tribuna di Treviso (Treviso)	19839

5) *Sporttageszeitungen*

Corriere dello Sport/Stadio (Rom)	307858
La Gazzetta dello Sport (Mailand)	478801
Tuttosport (Turin)	125684

6) *Abendzeitungen*

La Notte (Mailand)	49549

7) *Wirtschaftstageszeitungen*

Il Sole – 24 Ore (Mailand)	328825

8) *Parteigebundene Tageszeitungen (Organi di partito)* (alphabetisch und ohne Auflagenangaben)

Liberazione (PRC)
Il Manifesto (Il Manifesto)
Il Popolo (PPI)
Secolo d'Italia (MSI)
L'Umanità (PSDI)
L'Unità (PDS)
La Voce Repubblicana (PRI)

9) *Fremdsprachige Zeitungen*

Dolomiten (Bozen)/Deutsch
Primorski Dnevnik (Triest)/Slowenisch
Volksbote (Bozen)/Deutsch

Zu den großen Zeitungsverlegern der neunziger Jahre gehören: Rcs Rizzoli mit *Il Corriere della Sera*. Der Verlag ist Teil der Gemina-Gesellschaft, die ihrerseits zu 28 % dem Fiatkonzern gehört; der Verlag Mondadori als Teil der *Fininvest* von Silvio Berlusconi, die keine Tageszeitung, jedoch etliche führende Magazine wie *Panorama, Donna Moderna, Grazia* verlegt; *L'Editoriale L'Espresso,* der sich im Besitz von Carlo Caracciolo und Carlo De Benedetti befindet, verlegt die Tageszeitung *La Repubblica* und das Magazin *L'Espresso* und ist an weiteren Regional- und Lokalzeitungen beteiligt; die Gesellschaft *Itedi,* die zum *Fiat*-Konzern gehört, verlegt *La Stampa.* Der staatliche Konzern ENI und die Gruppe *Montedison,* jeweils Inhaber von *Il Giorno* und *Il Messaggero*, haben inzwischen den größten Teil ihres Einflusses im Bereich der Massenmedien eingebüßt. Indro Montanelli hat *Il Giornale* verlassen und *La Voce* gegründet (1994). Hinzu ist auch *L'Indipendente* (Mailand) gekommen, der im Bereich der *Lega Nord* seine Leserschaft sucht. Zum Einflußbereich läßt sich sagen, daß zwei Drittel der Tagespresse auf lokaler und regionaler Ebene tätig sind und mit ihren Auflagen 50 000 Exemplare kaum überschreiten. Auf nationaler und interregionaler Ebene findet man knapp 20 Zeitungen, an der Spitze die schon erwähnten *Il Corriere, La Repubblica, La Stampa* und *Il Messaggero*. Den ersten Platz unter den Zeitungslesern belegt die Region Liguria mit 213 gekauften Exemplaren pro 1000 Einwohner; mit 44 Exemplaren befindet sich Molise an der letzten Stelle. Auf nationaler Ebene ergibt sich folgender Durchschnitt: der Norden mit 148 Exemplaren, das Zentrum mit 135 und der Süden mit 63 pro 1000 Einwohner.

Die große Mehrheit der Zeitungen erscheint in Mailand und Rom, den beiden Hauptpolen der italienischen Wirtschaft und Politik. Um die Gesamtheit der italienischen Presse zu erfassen, müssen weitere Bereiche berücksichtigt werden, und zwar die Illustrierten, Parteizeitschriften, Frauenzeitschriften, Jugend- und Kinderzeitschriften und die Regenbogenpresse. Unter den illustrierten Zeitschriften findet man bedeutende Magazine wie *Famiglia Cristiana* (Rom, 1118215), *Panorama* (Mailand, 611621) und *L'Espresso* (Rom, 458009). Die meisten von ihnen, darunter *Donna Moderna* (742232), *Gioia* (558952), *Grazia* (491628), *Anna* (402272) und *Amica* (241130) – für eine weibliche Leserschaft –, *Il Venerdì* (Beilage von *Il Corriere della Sera,* 1025050), *Sette* (Beilage von *La Repubblica,* 887766), *Gente* (906888), *Oggi* (835521), *Novella* 2000 (414091) und *Epoca* (304196), gehen jedoch kaum über Unterhaltungslesestoff hinaus.

Zu den führenden Monatszeitschriften, die durch ihren Inhalt definiert sind, gehören: *Airone* (Ökologie, 118020), *L'Automobile* (1136993), *Bell'Italia* (Tourismus, 111021), *Casaviva* (Haus, 257218), *Io e il mio bambino* (Kinder, 200743), *Starbene* (Gesundheit, 203448).[25] Im Verschwinden begriffen sind die Wochen- und Monatszeitschriften der Parteien, wie *La Discussione* (DC), *Rinascita* (PCI), *Nuova Tribuna* (PLI), *Mondo Operaio* (PSI), die Teil des politischen Alltags waren und als solche zu einer Gestaltung des politischen Lebens mit Informationen für die Leser und Vorschlägen für die Politiker beitrugen. Diese Aufgabe wird nun von Zeitschriften erfüllt, die zwar nicht unmittelbar parteigebunden sind, doch bestimmte Teile des kulturpolitischen Spektrums belegen. Hierzu gehören: *MicroMega, L'Astrolabio, Nuova Repubblica, Il Borghese, Lo Specchio, Civiltà Cattolica* u.a.

Wesentlich höhere Auflagen erzielen die Wochenzeitschriften der Boulevardpresse. Am meisten verkauft werden u.a. Zeitschriften für Jugendliche und Kinder wie *Topolino* (Micky Maus), *Intrepido, Monello* und eine unübersehbare Produktion von porno-sadistischen *Fumetti* (Comics).

Unberücksichtigt bleiben muß hier die *Stampa Devota* (kirchlich gebundene Presse), da sie vorwiegend nicht am Kiosk verkauft wird, nach Schätzungen aber Millionenauflagen erreicht. Sie wird über die Pfarreien oder per Abonnement vertrieben. In der Regel wird keine Abonnementgebühr verlangt; man erwartet, daß der Leser dem Herausgeber oder Verleger eine Spende zukommen läßt. Führend unter ihnen ist nach wie vor *Famiglia Cristiana*.

Das meistgekaufte Magazin mit Radio- und Fernsehprogrammen ist nach wie vor *Sorrisi e Canzoni* (2084959), das zu *Fininvest* gehört.

Wenn in Italien über die Presse diskutiert wird, spricht man nach italienischer Gewohnheit von den Schwierigkeiten und Problemen, die verhindern, daß sie zu einem Informationsinstrument für die Mehrheit der Bevölkerung wird. Die erste Schwierigkeit liegt in der von der Presse verwendeten Sprache, die für diejenigen, die keine höhere Bildung genossen haben, unverständlich ist. Die zweite Schwierigkeit liegt darin, daß der Journalist eher einen Aufsatz, einen Essay, schreiben will, statt einen klaren und verständlichen Bericht. Dies zeigt sich am deutlichsten am Aufbau der Artikel, die in der Regel zwischen Nachricht und Kommentar nicht trennen. Der Leser wird ständig über die Meinung der einzelnen Artikelschreiber informiert, nur am Rande über den eigentlichen Sachverhalt. Als drittes Hindernis muß die starke Ideologisierung der Presse angeführt werden. Nach Meinung des Journalisten Enzo Forcella „ist der italienische Journalismus sehr stark ideologisiert, sowohl in Richtung Konservatismus als auch in Richtung Marxismus. Aber während die marxistische Mystifizierung, abgesehen von einigen wenigen promarxistischen Blättern, über die Spalten der Parteiorgane des PCI läuft, wird die Mystifizierung in anderer Richtung von Zeitungen vorgenommen, die sich als unabhängige Nachrichtenorgane verstehen."[26] Dennoch ist ihr Einfluß auf die öffentliche Meinung geringer, als man glauben könnte. Größere Aufmerksamkeit findet sie bei politischen Organisationen und Finanzgruppen. In der Tat war die Presse, wie eine Analyse anfangs der sechziger Jahre zeigte, zu dem Zeitpunkt, als die Öffnung nach links stattfand, eher nach rechts orientiert, d.h. 28,4 % links und Mitte-links, 40,6 % rechts und 31 % Mitte-rechts. Erst im Jahre 1965, als die Mitte-Links-Politik die Halbzeit überschritten hatte, rückte sie etwas nach links[27].

Ein besonderes Merkmal der italienischen Presse ist *La Terza Pagina*[28] (die dritte Seite). Hier werden selbst in den Provinzblättern auf sehr hohem Niveau Themen aus der Literatur, Wissenschaft, Kunst und dem Sozialleben diskutiert. Es bleibt die Frage, wie viele der Leser in der Lage sind, solche kurzen und verschlüsselten Abhandlungen zu verstehen. Viele der Provinzblätter wollen mit den führenden Zeitungen wie *Il Corriere della Sera* oder *La Repubblica* konkurrieren, statt auf die Realität ihrer Leser einzugehen. So wird in den Lokalblättern der internationalen und nationalen Politik viel Platz eingeräumt, während die lokalen Ereignisse auf den inneren Seiten zu finden sind. Umgekehrt verhält es sich bei den nationalen Zeitungen, die darauf bedacht sind, lokale Informationen weitgehend zu berücksichtigen. Vielleicht liegt hier der Grund dafür, warum unter den italienischen Lesern nicht die Gewohnheit besteht, neben einer überregionalen auch eine Lokalzeitung zu kaufen.

In Italien fehlt die Tradition eines volksnahen Journalismus. Jeder Versuch in diese Richtung scheitert an dem Hindernis, daß es der italienische Zeitungsleser von der bürgerlichen Tradition her gewohnt ist, Zeitungen zu lesen, wo er „kurze Hinweise auf das Universum“ (Gramsci) finden kann. So ist es unmöglich, neue Leserschichten wie Hausfrauen, Kleinhändler oder Rentner zu erreichen. Diese sind fest in Händen der florierenden Boulevardpresse.

Folgende drei beispielhafte Erfahrungen aus der jüngsten Geschichte der italienischen Presse haben die gegenwärtige Tendenz vor Jahren angekündigt. Im Jahr 1975 entschloß sich *La Stampa* (*Fiat*, Turin), ein von der Zeitung getrenntes Magazin herauszugeben. Hier sollten alle wichtigen kulturpolitischen, wirtschaftlichen und belletristischen Neuerscheinungen vorgestellt werden. Das Magazin erhielt den Titel *Tuttolibri*. Es war für viele die Zeit der Hoffnung auf eine politische Wende; man diskutierte gern und z.T. auch produktiv. Das Magazin begann mit einer Startauflage von knapp 500000 und blieb bis Ende der siebziger Jahre auf diesem Stand. Dann ließ der Erfolg nach. Mit der Enttäuschung der politischen Erwartungen ließ auch die Lust an Diskussionen nach. Im Januar 1981 wurde *Tuttolibri* wieder in die Zeitung als Beilage zurückgenommen.

Nicht wesentlich anders ging der Plan aus, eine große Volkszeitung aus dem Boden zu stampfen. Unter Führung einer Gruppe bekannter Journalisten vom *Corriere della Sera* startete am 10. Oktober 1979 die Zeitung *L'Occhio* (das Auge). Innerhalb eines Jahres sank die Auflage von 500000 auf 74000, obwohl ihr Preis niedriger lag als der normaler Zeitungen. Am 15.11.1981 wurde *L'Occhio* endgültig eingestellt.

Die römische Zeitung *La Repubblica* von Eugenio Scalfari hat dagegen unauffällig und mit einem klaren Konzept im Jahre 1976 begonnen. Die anfänglich niedrige Startauflage hat sich langsam erhöht. Im Jahr 1977 wurden zwar immer noch nur 89843 Exemplare verkauft, aber bald danach trat eine rasche Entwicklung ein, so daß Mitte 1987 täglich 800000 Exemplare gedruckt wurden. *La Repubblica* vertrat ein klares politisches Programm und blieb so in der Tradition der Ideologisierung. Sie verfügte über eine Leserschaft, die keineswegs neu von ihr erschlossen wurde, d.h. sie hatte keine neuen Leserschichten angesprochen. Sie strebte jedoch eine für Italien fehlende Zeitungskonzeption an. Politisch trat *La Repubblica* für die *Alternanza* (Wechsel) an der Spitze des Staates ein. Dieser sollte aus der Zusammenarbeit der linken und „laizistischen" Parteien, mindestens PCI, PSI, PRI und PR, hervorgehen. Als Tageszeitung sieht sie ihre Aufgabe nach wie vor darin, den Leser über ausgewählte Themen aus den wichtigen Bereichen des italienischen Lebens und der internationalen Politik zu informieren, ohne ihn mit einer Fülle von Informationen zu belasten. Die Zeitung bleibt überschaubar und durch die Zusammensetzung ihrer Mitarbeiter stets auf einer pluralistischen Ebene, jedoch gegen die Politik des Medienzaren Silvio Berlusconi.

Das nachlassende Interesse für *Tuttolibri,* das Scheitern von *L'Occhio* und der Erfolg von *La Repubblica* lassen erkennen, daß sich bei der Leserschaft wesentlich nichts geändert hat, obwohl sie zahlenmäßig sicherlich angewachsen ist. Die Absage an *L'Occhio* und der Erfolg von *La Repubblica* bestätigen die Unmöglichkeit, die Trennung zwischen Boulevardpresse und Tageszeitungen aufzuheben, indem man gewissermaßen im Raum zwischen den beiden operiert. Dabei ist der Erfolg von *La Repubblica* als eine vorweggenommene Antwort auf die politischen Erwartungen der Leser zu bewerten, als ein Erfolg, der durch das Niveau, den Stil und den Inhalt der Zeitung bedingt ist.[29]

Zur wechselhaften wirtschaftlichen Attraktivität der Presse ist zu berichten, daß die Bereitschaft einiger aufstrebender Konzerne während der fünfziger Jahre, Zeitungen aufzukaufen, die nach wie vor staatlich subventioniert werden, in den siebziger Jahren völlig zurückgegangen war. Das lag an der Unwirtschaftlichkeit der Zeitungen aber auch an der Entscheidung und Entschiedenheit, mit der die Mehrheit der Journalisten ihre Unabhängigkeit von „Empfehlungen" verteidigte. Dennoch sah sich die damalige Koalition dazu gezwungen, das fehlende Gesetz gegen aufkommende Monopolbestrebungen im Sommer 1981 zu verabschieden.

Kernpunkte des Gesetzes sind, daß die Konzentration von Tageszeitungen bei einem einzigen Verlag begrenzt wird, daß ein Verlag bei der Zusammenlegung mehrerer Zeitungen mit seiner Auflage 20 % der gesamten Auflage auf nationaler Ebene nicht überschreiten darf, ferner Maßnahmen zum Schutz des Journalistenberufs, die Verpflichtung des Staates, den Verlust zwischen Herstellungskosten und Verkaufspreis zu übernehmen, und die Bekanntmachung der Zeitungsbilanz. In jüngster Zeit, nachdem der Kampf um die Massenmedien zur Kernfrage der italienischen Demokratie erklärt wurde, ist ein *Garante per la radiodiffusione e l'editoria* (Beauftragte für Sender- und Verlagswesen) bestellt worden. Seine Aufgabe besteht darin, für transparente Handlungen und Gleichgewicht in der Medienlandschaft zum Schutz des Rechtes der Bürger auf Information zu sorgen.

Hier liegt eine Institution vor, die zur Entspannung eines empfindlichen Bereiches des demokratischen Lebens in Italien erheblich beitragen kann.

F. M.

b) Rundfunk und Fernsehen

– *Die Anfänge.* Bis 1976 stellten in Italien Fernsehen und Rundfunk ein Unterhaltungs- und Informationsmonopol im Dienst des Staates dar und waren als solche keiner Konkurrenz ausgesetzt. Mit der allmählichen Liberalisierung wurde 1976 das Monopol gebrochen; an seiner Stelle gibt es nun eine unüberschaubare Zahl privater Sender.

Die Entstehung und Entwicklung des Rundfunks ist in Italien ähnlich wie im übrigen Europa vor sich gegangen. Sie begann im Jahre 1924 unter dem Namen *Ente Italiano Audizioni Radiofoniche* (EIAR: italienisches Amt für Rundfunksendungen). Vom Faschismus wurde sie mit Begeisterung unterstützt. Dreißig Jahre später, d.h. mit erheblicher Verspätung gegenüber den anderen europäischen Ländern, begannen im Jahr 1954 für 36% der italienischen Bevölkerung die ersten Fernsehsendungen. Von Anfang an war die Einführung des Fernsehens in Italien eher ein Geschäft als eine kulturelle Bereicherung. Um einen höheren Verkauf von Geräten zu erzielen, konzentrierte sich der Aufbau des Sendenetzes auf die großen Zentren: Mailand, Turin, Rom und Neapel und auf die verstädterten Gebiete, anstatt z.B. das Land und die südlichen Regionen zu bevorzugen, ihnen ein Minimum an Information und Unterhaltung zu sichern und damit auch zur Bekämpfung des Analphabetentums beizutragen. Das Zweite Programm wurde im Jahr 1957 nach dem gleichen Prinzip eingeführt. Farbfernsehen gibt es in Italien erst seit 1977. Seit Dezember 1979 verfügt das italienische Fernsehen über ein Drittes Programm.

Neben diesen drei Fernsehprogrammen sendet der Rundfunk weitere drei Programme. Um Radio- und Fernsehprogramme empfangen zu können, muß bei Erwerb des Gerätes ein Abonnement mit der RAI-TV geschlossen werden. Obwohl es sich bei der RAI-TV um eine öffentliche Anstalt handelt, die dem IRI angeschlossen ist, ist sie bis heute stets als Instrument der regierenden Parteien benutzt worden. Bis zur Liberalisierung des Rundfunks wurde dem italienischen Publikum nur das geboten, was die politische Mehrheit im Parlament für die Nation als richtig und moralisch empfand. Während einerseits die Zensur dafür sorgte, daß keine kritischen Programme gesendet wurden, strahlten zudem noch beide Anstalten in den drei Programmen des Rundfunks täglich 25mal das *Giornaleradio* (Nachrichten) und 5mal das *Telegiornale* (Tagesschau) aus, wobei sehr detaillierte Berichte über den Tagesablauf der „wichtigen" Politiker gebracht wurden. Gegen diese bevormundende Kulturpolitik von Rundfunk und Fernsehen gab es im Jahr 1968 die ersten Proteste, als die Arbeiter der Fiat-Werke und einige Mailänder Betriebe die RAI-TV-Produktionszentren von Turin und Mailand gleichzeitig besetzten, um sich gegen die parteiische Berichterstattung über die Arbeitskämpfe zu wehren.

Erst mit der Reform der RAI-TV im Jahre 1975 (*Legge 103*, 1975) gelang es der Linken und den laizistischen Parteien PSI, PSDI, PRI und PLI, das Monopol der DC zu brechen. Um ein Minimum an Pluralismus bei der Berichterstattung und Zusammenstellung der Programme beider Anstalten zu gewährleisten, sind alle drei Programme von Fernsehen und Radio als unabhängige Einheiten umstrukturiert worden, auch wenn an der Spitze von RAI-TV weiterhin ein Vorsitzender vorgesehen ist. Für das Jahr 1984 setzte sich das von beiden Anstalten ausgestrahlte Programm (Zahlenangaben für Stunden Sendezeit) folgendermaßen zusammen:[30]

	Rundfunk				*Fernsehen*			
	I.	II.	III. Programm	18 966	I.	II.	III.	12 850
	33,8 %	31,5 %	34,7 %	100 %	38,2 %	37,4 %	24,4 %	100 %
Musik				4 358				254
Prosa				343				160
Unterhaltung				4 412				1 896
Kulturprogramme				5 707				1 339
Schul- und Kindersendungen				157				553
Spielfilme				–				3 193
Information und Nachrichten				2 068				1 296
Aktuelles				1 108				1 461
Sport				297				1 633
Werbung, Pause usw.				516				1 065

Im Jahr 1984 gab es in Italien 13 951 161 angemeldete Fernsehgeräte, d. h. 244 Geräte auf 1000 Einwohner, und 368 332 angemeldete einzelne Rundfunkgeräte, d. h. 7 auf 1000 Einwohner.

Es wäre verfehlt, anzunehmen, daß die Einführung der parlamentarischen Kontrollkommission automatisch eine Beteiligung aller Parteien an der Gestaltung der Programme bedeutet hätte. Das Monopol der DC war durch ein weiteres, in Italien sehr geläufiges Machtprinzip gesichert, nämlich das Prinzip der *Lottizzazione* (Parzellierung), der Unterteilung beider Anstalten in Machtbereiche.

Jede Partei, die an der Regierung beteiligt war, durfte entsprechend ihrer Stärke einen gewissen Prozentsatz an Mitarbeitern stellen und einen entsprechenden Teil der Programmgestaltung übernehmen. Aufgrund dieses Abkommens unterstanden das Erste Fernsehprogramm und das Zweite Rundfunkprogramm der DC, das Zweite Fernsehprogramm und das Erste Rundfunkprogramm dem PSI und den anderen Koalitionspartnern. Für das Dritte Programm wurden die Entscheidungen innerhalb der Lokalredaktionen getroffen, wo es möglich war, daß andere Kräfteverhältnisse als in Rom existierten.

Obwohl die Nichtbeteiligung der politischen Opposition an der Leitung der Anstalten nicht gerade demokratisch war, muß gesagt werden, daß die Reform und die Konkurrenz der privaten Sender eine spürbare Erneuerung sowohl bei der Berichterstattung als auch bei den Unterhaltungsprogrammen mit sich brachten. Zu erwähnen wäre auch die Zusammenarbeit zwischen RAI-TV und der Filmproduktion. Insbesondere vom Zweiten Programm wurde eine Reihe von Spielfilmen mitfinanziert, die dann auch im Fernsehen gezeigt wurden. Darunter berühmte und preisgekrönte Filme wie *Padre, Padrone* (Mein Vater, mein Herr) von den Gebrüdern Taviani, *L'Albero degli Zoccoli* (Der Holzschuhbaum) von Olmi, *Prova d'Orchestra* (Das Orchester) von Fellini, *Il Prato* (Die Wiese) von den Brüdern Taviani und weitere Filme von Ferreri, Jancsò, Bertolucci u. a.

Unter den angebotenen Sendungen hat nach wie vor das 20-Uhr-*Telegiornale* (Tagesschau) im Ersten Programm mit knapp 20 Millionen die höchste Einschaltquote; es folgen dann Spielfilme, Unterhaltungsprogramme, Quizsendungen und, mehr als Männersache, Sportsendungen.

F. M.

– *Die Entstehung der Radio-Tele Libere (Privatsender).* Mit dem Urteil vom 28. Juli 1976 räumte der Verfassungsgerichtshof den Privatsendern das Recht auf Ausstrahlung eigener Programme ein, allerdings beschränkt auf ihr lokales Einzugsgebiet. Bis dahin unterstanden die Berichterstattung und die Unterhaltungsproduktion dem staatlichen Monopol; doch war es im Norden schon seit längerer Zeit möglich, Sender aus dem Ausland auf italienisch zu empfangen. Die bekanntesten unter ihnen waren und sind heute noch *Radio Montecarlo, Tele Capodistria* (auf jugoslawischem, heute slowenischem Boden) und *Tele Svizzera* im Tessin.

Das erste Fernsehen, das man als „frei" bezeichnen konnte, war *Tele Biella* (Piemont), das als Kabelfernsehen im Jahre 1972 in Betrieb genommen wurde. Trotz des Widerstandes von staatlicher Seite ging der Aufbau von Privatsendern weiter. Im Jahre 1974 entstand in Florenz das erste *Radio Libera.* Ein Jahr danach folgten *Radio Emmanuel* aus Ancona (Marken) und *Radio Milano International.* Nach fundierten Schätzungen gab es im Jahre 1978 knapp 1650 private Rundfunksender und 278 freie Fernsehsender. In der ersten Hälfte der achtziger Jahre haben sich einige der *Tele Libere* aus finanziellen Überlegungen und zur Vergrößerung ihrer Einzugsgebiete an nationale Netze angeschlossen.

Inzwischen hat sich ein neuer Typ von Unternehmern etabliert, der vollständige Programme für Privatsender zum Verkauf anbietet oder einen Privatsender gegen Bezahlung jedermann zur Verfügung stellt. In der Tat sind die Programme der meisten nichtpolitischen Sender höchst bescheiden. Jede *Tele Libera* beginnt mit der Ausstrahlung von harter Pornographie, um ins Gespräch zu kommen. Früher oder später schließt sie sich dann einem Programmverleih an, von dem Filme und Comics aus den USA und Japan bezogen werden, während Musik- und Unterhaltungsprogramme sowie kurze Berichterstattung im Hause produziert werden. Zur Eigenfinanzierung trägt die Werbung nach amerikanischem Muster bei. Die Sendezeiten sind unregelmäßig. Dennoch entsprechen die Radiosender und *Tele Libere* im Bereich der Unterhaltung den Erwartungen einer breiten Zuschauerschicht, was zu einem Rückgang der Einschaltquote bei den staatlichen Programmen geführt hat. Nach Angabe der RAI-TV bewegte sich diese Einbuße zwischen Oktober 1979 und Dezember 1980 zwischen 21,2 % und 61,7 % bei den Sendungen von 22 bis 23 Uhr und um 27,8 % bei den Sendungen von 20 bis 22 Uhr.

Bei den *Radio Libere,* deren Aufbau relativ billig und deren Bedienung einfach ist, war eine sehr starke Fluktuation zu verzeichnen. Schon im Jahre 1975 gab es 436 neue Sender gegenüber 155, die den Betrieb eingestellt hatten. Im Jahre 1976 waren es 1155 gegenüber 108, 1977 1085 gegenüber 275, 1978 806 gegenüber 301, 1979 489 gegenüber 328 und im Jahr 1980 141 gegenüber 163.[31] Ihre Mitarbeiter rekrutieren sich in der Regel aus arbeitslosen Jugendlichen, die in der Hoffnung auf einen festen Arbeitsplatz in Kauf nehmen, daß sie unregelmäßig und schlecht bezahlt werden. Neben diesen *Qualunquiste* und kommerziellen Sendern gibt es private Sender, die von politischen Gruppen betrieben werden und bei denen die Sendezeit als Dienst an der Partei aufgefaßt wird. Dazu gehören *Radio Popolare* und *Radio Radicale,* die über ganz Italien verteilt sind. Die etablierten Parteien und Finanzgruppen haben dagegen mit Verspätung angefangen, die Möglichkeiten zu prüfen, die aus der Liberalisierung der allgemeinen Situation entstanden sind. Führend unter den Verlegern, die Radiosender und *Tele Libere* unterhalten, sind Berlusconi, Rusconi, Rizzoli, Peruzzo und Agnelli; unter den Parteien waren PCI, DC, PSI, PRI und MSI sehr aktiv.

– *Die Expansion der achtziger und neunziger Jahre.* Nach den Unsicherheiten der siebziger Jahre erfuhr der Bereich der privaten Fernsehsender eine rapide Konsolidierung und Expansion in der ersten Hälfte der achtziger Jahre. Dafür sorgten der Newcomer Silvio Berlusconi und das Fehlen eines Rahmengesetzes zur Regelung der Privatanbieter. Berlusconi, der zuvor den Einstieg in die Medienlandschaft mit dem regionalen Sender *Canale 5* gewagt hatte, erwarb 1982 *Italia Uno* des Verlegers Rusconi und 1984 *Rete Quattro* des Verlegers Mondadori. Kurz danach wurden alle drei regionalen Sender in nationale Sender umgewandelt und stiegen somit zum Kernstück des Konzerns Fininvest Berlusconis auf. Hilfeleistung erhielt Berlusconi von Regierungschef Bettino Craxi, der im Oktober 1984 das Monopolurteil des Verfassungsgerichts (1976) per Dekret aufhob, so daß Privatsender auf interregionaler und nationaler Ebene senden durften, was zuvor dem staatlichen RAI vorbehalten war. Erst mit dem Rahmengesetz *Mammì* vom August 1990 kam die Anti-Trust-Trennung zwischen Presse und Sendern. Damit wurde vereitelt, daß die *Fininvest* bei *Fiat-Rcs Editori* oder *L'Editoriale L'Espresso* einsteigen konnte. Dennoch konnten Berlusconis Brüder Inhaber der Zeitung *Il Giornale* von Indro Montanelli werden. Kernsatz des Gesetzes bleibt die 20%-Hürde, wonach kein Konzern mehr als 20% der Massenmedien Italiens besitzen darf. Als Kontrollinstanz ist der schon erwähnte *Garante per la radiodiffusione e l'editoria* eingeführt worden. Kurz danach startete die *Fininvest* ein Pilotprojekt im Bereich des Pay-TV, das bis heute keine gesetzliche Regelung erfahren hat.

Neben den drei *Fininvest*-Sendern sind folgende Privatsender tätig: *Tele Montecarlo, Videomusic, Odeon TV, Cinquestelle* und *Rete A.* Die letzten drei sind Zusammenschlüsse mehrerer Sender, um auf nationaler Ebene präsent zu sein. Unter den regionalen Sendern sind *Telenorba* und *Telelombardia* zu erwähnen. Die kleinen Lokal- und Stadtsender werden auf ca. 160 (1990) beziffert. Im Bereich der Privatsender stellen sie 10–20% der Zuschauer und 10% der Werbeeinnahmen. Durch die Agentur *Publitalia* hat *Fininvest* dagegen im Jahre 1991 3000 Milliarden Lire gegenüber ca. 100 Milliarden Lire der restlichen Privatsender an Werbeeinnahmen erzielt.[32]

Seit Anfang der neunziger Jahre hat *Fininvest* mit ihrem Angebot die RAI-Sender erheblicher Konkurrenz ausgesetzt. Laut *Auditel* lagen RAI und *Fininvest* 1993 nicht weit voneinander entfernt, was die Zuschauergunst betraf. RAI konnte im Jahresdurchschnitt 45,45% der Zuschauer für sich gewinnen, dagegen verfolgten 44,50% die *Fininvest*-Sendungen, die restlichen

10,05 % verteilten sich auf weitere Privatsender. Pro Sender ergeben sich folgende Prozentualanteile: 20,45 % der Zuschauer für *Canale 5*, 18,26 % der Zuschauer für *Rai Uno*, 17,92 % für *Rai Due*, 12,37 % für *Italia Uno*, 11,68 % für *Rete Quattro*, 9,31 % für *Rai Tre*. Im Bereich der besten Sendezeit zwischen 20.30 und 22.30 Uhr befindet sich *Rai Uno* mit 20,67 % der Zuschauer gegenüber *Canale 5* mit 19,78 % nur knapp in Führung.[33]

Nach Angaben des *Consiglio degli Utenti* (Zuschauerrat),[34] der bei dem *Garante per la radiodiffusione e l'editoria* angesiedelt ist, gehen die Zuschauer differenziert vor, indem sie Information und Kultur bei RAI und Unterhaltung und Fiction bei Fininvest beziehen. Unter den Zuschauern von *Rai Tre* verfolgen 34 % Informationssendungen und 7 % Sendungen aus dem Kulturbereich, bei *Rai Uno* verfolgen 29 % Information und 8 % Kultur, bei *Rai Due* 23 % Information und 2 % Kultur. Bei den Zuschauern von Fininvest liegen folgende Schwerpunkte vor: bei *Canale 5* suchen 55 % Unterhaltung, bei *Rete Quattro* verfolgen 52 % Fictionprogramme, dagegen bei *Italia Uno* suchen 28 % Film, 27 % Fictionprogramme und 19 % Unterhaltung. Nur 1 % der Zuschauer verfolgt die Kultursendungen von *Canale 5* und *Rete Quattro;* bei *Italia Uno* sackt die Kulturnachfrage auf den Nullpunkt ab. Zum Bildungsniveau der Zuschauer wird festgestellt, daß die RAI-Sendungen von Zuschauern bevorzugt werden, die eine Oberschule bzw. die Universität besucht haben.

Im Jahre 1992 gab es in Italien 4000 private Radiosender mit offizieller Zulassung des Postministeriums. In der Tat ist die Angabe als zu niedrig anzusehen. Die Quantität des Angebots übertrifft längst die Aufnahmebereitschaft der Zuhörer, da 1993 z.B. 60 % der Italiener täglich knapp zwei Stunden Radio hörten.[35] Die Lebendigkeit des Angebots liegt wesentlich höher als die Professionalität der Senderbetreiber. Da das Rahmengesetz *Mammì* bis heute keine konsequente Anwendung erfahren hat, sieht sich der Zuhörer einem Senderchaos ausgesetzt. Daher ist es nicht verwunderlich, daß jene Radiosender, die mit einer konstanten Hörerschaft rechnen können, auf hundert geschätzt werden und fünf von ihnen 30 % der gesamten

Hörerschaft anziehen. Ihr Tagesprogramm setzt sich aus Musik, Nachrichten, Unterhaltung und Ratespielen mit den Zuhörern, aber vor allem aus Werbung zusammen. Nur bei *Radio Radicale, Radio Italia* und *Radio Maria* werden Informations- und Kulturprogramme gesendet. Unter den führenden befinden sich allerdings Musiksender wie *Radio Musica Italiana, Radio DJay* und *Radio 105.*

Das Angebot der Privatsender hat dazu geführt, daß am Anfang der neunziger Jahre die Hörer von RAI-Sendungen von 40 % auf 30 % zurückgegangen sind. Nur bei den Nachrichtensendungen zwischen 7 und 8 Uhr am Morgen erreicht *Rai Uno* 4,5 Millionen Zuhörer. Im Laufe des Tages pendelt sich die Zuhörerzahl auf ein 1,5 Millionen ein. Dagegen erreichen die Privatsender gerade im Laufe des Tages bis zu 5 Millionen Zuhörer. Für die Zuhörer trifft auch hier zu, daß die RAI-Zuhörer, die zwischen 40 und 50 Jahre alt sind, über ein höheres Bildungsniveau verfügen und finanziell besser gestellt sind als die Zuhörer der Privatsender.

Anhang

Anmerkungen und Bibliographien

A. Gesamtdarstellungen

Alf, S. G.: *Leitfaden Italien*, Berlin 1977.

Anni 70 (Gli) – economia politica e società. Hrsg. von *Il Mondo.* Milano 1980.

Are, G.: *L'Italia e i mutamenti internazionali. 1971–1976.* Firenze 1977.

Asor Rosa, A.: *La cultura.* In: Bd. IV, Hbd. II *Dall'Unità ad oggi. Storia d'Italia Einaudi.* Torino 1975.

Bartolotta, F.: *Parlamenti e Governi d'Italia dal 1848 al 1970.* 2 Bde. Roma 1971.

Capelli, G.: *Manuale delle regioni d'Italia.* Milano 1980.

Castronovo, V.: *L'industria italiana dall'Ottocento ad oggi.* Milano 1980.

Castronovo, V.: *La storia economica.* In: Bd. IV, Hbd. I *Dall'Unità ad oggi. Storia d'Italia Einaudi.* Torino 1975.

Chabod, F.: *Italien-Europa. Studien zur Geschichte Italiens im 19. und 20. Jahrhundert.* Tübingen 1962.

De Rosa, G.: *I partiti politici in Italia.* Bergamo 1972.

Donolo, C.: *Ungleichmäßige Entwicklung und Auflösung gesellschaftlicher Strukturen.* Berlin 1974.

Drüke, H.: *Italien. Wirtschaft, Gesellschaft, Politik.* Opladen 1986.

Ferraresi, F.: *Burocrazia e politica in Italia. Bologna 1980.*

Fritzsche, P.: *Die politische Kultur Italiens.* Frankfurt a. M. 1987.

Gambino, A.: *Storia del dopoguerra. Dalla liberazione al potere DC.* Bari 1975.

Ghisalberti, C.: *Storia costituzionale d'Italia 1848–1948.* Bari 1974.

Graziani, L. (Hrsg.): *L'economia italiana dal 1945 ad oggi.* Bologna 1979.

Graziano, L., Torrow, S.: *La crisi italiana.* Torino 1979.

Italia (L') contemporanea 1945–1975. Autori Vari (Verschied. Autoren). Torino 1976.

Italien – Brockhaus. Italien von A – Z. Wiesbaden 1983.

Italien – Ploetz. Italienische Geschichte zum Nachschlagen. Freiburg/Würzburg 1986.

Kienlechner, T.: *12 mal Italien.* München 1980.

Kogan, N.: *L'Italia del dopoguerra. Storia politica dal 1945 al 1966.* Bari 1968.

Kramer, H.: *Geschichte Italiens.* 2 Bde. Stuttgart 1968.

Lariccia, S.: *Stato e Chiesa in Italia 1948–1980.* Brescia 1981.
Lunghini, G. (Hrsg.): *Scelte politiche e teorie economiche in Italia (1945–1978).* Torino 1981.
Mammarella, G.: *L'Italia contemporanea (1943–1992).* Bologna 1993.
Maraffi, M.: *Corporativismo, stato e classi sociali.* Bologna 1986.
Omodeo, A.: *Die Erneuerung Italiens und die Geschichte Europas 1700–1920.* Zürich 1951.
Procacci, G.: *Geschichte Italiens und der Italiener.* München 1983.
Ragionieri, E.: *La storia politica e sociale.* Bd. IV, Hbd. III *Dall'Unità ad oggi. Storia d'Italia Einaudi.* Torino 1976.
Regioni (Le) italiane in cifre. Hrsg. v. ISTAT. Roma 1979.
Salvatorelli, L.: *Geschichte Italiens.* Berlin 1942.
Schumann, R.: *Geschichte Italiens.* Stuttgart 1962.
Storia d'Italia. Hrsg. v. F. Levi, U. Levra und N. Tranfaglia. 3 Bde. Firenze 1978.
Sylos Labini, P.: *Saggio sulle classi sociali.* Bari 1974.
Tullio-Altan, C.: *La nostra Italia. Arretratezza socioculturale, clientelismo, trasformismo e ribellismo dall'unità ad oggi.* Milano 1986.
Valli, V.: L'economia e la politica italiana 1945–1979. Milano 1979.
Wehler, H. U. (Hrsg.): *Klassen in der europäischen Sozialgeschichte.* Göttingen 1979.
Wieser, T. u. Spotts, F.: *Der Fall Italien.* Frankfurt a.M. 1983.
Woolf, S. J. (Hrsg.): *Italia 1943–1950. La ricostruzione.* Bari 1975.

B. Zu den einzelnen Kapiteln

Teil I. Das Risorgimento und die parlamentarische Tradition Italiens

1. Das Risorgimento – Der Weg zur Einigung Italiens (1796–1861)

a) Anmerkungen

1 Zwischen 1714 und 1734 stand z.B. Sizilien nacheinander unter der Herrschaft der Savoyer, Österreicher und Bourbonen, während das Herzogtum Parma zwischen 1734 und 1748 zuerst von den Bourbonen eingegliedert, dann von Österreich übernommen wurde und schließlich unter die Herrschaft der Bourbonen zurückkam.

2 *Risorgimento* war der Titel der von Balbo und Cavour in Turin (1847) herausgegebenen Zeitschrift; er wurde später zur Parole für die Unabhängigkeits- und Einheitsbewegung Italiens.

3 Vgl. B. Croce, *La rivoluzione napoletana del 1799.* Bari 1897.

4 Vgl. A. Gramsci, *Quaderni del carcere.* Torino 1975. S. Quaderno 19, S. 1957–2078.

5 *Carbonaro* (Köhler). Die Mitglieder des Geheimbundes *Carboneria* bedienten sich einer geheimen Sprache, die viele Bezeichnungen dem Arbeitsbereich der Köhler entnahm.

b) Bibliographie

Aretin, K. O.: *Italien im 18. Jahrhundert.* In: *Handbuch der europäischen Geschichte.* Hrsg. v. Th. Schieder. Bd. IV, Göttingen 1968, S. 585–633.

Astuti, G.: *Il Code Napoléon in Italia e la sua influenza sui codici degli stati italiani successori.* In: *Atti del convegno sul tema „Napoleone e l'Italia".* Accademia dei Lincei. Roma 1973.

Benedikt, H.: *Kaiseradler über dem Apennin. Die Österreicher in Italien 1766–1877.* Wien–München 1964.

Bibliografia dell'età del Risorgimento in onore di A. M. Ghisalberti. Autori Vari (Verschied. Autoren). 2 Bde. Firenze 1971–1972.

Burckhardt, L.: *Reise ins Risorgimento. Turin und die Einigung Italiens.* Köln 1959.

Candeloro, G.: *Storia dell'Italia Moderna.* 11 Bde. Torino. Bd. I *Le Origini del Risorgimento (1700–1815).* 1956. Bd. II *Dalla Restaurazione alla Rivoluzione Nazionale (1815–1846.)* 1958. Bd. III *La Rivoluzione Nazionale (1846–1849).* 1960. Bd. IV *Dalla Rivoluzione Nazionale all' Unità.*

Capra, C.: *L'età rivoluzionaria e napoleonica in Italia.* Torino 1978.

Cortese, N.: *Il Mezzogiorno ed il Risorgimento Italiano.* Napoli 1965.

Croce, B.: *Storia del Regno di Napoli.* Bari 1965 (1925).

– *Geschichte Europas im 19. Jahrhundert.* Frankfurt a. M. 1968 (1932).

Cuoco, V.: *Saggio sulla rivoluzione napoletana del 1799.* Hrsg. v. P. Villani. Bari 1976 (1806).

De Felice, R.: *Italia Giacobina.* Napoli 1965.

Della Peruta, F.: *I Democratici dalla Restaurazione all'Unità.* Firenze 1971.

Deutsch-italienische (Die) Beziehungen im Zeitalter des Risorgimento. Referate und Diskussionen der 8. deutsch-italienischen Historikertagung. Braunschweig 1970.

Deutschland und Italien im Zeitalter Napoleons. Hrsg. v. A. Reden-Dohna. Wiesbaden 1979.

Filipuzzi, A.: *Die Restauration in Italien im Licht der neueren Historiographie.* In: *Mitteilungen des Inst. f. Österreichische Geschichtsforschung 66* (1958), S. 81–92.

Ferraris, A.: *Mazzini e i rivoluzionari italiani. Il partito d'azione 1830–1845.* Milano 1974.

Galante Garrone, A.: *F. Buonarroti e i rivoluzionari dell'Ottocento. (1828–1837).* Torino 1972 (1951).

Gobetti, P.: *Risorgimento senza eroi.* Torino 1976 (1926).

Gramsci, A.: *Il Risorgimento.* Torino 1974 (1949).

Hausmann, F.,: *Garibaldi.* Berlin 1985.
Herde, P.: *Guelfen und Neoguelfen.* Frankfurt a. M. 1980.
Hobsbawm, E. R.: *Sozialrebellen. Archaische Sozialbewegung im 19. und 20. Jahrhundert.* Neuwied 1962.
Il cattolici e il risorgimento. Hrsg. v. Istituto Luigi Sturzo. Roma 1963.
Jemolo, A. C.: *Chiesa e stato in Italia dalla unificazione a Giovanni XXIII.* Torino 1965.
Leoni, F.: *Storia della controrivoluzione in Italia 1789–1859.* Napoli 1975.
Mack Smith, D.: *Cavour e Garibaldi in Italia.* Torino 1958.
Mack Smith, D.: *Storia d'Italia dal 1861 al 1958.* Bari 1959.
Maturi, W.: *Interpretazioni del Risorgimento.* Torino 1962.
Mazzini, G.: *Scritti politici.* 3 Bde. Hrsg. v. F. della Peruta. Torino 1976.
Michaelis, R.: *Die Einigung Italiens. Triumph und Verhängnis Napoleons III.* München–Wien 1960.
Nuove questioni di storia del Risorgimento. Autori Vari (Verschied. Autoren). Milano 1961.
Pieri, P.: *Storia militare del Risorgimento.* Torino 1962.
Portner, E.: *Die Einigung Italiens im Urteil liberaler deutscher Zeitgenossen.* Bonn 1959.
Rosen, E. R.: *Italien im napoleonischen Zeitalter (1796–1815).* In: *Handbuch der europ. Geschichte.* Hrsg. v. Th. Schieder. Bd. V, Göttingen 1980.
Romeo, R.: *Dal Piemonte sabaudo all'Italia liberale.* Torino 1963.
Romeo, R.: *Il giudizio storico sul Risorgimento.* Catania 1967.
Romeo, R.: *Cavour e il suo tempo.* Bd. I, Bari 1969. Bd. II, Bari 1977.
Salvatorelli, L.: *Pensiero e azione del Risorgimento.* Torino 1963 (1943).
Siebert, F.: *Der deutsche Anteil an der Vorbereitung des Risorgimento.* In: *Arbeiten zur Kirchengeschichte 35 (1953), S. 272–296.*
Ullrich, U.: *Bürgertum und nationale Bewegung im Italien des Risorgimento.* In: *Nationalismus und sozialer Wandel.* Hrsg. v. O. Dann. Hamburg 1978, S. 129–156.
Valsecchi, F.: *Cavour, ein europäischer Staatsmann.* Wiesbaden 1957.
Zur italienischen Geistesgeschichte des 19. Jahrhunderts. Hrsg. v. Th. Schieder. Köln–Graz 1961

2. Der Aufbau des Nationalstaates (1861–1901)

a) Anmerkungen

1 V. Castronovo, in: *Storia d'Italia Einaudi.* Bd. IV *Dall'Unità ad oggi.* Teil I. Torino 1975, S. 8.
2 Vgl. *Sommario di statistiche storiche dell'Italia 1861–1965.* ISTAT. Roma 1968, S. 13.

3 Ebenda, S. 28. Es ist die Zeit der großen Auswandererwellen nach Argentinien. Im Jahre 1869 lebten 77 442 Italiener als stärkste Einwanderergruppe unter 1 830 000 Argentiniern. Zwischen 1880 und 1922 wanderten 2 220 000 Italiener nach Argentinien aus. Vgl. R. Paris in: *Storia d'Italia Einaudi.* Bd. IV *Dall'Unità ad oggi.* Teil I. Torino 1975, S. 575–576.

4 L. Sciascia, *La Sicilia come metafora.* Milano 1979, S. 47: „Ebenfalls war für uns ein Unheil, daß die Bourbonen sich unter dem Schutz der Engländer in Sizilien aufhielten. Der einzige nachträgliche Vorteil war die Unterstützung der lokalen Wirtschaft, indem sie den Aufstieg der Familie Florio in dem Bereich des Schiffbaus, des Weinhandels, der Lebensmittelindustrie, der Keramik usw. ermöglicht hatten."

5 Vgl. Sommario di statistiche storiche dell'Italia 1861–1965. *ISTAT. Roma 1968, S. 13.*

6 Vgl. *Storia d'Italia Einaudi.* Bd. VI *Atlante.* Torino 1976, S. 688.

7 Zu den *Repubbliche Marinare* gehören Städte wie Pisa, Amalfi, Genua, Venedig, die um das Jahr 1000 mit einem sehr gut ausgebauten Handelsnetz die Häfen des Mittelmeers und einige in Fernost kontrollierten.

8 Zu dieser Zeit wurden die ersten *Sventramenti* (Straßendurchbrüche) durch das Zentrum Roms vorgenommen, darunter der *Corso Vittorio Emanuele* und die *Via Veneto.* An der Erweiterung der Stadt beteiligten sich mit Bauspekulationen die *Banca Generale* und die *Società Italiana di Credito,* wodurch es zum Bauskandal des Jahres 1887 kam.

9 Vgl. G. Salvemini, *Scritti sulla questione meridionale.* 1896–1955. Torino 1958.

10 Vgl. A. Gramsci, *Quaderni del Carcere.* 4 Bde. Torino 1975: „Eine soziale Gruppe kann schon vor der Eroberung der Regierungsmacht führend auftreten, ja sie muß es sogar (dies gehört zu den Grundvoraussetzungen für die Eroberung der Macht). Später, wenn sie die Macht ausübt, wenn sie sie fest in der Hand hat, wird sie zur herrschenden Gruppe, muß aber auch weiterhin „führend bleiben." Bd. III, S. 2010. Die Übersetzung stammt aus: A. Gramsci, *Zur Politik, Geschichte und Kultur.* Frankfurt a.M. 1980, S. 227.

11 Art. 40 des *Statuto Albertino* sieht vor: „Kein Abgeordneter darf Mitglied der Kammer werden, falls er nicht Untertan des Königs ist, nicht sein 30. Lebensjahr vollendet hat, nicht im Besitz der bürgerlichen und politischen Rechte ist und die weiteren vom Gesetz verlangten Voraussetzungen nachweisen kann." Vgl. F. Bartolotta, *Parlamenti e Governi d'Italia 1848–1970.* 2 Bde. Roma 1971. Bd. I, S. 17.

12 Mit *Dittatore* wird auf Garibaldi angespielt, der 1860 den Titel *Dittatore* annahm, um die oberste Gewalt über die südlichen Regionen auszuüben.

13 Vgl. F. Leoni, *Storia dei partiti politici italiani.* Napoli 1966, S. 142.

14 *Connubio* (eheliches Verhältnis). Der Terminus deutet auf die Qualität des Bündnisses zwischen Cavour und Rattazzi.

15 Vgl. F. Bartolotta, *Parlamenti e Governi d'Italia 1848–1970.* 2 Bde. Roma 1971. Bd. I, S. 126–129.

16 *Prefetto.* Der Präfekt, der heute noch existiert, vertritt die Politik der Zentralregierung den Lokalverwaltungen gegenüber. Seine Unbeliebtheit beruht einerseits auf den Konflikten zwischen Zentralregierung und Lokalverwaltungen, andererseits auf seiner Aufgabe als Vertreter des Innenministeriums, d.h. als Polizeipräsident. Dieselbe Vertretungsfunktion wird vom *Commissario del Governo* (Regierungskommissar) bei der Region und vom *Segretario Comunale* (Gemeindesekretär) bei den Kommunen ausgeübt.

17 Vgl. *Storia d'Italia.* Hrsg. v. F. Levi, U. Levra, N. Tranfaglia. 3 Bde. Firenze 1978. Bd. I, S. 313.

18 Die Kolonialpolitik Italiens hatte mit dem Erwerb zweier Häfen am Roten Meer, Asab (1882) und Massaua (1884/1985), lautlos und gegen die Prinzipien des *Risorgimento* begonnen. Trotz einer ersten militärischen Niederlage bei Dogali in Abessinien (1887) setzte Italien seine imperialistische Aggression in Ostafrika fort und verkündete im Jahr 1890 die Gründung seiner ersten Kolonie Eritrea. Die Niederlage von Adua (1896) zwang Italien zum Friedensabkommen von Addis Abeba, das Äthiopien vor weiteren italienischen Ansprüchen verschonen sollte. Italien behielt jedoch weiterhin Eritrea und Somaliland als ostafrikanische Kolonien.

19 Vgl. G. Procacci, *Geschichte Italiens und der Italiener.* München 1983, S. 318.

20 Vgl. F. Leoni, *Storia dei partiti politici italiani.* Napoli 1975, S. 309.

21 Vgl. G. Manacorda, *Il socialismo nella storia d'Italia.* 2 Bde. Bari 1972. Bd. II, S. 206ff.

22 Vgl. F. Leoni, *Storia dei partiti politici italiani.* Napoli 1975, S. 306.

23 *Fascio* (Bund). Mit politischer Bedeutung taucht der Terminus *Fascio* zum ersten Mal als Bezeichnung von Bauern- und Arbeiterorganisationen auf: *Fasci operai, Fasci contadini.* Nach der Gründung (1919) der *Fasci di combattimento* (Kampfbünde) durch Mussolini erschien die Bezeichnung immer häufiger in der Terminologie der Rechten und wurde zum offiziellen Ursprung des *Fascismo* (Faschismus).

24 Vgl. R. Rigola, *Il movimento operaio italiano.* Milano 1947, S. 78.

25 *Storia d'Italia.* Hrsg. v. F. Levi, U. Levra, N. Tranfaglia. 3 Bde. Firenze 1978. Bd. II, S. 806.

26 F. Leoni, *Storia dei partiti politici italiani.* Napoli 1975, S. 255.

27 Vgl. F. Leoni, ebenda, S. 143.

28 Aufgrund des Gesetzes Nr. 286 von 1894 veranlaßte die Zentralregierung eine Revision der Wahlregister, die zur Streichung einer Million Wähler führte, die angeblich unkorrekterweise auf den Wahllisten standen oder die notwendigen Papiere nicht vorweisen konnten. Vgl. F. Bartolotta, *Parlamenti e Governi d'Italia 1848–1970.* 2 Bde. Roma 1971. Bd. I, S. 143.

29 Bei dieser ersten Wahl, der ersten auf der Basis des allgemeinen Wahlrechtes für die Männer, gaben 5792507 von 10239326 Wahlberechtigten ihre Stimme ab. Das machte 56,0% der Wahlberechtigten und

27,3% der Bevölkerung aus. In dem neugewählten Parlament wurden die Sitze wie folgt verteilt:

Partito Liberale	41
Partito Democratico	60
Partito Radicale	12
Partito Socialista Ufficiale	156
Partito Socialista Unionista e Riformista	6
Partito Socialista Indipendente	1
Partito Repubblicano	4
Partito Popolare	100
Partito Combattente	20
Partito Economico	7
Partito Democratico Radicale	96
Partito Repubblicano Socialista e Combattente	5

b) Bibliographie

Are, G.: *Alle origini dell'Italia industriale.* Napoli 1974.

Are, G.: *I cattolici e la questione sociale in Italia (1894–1904).* Milano 1963.

Arfé, G.: *Storia del socialismo italiano (1892–1926).* Torino 1965.

Astuti, G.: *L'unificazione amministrativa del Regno d'Italia.* Napoli 1966.

Bandini, M.: *Cento anni di storia agraria italiana.* Roma 1963.

Barbadoro, I.: *Storia del sindacalismo italiano dalla nascita al Fascismo.* Bd. I *La Federterra,* Bd. II *Confederazione Generale del Lavoro.* Firenze 1973.

Blaas, R.: *Die italienische Frage und das österreichische Parlament 1859–1866.* In: *Mitteil. des österreich. Staatsarchivs* 22 (1961), S. 151–245.

Borselli, A.: *La Destra storica dopo l'unità.* Bd. I *Italia legale e Italia reale.* Bologna 1975.

Candeloro, G.: *Il movimento cattolico in Italia.* Roma 1953.

Caracciolo, A.: *Stato e società civile. Problemi dell'unificazione italiana.* Torino 1960.

Carocci, G.: *La politica di Agostino Depretis durante il „decennio di preparazione".* In: *Belfagor* 1 (1952).

Carocci, G.: *Nota sul trasformismo.* In: *Nuovi Argomenti* 12 (1955).

Cervelli, I.: *I cattolici dall'unità alla fondazione del partito popolare.* Bologna 1969.

Ciccotti, E.: *Sulla questione meridionale.* Milano 1904.

Cortesi, L.: *La costituzione del partito socialista italiano.* Milano 1961.

Crispi, F.: *Die Memoiren.* Hrsg. T. Palamenghi-Crispi. Berlin 1912.

Croce, B.: *Geschichte Italiens, 1871–1915.* Berlin 1928.

De Gasperi, A.: *I tempi e gli uomini che preparàrono la „Rerum Novarum".* Milano 1945.

Del Carria, R.: *Proletari senza rivoluzione. Storia delle classi subalterne italiane dal 1860 al 1950.* Milano 1970 (1966).

De Rosa, G.: *Storia del movimento cattolico in Italia.* 2 Bde. Bd. I. *Dalla restaurazione all'età giolittiana.* Bd. II. *Il partito popolare italiano.* Bari 1966.
De Rosa. L.: *Iniziativa e capitale straniero nell'industria metalmeccanica del Mezzogiorno 1840–1904.* 1968.
De Viti de Marco, A.: *Un trentennio di lotte politiche 1894–1922.* Roma 1929.
Di Lalla, M.: *Storia del liberalismo italiano.* Firenze 1976.
Fellner, F.: *Der Dreibund. Europäische Diplomatie vor dem Ersten Weltkrieg.* München 1960.
Fortunato, G.: *Il Mezzogiorno e lo stato italiano.* Firenze 1973 (1911).
Economia (L') italiana dal 1861 al 1961. Autori Vari (Verschied. Autoren). Milano 1961.
Formazione (La) dell'Italia industriale. Hrsg. v. A. Caracciolo. Bari 1963.
Galante Garrone, A.: *I radicali in Italia (1849–1925).* Milano 1973.
Galasso, G.: *Passato e presente del meridionalismo.* 2 Bde. Napoli 1978.
Gambasin, A.: *Il movimento sociale nell'Opera dei Congressi (1894–1904).* Roma 1958.
Gerschenkron, A.: *Il problema storico dell'arretratezza economica.* Torino 1962.
Gramsci, A.: *La questione meridionale.* Roma 1926. Übers.: *Die Süditalienische Frage.* Berlin 1956.
Hofmann, W.: *Ideengeschichte der sozialen Bewegung des 19. und 20. Jahrhunderts.* Berlin 1970.
Hunecke, V.: *Arbeiterschaft und industrielle Revolution in Mailand 1853–1892. Zur Entstehungsgeschichte der italienischen Industrie und Arbeiterbewegung.* Göttingen 1978.
Hunecke, V.: *Die neuere Literatur zur Geschichte der italienischen Arbeiterbewegung. Archiv f. Sozialgeschichte* 14 (1974), S. 543–592; 15 (1975), S. 409–451.
Jemolo, A. C.: *Chiesa e stato in Italia negli ultimi cento anni.* Torino 1948.
Leo XIII: *Die Enzyklika über die Arbeiterfrage „Rerum Novarum".* Luzern 1960.
Levra, U.: *Età crispiana e crisi di fine secolo.* In: *Storia d'Italia.* 3 Bde. Firenze 1977. Bd. I *Nuova Italia,* S. 302–339: Bd. III *Sinistra storica,* S. 1258–1287.
Lönne, K. E.: *Benedetto Croce als Kritiker seiner Zeit.* Tübingen 1966.
Luzzato, G.: *L'economia italiana dal 1861 al 1894.* Torino 1963.
Manacorda, G.: *Il movimento operaio italiano.* Roma 1974 (1963).
Manzotti, F.: *La polemica sull'emigrazione dell'Italia unita.* Milano 1962.
Marongiu Buonaiuti, C.: *Non expedit. Storia di una politica. 1866–1919.* Milano 1971.
Masini, P. C.: *Storia degli anarchici italiani.* Milano 1969.
Merli, S.: *Proletariato di fabbrica e capitalismo industriale. Il caso italiano.* Firenze 1972–1973.
Miko, N.: *Das Ende des Kirchenstaats.* 4. Bde. Wien–München 1962–1970.

Morandi, C.: *I partiti politici nella storia d'Italia.* Firenze 1948.
Movimento (Il) operaio e socialista in Italia e in Germania 1870–1920. Hrsg. v. L. Valiani, A. Wandruszka. Bologna 1978.
Nitti, F. S.: *Scritti sulla questione meridionale.* 4 Bde. Bari 1958–1968. Bd. I *Saggi sulla storia del Mezzogiorno-Emigrazione e lavoro.* Bari 1958.
Nolte, E.: *Grundprobleme der italienischen Geschichte nach der Einigung.* In: *Historische Zeitschrift* 200 (1965), S. 332–346.
Pichieri, A.: *Le classi sociali in Italia (1870–1970).* Torino 1974.
Ragionieri, E.: *Il movimento socialista in Italia (1850–1922).* Milano 1976.
Rigola, R.: *Storia del movimento operaio italiano.* Milano 1947.
Riva Sanseverino, L.: *Il movimento sindacale cristiano dal 1850 al 1939.* Roma 1950.
Romano, S. F.: *Le classi sociali in Italia.* Torino 1977 (1965).
Romano, S. F.: *Storia del movimento socialista in Italia.* Bari 1966–1967.
Romeo, R.: *Breve storia della grande industria in Italia.* Bologna 1972.
Romeo, R.: *Deutschland und das geistige Leben in Italien von der Einigung bis zum Ersten Weltkrieg.* In: *Saeculum-Jahrbuch* 24 (1973), S. 346–366.
Rosselli, N.: *Mazzini e Bakunin. Dodici anni di movimento operaio in Italia, 1860–1872.* Torino 1967 (1927).
Rossi, G. M.: *Le origini del partito cattolico.* Roma 1977.
Salvadori, M. L.: *Il mito del buongoverno. La questione meridionale da Cavour a Gramsci.* Torino 1960.
Salvatorelli, L.: *La Triplice Alleanza. Storia diplomatica 1877–1922.* Milano 1939.
Salvemini, G.: *Movimento socialista e questione meridionale.* Milano 1963.
Secco Suardo, D.: *Da Leone XIII a Pio X.* Roma 1967.
Sellin, V.: *Die Anfänge staatlicher Sozialreform im liberalen Italien.* Stuttgart 1971.
Sellin, V.: *Kapitalismus und Organisation. Beobachtungen an der Industrialisierung Italiens.* In: H. A. Winkler: *Organisierter Kapitalismus.* Göttingen 1974.
Sereni, E.: *Il capitalismo nelle campagne (1860–1900).* Torino 1968 (1947).
Sommario di statistiche storiche dell'Italia 1861–1965. ISTAT, Roma 1968.
Ullrich, H.: *Parlament, Parteien, Wahlen im liberalen Italien.* In: *Quellen u. Forschungen aus ital. Archiven u. Bibliotheken* 53 (1973), S. 276–317.
Unità (L') d'Italia e i cattolici italiani. Autori Vari (Versch. Autoren). Milano 1960.
Valente, G.: *Aspetti e momenti dell'azione sociale dei cattolici in Italia (1892–1926).* Roma 1968.
Valiani, L.: *L'Italia dal 1876 al 1915. La lotta sociale e l'avvento della democrazia.* In: *Storia d'Italia.* Hrsg. v. N. Valeri. Bd. IV, Torino 1960.
Valsecchi, F.: 1866 – *Ein Wendepunkt der italienischen Geschichte.* Wiesbaden 1967.
Villari, P.: *Le lettere meridionali e altri scritti sulla questione sociale in Italia.* Torino 1971 (1875).

Villari, P.: *Conservatori e democratici nell'Italia liberale.* Bari 1964.
Wöchting, F.: *Die italienische Südfrage.* Berlin 1951.
Zaghi, C.: *P. S. Mancini, l'Africa ed il problema del Mediterraneo (1884–1885).* Roma 1955.
Zangheri, R.: *Agricoltura e contadini nella storia d'Italia.* Torino 1977.

3. Das 20. Jahrhundert (1901–1994) – Erste Niederlage einer parlamentarischen Tradition (1922–1943)

a) Anmerkungen

1 Vgl. F. Bartolotta, *Parlamenti e Governi d'Italia 1848–1970.* 2 Bde. Roma 1971. Bd. I, S. 126–129.

2 *Storia d'Italia.* Hrsg. v. F. Levi, U. Levra, N. Tranfaglia. 3 Bde. Firenze 1978. Bd. III, S. 1358.

3 Die *Camere del Lavoro* wurden in Italien nach dem französischen Muster der „Bourses du Travail" von Osvaldo Gnocchi-Viani im Jahr 1891 gegründet.

4 B. Croce, *Storia d'Italia dal 1875 als 1915.* Bari 1928, S. 227ff.

5 Vgl. H. Kramer, *Geschichte Italiens.* 2 Bde. Stuttgart 1968. Bd. II, S. 82–84.

6 *Irredentismo: Irredenta.* Dieser Name wurde zuerst von M. R. Imbriani (1877) gebraucht. Er verstand damit die „Erlösung" italienisch-sprachiger Gebiete, wie Trentino, Triest, Istrien und Dalmatien, von der Fremdherrschaft, etwa Österreich-Ungarns. Zur Unterstützung der *Irredenta*-Bewegung wurden mehrere Gesellschaften, „*La Grande Italia, Italia Nostra, Dante Alighieri*", gegründet. Die *Irredenta* erlebte unmittelbar vor dem Ersten Weltkrieg einen starken Aufschwung, als Italien nach der Theorie der „natürlichen Grenzen" Ansprüche auf das Schweizer Gebiet St. Gotthard und auf den Brenner stellte. Die *Irredenta* spielte auch eine große Rolle bei der Entscheidung Italiens, auf seiten der Entente in den Krieg zu ziehen.

7 In einer Rede von 1922 stellte A. Salandra fest, daß „Der Partito Liberale zweifellos die Machtübernahme durch neue soziale Schichten vorhergesehen und verstanden hatte, jedoch war es ihm nicht gelungen, sich als leitende Partei durchzusetzen, weswegen ihm die politische Führung des Landes aus der Hand geglitten war". Vgl. C. Morandi, *I partiti politici nella storia d'Italia.* Firenze 1948, S. 84.

8 Die *Arditi* und die Legionäre stellten zwei paramilitärische Organisationen dar, die jedoch zu diesem Zeitpunkt noch keine klare politische Richtung aufwiesen. Neben den *Arditi* von D'Annunzio sollten sich bald die *Arditi del Popolo (Arditi* des Volkes) bilden. Dies war eine sozialistische Arbeiterorganisation, die den Terror der *Fasci di Combattimento* Mussolinis erfolglos zu bekämpfen versuchte.

9 Vgl. *Storia d'Italia.* Hrsg. v. F. Levi, U. Levra, N. Tranfaglia. 3 Bde. Firenze 1978. Bd. I, S. 395.

10 Ebenda, S. 400.

11 Vgl. R. de Felice, *Der Faschismus. Ein Interview von M. A. Leeden,* Stuttgart 1977.

12 Vgl. P. Spriano. *Storia del Partito comunista italiano. I. Da Bordiga a Gramsci.* Torino 1976, S. 46ff.

13 Aus dem rechten Flügel des *Partito Popolare Italiano* gingen drei politische Organisationen hervor, die sehr stark mit dem *Partito Nazionale Fascista* sympathisierten: Der *Partito Nazionale Italiano,* das *Centro Nazionale Italiano,* der *Partito dei Contadini d'Italia.* Vgl. F. Leoni, *Storia dei partiti politici italiani.* Napoli 1975, S. 480–483.

14 Vgl. P. Alatri, *Le origini del fascismo.* Roma 1971, S. 259; N. Valeri, *Da Giolitti a Mussolini.* Milano 1956.

15 Vgl. *I discorsi di B. Mussolini.* Roma 1932, S. 12.

16 *L'Italia fascista in cammino.* Roma 1932, S. XV.

17 Ebenda, S. 115 u. 121.

18 Vgl. *Codice Corporativo.* Roma 1934, S. 98.

19 Vgl. *L'Italia fascista in cammino.* Roma 1932, S. 9 u. 21.

20 *Battaglia del Grano* (Getreideschlacht). In seinem erfolgreichen Buch *Italien in der Welt,* Leipzig 1937, schilderte A. Zischka die Getreideschlacht folgendermaßen: „Der Kampf forderte Opfer, aber heute ist die ‚Getreideschlacht' – ein zuerst 1923 vom *Popolo d'Italia* (Mussolinis Zeitung), seit 1925 vom Staat veranstalteter Wettbewerb, bei dem jährlich 1,7 Millionen Lire an die Bauern verteilt werden, deren Felder den höchsten Ertrag erzielten – gewonnen. Das durchschnittliche Ernteergebnis stieg von 10½ Doppelzentnern Getreide pro Hektar im Jahre 1914 auf 16 Doppelzentner im Jahre 1933, auf 17½ im Jahre 1935." S. 144–145. Vgl. G. Mori, *Industrie und Wirtschaft in Italien zur Zeit des Faschismus.* Berlin 1979.

21 Vgl. G. Procacci, *Geschichte Italiens und der Italiener.* München 1983, S. 360.

22 *I discorsi di B. Mussolini.* Roma 1932, S. 13ff.

23 Es handelt sich um einen damaligen Schlager, der die Italiener als Retter und Kulturträger für die Afrikaner preist.

24 F. Catalano, *L'Italia dalla dittatura alla democrazia. 1919–1948.* Milano 1962, S. 225–258.

25 P. Alatri, *L'antifascismo italiano.* 2 Bde. Roma 1973, S. 935.

26 Ebenda, S. 935.

27 Die antifaschistischen Katholiken sammelten sich in zwei Bewegungen, dem *Movimento Guelfo d'Azione* von P. Malvestiti und G. Malvasi und dem *Movimento dei laureati cattolici* um D. del Bo. Eine dritte Gruppe wirkte um die Zeitschrift *Principi* von G. La Pira, die sehr bald verboten wurde (1939/40). Vgl. P. Alatri, ebenda, S. 907 und A. Cucchiari, *I cattolici dal fascismo alla resistenza.* Roma 1977.

28 Vgl. F. Catalano, *L'Italia dalla dittatura alla democrazia. 1919–1948.* Milano 1962, S. 257.

29 Ebenda, S. 352.

30 Nach seiner Ankunft in Italien (1944) setzte sich Togliatti für die Wiederaufnahme der Verhandlungen zwischen der Monarchie, den Alliierten und dem Befreiungskomitee (CLN) über den Aufbau des Landes ein, gegen die Politik der Linken, die zuerst die Frage nach der Zukunft der Monarchie geklärt haben wollten. Vgl. A. Lepre, *La svolta di Salerno.* Roma 1966.

b) Bibliographie

Abrate, M: *La lotta sindacale nell'industrializzazione in Italia, 1906–1926.* Milano 1966.

Alatri, P.: *Le origini del fascismo.* Roma 1956.

Alff, W.: *Der Begriff Faschismus und andere Aufsätze zur Zeitgeschichte.* Frankfurt a. M. 1971.

Amendola, G.: *Der Antifaschismus in Italien.* Stuttgart 1977.

Banche (Le) e lo sviluppo del sistema industriale. Hrsg. v. R. Cameron, Bologna 1975.

Bocca, G.: *Storia d'Italia nella guerra fascista.* Bari 1969.

Bottai, G.: *Vent'anni e un giorno.* Milano 1949.

Bütler, H.: *Gaetano Salvemini und die italienische Politik vor dem Ersten Weltkrieg.* Tübingen 1978.

Cannistraro, P. V.: *La fabbrica del consenso. Fascismo e massmedia.* Bari 1975.

Capoferri, P.: *Vent'anni col fascismo e coi sindacati.* Milano 1957.

Carocci, G.: *Giolitti e l'età giolittiana.* Torino 1962.

Castronovo, V.: *La stampa italiana dall'unità al fascismo.* Bari 1970.

Catalano, F.: *L'Italia dalla dittatura alla democrazia.* Milano 1970 (1962).

Celovsky, B.: *Das Münchner Abkommen von 1938.* Stuttgart 1958.

Chabod, F.: *Die Entstehung des neuen Italien. 1918–1948.* Reinbek 1965.

Collotti, E.: *Fascismo: la politica estera.* In: *Storia d'Italia.* Hrsg. v. F. Levi, U. Levra, N. Tranfaglia. 3 Bde. Firenze 1978. Bd. I, S. 434–446.

Codice Corporativo. Hrsg. v. F. e. M. Roma 1934.

Dall'Italia giolittiana all'Italia repubblicana. Autori Vari (Verschied. Autoren). Torino 1976.

D'Amaja, F.: *La politica estera dell'Impero. Storia della politica estera fascista dalla conquista dell'Etiopia all'Anschluß.* Padova 1967.

Deakin, F. W.: *Storia della Repubblica di Salò.* Torino 1963 (1962).

Deakin, F. W.: *Die brutale Freundschaft. Hitler, Mussolini und der Untergang des italienischen Faschismus.* Köln 1964.

Decleva, E.: *L'Italia e la politica internazionale dal 1870 al 1914.* Milano 1974.

De Felice, R.: *Mussolini. Il rivoluzionario (1883–1920).* Torino 1965.

De Felice, R.: *Mussolini. Il fascista (1921–1929).* 2 Bde. Torino 1966–1968.

De Felice, R.: *Il duce (1929–1939)*. 2 Bde. Torino 1974.
De Felice, R.: *Der Faschismus. Ein Interview von M. A. Leeden*. Stuttgart 1977.
De Felice, R.: *Beobachtungen zu Mussolinis Außenpolitik*. In: *Saeculum-Jahrb*. 24 (1973), S. 314–327.
De Luna, G.: *Benito Mussolini. Eine Biographie*, Reinbek 1978.
De Rosa, G.: *Il Partito Popolare Italiano*. Bari 1974.
Economia (L') italiana nel periodo fascista. Hrsg. v. P. Ciocca u. G. Toniolo. Bologna 1976.
Fascismo e Capitalismo. Autori Vari (Verschied. Autoren). Hrsg. v. N. Tranfaglia. Milano 1976.
Fascismo e società italiana. Hrsg. v. G. Quazza. Torino 1973.
Fedele, S.: *Storia della concentrazione antifascista, 1927–1934*. Milano 1976.
Fiori, G.: *Das Leben des A. Gramsci*. Berlin 1979.
Foa, V.: *Sindacati e lotte sociali*. In: *Storia d'Italia Einaudi*. Torino 1973. Bd. V *I Documenti*, Hbd. 2, S. 1783–1831.
Garosci, A.: *Storia dei fuorusciti*. Bari 1953.
Gatterer, G.: *Im Kampf gegen Rom*. Wien 1968.
Giolitti, G.: *Lebenserinnerungen*. Stuttgart 1923.
Gobetti, P.: *Scritti storici, letterari e filosofici*. Bd. II. Hrsg. von P. Spriano. Torino 1969.
Gramsci, A.: *La costruzione del partito comunista, 1923–1926*. Torino 1971.
Gramsci, A.: *Zur Politik, Geschichte und Kultur*. Frankfurt a. M. 1980.
Gualerni, G.: *Industria e Fascismo*. Milano 1976.
Guerci, L.: *Il PSI dal 1919 al 1946*. Bologna 1969.
Hertner, P.: *Banken und Kapitalbildung in der Giolitti-Ära*. In: *Quellen u. Forschungen aus ital. Archiven u. Bibliotheken* 58 (1978), S. 466–565.
Hitler, A., Mussolini, B.: *Lettere e documenti*. Milano 1946.
Hoepke, K. P.: *Die deutsche Rechte und der italienische Faschismus*. Düsseldorf 1968.
Horowitz, D. L.: *Storia del movimento sindacale in Italia*. Bologna 1970 (1963).
Huter, F.: *Südtirol. Eine Frage des europäischen Gewissens*. München 1965.
Italia fascista in cammino. Hrsg. v. Istituto Nazionale L.U.C.E. Roma 1932.
Kampmann, W.: *Der Faschismus in Italien*. Stuttgart 1979.
Kerekes, L.: *Abenddämmerung einer Demokratie. Mussolini, Gömbös und die Heimwehr*. Wien 1966.
König, H.: *Lenin und der italienische Sozialismus 1915–1921*. Tübingen 1967.
Koppel, H.: *PCI*. Berlin 1976.
Kramer, H.: *Die Italiener unter der österreichisch-ungarischen Monarchie*. Wien 1954.
La Francesca, S.: *Politica economica del fascismo*. Bari 1972.

Lehmann, H.: *Österreich-Ungarn und der italienische Kriegseintritt 1914–1915.* In: *Quellen u. Forschungen aus ital. Archiven u. Bibliotheken* 49 (1970), S. 340–365.
Leeden, M. A.: *D'Annunzio a Fiume.* Bari 1975.
Lepre, A.: Levrero, S.: *Le origini del partito comunista italiano.* Roma 1971.
Longo, L.: *Die internationalen Brigaden in Spanien.* Berlin 1976.
Luigi Sturzo nella storia d'Italia. Autori Vari (Verschied. Autoren). Roma 1973.
Lussu, E.: *Sul partito d'azione e gli altri.* Milano 1968.
Manacorda, G.: *Letteratura e cultura del periodo fascista.* Milano 1974.
Melograni, P.: *Gli industriali e Mussolini.* Milano 1972.
Merli, S.: *Fronte antifascista e politica di classe. Socialisti e comunisti in Italia. 1923–1939.* Bari 1975.
Miège, J. L.: *L'imperialismo coloniale italiano dal 1870 ai giorni nostri.* Milano 1976 (1968).
Miccoli, G.: *Kirche und Faschismus in Italien.* Mainz 1977.
Monti, A.: *Realtà del Partito d'Azione.* Torino 1945.
Monticone, A.: *Die öffentliche Meinung Italiens gegenüber Deutschland während des Ersten Weltkrieges. In: Gedenkschrift Martin Göhring.* Hrsg. v. E. Schulin. Wiesbaden 1968, S. 266–285.
Muhr, J.: *Die deutsch-italienischen Beziehungen in der Ära des Ersten Weltkrieges 1914–1922.* Göttingen 1977.
Mura, V.: *Cattolici e liberali nell'età giolittiana: il dibattito sulla tolleranza.* Bari 1976.
Mussolini, B.: *I discorsi di B. Mussolini.* Roma 1932.
Nenni, P.: *Storia di quattro anni 1919–1922.* Milano 1976 (1927).
Nolte, E.: *Der Faschismus in seiner Epoche.* München 1980.
Petersen, J.: *Hitler-Mussolini: die Entstehung der Achse Berlin-Rom. Rom 1933–1936.* Tübingen 1973.
Pieri, P.: *L'Italia nella prima guerra mondiale, 1915–1918.* Torino 1965.
Priester, K.: *Der italienische Faschismus. Ökonomische und ideologische Grundlagen.* Köln 1972.
Procacci, G.: *Le lotte di classe in Italia agli inizi del secolo XX.* Roma 1970.
Repaci, F. A.: *La finanza pubblica italiana nel secolo 1861–1960.* Bologna 1962.
Rochat, G., Massobrio, G.: *Breve storia dell'esercito italiano dal 1861 al 1943.* Torino 1978.
Rosen, E. E.: *Giovanni Giolitti. Der Staatsmann und seine Epoche.* In: *Quellen und Forschungen aus ital. Archiven u. Bibliotheken* 48 (1968), S. 260–281.
Schieder, Th.: *Italien vom Ersten zum Zweiten Weltkrieg.* In: Seidlmayer, *Geschichte Italiens.* Stuttgart 1962, S. 417–498.
Schieder, W.: *Aspekte des italienischen Imperialismus vor 1914.* In: *Der moderne Imperialismus.* Hrsg. W. J. Mommsen. Stuttgart 1971. S. 140–171.
Scoppola, P.: *La chiesa e il fascismo. Documenti e interpretazioni.* Bari 1973.

Siebert, F.: *Italiens Weg in den Zweiten Weltkrieg.* Frankfurt a.M.-Bonn 1962.
Smith, D. M.: *Le guerre del Duce.* Bari 1975.
Spadolini, G.: *Giolitti e i cattolici, 1901–1914.* Firenze 1960.
Spadolini, G.: *Giolitti: un' epoca.* Milano 1985.
Spriano, P.: *Storia del partito comunista.* 4 Bde. Torino 1967–1975.
Storiografia e fascismo. Milano 1986.
Sturzo, L.: *Italien und der Faschismus.* Berlin 1926.
Togliatti, P.: *Lektion über den Faschismus.* Frankfurt a.M. 1973 (1970).
Toniolo, G.: *Lo sviluppo economico italiano, 1861–1940.* Bari 1973.
Tranfaglia, N.: *Dallo stato liberale al regime fascista.* Milano 1973.
Tranfaglia, N.: *C. Roselli dall'interventismo a Giustizia e Libertà.* Bari 1968.
Ungari, P.: *Alfredo Rocco e l'ideologia giuridica del fascismo.* Brescia 1963.
Urner, K.: *Die Haltung der Arbeiterschaft zu Beginn des Ersten Weltkrieges.* In: *Neue Zürcher Zeitung,* 13. Nov. 1969, S. 61.
Valeri, N.: *Da Giolitti a Mussolini.* Milano 1956.
Valiani, L.: *Die italienisch-österreichischen Beziehungen von 1870 bis 1915 in der ital. Historiographie.* In: *Innsbruck-Venedig. Österreichisch-italienisches Historikertreffen 1971–1972.* Hrsg. v. A. Wandruszka, L. Jedlicka. Wien 1975, S. 33–46.
Volpe, G.: *Storia del movimento fascista.* Milano 1933.
Webster, R. A.: *Industrial Imperialism in Italy 1908–1914.* University of California 1975.
Wiskemann, E.: *L'Asse Roma-Berlino. Storia dei rapporti fra Mussolini e Hitler.* Firenze 1955.
Zamboni, G.: *Mussolinis Expansionspolitik auf dem Balkan. Italiens Albanienpolitik vom ersten bis zum zweiten Tiranapakt.* Hamburg 1970.
Zischka, A.: *Italien in der Welt.* Leipzig 1937.

4. Die Erste Republik (1946–1994)

a) Anmerkungen

1 Vgl. S. J. Woolf, *Italia 1943–1950. – La ricostruzione.* Bari 1975. S. 443ff.
2 Vgl. P. Nenni, *Il vento del Nord. Giugno 1944 – Giugno 1945.* Torino 1978.
3 Der *Integralismo Cattolico* war jene politische Tendenz innerhalb der DC, die das politische und soziale Leben in Italien auf der Basis der katholischen Lehre organisieren wollte.
4 1947 spaltete sich der PSIUP *(Partito Socialista Italiano di Unità Proletaria)* in PSI *(Partito Socialista Italiano)* um Nenni und PSDI *(Partito Socialista Democratico Italiano)* um Saragat.
5 Mit *Am-Lire* oder *Amlire* bezeichnete man die Währung, die von den Alliierten für die Soldauszahlung während der Besetzung Italiens verwendet wurde.

6 Zwischen 1945 und 1947 gab es im Süden eine starke Bewegung zur Besetzung von Ländereien und mehrere Bauern- und Landarbeiteraufstände, die eine Agrarreform forderten, um der Arbeitslosigkeit und Emigration vorzubeugen.

7 Vgl. P. Cantelli, *L'economia sommersa.* Roma 1980.

8 Vgl. F. Bartolotta, *Parlamenti e Governi d'Italia 1848–1970.* 2 Bde. Roma 1971. Bd. II, S. 331–332.

9 Vgl. G. Tamburrano, *Storia e cronaca del Centro Sinistra.* Milano 1973, S. 114–121.

10 Ebenda, S. 116.

11 Vgl. P. Togliatti, *Democrazia e Socialismo – Autonomia e Internazionalismo.* Roma 1976, S. 21.

12 Vgl. A. Gramsci, *Quaderni del carcere.* 4 Bde. Torino 1975. Bd. II, S. 802.

13 L. Gruppi, *Palmiro Togliatti und der italienische Weg zum Sozialismus.* Frankfurt a.M. 1980, S. 152.

14 Um die Funktionen der DC Kabinette zu verdeutlichen, sprach man von: *Governo-Ponte* (Brücken-Regierung), *Governo Balneare* (Badesaison-Regierung), *Governo di Emergenza* (Notstandsregierung), *Governo delle Astenzioni* (Enthaltungsregierung) u.a.

15 Zu den *Partiti Costituzionali* oder *Partiti dell'Arco Costituzionale* (Parteien des Verfassungsbogens) zählten alle Parteien bis auf den *Movimento Sociale Italiano* (MSI), der als Neuauflage des *Partito Nazionale Fascista* nach der Verfassung (XII. Schlußbestimmung) verboten sein sollte.

16 Nach dem Ausschluß der Gruppe des *Manifesto* sind links vom PCI u.a. *Lotta Continua* (Ständiger Kampf) und *Potere Operaio* (Arbeitermacht) entstanden, die eine ständige Polemik über die Ziele des historischen Kompromisses mit dem PCI führen.

b) Bibliographie

Aga Rossi, A.: *Il Movimento Repubblicano, Giustizia e Libertà, e il Partito d'Azione.* Bologna 1969.

Albers, D., Goldschmidt, W., Oehlke, P.: *Klassenkämpfe in Westeuropa. England, Frankreich, Italien.* Hamburg 1971.

Albers, D.: *Demokratie und Sozialismus in Italien.* Frankfurt a.M. 1978.

Alf, S. G.: *Leitfaden Italien. Vom faschistischen Kampf zum Historischen Kompromiß.* Berlin 1977.

Allum, P. A.: *Italy – Republic without Government?* London 1973.

Almirante, G., Palamenghi Crispi, P.: *Il movimento sociale italiano.* Milano 1958.

Andreotti, G.: *La Democrazia Cristiana 1943–1948.* Roma 1975.

Andreotti, G.: *De Gasperi. Ein Kapitel italienischer Geschichte.* Bonn 1967.

Antinolfi, R.: *La crisi economica italiana 1969–1973.* Bari 1973.

Ardigò, A., Guidici, P., u. a.: *Società politica e società civile in Italia: prospettive oltre la crisi.* Bologna 1978.
Arlacchi, P.: *Addio Cosa Nostra. Milano 1994.*
Arlacchi, P.: *La mafia imprenditrice.* Bologna 1983.
Assemblea (L') Costituente 1946–1947. Problemi economici e sociali. Hrsg. v. M. Lichtner. Roma 1974.
Baget-Bozzo, G.: *Il partito cristiano al potere. La DC di De Gasperi e di Dossetti, 1945–1954.* Firenze 1974.
Baldassare, A. u. Mezzanotte, C.: *Gli nomini del Quirinale. Da De Nicola a Pertini.* Bari 1985.
Barbagallo, F.: *La modernità squilibrata del Mezzogiorno d'Italia.* Torino 1992.
Bartali, D.: *Gli anni della tempesta. Alle radici del malessere italiano.* Milano 1981.
Basso, L.: *Socialisti e cattolici al bivio.* Manduria 1961.
Battaglia, R., Garritano, G.: *Der italienische Widerstandskampf 1943–1945.* Berlin 1970.
Battaglia, F.: *L'allergia al lavoro.* Roma 1981.
Baumer, I.: *Tradition im Wandel.* Bern 1976.
Berlinguer, E.: *La questione comunista.* 2 Bde. Roma 1975.
Berlinguer, E.: *Die internationale Politik der italienischen Kommunisten.* Stuttgart 1978.
Berlinguer, E.: *Für eine demokratische Wende.* Berlin 1975.
Berlinguer, G.: *La droga fra noi.* Roma 1980.
Bevilacqua, P.: *Breve storia dell'Italia meridionale dell'Ottocento ad Oggi.* Roma 1993.
Bettazzi, L.: *Atei a diciott'anni?* Milano 1982.
Bianco, L.: *Guerra partigiana.* Torino 1954.
Blok, A.: *Die Mafia in einem sizilianischen Dorf 1860–1960.* Frankfurt a. M. 1984.
Bocca, G.: *Miracolo all'italiana.* Milano 1980.
Bonini, F.: *Storia costituzionale della Repubblica. Profilo e documenti (1948–1992). Firenze, 1993.*
Brilli, A. (Hrsg.): *Concordato 1984: premesse e prospettive.* Urbino 1985.
Cacace, P.: *Vent'anni di politica estera italiana (1943–1963).* Roma 1986.
Cafagna, L.: *La grande slavina – L'Italia verso la crisi della democrazia.* Padova 1993.
Campanini, G.: *Dossier sulla famiglia.* Roma 1979.
Camporesi, P.: *Alimentazione, folclore, società.* Parma 1979.
Carboni, C. (Hrsg.): *I ceti medi in Italia tra sviluppo e crisi.* Bari 1981.
Carboni, C. (Hrsg.): *Classi e movimenti in Italia (1970–1985).* Bari 1986.
Cardia, C.: *La riforma dell Concordato.* Torino 1980.
Carocci, G. (Hrsg.): *Il trasformismo dall'Unità a oggi.* Milano 1992.
Castelli, L. (Hrsg.): *Poteri e controlli nell'Italia che cambia.* Milano 1984.
Catti De Gasperi, M. R.: *De Gasperi scrive.* Brescia 1974.
Cavagna, L., Martino, N.: *Le politiche della droga.* Bologna 1981.

Cecchini, L.: *Il palazzo dei veleni. Cronaca litigiosa del pentapartito (1981–87).* Milano 1987.
Ceti dirigenti in Italia in età moderna e contemporanea. (I) Udine 1984.
Cicchito, L.: *Il Governo Craxi.* Milano 1989.
Cinnani, P.: *Emigration und Imperialismus.* München 1969.
Coppola, A.: *Moro.* Milano 1975.
Dal '68 ad oggi. Come siamo e come eravamo. Autori Vari (Verschied. Autoren). Bari 1980.
D'Antonio, M.: *Sviluppo e crisi del capitalismo italiano 1951–1972.* Bari 1973.
D'Apice, C.: *L'arcipelago dei consumi. Consumi e redditi delle famiglie in Italia dal dopoguerra ad oggi.* Bari 1981.
Deaglio, M., De Rita, G.: *Il punto sull'Italia.* Milano 1983.
De Gasperi, A.: *I diritti dell'Italia democratica.* Roma 1946.
De Gasperi, A.: *Discorsi politici.* Hrsg. v. T. Bozza. Roma 1956.
De Lutiis, G.: *Storia dei Servizi segreti in Italia.* Roma 1991.
Disegni: *Ebraismo e libertà religiosa in Italia.* Torino 1983.
Di Toro, A., Illuminati, A.: *Prima e dopo il centro-sinistra.* Roma 1970.
DOC *Italia '85.* Hrsg. v. Istituto Nazionale dell'Informazione. Roma 1986.
Donolo, C.: *Ungleichmäßige Entwicklung und Auflösung gesellschaftlicher Strukturen.* Berlin 1974.
Eurokommunismus im Widerspruch. Analyse und Dokumentation. Hrsg. v. M. Steinkühler. Köln 1977.
Fabbris, G., Mortara, V.: *Le 8 Italie. Dinamica e frammentazione della società italiana.* Milano 1986.
Faenza, R.: *Wir fragen nicht um Erlaubnis. Ein Handbuch zur Alternative.* Berlin 1975.
Falcone, G., Padovani, M.: *Cose di Cosa nostra.* Milano 1991.
Fanfani, A.: *Da Napoli a Firenze.* Milano 1959.
Ferraris, P.: *Die Hundert Tage von Reggio. Bericht über einen Aufstand in Süditalien.* Berlin 1972.
Ferrarotti, F.: *L'Italia in bilico.* Bari 1990.
Ferrarotti, F.: *Vite di periferie.* Milano 1981.
Flores, M.: *Fronte popolare e democrazia progressiva.* Roma 1973.
Frankel, P. H.: *MATTEI: Oil and Power Politics.* London 1966.
Gagliardo, S. (Hrsg.): *Storia del parlamento italiano,* vol. 20. Palermo 1984.
Galasso, G.: *Italia nazione difficile.* Bologna 1994.
Galeotti, S.: *Alla ricerca della governabilità.* Milano 1983.
Galli, G., Nannei, A.: *Occidente mancato.* Milano 1980.
Galli, G.: *La sinistra italiana nel dopoguerra.* Bologna 1958.
Galli, G.: *Die Rolle der Sozialisten in Italien.* In: *Frankfurter Hefte* 19 (1964), S. 221–226.
Gambino, A.: *Storia del dopoguerra. Dalla liberazione al potere DC.* Bari 1975.
Gamillscheg, F., Davies, P. L., u. a.: *Mitbestimmung der Arbeitnehmer in Frankreich, Großbritannien, Schweden, Italien.* Frankfurt a. M. 1978.
Garelli, F.: *Religione e Chiesa in Italia.* Bologna 1991.

Garonna, P.: *La natura della disoccupazione giovanile e i processi di aggiustamento.* Milano 1981.
Giorgi, G.: *Italienische Agrarreform: gesammelte Aufsätze über Probleme und Daten der it. Agrarreform.* Berlin 1972.
Giovana, M.: *Le nuove camice nere.* Milano 1966.
Giovanni, C.: *La DC, dalla fondazione al centro-sinistra. 1946–1962.* Firenze 1978.
Gordian, F.: *Italien, ein politischer Reiseführer.* Frankfurt a.M. 1966.
Graziani, A.: *L'economia italiana 1945–1970.* Bologna 1972.
Gruppi, L.: *Togliatti und der italienische Weg zum Sozialismus.* Frankfurt a.M. 1980.
Historische (Der) Kompromiß. Berlinguer, Gramsci, Longo, Togliatti u.a. Hrsg. v. P. Valenza. Berlin 1976.
Hobsbawm, E. J., Napolitano, G.: *Auf dem Weg zum historischen Kompromiß.* Frankfurt a.M. 1977.
Ieri 1987. Edizioni RAI. Roma 1987.
Indianer und P 38. Italien: ein neues '68 mit anderen Waffen. München 1978.
Italia (L') contemporanea 1945–1975. Hrsg. v. V. Castronovo. Torino 1976.
Italia (L') tra tedeschi e alleati. Hrsg. v. R. De Felice. Bologna 1973.
Italia (L') 1943–1950. La Ricostruzione. Hrsg. v. St. J. Woolf. Bari 1974 (1972).
Italia perchè? Cronaca di un paradosso. Milano 1979.
Italienischer post-bellico. Nachdenken über anti-institutionelle Kultur. In: *Alternative* 130/131 (1980).
Kennst du das Land? Italien heute. In: *Berliner Hefte* Nr. 8. 1978.
Keppeler, P.: *Die Arbeitslosigkeit in Industrieländern, besonders in Italien.* Bern 1980.
Kleiner, R. J.: *Basisgemeinden in der Kirche.* Steyr 1976.
Kogan, N.: *Storia politica dell'Italia repubblicana.* Bari 1982.
Kommunistische (Der) Vorschlag – P.C.I. –. Hamburg. 1978.
Kursbuch 26: Die Klassenkämpfe in Italien. Berlin 1971.
Lama, L.: *Die Rolle der Gewerkschaft in der italienischen Krise.* Frankfurt a.M. 1979.
La Malfa, U.: *L'altra Italia.* Milano 1975.
La Malfa, G.; Savona, P., Grilli, E.: *L'Italia al bivio: stagnazione o sviluppo.* Bari 1985.
Lanaro, S.: *L'Italia nuova.* Torino 1988.
Lanaro, S.: *Storia dell'Italia repubblicana.* Bologna 1994.
Leeden, M. A.: *Italy in Crisis.* Georgetown University 1977.
Levi, A.: *Ipotesi sull'Italia – Undici diagnosi per una crisi.* Bologna 1983.
Minc, A.: *Il dopo-crisi è cominciato. L'economia e la società di domani.* Padova 1984.
Macaluso, E.: *La mafia e lo stato.* Roma 1972.
Mammarella, G.: *Il partito comunista italiano 1945–1975.* Firenze 1976.

Marx, L. E.: *Der Neofaschismus in Italien.* In: *Frankfurter Hefte* 26 (1971), S. 665–669.
Mastropaolo, A.: *Il ceto politico.* Firenze 1991.
Melograni, P.: *Dieci perchè sulla Repubblica – Per capire l'Italia dal 1943 a oggi.* Roma 1994.
Mercuri, L.: *1943–1945. Gli Alleati e l'Italia.* Napoli 1976.
Milano, A.: *Storia degli ebrei in Italia.* Torino 1992.
Modena-Burckhardt, E.: *Von Giustizia e Libertà zum Partito d'Azione.* Zürich 1974.
Mutamento e classi sociali in Italia. Napoli 1981.
Nenni, P.: *Il socialismo nella democrazia.* Firenze 1966.
Nuovi accordi tra stato e chiesa. Prospettive di attuazione. Milano 1986.
Olivelli, P.: *Il lavoro dei giovani.* Milano 1981.
Orfei, R.: *L'occupazione del potere. I democristiani '45–'75.* Milano 1976.
Ortoleva, P.: *Saggio sui Movimenti del 1968 in Europa e in America.* Roma 1988.
Otto, H. J.: *Strukturwandlungen und Nachkriegsprobleme der Wirtschaft Italiens.* Kiel 1951.
Otto, U.: *Die italienische Südfrage. Entstehung, Problematik und derzeitiger Stand.* In: *Schmollers Jahrbuch f. Wirtschafts- und Sozialwissenschaften* 6 (1969), S. 693–713.
Ottone, P.: *Il gioco dei potenti.* Milano 1985.
Paci, M.: *Mercato del lavoro e classi sociali in Italia.* Bologna 1973.
Paci, M.: *Il mutamento della struttura sociale in Italia.* Bologna 1992.
Paliotti, V.: *Storia della Camorra.* Milano 1993.
Pallante M.: *Dal centro-sinistra all'autunno caldo.* Bologna 1975.
Pantaleone, M.: *Mafia e Politica.* Torino 1972.
Parri, F.: *Scritti 1915–1975.* Milano 1976.
Pasquino, G.: *Restituire lo scettro al principe. Proposte di riforma istituzionale.* Bari 1986.
Rizzo, F.: *Italia in transizione.* Roma 1984.
Piscitelli, E.: *Da Parri a De Gasperi.* Milano 1975.
Politica (La) estera italiana. Autonomia, interdipendenza, integrazione e sicurezza. Hrsg. v. N. Ronzitti. Milano 1977.
Putnam, R. D.: *La tradizione civica nelle Regioni italiane.* Milano 1993.
Ravaioli, C.: *Frauenbewegung und Arbeiterbewegung.* Hamburg 1977.
Ritratto di famiglia degli anni 80. Bari 1981.
Rizzo, A.: *Big Bang – Il cambiamento italiano nel cambiamento mondiale.* Bari 1993.
Romano, R.: *Paese Italia.* Roma 1994.
Romano, R.: *Italien. Berlin-Darmstadt-Wien 1978.*
Romano, S.: *Guida alla politica estera italiana. Dal crollo del fascismo al crollo del comunismo.* Milano 1993.
Ronchey, A.: *Libro bianco sull'ultima generazione. Tra candore e terrore le colpe verso i ventenni.* Milano 1979.

Ronchey, A.: *Accadde in Italia 1968–77.* Milano 1977.
Rosenbaum, P.: *Italien 1976 – Eine Einführung in das italienische Parteiensystem.* Reinbek 1976.
Rosenbaum, P.: *Neofaschismus in Italien.* Frankfurt a.M. 1975.
Rossanda, R.: *Einmischung. (Über Feminismus und Marxismus).* Hamburg 1980.
Rovan, J.: *Italien nach dem Tod Stalins und De Gasperis.* In: *Frankfurter Hefte* 12 (1957), S. 79–93.
Rusconi, G. E.: *Se cessiamo di essere una nazione.* Bologna 1993.
Rusconi, G. E., Ferrero, F., Scamuzzi, S.: *La società italiana in crisi.* Torino 1978.
Santoro, C. M.: *La politica estera di una media potenza. L'Italia dall'unità a oggi.* Bologna 1991.
Saraceno, P.: *Ricostruzione e pianificazione.* Bari 1969.
Saragat, G.: *Quaranta anni di lotta per la democrazia: scritti e discorsi, 1925–1965.* Milano 1966.
Scoppola, P.: *La proposta politica di De Gasperi.* Bologna 1977.
Segre, U.: *Dissenso politico e violenza. Scritti sulla contestazione giovanile.* Venezia 1980.
Setta, S.: *L'Uomo Qualunque 1944–1948.* Bari 1975.
Sicardi, S.: *Maggioranze, minoranze e opposizione nel sistema costituzionale italiano.* Milano 1984.
Siegler, H.: *Einigung Südtirolkonflikt.* München 1970.
Sorge, B.: *La „ricomposizione" dell'area cattolica in Italia.* Roma 1979.
Spataro, G.: *I democratici cristiani dalla dittatura alla repubblica.* Milano 1969.
Spätkapitalismus und Klassenkampf. Hrsg. v. C. Pozzoli. Frankfurt a.M. 1972.
Sylos Labini, P. *Le classi sociali negli anni 80.* Bari 1987.
Turani, G.: *1985–1995. Il secondo miracolo economico italiano.* Milano 1986.
Turani, G., Zanda, L.: *Annuario Italiano 1984.* Milano 1985.
Una riforma per le autonomie. Milano 1986.
Tamburrano, G.: *Storia e cronaca del centro-sinistra.* Milano 1973.
Tamburrano, G.: *PCI e PSI nel sistema democristiano.* Bari 1978.
Tarrow, S.: *Democrazia e disordine. Movimenti di protesta e politica in Italia. 1965–1975.* Roma-Bari 1990.
Timmermann, H.: *Eurokommunismus. Fakten, Analysen, Interviews.* Frankfurt a.M. 1977.
Togliatti, P.: *Momenti della storia d'Italia.* Roma 1973.
Togliatti, P.: *Die italienische kommunistische Partei.* Frankfurt a.M. 1979.
Togliatti, P.: *Ausgewählte Schriften.* Frankfurt a.M. 1967.
Tomasi, L.: *La contestazione religiosa giovanile in Italia. 1968–78.* Milano 1981.
Trentin, B.: *Arbeiterdemokratie – Gewerkschaft – Streik – Fabrikräte.* Hamburg 1978.

Triglia, C.: *Sviluppo senza autonomia.* Bologna 1992.
Valiani, L.: *La sinistra democratica in Italia.* Roma 1977.
Vedovato, E.: *Italienische Außenpolitik.* Bonn 1984.
Venti mesi con l'UNRRA per la ripresa industriale italiana. Hrsg. v. UNRRA. Roma 1948.
Verucci, G.: *La chiesa nella società contemporanea.* Bari 1988.
Viale, G.: *Die Träume liegen wieder auf der Straße.* Berlin 1979.
Vigezzi, B.: *Dimensione atlantica. Le relazioni internazionali nel dopoguerra (1947–1949).* Milano 1991.
Zavoli S.: *La notte della Repubblica.* Milano 1992.
Zur Geschichte und Theorie der italienischen Gewerkschaftsbewegung. Hrsg. v. CGIL und CISL. 2 Bde. Berlin 1973.

Teil II. Der republikanische Aufbau des italienischen Staates

a) Anmerkungen

1 Giuseppe Mazzini, *I doveri dell'uomo.* Genova 1841–1860.

2 Der Wehrpflichtige, der vor der Einberufung auswandert und sich bis zur Vollendung des 26. Lebensjahres im Ausland aufhält, wird danach vom Militärdienst freigestellt.

3 Vgl. Alessandro Galante Garrone, *Questa nostra repubblica.* Torino 1979, S. 92.

4 Nach der Volkszählung 1991 lebten von den 56,7 Mio. Italienern 23,7 Mio. in Gemeinden mit weniger als 15 000 Einwohnern.

5 Nach Art. 50: „Alle Staatsbürger können Petitionen an die Kammern richten, um gesetzliche Maßnahmen zu beantragen oder um auf allgemeine Notwendigkeiten hinzuweisen." Falls die Petition vom zuständigen Prüfungsausschuß angenommen wird, wird sie an die verantwortliche Stelle der Regierung weitergeleitet.

6 Zu erwähnen sind noch folgende zwei Gerichte, die in besonderen Bereichen tätig sind: „Das Oberste Gericht für öffentliche Gewässer" und „Das Oberste Militärgericht".

7 Noch im Jahr 1975 verlangte der *Partito Radicale* die Abschaffung von 93 Artikeln des Strafgesetzbuches *(Codice Rocco)*, da sie verfassungswidrig seien, und das entspricht einem Drittel des *Codice.* Vgl. Petra Rosenbaum, *Italien 1976.* Hamburg 1976, S. 120.

8 Mitglieder der *Fronte dell'Uomo Qualunque* (1945) (Bewegung des Mannes von der Straße) von Guglielmo Giannini. Nach dem Wahlerfolg von 1946, wo die *Fronte dell'Uomo Qualunque* (UQ) 30 Mandate erhielt, verschob sich ihr Wählerpotential bei dem Wahlgang von 1948 zugunsten der traditionellen Rechtsparteien (PLI, PNM, MSI), so daß die UQ zur Auflösung gezwungen wurde. Vgl. G. Pallotta, *Il qualunquismo e l'avventura di G. Giannini.* Milano 1972.

b) Bibliographie

Amendola, G.: *Gli anni della Repubblica.* Roma 1976.

Atti dell'Assemblea Costituente. Camera dei Deputati. Roma 1946–1947.

Bellavista, G.: *Il paese delle cinque polizie.* Milano 1962.

Beyme, K. v.: *Das politische System Italiens.* Stuttgart, Berlin, Köln, Mainz 1970.

Brusa, C.: *Geografia elettorale nell'Italia del dopoguerra. Edizione aggiornata alle elezioni politiche 1983.* Roma 1984.

Calamandrei, P., Barile, P.: *Die Grundfreiheiten in Italien.* In: *Die Grundrechte.* Hrsg. v. K. A. Bettermann, F. L. Neumann, H. C. Nipperdey. Bd. I, 2. Hbd. Berlin 1966, S. 659ff.

Calamandrei, P., Levi, A. *Commentario sistematico alla costituzione italiana.* Firenze 1950.

Cassese, S.: *Le basi del diritto amministrativo. Torino 1991.*

Cassese, S., Franchini C. (Hrsg.): *L'amministrazione pubblica italiana. Un profilo.* Bologna 1994.

Cazzola, F.: *Il sistema politico dell'Italia contemporanea.* Torino 1978.

Commissioni (Le) all'assemblea costituente per gli esami dei disegni di legge. 5. vol. Camera dei Deputati. Roma 1985.

Corbetta, P., Parisi, A. M. L., Schadee, H. M. A.: *Elezioni in Italia. Struttura e tipologia delle consultazioni politiche.* Bologna 1988.

Costituente e lotta politica. La stampa e le scelte costituzionali. Hrsg. v. R. Ruffili. Firenze 1978.

Costituzione (La) della repubblica italiana illustrata con i lavori preparatori. Hrsg. v. V. Falzone, F. Palermo, F. Cosentino. Milano 1976 (1948).

Costituzione (La) della repubblica nei lavori preparatori dell'Assemblea Costituente. Hrsg. v. d. Camera dei Deputati, Segretariato Generale. Roma 1970.

Crisafulli, E.: *Stato Popolo Governo. Illusioni e delusioni costituzionali.* Milano 1985.

De Benedetti, F. u. a.: *Il potere militare in Italia.* Bari 1971.

Dente, B.: *Governare la frammentazione. Stato, regioni ed enti locali in Italia.* Bologna 1985.

Dicke, D. Ch.: *Verfassungsrechtliche Möglichkeiten und Grenzen der Wirtschaftslenkung in Italien und in der Bundesrepublik.* Stuttgart 1969.

Dogan, M.: *Unterschiede im Wahlverhalten der Männer und Frauen in Italien.* In: *Kölner Zeitschrift für Soz. und Sozialpsychologie XVII* (1965), S. 543–555.

Farneti, P.: *Sistema politico e società civile. Saggi di teoria e ricerca politica.* Torino 1971.

Galante Garrone, A.: *Questa nostra repubblica.* Torino 1979.

Galli, G.: *Dal bipartitismo imperfetto alla possibile alternativa.* Bologna 1974.

Guarnieri, C.: *Magistratura e politica in Italia. Paesi senza contrappesi.* Bologna 1992.

Interessengruppen und Gesetzgebung in Italien. In: *Polit. Vierteljahresschrift* 4 (1963), S. 386–426.
Italia (1945–1975). Autori Vari (Verschied. Autoren). Milano 1975.
Landi, G.: *Il Consiglio di Stato e i Tribunali amministrativi regolari.* Milano 1986.
Maranini, G.: *Storia del potere in Italia, 1848–1967.* Firenze 1967.
Nania, C.: *Il valore della costituzione.* Milano 1986.
Negri, G.: *L'occhio sulla repubblica.* Milano 1979.
Nohlen, D.: *Italien.* In: *Die Wahl der Parlamente.* Hrsg. v. D. Sternberger, B. Vogel. Bd. I, 1. Hbd. Berlin 1969, S. 713 ff.
Nuovo (Il) diritto di famiglia. Presidenza del Consiglio dei Ministri. Roma 1975.
Parlamento (Il) italiano 1946–1964. Autori Vari (Verschied. Autoren). Napoli 1963.
Partiti e partecipazione politica in Italia. Hrsg. v. G. Sivini. Milano 1971.
Permali, P.: *La costituente e i partiti politici italiani.* Bologna 1966.
Pierandrei, P.: *Prinzipien der Verfassungsinterpretation in Italien.* In: *Jahrbuch d. Öffentl. Rechts d. Gegenwart* 12 (1963), S. 201 ff.
Pizzorusso, A.: *L'organizzazione della giustizia in Italia.* Torino [2]1985.
Profili dell'Italia repubblicana. Autori Vari (Verschied. Autoren). Roma 1985.
Regioni (Le) in Italia – La prima legislatura regionale. Presidenza del Consiglio dei Ministri. Roma 1978.
Regioni (Le): politica o amministrazione? Autori Vari (Verschied. Autoren). Milano 1973.
Ruffili, R.: *La questione regionale dall'unificazione alle dittatura, 1862–1942.* Milano 1971.
Sandulli, A. M.: *Die Verfassungsgerichtsbarkeit in Italien.* In: *Verfassungsgerichtsbarkeit in der Gegenwart.* Hrsg. H. Moser. Köln, Berlin 1962, S. 292 ff.
Sartori, G.: *Correnti, frazioni e fazioni nei partiti politici italiani.* Milano 1978.
Schepsis, G.: *Le consultazioni popolari in Italia dal 1848 al 1957 Profilo storico statistico.* Empoli 1958.
Schidor, D.: *Entwicklung und Bedeutung des Statuto Albertino in der italienischen Verfassungsgeschichte.* Mainz 1977.
Sciascia, G.: *Die Verfassung der italienischen Republik vom 27. Dezember 1947 und ihre Entwicklung bis 1958.* In: *Jahrbuch d. Öffentl. Rechts d. Gegenwart* 8 (1959), S. 139 ff.
Sciascia, G.: *Die Entwicklung der italienischen Verfassung 1959–1966.* In: *Jahrbuch d. Öffentl. Rechts d. Gegenwart* 16 (1967), S. 207 ff.
Sistema (Il) politico italiano. Hrsg. v. P. Farneti. Bologna 1973.
Spagna Musso, A.: *Costituzione e struttura del governo.* Padova 1984.
Teresi, R.: *Il consiglio superiore della magistratura. 25 anni di applicazione della legge del maggio 1958.* Napoli 1984.
Terracini, U.: *Come nacque la costituzione.* Intervista di P. Balsamo. Roma 1978.

Trappe, H.-J.: *Die verfassungsrechtliche Stellung der politischen Parteien in Italien.* In: *Jahrbuch d. Öffentl. Rechts d. Gegenwart* 18 (1970), S. 151 ff.
Wahl (Die) der Parlamente. Hrsg. v. D. Sternberger, B. Vogel. Berlin 1969.
Via (La) italiana alle regioni. Autori Vari (Verschied. Autoren). Milano 1972.
Wollmann, H.: *Die Stellung der Parlamentsminderheiten in England, Deutschland und Italien.* Den Haag 1970.

Teil III. Die Bevölkerung: Entwicklung und Struktur

a) Anmerkungen

1 A. Bellettini, *La popolazione italiana dall'inizio dell'era volgare ai giorni nostri. Valutazioni e tendenze.* In: *Storia d'Italia Einaudi.* Bd. V, Hbd. 1. *I Documenti.* Torino 1973, S. 522. Und ISTAT, *Annuario statistico italiano* 1992. Roma 1992, S. 45. 1891 fand wegen finanzieller Schwierigkeiten keine Volkszählung statt.
2 Ebenda, S. 527 und ISTAT 1992, S. 46.
3 Ebenda, S. 526.
4 Ebenda, S. 527.
5 M. Livi Bacci, *La situazione demografica in Italia.* In: *Annuario Rizzoli 1979.* Milano 1980, S. 233 f.
6 ISTAT 1992, S. 46.
7 1945 hatte sich in Sizilien eine separatistische Armee unter dem Namen EVIS *(Esercito volontario per l'indipendenza della Sicilia:* Freiwilligenarmee für die Unabhängigkeit Siziliens) gebildet, die die Regierung F. Parri auflöste.
8 T. De Mauro, *Note sulle minoranze linguistiche e nazionali in Italia:* In: *Il Mulino,* Nr. 263, Bologna 1978, S. 357–58. Alle Daten bezüglich der ethnischen Minderheiten in: *Le minoranze linguistiche nei paesi della Comunità Europea.* Hrsg. v. Istituto della Enciclopedia Italiana. Roma 1984.
9 G. Pinnarò: *L'Italia socio-economica 1976–77.* Roma 1978, S. 51, ISTAT 1992, S. 208.
10 A. und C. Ginzburg, *La campagna: viverci, abbandonarla.* In: *Economia e Società.* Bologna 1976, S. 24 ff.; ISTAT 1992, S. 208.
11 A. und C. Ginzburg, *Città e campagna.* In: *Economia e Società,* S. 28. Vgl. auch: *Le città italiane in cifre.* Hrsg. v. ISTAT. Roma 1992, S. 65 f.
12 A. und C. Ginzburg, *Le città italiane.* In: *Economia e Società, S. 18–20.*
13 L. Gambi, *L'Urbanesimo.* In: *Storia d'Italia Einaudi.* Bd. I, Torino 1972, S. 21 f.
14 A. und C. Ginzburg, *Le città italiane.* In: *Economia e Società, S. 20 f.*
15 U. Cassinis, *Gli Italiani si muovono, breve storia dell'emigrazione italiana.* Torino 1975, S. 17 f.

16 G. Tagliacarne, *L'Italia: due milioni in più negli ultimi cinque anni.* In: *Annuario Rizzoli 1976.* Milano 1977, S. 498.

17 M. Livi-Bacci, *La situazione demografica in Italia.* In: *Annuario Rizzoli 1979.* Milano 1980, S. 234.

b) Bibliographie

Bevölkerungsentwicklung

Ascoli, U., Catanzaro, R.: *La società italiana degli anni '80.* Bari 1987.

Bellettini, A.: *La popolazione italiana dall'inizio dell'era volgare ai giorni nostri. Valutazioni e tendenze.* In: *Storia d'Italia Einaudi.* Bd. V, Hbd. 1. *I Documenti.* Torino 1973.

Blangiardo, G. C.: *Meno Italiani... più problemi.* Roma 1990.

Di Comite, L., Moretti, E.: *Demografia e flussi migratori nel bacino del Mediterraneo.* Firenze 1993.

Golini, A.: *Tendenze demografiche e politiche per la popolazione.* Bologna 1994.

Futuro (Il) degli italiani, Fondazione G. Agnelli. Torino 1989.

Livi Bacci, M.: *Donna, fecondità e figli. Due secoli di storia demografica italiana.* Bologna 1980. *La situazione demografica in Italia.* In: *Annuario Rizzoli 1979.* Milano 1980.

Mazzocchi, G.: *Quando nel Mezzogiorno batte la mezzanotte.* In: *Dossier: Noi Italiani* von *La Repubblica,* 23. 3. 1979, Roma 1979.

Secondo rapporto sulla situazione demografica italiana, Istituto Ricerche sulla Popolazione (IRP-CNR). Roma 1988.

Sonnino, E.: *Aspetti e problemi di demografia sociale e di politica della popolazione in Italia.* Roma 1979.

Tagliacarne, G. G.: *L'Italia: due milioni in più negli ultimi cinque anni.* In: *Annuario Rizzoli 1976.* Milano 1977.

Volpi, R.: *Storia della popolazione italiana dall'Unità a oggi.* Firenze 1989.

Kulturethnische Minderheiten

De Mauro, T.: *Note sulle minoranze linguistiche e nazionali in Italia.* In: *Il Mulino* Nr. 263. Bologna 1979.

De Mauro, T.: *L'Italia delle Italie.* Roma [3]1992.

Mauri, M.: *Nelle case del padre. Chiesa e minoranze ethniche in Italia.* Brescia 1981.

Minoranze (Le) linguistische nei paesi della Comunità Europea. Rapporto di Sintesi. Roma 1984.

Salvi, S.: *Le lingue tagliate.* Milano 1975.

Landflucht

Barsotti, O., Bonaguidi, A.: *Le trasformazioni dei modelli territoriali di sviluppo demografico in Italia.* Roma 1981.

Ginzburg, A. und C.: *La campagna: viverci, abbandonarla.* In: *Economia e Società.* Bologna 1976.

Menghetti, L.: *Popolazione e territorio.* Milano 1979.

Verstädterung

Campos Venuti, G., Olivia-Laterza, F.: *Cinquant'anni di urbanistica in Italia.* 1942–1992. Bari 1994.

Gambi, L.: *L'Urbanesimo.* In: *Storia d'Italia Einaudi.* Bd. I. *I caratteri originali.* Torino 1972.

Ginzburg, A. und C.: *Le città italiane.* In: *Economia e Società.* Bologna 1976.

Gregotti, V.: *La città visibile.* Milano 1994.

Lay, C.: *Das tägliche Erdbeben. Ein Bericht über die Stadt Neapel.* Berlin 1982.

Leers, K.-L.: *Die räumlichen Folgen der Industrieansiedlung in Süditalien – das Beispiel Tarent.* Düsseldorf 1981.

Libertini, N.: *La città moderna.* Bologna 1981.

Michelucci, G.: *Intervista sulla città moderna.* Bari 1981.

Petraccone, C.: *Le città italiane dal 1860 ad oggi.* Torino 1979.

Romano, M.: *Urbanistica in Italia nel periodo dello sviluppo (1942–80).* Venezia 1980.

Auswandererbewegung

Ascoli, U.: *Movimenti migratori in Italia.* Bologna 1979.

Cinanni, P.: *Emigration und Imperialismus.* München 1969.

Italienische Emigranten. In: *Informationsdienst zur Ausländerarbeit* Nr. 3/81. Hrsg. Institut für Sozialarbeit und Sozialpolitik. Frankfurt a. M. 1981.

Morelli, U. (Hrsg.): *Movimenti migratori e mercati del lavoro.* Milano 1981.

Reyneri, E.: *La catena migratoria. Il ruolo dell'emigrazione nel mercato del lavoro di arrivo e di esodo.* Bologna 1980.

Rosoli, G. (Hrsg.): *Un secolo di emigrazione italiana 1876–1976.* Roma 1978.

Sori, E.: *L'emigrazione italiana dall'Unità alla seconda guerra mondiale.* Bologna 1979.

Die Ausländer in Italien

Angioni, G.: *Una ignota compagnia.* Milano 1992.
Allievi, S.: *La sfida dell'immigrazione.* Bologna 1991.
Balbo, L., Manconi, L.: *I razzismi possibili.* Milano 1990.
Fortunato, M., Methnani, S.: *Immigrato.* Milano 1990.
Khouma, P.: *Io, venditore di elefanti.* Milano 1990.
Melotti, U.: *L'immigrazione, una sfida perl'Europa.* Roma 1992.
Montecelli, G.-L.: *La presenza straniera in Italia nel 1992.* Brescia 1993.
Montecelli, G.-L.: *Le Migrazioni e l'Italia.* Brescia 1993.
Pittau, F., Ulivi, G.: *L'altra Italia. Il pianeta emigrazione.* Padova 1986.
Rosoli, G.: *Fasi e trasformazioni dell'immigrazione in Italia nell'ultimo ventennio.* Brescia 1993.
Sacchettini, E.: *Lo straniero in Italia.* Milano 1980.
Schuster, M.: *Die Stellung der Ausländer im deutschen und italienischen Aufenthaltsrecht.* Berlin 1976.
Zanchetta, P. L.: *Essere stranieri in Italia.* Milano 1991.

Teil IV. Wirtschaft und Gesellschaft

a) Anmerkungen

1 Die folgenden statistischen Angaben stammen aus G. Pinnarò, *L'Italia socio-economica 1976–77.* Roma 1978, S. 51.

2 Unter *Gabbie Salariali* (wörtl. Lohnkäfig) verstand man die 7 Lohn- und Gehaltsbezirke, in die die italienische Arbeitswelt unterteilt war.

3 L. Villari, *Il capitalismo italiano del '900.* Bari 1975, S. 650.

4 Vgl. E. Scalfari/G.: *Razza padrona, Storia della borghesia di stato*, Roma-Milano 1974.

5 R. Mattioli, *Relazione Annuale al Consiglio di Amministrazione della Banca Commerciale Italiana Anno 1961.* In: L. Villari, *Il capitalismo italiano del '900,* S. 650.

6 V. Castronovo, *Economia e classi sociali.* In: *L'Italia contemporanea (1945–1975).* Torino 1976, S. 38f.

7 1969, wie bei allen vorangegangenen Krisen, hat gerade die Kapitalflucht die positive Handelsbilanz in der gesamten Zahlungsbilanz stark beeinträchtigt.

8 V. Foa, *Sindacato e lotte sociali.* In: *Storia d'Italia Einaudi.* Bd. V, Hbd. 1. Torino 1973, S. 1826.

9 U. La Malfa, *Nota aggiuntiva alla relazione sul bilancio del 1962 – Problemi e prospettive dello sviluppo italiano.* Zitiert nach: *Mondo Economico,* Supplemento vom 2. 6. 1962. Roma 1962, S. XLVIf.

10 Vgl. *Das ist Italien – eine Selbstdarstellung der Regierungspolitik durch das Amt des Ministerpräsidenten.* Roma 1972, S. 104.

11 Vgl. *Süddeutsche Zeitung* vom 22. Dezember, Nr. 295. München 1978, S. 2.

12 E. Gorrieri, *La giungla retributiva*, Bologna 1973 und *La giungla familiare*, Bologna 1978.

13 G. Pinnarò, *L'Italia socio-economica 1976–77*. Roma 1978, S. 57.

14 In fünf Jahren wurden 550 Milliarden Lire für Bodenverbesserung, Mechanisierung der Landwirtschaft und Ankauf von Vieh, ferner mehr als 1077 Milliarden Lire zur Stützung des Marktes und zur Subventionierung von Landwirtschaftsbetrieben ausgegeben.

15 *Annuario Statistico Italiano 1976*. ISTAT. Roma 1977, S. 152. Tabelle 139/140.

16 H. M. Enzensberger, *Politik und Verbrechen*. Neun Beiträge. Frankfurt a. M. 1964, S. 239.

17 In dem *Documento* oder *Rapporto Pirelli* (1970) leitete die *Confederazione degli Industriali* (Unternehmerdachorganisation) einen Erneuerungsprozeß ein, griff die *Partecipazioni Statali* (Staatliche Beteiligungen) an und mahnte den Staat zur Einhaltung der Spielregeln der freien Marktwirtschaft.

18 Hauptvertreter dieser rückständigen Ausübung politischer Macht in den siebziger Jahren waren E. Cefis im Bereich der Industrie und A. Fanfani in der Politik. Beide haben erfolglos versucht, eine Identifizierung der italienischen Gesellschaft mit der DC zu vollziehen, während diese Gesellschaft bei den Wahlen von 1974, 1975 und 1976 ihrer Politik eine Absage erteilte.

19 *Leggina* (wörtl. Mini-Gesetz). Es handelt sich hier um Gesetze, die bestimmte Gruppen von Bürgern oder bestimmte Arbeitsbereiche betreffen. Sie erschweren die Verwaltung und bringen lediglich Wählerstimmen für den Parlamentarier ein, der die *Leggina* gefördert hat.

20 Von 1968 bis 1972 ging folgende Anzahl von Arbeitsstunden verloren: 1968: 9239000; 1969: 37824000; 1970: 20887000; 1971: 14789000; 1972: 19497000; dabei sind nicht berücksichtigt die Arbeitsstunden, die durch politische Generalstreiks z. B. gegen den Krieg in Vietnam, zur Förderung einer sozialen Wohnungsbaupolitik oder einer Schulreform u. a. verlorengegangen sind. Bei Streik erhalten die Streikenden von den Gewerkschaften keinen Lohnausgleich; eine Unterstützung gibt es nur, wenn der Streik zu lange dauern sollte. Quelle der Daten: *Gli anni 70. Economia-Politica-Società*. Hrsg. v. *Il Mondo*. Milano 1980, S. 12.

21 V. Castronovo, *La storia economica*. In: *Storia d'Italia Einaudi*. Bd. IV, Hbd. 1. Torino 1975, S. 480f.

22 *Decretone* (wörtl. bedeutende Verordnung); im Notfall wird vom Ministerrat ein *Decretone* erlassen, das einer nachträglichen Bewilligung durch das Parlament bedarf. Damit werden in der Regel kurzfristige Maßnahmen zur Bekämpfung von Krisen getroffen wie z. B. die Erhöhung von Steuern und Benzinpreisen.

23 V. Valli, *L'economia e la politica italiana dal 45 al 79. Tendenze e problemi*. Milano 1979, S. 137.

24 In Italien gab es 23 Filialen von ausländischen Banken, davon 11 aus EG-Ländern. Dazu kamen weitere italienische Banken, die wie die *Banca d'America e d'Italia* von ausländischem Kapital kontrolliert wurden. Andererseits unterhielt Italien 46 Bankfilialen im Ausland, davon 7 in EG-Ländern und 39 weitere in anderen Ländern.

25 *Rendita di Posizione* (wörtl. Lagerendite): Dem entsprechen sowohl die Postengebühren als auch die finanziellen Vorteile, die den einzelnen Banken aufgrund ihres Zuständigkeitsbereichs zufallen.

26 Die Bankangestellten beziehen in Italien je nach Dienstalter 14 bis 17 Monatsgehälter im Jahr.

27 Im Jahr 1979 wurde eine Wachstumsrate von 5 % erreicht. Die Zahlungsbilanz konnte einen Überschuß erzielen. Die Auslandsverschuldung wurde wesentlich verringert und die Reserven bei der *Banca d'Italia* erheblich erhöht.

28 Nach A. Bagnasco *(Le Tre Italie: la problematica territoriale dello sviluppo italiano,* Bologna 1977) läßt sich die Realität Italiens nicht mehr mit der traditionellen geographischen Teilung in Norden und Süden allein umschreiben. Die Neugestaltung der Arbeitswelt macht es unmöglich, weiterhin vom Nord-Süd-Gefälle zu sprechen; so vertritt er die These einer möglichen Gliederung des Landes in drei große Regionen *(Tre Italie):* Nordwesten, *Mezzogiorno* und Mitte-Nordosten, um damit die wirtschaftlichen, kulturellen und gesellschaftlichen Besonderheiten der einzelnen Regionen besser beschreiben zu können.

29 „Wahrscheinlich liegt der amerikanische Nationalökonom Milton Friedman gar nicht so falsch, wenn er meint, die Italiener hätten die gesündeste Wirtschaft Europas: ‚Ich spreche nicht von der offiziellen Wirtschaft, die auf der Stelle tritt, sondern von der anderen, der parallelen und heimlichen. Diese Untergrund-Wirtschaft, sehr erfindungsreich, ist dabei, sich prächtig zu entwickeln.'" Vgl. *Der Spiegel* Nr. 46/1981, S. 81. Dort heißt es weiter: „Experten schätzen, daß die Italiener derzeit 30 Prozent ihres Bruttosozialprodukts schwarz erwirtschaften."

30 Für Gioia Tauro war der Aufbau des fünften Stahlwerkes der *Italsider* nach Cornigliano (Ligurien), Piombino (Toskana), Bagnoli (Kampanien) und Tarent (Apulien) vorgesehen. Die Krise im Stahlsektor hat seine Verwirklichung unmöglich gemacht, obgleich die Vorarbeiten für die Anlagen beschlossen waren. Nach dem Energieversorgungsplan der Spadolini-Regierung (1981) sollte Gioia Tauro nun doch ein Kraftwerk und einen Hafen für den Kohlentransport erhalten. In Marina di Melilli sind zwar eine Erdölraffinerie und Zementwerke in Betrieb genommen worden, es fehlten jedoch entsprechende Vorkehrungen, um weitere Umweltschäden zu verhindern.

31 Der *Assenteismo* hat sich zwischen 1974 und 1978 nach Angaben der *Confindustria* folgendermaßen entwickelt: 1974: 13,72 %; 1975: 12,98 %; 1976: 12,87 %; 1977: 11,54 %; 1978: 11,34 %. Vgl. *Corriere della Sera* Nr. 31, 13. 8. 1979, S. 1.

32 Nach einer Überprüfung des Abkommens wurde im Juli 1981 von *Fiat* und von FLM gemeinsam beschlossen, daß von den 24 000 Arbeitern, die bei der *Cassa Integrazione* (siehe S. 331 ff.) angemeldet worden waren und deren Zahl inzwischen auf 17 870 gesunken war, 7500 in Betrieben außerhalb von Turin wiedereingestellt werden sollten; 3500 wurden zwischen Juli 1982 und Juni 1983 in *Fiat*-Betrieben in Mittel- oder Süditalien (Florenz, Sulmona, Termoli und Cassino) wiederaufgenommen; für weitere 2000 war eine Wiedereingliederung in piemontischen Betrieben im Lauf des Jahres 1981 geplant. Für die restlichen 4870 war die zweijährige Zugehörigkeit zur *Cassa Integrazione* vorgesehen, d. h. bis Juni 1983, wenn ihre Wiedereinstellung möglich sein sollte.

33 Vgl. *Annuario Economico e Politico.* Hrsg. von *Il Mondo.* Milano 1980, S. 88 ff.

34 EUR ist der Name des römischen Stadtviertels, wo 1500 Gewerkschaftler zusammentrafen, um die Vorschläge der Leitung der CGIL, CISL und UIL zu diskutieren.

35 G. Ruffolo, *Tra lo stato e il mercato, una proposta liberal-socialista.* In: *La Repubblica,* 5. 11. 80, Roma, S. 5.

36 Es fehlt immer noch das Rahmengesetz, wie es Art. 45 der Verfassung vorsieht: „Die Republik anerkennt die soziale Bedeutung des auf Gegenseitigkeit oder private Spekulationszwecke gegründeten Genossenschaftswesens. Das Gesetz fordert und begünstigt seine Entwicklung mit den geeignetsten Mitteln und gewährleistet durch angemessene Kontrolle seinen Charakter und seine Ziele."

37 Vgl. *Annuario Economico e Politico.* Hrsg. v. *Il Mondo.* Milano 1981, S. 73.

38 S. Gambale, *Struttura e Ruolo del Bilancio in Italia.* Bologna 1980, S. 61.

39 Ebenda, S. 70.

40 Ebenda, S. 74.

b) Bibliographie

Wirtschaft

AA.VV.: *L'economia della corruzione.* Bari 1994.

Annuario INEA: *Dieci anni di agricoltura in Italia.* 1980–1991. Bologna 1992.

Bagnasco, A.: *Le Tre Italie: la problematica territoriale dello sviluppo italiano.* Bologna 1977.

Becchi, A., Rey, G.: *L'economia criminale.* Bari 1994.

Bevilacqua, P.: Secondo rapporto sulla povertà in Italia. Milano 1992.

Boccella, N. (Hrsg.): *Stato, mercato, Mezzogiorno.* Napoli 1993.

Caronna, M.: *Economia italiana oggi.* Milano 1981.

Cavazzuti, F.: *Debito pubblico e ricchezza privata.* Bologna 1985.

Ciccarone, G., Gnesutta, C.: *Conflitto di strategie. Economia e Società italiana negli anni Novanta.* Roma 1993.

Cingolani, S.: *Le grandi famiglie del capitalismo italiano.* Bari 1990.
Ciravegna, D.: *Struttura ed evoluzione dell'economia italiana.* Torino 1978.
D'Antoni, M.: *Il Mezzogiorno: sviluppo o stagnazione?* Bologna 1992.
Durante, R.: *Il lavoro in Italia tra disoccupazione e piena occupazione.* Roma 1979.
Forte, F.: *La congiuntura in Italia 1961–65.* Torino 1966.
Fuà, G.: *Occupazione e capacità produttive: la realtà italiana.* Bologna 1976.
Fuà, G. (Hrsg.): *Lo sviluppo economico in Italia.* Bd. I *Lavoro e reddito.* Milano 1981.
Ginsborg, P.: *Storia d'Italia. Società e politica dal dopoguerra ad oggi.* 1943–1988. Torino 1989.
Ginsborg, P. (Hrsg.): *Stato dell'Italia. Il bilancio politico, economico, sociale e culturale di un paese che cambia.* Milano 1994.
Guerrieri, P., Milana, C.: *L'Italia e il commercio mondiale.* Bologna 1990.
Jacobelli, J.: 1994? *Dove va l'economia italiana?* Bari 1994.
Mosetto, G.: *La politica economica delle regioni italiane.* Milano 1982.
Paci, M.: *Mercato del lavoro e classi sociali in Italia.* Bologna 1974.
Pinnarò, G.: *L'Italia socio-economica 1976–77.* Roma 1978.
Podbielski, G.: *Storia dell'economia italiana 1945–1974.* Bari 1986.
Rapporto CER/IRS: *Una politica industriale per la nuova legislatura.* Bologna 1992.
Romano, R.: *Storia dell'economia italiana. 3 vol.* Torino, 1990/91.
Rossi, G.: *La scalata del mercato – la borsa e i valori mobiliari.* Bologna 1986.
Ruffolo, G.: *La qualità sociale – le vie dello sviluppo.* Bari 1986.
Sapelli, G.: *Sul capitalismo italiano. Trasformazione o declino.* Milano 1993.
Sapelli, G.: *Cleptocrazia. Il meccanismo unico della corruzione tra politica ed economia.* Milano 1994.
Spesso, R.: *L'economia italiana dal dopoguerra ad oggi.* Roma 1980.
Turani, G.: *L'Avvocato 1966–1985. Il capitalismo italiano tra rinuncia e ripresa.* Torino 1985.
Vitale, M.: *La lunga marcia verso il capitalismo democratico.* Milano 1989.
Vitale, M.: *Liberare l'economia. Le privatizzazioni come terapia alla crisi italiana.* Venezia 1993.

Industrie

Albani, P.: *Crisi del profitto e sviluppo capitalistico. Un'analisi disaggregata dell'industria manifatturiera italiana 1951–79.* Firenze 1979.
Barca, F., Magnani, M.: *L'industria fra capitale e lavoro.* Bologna 1989.
Barca, F.: *Imprese in cerca di padrone. Proprietà e controllo nell'industria italiana.* Bari 1994.
Bisi Trentino, S., Federici, M. C.: *Le relazioni industriali in Italia.* Roma 1980.
Brusco, S.: *Piccole imprese e distretti industriali.* Torino 1989.

Castronovo, V.: *L'industria italiana dall'ottocento ad oggi.* Milano 1990.
Cesali, S.: *Le imprese farmaceutiche.* Milano 1980.
De Brabant, F.: *L'industria dei farmaci è malata.* Roma 1979.
Döpp, W.: *Das Hotelgewerbe in Italien.* Marburg 1978.
Forcellini, P.: *Rapporto sull'industria italiana.* Roma 1978.
Gambetta, D.: *La mafia siciliana. Un'industria della protezione privata.* Torino 1994.
Geroldi, G.: *Le piccole industrie nella struttura industriale italiana.* Milano 1980.
Graziosi, A.: *La ristrutturazione nelle fabbriche.* Milano 1979.
Keppler, P.: *Die Arbeitslosigkeit in Industrieländern, besonders in Italien.* Bern 1980.
La Francesca, S.: *Iniziativa privata e sviluppo industriale nel Mezzogiorno.* Milano 1979.
Laicata, C.: *Sviluppo e cultura. Alle origini dell'Italia industriale.* Milano 1984.
Martelli, E., Pecci, G., Tagliabue, G.: *Le imprese commerciali italiane operanti con l'estero.* Milano 1981.
Martinelli, A., Chiesi, A. M., Dalla Chiesa, N.: *I grandi imprenditori italiani.* Milano 1981.
Napoli, M.: *Occupazione e politica del lavoro in Italia (1974–1983).* Milano 1984.
Onida, F.: *Industria italiana e commercio internazionale.* Bologna 1979.
Padoan, P. C., Pezzoli, A., Silva, F. (Hrsg.): *Concorrenza e concentrazione nell'industria italiana.* Bologna 1989.
Panati, G.: *Nucleare contro solare? Problemi e strategie dell'industria energetica.* Padova 1980.
Pennacchi, L. (Hrsg.): *L'industria italiana. Trasformazioni strutturali e possibilità di governo politico.* Milano 1981.
Pent Fornengo, G.: *L'industria italiana dell'abbigliamento.* Bologna 1979.
Prime (Le) 2000 società italiane. Hrsg. v. *Il Mondo.* 24. Oktober 1980.
Primo rapporto CER/IRS sull'industria e la politica industriale in Italia (Vol. 8). Autori Vari (verschied. Autoren). Bologna 1987.
Prodi, R.: *Sistema Milano industriale e sviluppo economico in Italia.* Bologna 1973.
Repertorio delle industrie siderurgiche italiane. Milano 1980.
Rohbeck, J.: *Rationalisierung und Arbeitskampf bei Fiat.* In. *Das Argument.* Sonderband 2. Berlin 1974, S. 175 ff.
Salerni, D.: *Il sistema di relazioni industriali in Italia.* Bologna 1981.
Sapelli, G.: *Organizzazione, lavoro e innovazione industriale nell'Italia tra le due guerre.* Torino 1978.
Serravalle, G.: *Industria chimica in Italia e in Europa.* Milano 1980.
Servalli, G.: *Sviluppo industriale, occupazione e squilibrio Nord-Sud in Italia: il ruolo delle regioni intermedie (1951–1981).* Milano 1984.
Vicarelli, F.: *Capitale industriale e capitale finanziario.* Bologna 1979.
Zamagni, V.: *Dalla periferia al centro.* Bologna 1990.

Landwirtschaft

Barberis, C., Guidicini, D., Scida, G.: *La povertà del mondo rurale in Italia.* Milano 1981.

Bertelé, U., Brioschi, F.: *L'economia agroalimentare italiana.* Bologna 1981.

Bevilacqua, P.: *Storia dell'agricoltura italiana in età contemporanea. Uomini e classi.* Venezia 1990.

Bolaffi, G., Varotti, A.: *Agricoltura capitalistica e classi sociali in Italia 1948–1970.* Bari 1973.

Cavazzani, A.: *Part-time agricolo. Ristrutturazione capitalistica e famiglia agricola.* Venezia 1980.

CESPE u. Catena, P. (Hrsg.): *La politica agraria in Italia.* Roma 1979.

Cinanni, P.: *Lotte per la terra nel Mezzogiorno. 1943–1953.* Venezia 1979.

Consonni, G., Della Peruta, F., Ghisio, G.: *Stato e agricoltura in Italia 1945–70.* Torino 1980.

Donati, M. (Hrsg.): *Profilo dell'agricoltura italiana.* Monteverde 1985.

Fabiano, G.: *L'agricoltura in Italia tra sviluppo e crisi. 1946–1977.* Bologna 1979.

Galasso, A. (Hrsg.): *L'impresa agricola.* Bari 1981.

Giorgi, G.: *Italienische Agrarreform: Gesammelte Aufsätze über Probleme und Daten der it. Agrarreform.* Berlin 1972.

Harrach, W. Graf: *Die Landwirtschaft in Italien.* Frankfurt a.M. 1976.

ISTAT: *Caratteristiche strutturali delle aziende agricole.* Roma 1991.

Villani, P., Marroni, N.: *Riforma agraria e questione meridionale (1943–80).* Bari 1981.

Bauindustrie

Bodenschatz, H.: *Städtische Bodenreform in Italien.* Frankfurt a.M. 1979.

Cederna, A.: *La difesa del territorio. Appunti per un'urbanistica in Italia.* Milano 1976.

Costa, E.: *Territorio, casa, industria delle costruzioni.* Reggio Calabria 1981

Debold, P.: *Staatliche Planung im Agglomerationsprozeß – Mailand 1950–1978.* Dortmund 1980.

Piano, R., Arduino, M., Fazio, M.: *Antico è bello, il recupero della città.* Bari 1981.

Confindustria

Carli, G.: *Intervista sul capitalismo italiano.* Hrsg. von E. Scalfari. Bari 1977.

Caselli, L.: *Spett, le Confindustria. Compatibilità economiche e presunta centralità dell'impresa.* Roma 1980.

D'Antonio, M.: *Sviluppo e crisi del capitalismo italiano 1945–72.* Bari 1973.

De Carlini, L.: *Bemerkungen zur Entwicklung der Confindustria.* In: *Marxismus Digest 4.* Frankfurt a.M. 1973, S. 67f.
Ferrara, F.: *Gli imprenditori e le società.* Milano 1980.
Martinelli, A., Chiesi, A. M., Dalla Chiesa, N.: *I grandi imprenditori italiani.* Milano 1981.

Gewerkschaften

Accornero, A.: *La parabola del sindacato.* Bologna 1992.
Baglioni, G.: *La politica sindacale nel capitalismo che cambia.* Bari 1986.
Dahrendorf, R.: *1989. Riflessioni sulla rivoluzione in Europa.* Roma-Bari 1990.
Ferrara, M.: *Modelli di solidarietà.* Bologna 1993.
Gamillscheg, F., Davies, P. L., u.a.: *Mitbestimmung der Arbeitnehmer in Frankreich, Großbritannien, Schweden, Italien.* Frankfurt a.M. 1978.
Giovana, M. (Hrsg.): *Il nuovo ruolo delle autonomie locali.* Roma 1985.
Kursbuch 26: Klassenkämpfe in Italien. Berlin 1971.
Lama, L.: *Die Rolle der Gewerkschaft in der italienischen Krise.* Frankfurt a.M. 1979.
Lo statuto dei lavoratori dieci anni dopo. Autori Vari (Verschied. Autoren). Venezia 1981.
Lotte operaie e sindacato – il ciclo 1968–72 in Italia. Bologna 1978.
Manghi, B.: *Passaggio senza riti. Sindacalisti in discussione.* Roma 1986.
Manghi, B.: *Democrazia interna. Regole e costumi del nostro sindacato.* Roma 1981.
Presutto, G.: *Il sistema della scala mobile delle ritribuzioni nell'industria.* Torino 1980.
Regini, M.: *I dilemmi del sindacato. Conflitto e partecipazione negli anni Settanta e Ottanta.* Bologna 1985.
Rieland, W.: *Organisation und Autonomie. Die Erneuerung der italienischen Arbeiterbewegung.* Frankfurt a.M. 1977.
Romagnoli, U., Treu, T.: *I sindacati in Italia dal '45 ad oggi.* Bologna 1977.
Schmidt, E.: *Gewerkschaften und Klassenkampf. Kritisches Jahrbuch 1974.* Frankfurt a.M. 1974, S. 282f.
Statuto dei lavoratori. Roma 1980.
Trentin, B.: *Arbeiterdemokratie – Gewerkschaft – Streik – Fabrikräte.* Hamburg 1978.
Turone, S.: *Storia del sindacato in Italia 1943–1980.* Roma 1981.
Zoll, R.: *Italiens Gewerkschaften zwischen Einheit und Vereinigung.* In: Jacobi, Q., Müller-Jentsch, W., Schmidt, E.: *Gewerkschaften und Klassenkampf. Kritisches Jahrbuch 1974.* Frankfurt a.M. 1974, S. 282f.
Zur Geschichte und Theorie der italienischen Gewerkschaftsbewegung. Hrsg. v. CGIL und CISL. 2 Bde. Berlin 1981.

Banken

Banche. Hrsg. von *Il Mondo*. Milano 1979.
Barcellona, P.: *Casse di Risparmio. Le istituzioni finanziarie del ceto medio.* Bari 1981.
Carretta, A.: *La gestione dei servizi bancari.* Milano 1981.
Cotula, F. (Hrsg.): *La politica monetaria in Italia.* Bologna 1989.
Dizionario di banca e di borsa. 3 Bde. Milano 1978–81.
Manghetti, G.: *I soliti noti – banche e imprese.* Milano 1985.
Manghetti, G.: *Le banche italiane.* Milano 1979.
Masera, R. S., Rossi, S.: *La bilancia dei pagamenti. I conti con l'estero dell'Italia, la lira, i problemi dell'unione monetaria europea.* Padova 1993.
Masini, M.: *Le politiche di raccolta delle banche e di deposito.* Milano 1979.
Porzio, M. (Hrsg.): *La legge bancaria.* Bologna 1981.

Wirtschaft und staatliche Verwaltung

Amato, G.: *Economia politica e istituzioni in Italia.* Bologna 1976.
Backhaus, L.: *Verstaatlichung von Wirtschaftsunternehmen.* Köln 1978.
Baldassarri, M.: *Spesa pubblica inflazione e crescita.* Bologna 1979.
Bernardi, L. (Hrsg.): *La finanza pubblica italiana. Rapporto 1993.* Milano 1993.
Carabba, M.: *Un ventennio di programmazione 1957–77.* Bari 1977.
Cazzola, F.: *L'Italia del pizzo.* Bologna 1992.
Colajanni, N.: *Probleme der Demokratie und das System der staatlichen Beteiligungen.* In: *Marxismus Digest 2.* Frankfurt a. M. 1973, S. 90f.
Cotula, F., De Stefani, P.: *La politica monetaria in Italia. Istituti e strumenti.* Bologna 1979.
Di Majo, A.: *Le politiche di privatizzazione in Italia.* Bologna 1989.
Fotia, G., Romagnoli, A.: *Bilancia dei pagamenti e politica economica in Italia (1973–76).* Milano 1980.
Franco, D.: *L'espansione della spesa pubblica in Italia (1960–1990).* Bologna 1993.
Frey, L.: *L'occupazione terziaria.* Milano 1975.
Galli, G., Nannei, A.: *Il mercato di stato – Il capitalismo assistenziale rivisitato. Ascesa e declino del sistema economico italiano (1960–1984).* Milano 1985.
Gambale, S.: *Struttura e ruolo del bilancio dello stato in Italia.* Bologna 1980.
Gerelli, E., Bolognetti, G.: *Crisi delle partecipazioni statali e prospettive.* Milano 1981.
Gorrieri, E.: *La giungla retributiva.* Bologna 1972.
Luciano, S., Macri, R.: *Gemeinwirtschaft in Italien.* Hamburg 1974.

Marani, U.: *Finanziamenti e investimenti industriali in Italia. 1966–76.* Torino 1980.
Mori, R. (Hrsg.): *Servitori dello stato. Intervista sulla pubblica amministrazione.* Bologna 1980.
Partecipazioni (Le) statali in Italia. Roma 1979.
Pivetti, M.: *Bilancia dei pagamenti ed occupazione in Italia.* Torino 1979.
Programmazione (Sulla). Una parola-chiave della politica italiana. Bari 1981.
Rapporto sulle partecipazioni statali. Milano 1981.
Rettig, R., Hoyer, W., Lieschke, L. H.: *Struktur und Verteilung des Vermögens in Großbritannien, Italien, Frankreich.* Köln 1979.
Reviglio, F.: *Spesa pubblica e stagrazione dell'economia in Italia.* Bologna 1977.
Ruffolo, G.: *Rapporto sulla programmazione.* Bari 1973.
Ricci, P., Salvemini, M. T., Zaghini, E.: *Rapporto sulla riforma del bilancio.* Roma 1980.
Scalfari, E., Turoni, G.: *Razza padrona. Storia della borghesia di stato.* Milano 1974.
Sergi, B.: *Disoccupazione giovanile e azione pubblica. La „legge giovani" tra utopia e assistenzialismo.* Bologna 1978.
Valentini, S.: *L'impresa pubblica.* Milano 1980.

Steuersystem

Di Pietro, A., Filippi, P.: *Le imposte nella riforma tributaria.* Bologna 1980.
Mistò, P. M.: IRPEF, IRPEG, ILOR. Padova 1980.
Müller, P. R.: *Gesellschaftsrecht, Steuern, Buchführung und Rechnungsprüfung in Italien.* Bern 1981.
Pedone, A.: *Evasori e tartassati.* Bologna 1979.
Tremonti, G., Vitaletti, G.: *Le cento tasse degli italiani.* Bologna 1985.
Tremonti, G., Vitaletti, G.: *Il federalismo fiscale.* Bari 1994.

Inflation

Mazzanti, A.: *L'oro alla patria.* Torino 1993.
Salvati, M.: *Alle origini dell'inflazione italiana.* Bologna 1980.
Spinelli, F.: *Inflazione e moneta. Il caso italiano.* Milano 1981.
Wagner, A.: *Due milioni di miliardi. L'incredibile ma vera storia del debito dello Stato.* Milano 1993.
Zuanetti, M. E.: *La borsa e l'inflazione.* Padova 1980.

Economia Sommersa (Untergrundwirtschaft)

Alessandrini, P. (Hrsg.): *Lavoro regolare e lavoro nero.* Bologna 1978.
Cantelli, P.: *Economia sommersa. Industria manufatturiera e decentramento produttivo.* Roma 1980.
Di Censo, D. G.: *Economia Sommersa: analisi e profilassi organica.* Milano 1981.
Saba, A.: *L'industria sommersa.* Venezia 1980.

Genossenschaften

Briganti, W.: *Il movimento cooperativo in Italia.* 2 Bde. Bologna 1982.
Canosa, F.: *Bianca rossa verde – la cooperazione in Italia.* Bologna 1978.
Cooperazione (La) e gli anni 80. Venezia 1981.
Martinelli, F.: *Le società cooperative.* Milano 1980.
Strutture (Le) della cooperazione in Italia. Hrsg. von *Centro Nazionale di Studi Cooperativi.* Roma 1979.
Venni, F., Sansò, L.: *I giovani e le cooperative.* Bari 1981.
Zangheri, R., Galasso, G., Castronovo, V.: *Storia del Movimento Cooperativo in Italia. La Lega Nazionale Cooperative e Mutue.* 1886–1986. Torino 1987.

Italien und die EU

Ricchi, R.: *Problemi del lavoro nella Comunità Economica Europea.* Firenze 1979.
Salvemini, C., Sallustio, G.: *Gli squilibri regionali nella Comunità Europea e insufficienza dello SME.* Napoli 1981.
Vedovato, G.: *Politica estera italiana e scelta europea.* Firenze 1979.

Teil V. Politik, Gesellschaft und Kultur

a) Anmerkungen

1 Die *Loggia P 2* (Loge P 2) des Freimaurers L. Gelli war eine Geheimorganisation, unter deren Mitgliedern sich Minister, Offiziere und höhere Staatsbeamte befanden. Ihre Aufdeckung hat gezeigt, welch verschiedenartigen politischen Gefährdungen die Republik und die Demokratie im Italien der siebziger Jahre ausgesetzt waren.

2 *Norme tecniche per la revisione dell'anagrafe della popolazione residente.* ISTAT. Roma 1981, S. IXf.

3 G. Ruffolo, *Riforme e Controriforme.* Bari 1976, S. 29.

4 P. L. Cercellati, *Rendita urbana e territorio.* In: *L'Italia contemporanea 1946–75.* Torino 1976, S. 344.

5 G. Ruffolo, a. a. O., S. 50f.

6 A. Cederna, *La difesa del territorio. Appunti per una urbanistica moderna in Italia.* Milano 1976, S. 94.

7 Art. 32 (1): „Die Republik schützt die Gesundheit als grundlegendes Recht des Individuums und als Interesse der Gemeinschaft und gewährleistet den Bedürftigen kostenlose Heilbehandlung."

8 *Le Regioni in cifre.* ISTAT. Roma 1994, S. 35–41.

9 Francesco Gerace: *Previdenza Conti INPS.* La Voce 25. 3. 1994. Milano 1994, S. 13.

10 Adriano Bonafede: *Una dieci cento pensioni, Affari e finanze.* Beilage zu *La Repubblica* 25. 3. 94, Roma 1994, S. 3.

11 Vgl. *Annuario Statistico Italiano 1987.* ISTAT. Roma 1987, S. 196.

12 A. L. Fadiga Zanatta, *Il sistema scolastico italiano.* Bologna 1975, S. 15.

13 Hierzu gehören auch zwei Universitäten: die *Università del Sacro Cuore* mit dem Hauptsitz in Mailand, einer klinischen Fakultät in Rom und einer pädagogischen in Brescia und die *Università Pro Deo* in Rom, deren Träger katholische Institutionen sind.

14 Zur Entwicklung der Sonderschule in Italien vgl. L. O. Roser *„Wo es keine Behinderung mehr gibt"* in *Päd. Extra* 3/81, S. 16f. und 10/81, S. 40f. Bensheim 1981.

15 *Le regioni in cifre.* ISTAT. Roma 1979, S. 104f., *La Repubblica,* 19. 9. 81, S. 14, und ISTAT 1994, S. 44f.

16 Alfredo Tamborlini. *Relazione sullo stato della formazione professionale in Italia,* in *Professionalità, 1/1991, Brescia 1991, S. 71.*

17 Die Benotung ging von 0 bis 10, wobei 10 „Sehr gut" und 5 „Ungenügend" bedeutete.

18 Alessandro Cavalli: *A confronto con gli altri paesi: il sistema italiano spreca risorse in Riforma della scuola,* Nr. 5/1992, Roma 1992, S. 317–318.

19 Barbagli, Capecchi, Cobalti, De Lillo, Schizzerotto, *Indagine nazionale di mobilità.* Milano 1985.

20 V. Capecchi, M. Livolsi, *La stampa italiana in Italia.* Milano 1971, S. 134–41.

21 A. Mancini, *Fase di assestamento nella stampa italiana.* In: *Annuario Rizzoli 1979.* Milano 1980, S. 556.

22 A. Mancini, ebenda, S. 567.

23 Im Laufe der siebziger Jahre hat der *Corriere della Sera* zweimal Inhaber und Direktor wechseln müssen. Im Jahr 1973 wurde er, bis dahin unter der Leitung der Gebr. Crespi, von G. M. Mozzoni Crespi, G. Agnelli und A. Moratti übernommen, aber kurz danach, 1974, an den Mailänder Verlag A. Rizzoli weiterverkauft. Unter Rizzoli entwickelte sich der *Gruppo Rizzoli-Corriere* zum stärksten Zeitungsverlag Italiens mit zeitweise 17 Titeln.

24 Prima, Mai 1994. Milano 1994, S. 178ff.

25 Prima, a. a. O., S. 179 ff.
26 P. Murialdi, *La stampa italiana del dopoguerra.* Bari 1974, S. 505.
27 V. Capecchi, M. Livolsi, a. a. O., S. 159.
28 Die *Terza Pagina* (die dritte Seite) wurde zum ersten Mal von *Giornale d'Italia* im Jahr 1901 veröffentlicht.
29 Vgl. A. Euler: *Zur Situation der italienischen Tagespresse.* In: *Italienisch, Zeitschrift für italienische Sprache und Literatur in Wissenschaft und Unterricht* Nr. 3. Mai 1980. Frankfurt, S. 38–50.
30 *Annuario Statistico Italiano.* ISTAT. Rom 1977, S. 95.
31 Vgl. *La Repubblica*, 14. Juli 1981, S. 23.
32 Raffale Barberio u. Carlo Macchitella: *L'Europa delle televisioni.* Bologna 1992, S. 95.
33 Silvia Fumarola: *Vince RAI, in fotofinish.* In: *La Repubblica,* 16. 12. 1993. Roma 1993, S. 33.
34 *Fininvest bocciata in cultura dal Consiglio degli utenti.* In: *La Repubblica* 17. 12. 1993. Roma 1993.
35 Marina Tartara: *La radio, quesata sconosciuta: crisi e prospettiva,* in *Problemi dell'informazione.* Anno XVIII, 2/1993, Bologna 1993, S. 146–147.

b) Bibliographie

Parteien

Abruzzese, S.: *Comunione e liberazione. Identità religiosa e disincanto laico.* Bari 1991.
Albers, D. (Hrsg.): *Demokratie und Sozialismus in Italien.* Frankfurt a. M. 1978.
Almirante, G., Palamenghi Crispi, P.: *Il Movimento Sociale Italiano.* Milano 1958.
Amato, G., Cafagna, L.: *La cultura della sinistra.* Bologna 1981.
Battaglia, A.: *Le politiche dei partiti e la politica di governo.* Bari 1979.
Baget-Bozzo, G.: *Il futuro viene da futuro. Ipotesi sui cattolici e sui democristiani.* Roma 1982.
Bellu, G. M., Bonsanti, S.: *Il crollo. Andreotti, Craxi e il loro regime.* Bologna 1993.
Berlinguer, E.: *Die internationale Politik der italienischen Kommunisten. Reden und Schriften.* Stuttgart 1978.
Beyme, K. v.: *Das politische System Italiens.* Stuttgart 1970.
Bobbio, N.: *Destra e sinistra.* Roma 1994.
Calvi, G.: *La classe fortezza. Scelta degli elettori e responsabilità della classe politica in Italia.* Milano 1981.
Capanna, M.: *Speranze.* Milano 1994.
Cazzola, F.: *Il sistema politico dell'Italia contemporanea.* Torino 1978.
Ciani, A.: *Il Partito Liberale Italiano da Croce a Malagodi.* Napoli 1968.
Cipolla, C.: *Ceti medi e comportamento politico in Italia.* Roma 1981.

Degli Occhi, C., Operti, P.: *Il Partito Nazionale Monarchico.* Milano 1958.
Del Bosco, M.: *I Radicali e il „Mondo".* Milano 1980.
De Mita, C.: *Intervista sulla DC a cura di Levi, A.* Bari 1986.
Democrazia dell'alternativa e sinistra di governo. La svolta degli anni 80. Venezia 1981.
Diamanti, J.: *La Lega. Geografia, storia e sociologia di un nuovo soggetto politico.* Roma 1993.
Di Capua, G.: *Aldo Moro: il potere della parola* (1943–1978). Roma 1988.
Di Lalla, M.: *Storia della Democrazia Cristiana.* Torino 1981.
Fedele, M.: *Classi e partiti negli anni 70.* Roma 1979.
Fiori, G.: *Enrico Berlinguer.* Bari 1989.
Flores, M., Gallerano, N.: *Sul Pci: Un'interpretazione storica.* Bologna 1992.
Follini, M.: *L'arcipelago democristiano.* Bari 1990.
Galli, G.: *I partiti politici italiani (1943–1991).* Milano 1991.
Galli, G.: *Mezzo secolo di DC.* Milano 1993.
Ghini, G.: *Il voto degli italiani 1946–76.* Roma 1976.
Giovagnoli, A.: *La cultura democristiana.* Bari 1991.
Gordian, F.: *Italien, ein politischer Reiseführer.* Frankfurt a.M. 1966.
Guidorossi, G.: *Gli Italiani e la politica. Valori, opinioni, atteggiamenti dal dopoguerra ad oggi.* Milano 1984.
Gusso, M.: *Il Partito radicale. Organizzazione e leadership.* Padova 1982.
Hellman, S., Pasquino, G.: *Politica in Italia.* Bologna 1993.
Hobsbawm, E. J., Napolitano, G.: *Auf dem Weg zum historischen Kompromiß.* Frankfurt a.M. 1977.
Ignazi, P.: *Dal PCI al PDS.* Bologna 1992.
Ignazi, P.: *Il polo escluso. Profilo del Movimento sociale italiano.* Bologna 1989.
Ingrao, P.: *Massenbewegung und politische Macht.* Hamburg 1979.
Lama, L.: *Intervista sul mio partito. A cura di Pansa,* G. Bari 1987.
La Malfa, U.: *Intervista sul non-governo.* Hrsg. von A. Ronchey. Bari 1977.
Leonhard, W.: *Eurokommunismus. Herausforderung für Ost und West.* München 1978.
Leoni, F.: *Storia dei partiti politici italiani.* Napoli 1980.
Lombardo, A.: *Democrazia cristiana e questione nazionale.* Milano 1981.
Lucius, W., Metzner, M. (Hrsg.): *Erreg Anstoß und Flucht! Die Radikale Partei Italiens.* Heidelberg 1982.
Lupi, G.: *Il crollo della grande coalizione. La strategia delle élites dei partiti.* Milano 1982.
Lussu, E.: *Sul Partito d'Azione e gli altri.* Milano 1968.
Maffi, M.: *Le origini della sinistra extraparlamentare.* Milano 1978.
Malgeri, F.: *Storia della Democrazia Cristiana.* Roma 1989.
Mannheimer, R.: *La lega Lombarda.* Milano 1991.
Mannheimer H. R., Sani, G.: *Il mercato elettorale in Italia.* Bologna 1987.
Marx, L. E.: *Der Neofaschismus in Italien.* In: *Frankfurter Hefte 26,* 1971, S. 665ff.

Mazzette, A., Rovati, G. (Hrsg.): *La protesta dei „forti". Leghe del Nord e Partito Sardo d'Azione.* Milano 1993.
Mercuri, L.: *Il movimento di unità popolare.* Roma 1978.
Merkel, W.: *Prima e dopo Craxi. La trasformazione del PSI.* Padova 1987.
Monicelli, M.: *L'ultrasinistra in Italia 1968–78.* Bari 1978.
Moretti, P.: *I due socialismi – la scissione di Palazzo Barberini e la nascita della socialdemocrazia.* Milano 1974.
Mori, A.: *La Democrazia Cristiana e la cultura cattolica.* Roma 1979.
di Palma, G.: *Sopravvivere senza governare.* Bologna 1977.
Parisi, A., Varni, A.: *Organizzazione e politica del PRI 1946–1984.* Bologna 1985.
Partiti Sindacati e Sistema Politico Italiano. Milano 1981.
Partito (Il) Comunista Italiano 1921–1979. Milano 1982.
Pfletschinger, B.: *Der italienische Neofaschismus.* In: *Blätter für Deutsche und Internationale Politik* 4. Köln 1972, S. 366f.
Pinelli, C.: *Discipline e controlli sulla „democrazia interna" dei partiti.* Padova 1984.
Priester, K.: *Hat der Eurokommunismus eine Zukunft?* München 1982.
Quaranta, G.: *Governabilità e democrazia diretta.* Bari 1981.
Rosen, E. R.: *Der italienische Sozialismus der Nachkriegszeit.* In: *Zeitschrift für Politik* 1. Berlin 1958, S. 52f.
Rosenbaum, P.: *Italien 1976 – Eine Einführung in das italienische Parteiensystem.* Reinbek 1976.
Sartori, G.: *Correnti, frazioni e fazioni nei partiti politici italiani.* Bologna 1973.
Setta, S.: *Croce, il liberalismo e l'Italia post-fascista.* Roma 1979.
Spadolini, G.: *Intervista sulla democrazia laica.* Bari 1987.
Spadolini, G.: *L'Italia dei laici. Lotta politica e culturale dal 1925 al 1980.* Firenze 1980.
Stornati, V.: *Politica e cultura nel Partito Socialista Italiano. 1945–1978.* Napoli 1981.
Teodori, M., Ignazi, P., Panebianco, A.: *I nuovi radicali.* Milano 1977.
Toniolo, D.: *Il compromesso storico.* Roma 1981.
Turiello, P.: *Governi e governati in Italia.* Torino 1979.
Vettori, G. (Hrsg.): *La sinistra extraparlamentare in Italia.* Roma 1974.
Visentini, T.: *Die Lega – Italien in Scherben.* Bozen 1993.
Woytek Pankiewicz, A.: *Finanziamento pubblico dei partiti.* Napoli 1981.

Wohnungsbaupolitik

Cederna, A.: *La difesa del territorio. Appunti per una urbanistica moderna in Italia.* Milano 1976.
Costa, E.: *Territorio, casa, industria delle costruzioni.* Reggio Calabria 1981.
Di Salvo, E.: *L'equo canone e la nuova disciplina della locazione degli immobili.* Milano 1982.

Lay, C.: *Das tägliche Erdbeben. Ein Bericht über die Stadt Neapel.* Berlin 1982.
Piano, R., Arduino, M., Fazio, M.: *Antico è bello, il recupero della città.* Bari 1981.

Gesundheitswesen

Basaglia, F.: *Was ist Psychiatrie?* Frankfurt a.M. 1979.
Berlinguer, G.: *Gli anni difficili della riforma sanitaria.* Bari 1982.
Berlinguer, G.: *Questioni di vita. Scienza, etica e salute.* Torino 1991.
Bianchi, M.: *Servizi sociali. Lavoro femminile. Lavoro familiare. Lavoro professionale.* Bari 1981.
Ferrario, P.: *Politica dei servizi sociali.* Roma 1989.
Foglietta, F.: *Organizzazione dell'unità sanitaria locale e politiche del personale.* Rimini 1986.
Gatteschi, D.: *Servizi socio-sanitari e difesa degli anziani.* Firenze 1980.
Granaglia, E.: *Per un nuovo intervento pubblico in sanità.* Milano 1981.
Hartung, K.: *Die neuen Kleider der Psychiatrie. Bericht aus Triest.* Berlin 1980.
IRS (Hrsg.): *L'Unità Sanitaria Locale: idee per l'organizzazione e il funzionamento.* Milano 1981.
Onnis, L., Lo Russo, G.: *Dove va la psichiatria? Pareri a confronto sulla salute mentale e manicomi in Italia dopo la nuova legge.* Milano 1980.
Paci, M.: *Il mutamento della struttura sociale in Italia.* Bologna 1992.
Paci, M.: *Pubblico e privato nei moderni sistemi di Welfare.* Napoli 1989.
Pirella, A.: *Sozialisation der Ausgeschlossenen.* Reinbek 1976.
Riforma sanitaria e sistema sociale. Monza 1980.
Rosaia, L.: *Anonima mutuati.* Milano 1970.
Ruffolo, G.: *Riforme e Controriforme.* Bari 1976.
Schmid, S.: *Freiheit heilt.* Berlin 1979.
Servizio (Il) Sanitario Nazionale. Commento alla legge 23 dicembre 1978 nr. 833. Milano 1979.
Tognetti Bordogna, M., Carabelli, G., Ferrario, P.: *L'assistenza psichiatrica oggi in Italia.* In: *Inchiesta* 77/1987.
UICEMP (Hrsg.): *L'interruzione volontaria di gravidanza.* Firenze 1981.
Vicarelli, G.: *Politica sanitaria e medicina privata in Italia.* In: *Stato e Mercato* 36/1992.

Sozialversicherungen

Abaldo, G.: *Le pensioni in Italia.* Milano [2]1982.
Cerami, R.: *L'assistenza sociale.* Milano 1979.
Fausto, D.: *Il sistema italiano di sicurezza sociale.* Bologna 1978.
Forni, A.: *Il pianeta previdenza.* Bari 1979.
Manghetti, G.: *L'Italia delle assicurazioni.* Milano 1982.

Pizzuti, R. F., Rey, G. M. (Hrsg.): *Il sistema pensionistico. Un riesame.* Bologna 1990.
Riduzione (La) del personale e la cassa integrazione guadagni. Milano 1980.
Scortegana, R.: *Riforme, innovazioni e immobilismo. Una ricerca sull'organizzazione e la programmazione dell'assistenza sociale in un ente locale.* Bologna 1981.
Sparano, V.: *Fallimento e cassa integrazione.* Padova 1981.

Frauenbewegung

Barbagli, M.: *Provando e riprovando. Matrimonio, famiglia e divorzio in Italia e in altri paesi occidentali.* Bologna 1990.
Biondi, E., Koppel, G., Koppel, H.: *Links sein. Portraits aus der italienischen Linken.* Hamburg 1979.
Cazora Russo, G.: *Essere Donna.* Milano 1980.
Conti Oderisio, G.: *Storia dell'idea femminista in Italia.*Torino 1980.
Federici, N.: *Procreazione, famiglia, lavoro della donna.* Torino 1984.
Filadoro, C. (Hrsg.): *Lavoratrici madri. Donne fanciulli e adolescenti.* Milano 1980.
Fleig, W.: *Die Ehescheidung im italienischen Recht.* Bielefeld 1975.
Fortunati, L.: *L'arcano delle riproduzione. Casalinghe, prostitute, operaie e capitale.* Venezia 1981.
Galli, B.: *Lavoro femminile.* Roma 1980.
Glaab, Liana: *Die unbekannte Italienerin.* Freiburg 1980.
Golini, A. u. a.: *Famiglia, figli e società in Europa.* Torino 1991.
Grunski, W., Wuppermann, M.: *Italienisches Familienrecht.* Frankfurt a. M. ²1978.
Lavoro (Il) delle donne e la legge di parità. Roma 1981.
Ravaioli, C.: *Frauenbewegung und Arbeiterbewegung.* Hamburg 1977.
Ravera, C.: *Breve storia del movimento femminile in Italia.* Roma 1978.
Rossanda, R.: *Einmischung – Über Feminismus und Marxismus.* Hamburg 1980.
Seroni, A.: *La questione femminile in Italia 1970–77.* Roma 1977.
Wunderle M.: *Chronik der italienischen Frauenbewegung.* Frankfurt a. M. 1977.
Wunderle M.: *Politik der Subjektivität. Texte der italienischen Frauenbewegung.* Frankfurt a. M. 1977.

Terrorismus

Bocca, G.: *Noi terroristi.* Milano 1985.
Bocca, G.: *Il terrorismo italiano.* Milano 1981.
Borraccetti, V.: *Eversione di destra, terrorismo, stragi.* Milano 1986.
Cosini, P., Novati, L.: *Eversione nera. Cronache di un decennio (1974–1984).* Milano 1986.

Della Porta, D.: *Terrorismo in Italia.* Bologna 1984.
Fetscher, I.: *Terrorismus und Reaktion.* Reinbek 1981.
Galli, G.: *La storia del partito armato.* Milano 1986.
Hess, H.: *La rivolta ambigua. Storia sociale del terrorismo.* Firenze 1991.
Manconi, L.: *Vivere con il terrorismo.* Milano 1981.
Mazzei, G.: *Utopia e terrore.* Firenze 1982.
Sily, A.: *Mai più senza fucile: alle origini dei NAR e delle Brigate Rosse.* Firenze 1977.

Bildungswesen

Ambrosoli, L.: *La scuola in Italia dal dopoguerra ad oggi.* Bologna 1982.
Barbagli, M.: *Disoccupazione intellettuale e sistema scolastico in Italia.* Bologna 1974.
Barbagli, M., Capecchi, V., Cobalti, Dedillo, Schizzerotto: *Indagine nazionale di mobilità.* Milano 1985.
Bertolini, P., Frabboni, F.: *Scuola primaria. Storia, finalità formative, metodologie pedagogiche, strategie didattiche.* Firenze 1981.
Blumenthal, V. v.: *Vergleichende Daten und Analysen zur Ausbildungspolitik in Italien.* Marburg 1980.
Borrelli, M.: *Politische Bildung in Italien.* Stuttgart 1979.
Cavalli, A. (Hrsg.): *Insegnare oggi. Prima indagine Iard sulle condizioni di vita e di lavoro nella scuola italiana.* Bologna 1992.
Cavalli, A.: *A confronto con gli altri paesi: il sistema italiano spreca risorse.* In: *Riforma della scuola* 5/1992. Roma 1992.
Cerini, G., Frabboni, F.: *Sui sentieri della riforma. Didattica e organizzazione nella scuola elementare.* Firenze 1993.
Collicelli, C.: *Reformkonzeption der Lehrerausbildung in Italien.* Weinheim 1979.
Comassi, P.: *Per l'inserimento degli handicappati nella scuola.* Pisa 1979.
Damiano, E., Ringhini, G., Rizzi, F.: *Centocinquanta ore, scuola di stato e sindacato.* Brescia 1980.
D'Arcangelo E.: *La droga nella scuola.* Torino 1980.
De Lillo, A. (Hrsg.): *Scuola e lavoro: nuovi problemi e nuove prospettive.* Bologna 1981.
Erdas, F. E.: *Programmazione educativa e „competenza" dell'insegnante.* Roma 1981.
Fadiga Zanatta, A. L.: *Il sistema scolastico italiano.* Bologna 1971.
Fischer, K.: *Italien zur Sache Bildung…* München 1970.
Gambetta, D.: *Per amore o per forza.* Bologna 1990.
Ginnasio superiore liceo classico liceo scientifico. Orari e programmi. Milano 1981.
ISTAT: *Statistiche dell'istruzione. Dati sommari dell'anno scolastico 1990–91.* Roma 1992.
Lo Gatto, G.: *Dove va l'istruzione professionale?* Roma 1979.

Moscati, R. (Hrsg.): *Centralità e marginalità della scuola.* Bologna 1988.
Pagella, M.: *Storia della scuola.* Bologna 1980.
Regonini, G., Trivellato, P.: *Guida all'università.* Firenze 1980.
Roser, O. L.: *Wo es keine Behinderung mehr gibt.* In: *Päd. Extra* 3/81. Bensheim 1981, S. 16f.
Santani Rogiu, A.: *Il professore nella scuola italiana. Dal 1700 alle soglie del 2000.* Firenze 1982.
Schino, F., Laporta, R., Simone, R. (Hrsg.): *Eurydice 1986. L'anno nella scuola. Dati e valutazioni.* Roma 1987.
Scuola di Barbiana – Die Schülerschule. Berlin 1970.
Scuola (La) italiana: storia e struttura. Milano 1978.
Scuola (La) che cambia. Nuovi programmi per la scuola media. Torino 1979.
Scuole Magistrali Istituti Tecnici Industriali. Orari e programmi. Milano 1982.
Strukturreform – Curriculuminnovation (...) in England, Frankreich, Italien, Schweden. Hrsg. Marburger Forschungsstelle für vergleichende Erziehungswissenschaft. Marburg 1973.
Tamborlini, A.: *Relazione sullo stato della formazione professionale in Italia.* In: *Professionalità* 1/1991. Brescia 1991.
Vita, Pincherra: *Das Ausbildungswesen in dem italienischen IRI-Konzern.* In: *Jahrbuch für Wirtschafts- und Sozialpädagogik 1966.* Heidelberg 1966, S. 100ff.
Weick, E. (Hrsg.): *Arbeit und Lernen – Beitrag zum Modell des italienischen Bildungsurlaubs. (150 Stunden Modell).* Berlin 1976.
Winkel, R.: *Das Ende der Schule oder Alternativprogramme im Spätkapitalismus.* München 1974, S. 114ff.

Presse

Battistini, G.: *Cosa leggono gli italiani.* Milano 1973.
Capecchi, V., Livolsi, M.: *La stampa quotidiana in Italia.* Milano 1972.
Castronovo, V., Tranfaglia, N.: *La stampa italiana dalla resistenza agli anni sessanta.* Bari 1980.
Dardano, M.: *Il linguaggio dei giornali italiani.* Bari 1974.
Euler, A.: *Zur Situation der italienischen Tagespresse.* In: *Italienisch* Nr. 3/80. Frankfurt a.M., S. 38ff.
Guida alla stampa periodica italiana. Roma 1981.
Licata, G.: *120 anni di giornali dei cattolici italiani.* Milano 1981.
Mancini, A.: *Fase di assestamento nella stampa italiana.* In: *Annuario Rizzoli 1979.* Milano 1980.
Micheli, S.: *Mass-media: pubblico e intellettuali.* S. Giovanni. Valdarno 1981.
Murialdi, P.: *La stampa italiana del dopoguerra: 1943–72.* Bari 1973.
Paoluzzi, A.: *Guida al giornale.* Torino 1981.

Statera, G.: *Società e comunicazioni di massa.* Bologna 1980.
Strazzula, G.: *I Fumetti.* Firenze 1980.
Tobagi, W., Remeny, C.: *Il giornale ed il non-lettore.* Firenze 1981.

Rundfunk und Fernsehen

Alice ist der Teufel. Praxis einer subversiven Kommunikation. Radio Alice. Traverso, A. (Hrsg.). Berlin 1977.
Barberio, R., Macchitella, C.: *L'Europa delle televisioni.* Bologna 1992.
Barile, P., Cheli, E., Zaccaria, R. (Hrsg.): *Radiotelevisione pubblica e privata in Italia.* Bologna 1980.
Bettini, G.: *American Way of Television. Le origini della TV in Italia.* Firenze 1980.
Cipriani, I.: *La televisione.* Roma 1980.
Farassino, A.: *Televisione e storia.* Roma 1981.
Farnè, R.: *TV e cinema quale educazione?* Bologna 1981.
Galimberti, C.: *Le emittenti radiotelevisive private.* In: *Annuario Rizzoli 1979.* Milano 1980.
Gaido, M.: *Radio Libere?* Roma 1976.
Monteleone, F.: *Storia della radio e della televisione in Italia. Società, politica, strategie, programmi.* 1922–1992. Venezia 1992.
Pasini, C. (Hrsg.): *Radio TV dati.* Milano 1980.
Statera, G.: *La politica spettacolo. Politici e mass-media nell'era dell'immagine.* Milano 1986.
Tartara, M.: *La radio, quesata sconosciuta: crisi e prospettiva.* In: *Problemi dell'informazione.* Anno XVIII, 2/1993. Bologna 1993.

Register

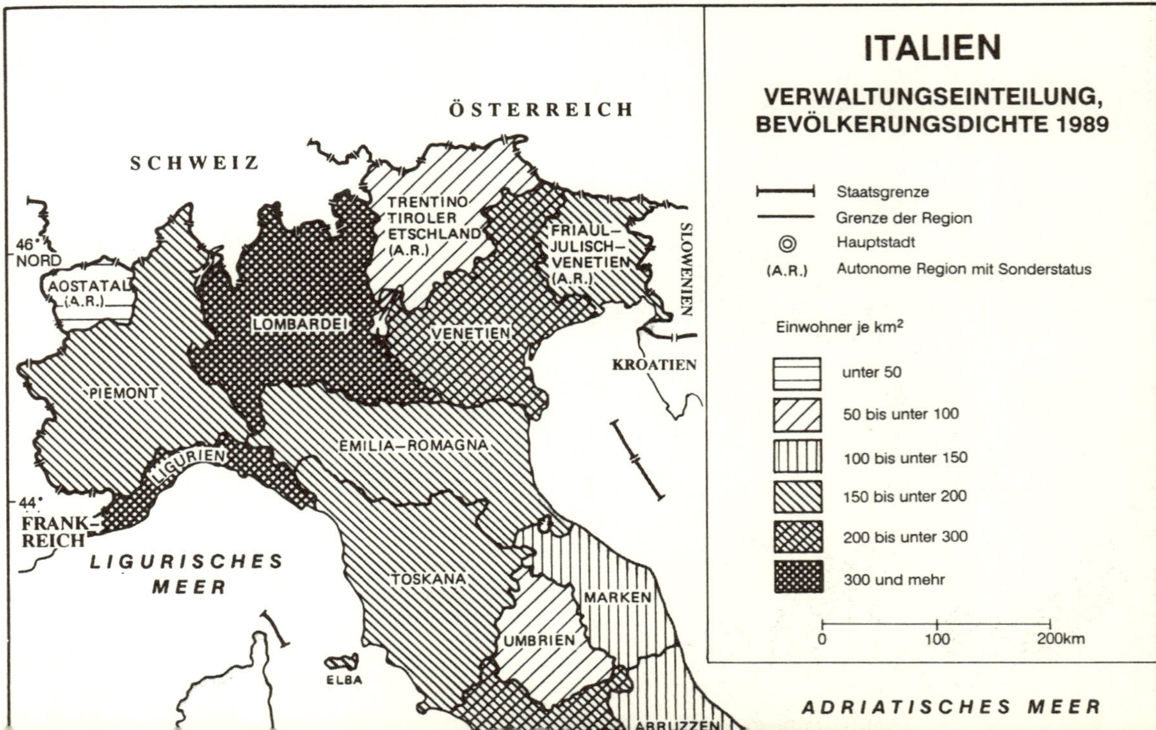
ITALIEN
VERWALTUNGSEINTEILUNG, BEVÖLKERUNGSDICHTE 1989
Staatsgrenze
Grenze der Region
Hauptstadt
(A.R.) Autonome Region mit Sonderstatus
Einwohner je km²
unter 50
50 bis unter 100
100 bis unter 150
150 bis unter 200
200 bis unter 300
300 und mehr
0
100
200km
ÖSTERREICH
SCHWEIZ
SLOWENIEN
KROATIEN
FRANK-REICH
46° NORD
44°
AOSTATAL (A.R.)
PIEMONT
LOMBARDEI
TRENTINO TIROLER ETSCHLAND (A.R.)
VENETIEN
FRIAUL-JULISCH-VENETIEN (A.R.)
LIGURIEN
EMILIA-ROMAGNA
TOSKANA
MARKEN
UMBRIEN
ABRUZZEN
ELBA
LIGURISCHES MEER
ADRIATISCHES MEER

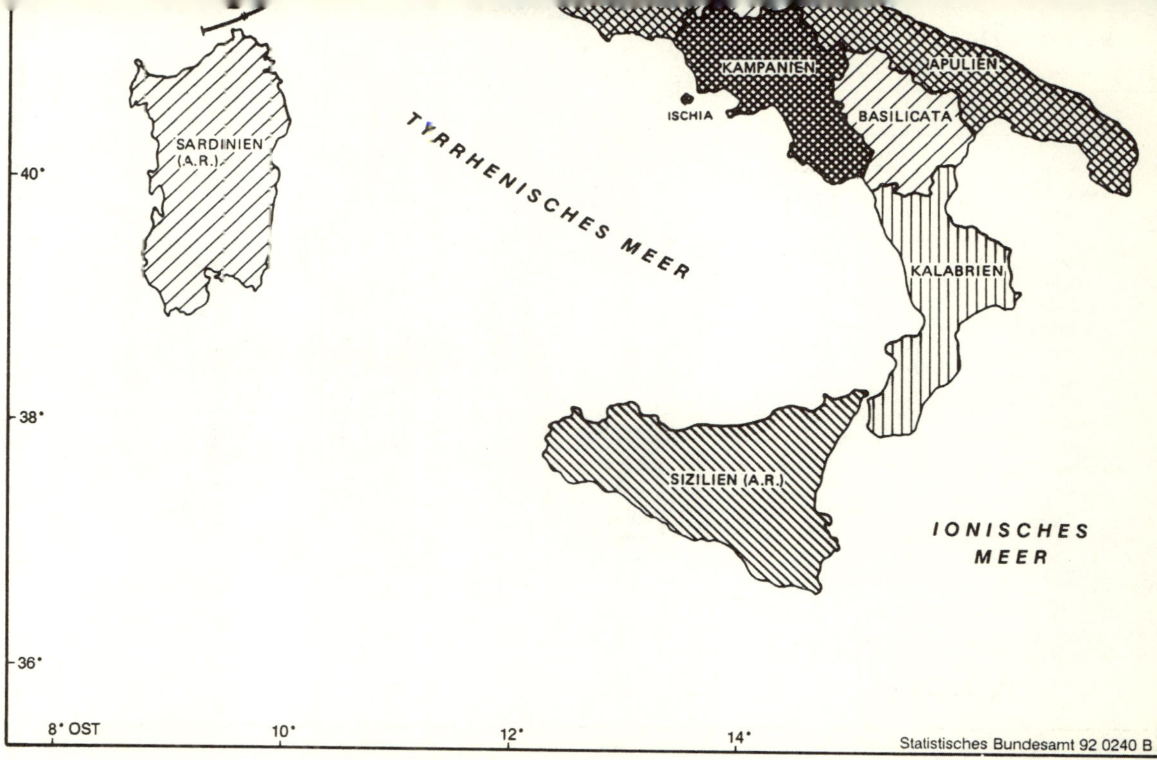
KAMPANIEN
APULIEN
ISCHIA
BASILICATA
SARDINIEN
(A.R.)
TYRRHENISCHES MEER
KALABRIEN
SIZILIEN (A.R.)
IONISCHES
MEER
40°
38°
36°
8° OST
10°
12°
14°
Statistisches Bundesamt 92 0240 B

ITALIEN
ZUR WIRTSCHAFTSSTRUKTUR
Staatsgrenze
Hauptstadt
Ort
Eisenbahn
Autobahn
Autobahn, geplant
Hauptstraße
Fluß, Kanal
Beginn der Schiffbarkeit
Fährverbindung
Seehafen
Flughafen
Flugplatz
Erdöl
Erdölleitung
Erdölleitung, geplant
Erdgas
Erdgasleitung
Steinkohle
Braunkohle
Antimon
Asphalt
Bauxit
Blei
Eisen
Kupfer
Marmor
Salz
Schwefel
Pyrit
Uran
Quecksilber
Zink
0
100
200km
ÖSTERREICH
SCHWEIZ
SLOWENIEN
KROATIEN
FRANK-REICH
LIGURISCHES MEER
ADRIATISCHES MEER
ADRIA-ERDGASFELD
46° NORD
44°
Aosta
Turin
Bardonecchia
Cuneo
Novara
Trino
Alessandria
Mailand
Como
Bergamo
Brescia
Verona
Vicenza
Treviso
Udine
Tarvisio
Triest
Mestre
Venedig
Padova
Bozen (Bolzano)
Trient (Trento)
Piacenza
Cremona
Mantova
Parma
Ferrara
Modena
Reggio N.E.
Bologna
Ravenna
Rimini
Forli
Cesena
Pesaro
Urbino
Fano
Ancona
Iesi
Civitanova
Fabriano
Genua
Savona
San Remo
Monaco
La Spezia
Livorno
Pisa
Pistoia
Florenz
Arezzo
Siena
Perugia
Piombino
Manciano
Orbetello
Viterbo
Terni
Narni
Rieti
Foligno
Ascoli Piceno
Teramo
San Bernedetto d.Tr.
Giulianova
Pescara
L'Aquila

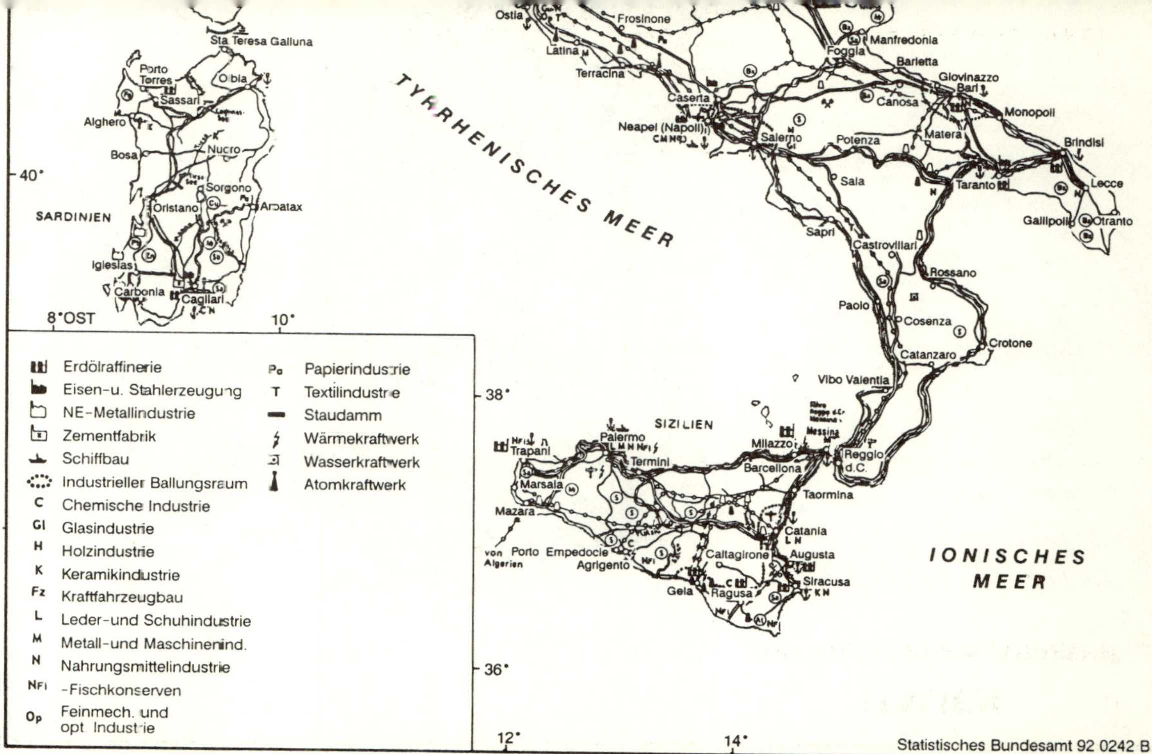
Sta Teresa Galluna
Porto Torres
Olbia
Sassari
Alghero
Bosa
Nucro
40°
Sorgono
Oristano
Arbatax
SARDINIEN
Iglesias
Carbonia
Cagliari
8°OST
10°
Ostia
Frosinone
Latina
Terracina
TYRRHENISCHES MEER
Manfredonia
Foggia
Barletta
Giovinazzo
Bari
Caserta
Canosa
Monopoli
Neapel (Napoli)
Salerno
Potenza
Matera
Brindisi
Sala
Taranto
Lecce
Gallipoli
Otranto
Sapri
Castrovillari
Rossano
Paolo
Cosenza
Crotone
Catanzaro
Vibo Valentia
38°
SIZILIEN
Palermo
Trapani
Termini
Milazzo
Messina
Reggio d.C.
Barcellona
Marsala
Taormina
Mazara
Catania
von Algerien
Porto Empedocle
Agrigento
Caltagirone
Augusta
Siracusa
Gela
Ragusa
IONISCHES MEER
36°
12°
14°
Erdölraffinerie
Eisen-u. Stahlerzeugung
NE-Metallindustrie
Zementfabrik
Schiffbau
Industrieller Ballungsraum
C Chemische Industrie
Gl Glasindustrie
H Holzindustrie
K Keramikindustrie
Fz Kraftfahrzeugbau
L Leder-und Schuhindustrie
M Metall-und Maschinenind.
N Nahrungsmittelindustrie
NFi -Fischkonserven
Op Feinmech. und opt. Industrie
Pa Papierindustrie
T Textilindustrie
Staudamm
Wärmekraftwerk
Wasserkraftwerk
Atomkraftwerk
Statistisches Bundesamt 92 0242 B

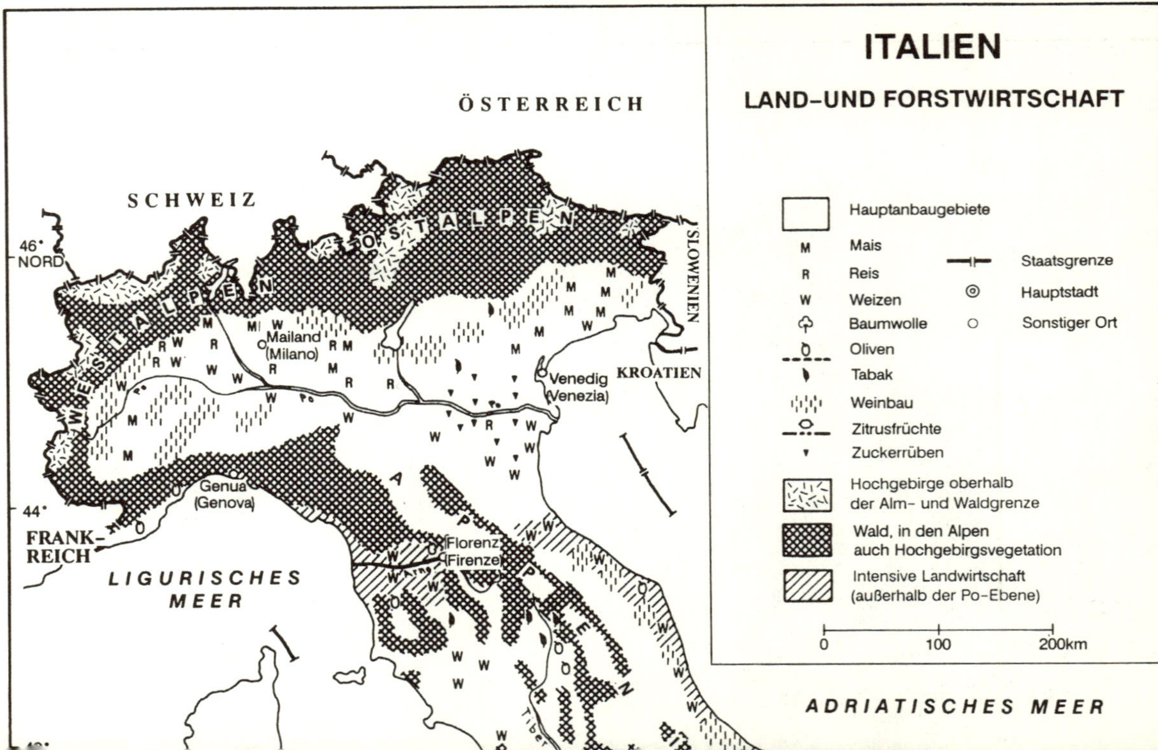
ITALIEN
LAND-UND FORSTWIRTSCHAFT
Hauptanbaugebiete
Mais
Reis
Weizen
Baumwolle
Oliven
Tabak
Weinbau
Zitrusfrüchte
Zuckerrüben
Staatsgrenze
Hauptstadt
Sonstiger Ort
Hochgebirge oberhalb der Alm- und Waldgrenze
Wald, in den Alpen auch Hochgebirgsvegetation
Intensive Landwirtschaft (außerhalb der Po-Ebene)
0
100
200km
ÖSTERREICH
SCHWEIZ
SLOWENIEN
KROATIEN
FRANK-REICH
46° NORD
44°
WESTALPEN
OSTALPEN
APENNIN
Mailand (Milano)
Venedig (Venezia)
Genua (Genova)
Florenz (Firenze)
Po
Tiber
LIGURISCHES MEER
ADRIATISCHES MEER

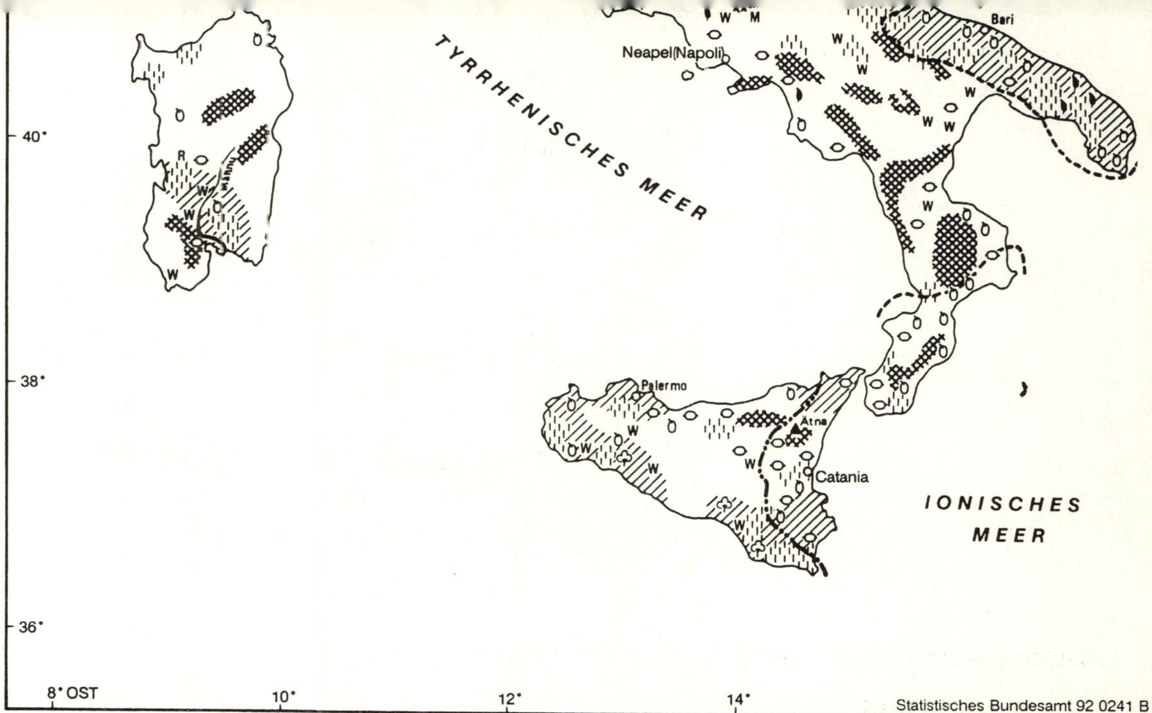

Bari
Neapel(Napoli)
TYRRHENISCHES MEER
IONISCHES MEER
Palermo
Ätna
Catania
40°
38°
36°
8° OST
10°
12°
14°
Statistisches Bundesamt 92 0241 B

Länder und Städte in der Beck'schen Reihe

Politisches Lexikon Afrika, hrsg. von R. Hofmeier/M. Schönborn (BsR 810)
Ägypten, von F. Büttner/I. Klostermeier (BsR 842)
Äthiopien, Eritrea, Somalia, Djibouti. Das Horn von Afrika, von V. Matthies (BsR 846)
Algerien s. Maghreb
Politisches Lexikon Asien, Australien, Pazifik, hrsg. von W. Draguhn/R. Hofmeier/M. Schönborn (BsR 827)
Baltikum: Estland, Lettland, Litauen, von K. Ludwig (BsR 841)
Belgien, von J. Schilling/R. Täubrich (BsR 829)
Berlin, von E. S. Freyermuth/G. S. Freyermuth (BsR 490)
Bhutan, von H. Wilhelmy (BsR 830)
Bolivien, von T. Pampuch/A. Echalar A. (BsR 813)
Brasilien, von M. Wöhlcke (BsR 804)
Brüssel, von M. Döpfner (BsR 1007)
China, von O. Weggel (BsR 807)
Cypern, von K. Hillenbrand (BsR 837)
Kleines Deutschland-Lexikon, von G. Haensch/A. Lallemand/A. Yaiche (BsR 855)
Djibouti s. Äthiopien
Kleines England-Lexikon, von P. Fischer/G. P. Burwell (BsR 814)
Eritrea s. Äthiopien
Estland s. Baltikum
Fiji, Samoa, Tonga, von S. Bruno/A. Schade (BsR 854)
Finnland, von W. Albrecht/M. Kantola (BsR 847)
Frankreich, hrsg. von G. Haensch/H. J. Tümmers (BsR 831)

Kleines Frankreich-Lexikon, von G. Haensch/P. Fischer (BsR 802)
Großbritannien, von H. Händel/D. Gossel (BsR 835)
Politisches Lexikon GUS, von R. Götz/U. Halbach (BsR 852)
Hongkong s. Taiwan
Horn von Afrika s. Äthiopien
Indien, von K. Gräfin v. Schwerin (BsR 820)
Indochina, von O. Weggel (BsR 809)
Irland, von M. P. Tieger (BsR 801)
Island, von P. Schröder (BsR 857)
Italien, von C. Chiellino/F. Marchio/G. Rongoni (BsR 821)
Kleines Italien-Lexikon, von C. Chiellino (BsR 819)
Japan, von M. Pohl (BsR 836)
Jemen und Oman, von D. Ferchl (BsR 858)
Jugoslawien, von C. v. Kohl (BsR 832)
Kenia, von H. Hecklau (BsR 853)
Korea, von H. W. Maull/I. M. Maull (BsR 812)
Politisches Lexikon Lateinamerika, hrsg. von P. Waldmann/H.-W. Krumwiede (BsR 845)
Lettland s. Baltikum
Litauen s. Baltikum
Madrid, von J. Oehrlein (BsR 1008)
Maghreb: Marokko, Algerien, Tunesien, von W. Herzog (BsR 834)
Marokko s. Maghreb
Mexiko, von K. Biermann (BsR 851)
Mongolei, von A. Schenk/U. Haase (BsR 848)
Politisches Lexikon Nahost/Nordafrika, hrsg. von U. Steinbach/R. Hofmeier/M. Schönborn (BsR 850)
Nepal, von W. Donner (BsR 833)
Neuseeland, von A. Hüttermann (BsR 844)
New York, von G. M. Freisinger (BsR 422)

Verlag C.H. Beck München

Niederlande, von J. Schilling/R. Täubrich (BsR 817)
Nigeria, von H. Bergstresser/S. Pohly-Bergstresser (BsR 839)
Nordafrika s. Nahost
Norwegen, von G. Austrup/U. Quack (BsR 828)
Kleines Österreich-Lexikon, von S. Gassner/W. Simonitsch (BsR 815)
Oman s. Jemen
Peru, von E. v. Oertzen (BsR 822)
Philippinen, von R. Hanisch (BsR 816)
Politisches Lexikon Rußland, von R. Götz/U. Halbach (BsR 856)
Portugal, von G. und A. Decker (BsR 806)
Prag, von C. Bartmann (BsR 1050)
Politisches Lexikon Rußland, von R. Götz/U. Halbach (BsR 856)
Samoa s. Fiji
Schweden, von G. Austrup (BsR 818)
Schweiz, von M. Schwander (BsR 840)
Somalia s. Äthiopien
Spanien, von W. Herzog (BsR 811)
Kleines Spanien-Lexikon, von G. Haensch/G. Haberkamp de Antón (BsR 825)
Taiwan/Hongkong, von O. Weggel (BsR 849)
Tibet, von K. Ludwig (BsR 824)
Tonga s. Fiji
Tunesien s. Maghreb
Turin, von M. Knapp-Cazzola (BsR 1019)
Türkei, von F. Şen (BsR 803)
Kleines Türkei-Lexikon, von K. Kreiser (BsR 838)
USA, von R. Rode (BsR 843)
Kleines USA-Lexikon, von J. Redling (BsR 826)
Venedig, von G. Salvatore (BsR 1092)

Verlag C.H. Beck München